98.—

Jürgen Roloff
Hans G. Ulrich
(Hrsg.)

Einfach von Gott reden

Ein theologischer Diskurs

Festschrift für
Friedrich Mildenberger
zum 65. Geburtstag

Verlag W. Kohlhammer
Stuttgart Berlin Köln

Die Deutsche Bibliothek – CIP-Einheitsaufnahme

Einfach von Gott reden : ein theologischer Diskurs ; Festschrift für Friedrich Mildenberger zum 65. Geburtstag / Jürgen Roloff ; Hans G. Ulrich (Hrsg.). - Stuttgart ; Berlin ; Köln : Kohlhammer, 1994
ISBN 3-17-012963-5
NE: Roloff, Jürgen [Hrsg.]; Mildenberger, Friedrich: Festschrift

Alle Rechte vorbehalten
© 1994 W. Kohlhammer GmbH
Stuttgart Berlin Köln
Verlagsort: Stuttgart
Umschlag: Studio 23
Gesamtherstellung:
W. Kohlhammer Druckerei GmbH + Co. Stuttgart
Printed in Germany

Inhalt

Vorwort - zur Einführung   7

I. Schriftauslegung als Sprachhilfe zur einfachen Gottesrede

Hans Friedrich Geißer   14
Zwist in der Tübinger Schule, oder:
Wessen historische Kritik ist nicht negativ?

Jürgen Roloff   33
Exegese als Sprachhilfe zur einfachen Gottesrede

Hans-Christoph Schmitt   49
Die Einheit der Schrift und die Mitte des Alten Testaments

Peter Stuhlmacher   67
Geistliche Schriftauslegung?

II. Einfach von Gott reden in der Zeit

Wolf Krötke   84
Der Auftrag der Kirche Jesu Christi und das Gewissen
Zur Frage der Klarheit des Dienstes der Kirche und des christlichen Lebens
unter den Bedingungen des totalitären Staates

Walter Sparn   98
Sancta Simplicitas
Über die Sorge um christliche Identität in Zeiten der Ironie

Christofer Frey   111
Gottes Geist, Menschengeist und die Konstruktion der Wirklichkeit
im Zeitalter der Information

Wolfgang Schoberth   124
Leere Zeit - Erfüllte Zeit
Zum Zeitbezug im Reden von Gott

III. Zur biblisch-dogmatischen Aufgabe für das Reden von Gott

Dietrich Ritschl   144
Gotteserkenntnis durch Wiedererkennen

Oswald Bayer   153
Das Problem der natürlichen Theologie

Gerhard Sauter   159
"Einfaches Reden von Gott" als Gegenstand der Dogmatik

Hans G. Ulrich 172
Was heißt: Von Gott reden lernen?
Zugleich Bemerkungen zum Verhältnis von Dogmatik und Ethik

Klaus Schwarzwäller 190
"Nun hat mein Auge dich gesehen"
Leiden als Grundproblem der Theologie

Wilfried Joest 226
Hoffnung für die Welt?
Überlegungen zur Sache und Sprache universaler Eschatologie

IV. In der Predigt einfach von Gott reden

Eberhard Jüngel 240
Psalm 131

Michael Welker 243
Gewaltverzicht und Feindesliebe

Lothar Steiger 248
Dreifach einfach

Rudolf Bohren 254
Das neue Sein des Predigers

Martin Nicol 268
Im Ereignis den Text entdecken
Überlegungen zur Homiletischen Schriftauslegung

Bibliographie: Friedrich Mildenberger 283
-zusammengestellt von Heinrich Assel-

Tabula Gratulatoria

Vorwort - zur Einführung

I.

"Einfach von Gott reden": dazu sollten theologische Arbeit, biblische Auslegung, dogmatische Kritik und Entfaltung, Predigt und Unterricht anleiten können. Die "Biblische Dogmatik" von Friedrich Mildenberger hat diese Aufgabe neu in den Blick gerückt. Sie betrifft alle, die mit Predigt, Unterricht, theologischem Lehren und Lernen zu tun haben. So könnte es naheliegen, darüber eine Verständigung zu gewinnen. Freilich kommt eine gemeinsame Arbeit über solche Themen, die die ganze theologische Arbeit und das Lehren und Lernen in der Kirche betreffen, nur selten zustande. Wir sehen nun im Erscheinen der "Biblischen Dogmatik" einen notwendigen Anstoß und im Geburtstag des Autors einen willkommenen Anlaß, den Versuch zu einer gemeinsamen Rechenschaft zu wagen. Dieser Versuch mußte nicht ganz von neuem beginnen, denn in manchen vorausgehenden und begleitenden Arbeiten der Autoren dieses Bandes, in manchen Gesprächen hatten sich gemeinsame Wahrnehmungen und Fragen eingestellt, von denen etwas dokumentiert werden konnte. Die "Biblische Dogmatik" erwies sich dabei als ein Ort, an dem manche der Wege, die zu entdecken waren, zusammenlaufen und von dem aus sie sich vielleicht nun deutlicher markieren lassen.

Es war die Übereinkunft der hier versammelten Autoren, an denjenigen Fragestellungen zu arbeiten, die ihnen die "Biblische Dogmatik" in besonderer Weise nahegelegt hat. Nicht überraschend haben sich dabei vier Richtungen des Fragens und Arbeitens abgezeichnet, in denen sich auch die Biblische Dogmatik bewegt: die Schriftauslegung als Sprachhilfe zum Reden von Gott (Teil I), die Arbeit am Reden von Gott "in der Zeit" (Teil II), die biblisch-dogmatische Aufgabe für das Reden von Gott (Teil III) und die homiletische Praxis (Teil IV).

Mit diesen Themen ist die Erforschung einer Praxis des Redens von Gott gefordert, die alle Dimensionen theologischer Arbeit und so auch alle theologischen Disziplinen umgreift. Die Erkundung des Redens von Gott nach mehreren Seiten gleichzeitig hat Friedrich Mildenberger in seiner "Biblischen Dogmatik" selbst vorgeführt. Zugleich gibt die "Biblische Dogmatik" an zahlreichen Punkten Gelegenheit, den dort vorgezeichneten Diskurs weiterzuführen. Um davon Rechenschaft zu geben, wie das Reden von Gott biblisch wahrzunehmen ist, wie es beschrieben, gelehrt und gelernt werden kann, ist ein Stück gemeinsamer Erkenntnisbemühung notwendig, die über allgemeine Fragen theologischer Orientierung, seien es Positionen, generelle Diagnosen oder spezifische Kontroversen, hinausführt und in medias res geht.

II.

1. Ins Zentrum der gemeinsamen Arbeit gehören Themen und Fragen, die das Erkennen und Erlernen des Redens von Gott anhand der Schrift betreffen. Kann etwa Exegese, auch "wissenschaftliche" Exegese, dazu dienen? Sie kann es nur dann, wenn sie ihren eigentlichen Gegenstand: die Schrift, zusammen mit deren Gebrauch in der Kirche, wieder neu in den Blick zu nehmen lernt. Hans Friedrich Geißer hat dies in seinem Beitrag pointiert zu zeigen vermocht. Die Geschichte der historisch-kritischen Methodik wäre dann nicht als evolutionäre Erfolgsgeschichte eines Methodeninstrumentariums zu schreiben, sondern eben als die Geschichte des Ringens um ihren eigentlichen Gegenstand.

Jürgen Roloff knüpft daran an, indem er Voraussetzungen und Möglichkeiten auslotet, unter denen Exegese "Sprachhilfe zur einfachen Gottesrede" zu leisten vermöchte: Es käme darauf an, daß die Exegese es unternimmt, die Schrift als dasjenige geschichtliche Wort Gottes zu lesen, das mit der Gemeinde geht, aus dem die Gemeinde lebt und aus dem sie ihr Reden von Gott gewinnt.

Damit ist jedoch eine weitreichende perspektivische Aufgabe gegeben, die sich nicht im Sinne einer Hermeneutik lösen läßt, welche eine wie auch immer geartete Theorie des Verstehens entwirft. Vielmehr gewinnt ein Lösungsansatz durch folgende Fragen und Themen Kontur:

Wie ist die "Bibel" als Ganze zu lesen, wenn nicht von einer "Mitte" aus? Und wenn diese Suche nicht "hinter" die Bibeltexte und die biblische Sprache zurückführen soll, sondern eben in diese hinein, dann wird es nötig sein zu sagen, wie denn diese Mitte wirklich, für das Reden von Gott "auszumachen" ist (Hans-Christoph Schmitt). Im Erlernen des Redens von Gott sind Exegese und geistliche Schriftlesung nicht zu trennen. "Geistliche Schriftlesung" findet dann nicht jenseits oder außerhalb der wissenschaftlichen Exegese statt, sondern in ihr, in engster Verbindung mit ihr (Peter Stuhlmacher).

2. Einfach von Gott reden: das heißt, das auf Gott hin zur Sprache zu bringen, was an der Zeit ist. Die "Biblische Dogmatik" fordert damit zu einer Betrachtung auf, die quer zu herkömmlichen (hermeneutischen) Problemstellungen verläuft. So läßt sie sich nicht von der Frage gefangen nehmen, wie biblisches Reden für die Gegenwart "relevant" werden können. Sie lenkt vielmehr die Aufmerksamkeit auf das Reden von Gott, das an der Zeit ist und als solches mit dem biblischen Reden zusammentrifft, zusammenklingt.

Was an der Zeit ist, können Menschen sich nicht aussuchen. Und immer ist das, was an der Zeit ist, eingefügt in einen politischen Zusammenhang: aus diesem ist das Reden von Gott nicht zu lösen, sondern darin bewährt sich das Reden von Gott, insbesondere und paradigmatisch dort, wo seine, ihm zugehörige, nicht irgend eine nur gewährte Freiheit bedroht ist (Wolf Krötke).

Was ist "an der Zeit"? Diese Frage will auch explizit gestellt und verhandelt werden, ohne daß dies in einer Zeitdiagnose enden muß, die nicht wieder vom Reden von Gott selbst befragt wird. Dringliche Themen solcher Zeitbestimmung liegen auf der Hand: die unüberhörbar gestellte Frage nach der christlichen "Identität" in "Zeiten der Ironie" (Walter Sparn), die es nicht erlauben, "einfach" affirmativ zu sein und dennoch nicht dazu führen können, "einfach" alles nur offen zu lassen. In Frage steht - nicht zuletzt - der Umriß der Rede vom "Menschen", die allzu selbstverständlich gilt: Was heißt "Menschengeist" in der Zeit der "Information" (Christopher Frey)?

"In der Zeit" von Gott reden heißt nicht, das Reden von Gott den geläufigen Begriffen von "Zeit" und "Zeitlichkeit" auszuliefern. Im Gegenteil: es heißt im Reden von Gott die Begegnung mit der von Gott geschenkten, die Begegnung mit der in Gottes Handeln "erfüllten Zeit", geschehen lassen (Wolfgang Schoberth).

3. Die Praxis des Redens von Gott will gelernt sein. Das heißt zugleich, daß sie der Wegbereitung und der Begleitung bedarf. Die "Biblische Dogmatik" zeigt, inwiefern dies die Aufgabe einer "Dogmatik" ist. Es ist die praktische Aufgabe der Dogmatik. Theologisches Denken und theologische Erkenntnis sind selbst Teil dieser Aufgabe.

Daraufhin wird der Vollzug von Theologie neu zu beschreiben sein, und darin ist die "Logik der Theologie" beschlossen: Gotteserkenntnis ist durch Wiedererkennen zu gewinnen (Dietrich Ritschl), im gegenwärtigen Lesen und Reden, in dem immer neuen Zurückkommen auf die Schrift, nicht in der Ableitung aus ihr oder aus anderen Denkzusammenhängen. Um die Richtung und den Verlauf theologischer Erkenntnis und Hermeneutik geht es in dieser entscheidenden Frage. Sie muß auch das Problem der "natürlichen Theologie" berühren. Immer neu bedarf es der kritischen Erinnerung, daß Gotteserkenntnis an die Auslegung des Wortes Gottes verwiesen bleibt und daß die Unterscheidung von Gesetz und Evangelium dies zur Geltung bringt (Oswald Bayer). Theologie findet ihren Weg, indem sie sich dem Wort Gottes aussetzt und darin das Reden von Gott entdecken hilft.

Die Dogmatik steht der Gottesrede nicht gegenüber, sondern sie ist selbst eine Art von Gott zu reden, freilich mit einer bestimmten Aufgabe. Dogmatik findet ihr höchstes Ziel in der Wegbereitung für das Reden von Gott in der Gemeinschaft des Glaubens (Gerhard Sauter). Das kennzeichnet die pragmatische Seite dogmatischer Arbeit: ohne sich des Redens von Gott zu bemächtigen, doch eine Hilfe zum Reden von Gott und der Gemeinschaft im Reden von Gott zu sein.

Von Gott reden schließt eine Lebensform ein. Von Gott reden lernen heißt, mit Gott leben lernen. Von Gott reden schließt so immmer den Modus des Lernens ein, in dem Menschen im Reden von Gott zu neuen Menschen werden (Hans G. Ulrich).

Alle diese Aspekte der biblisch-dogmatischen Aufgabe lassen klar werden, wie das Reden von Gott in dem "Geist" begründet ist, in dem Gott handelt. Das Reden von Gott gehört in die "Zeit des Geistes". In dieser Erkenntnis laufen die verschiedenen Fäden zusammen, von denen die dogmatische Aufgabe sich leiten läßt. Dies hat die "Biblische

Dogmatik" gezeigt, wo immer sie auf die Lehre von Gottes "Geist" zu sprechen kommt.

Dogmatik als "Wegbereitung" für das Reden von Gott in der Gemeinschaft des Glaubens: Von hier aus kann nun die Arbeit am Reden von Gott mit der "Biblischen Dogmatik" weiter aufgenommen und fortgeführt werden. Wie zeigt die Schrift einfache Gottesrede, die zu erlernen ist? Ihr Kennzeichen ist, daß im Reden von Gott wirklich zur Sprache kommt, was unumgänglich auf Gott hin zur Sprache zu bringen ist. Daß eben dies nicht am "Leiden" aufhört, sondern im Gegenteil hier seine Prüfung zu bestehen hat, bleibt ein paradigmatischer Schritt auf dem bezeichneten Weg. Er kann an keinem anderen und keinem Geringeren besser erprobt werden als an Hiob (Klaus Schwarzwäller). An ihm wird erkennbar, daß Menschen von Gott nur reden lernen, wo sie sich im Reden von Gott Gottes Handeln ausgesetzt sein lassen. Nicht weniger auf die Probe gestellt ist das Reden von Gott, wenn es sich als Sprache der Hoffnung zu bewähren hat (Wilfried Joest). Wegbereitung ist gerade hier nötig, denn kaum eine Sprache ist verletzlicher als die Sprache der Hoffnung.

4. Einfache Gottesrede hat ihren paradigmatischen Ort in der Predigt. Sich an diesen Ort zu begeben heißt sich wiederum dem Reden von Gott auszusetzen, ja in ein "neues Sein" einzutreten (Rudolf Bohren). In der Predigt kommt in exponierter Form auf Gott hin zur Sprache, was an der Zeit ist. In der Predigt gilt es nun einmal das Reden von Gott wirklich "einfach" auszuüben. Dies läßt sich kaum beschreiben, sondern nur in Predigten und Predigtmeditationen immer wieder zeigen, wenn diese sich denn wie die hier enthaltenen Beispiele (Eberhard Jüngel, Michael Welker, Lothar Steiger) auf das Gewinnen von einfacher Gottesrede entschieden einlassen.

Mit der Predigt geschieht Auslegung, sie geschieht im Vollzug des Predigens: sie bewährt sich als Homiletische Schriftauslegung (Martin Nicol; Jürgen Roloff). Darauf ist die "Biblische Dogmatik" und die ganze theologische Arbeit von Friedrich Mildenberger ausgerichtet.

III.

Vielen, die dafür eingestanden sind, daß dieses Buch veröffentlicht werden kann, ist an dieser Stelle zu danken: dem Verlag für seine entgegenkommende Bereitschaft, es in sein Programm aufzunehmen, Herrn Jürgen Schneider für seine verständnisvolle Betreuung, Frau Karin Fick für ihre verläßliche und umsichtige Arbeit bei der Herstellung der Druckvorlage, Herrn Dr. Heinrich Assel für seine selbslose Hilfe bei der Redaktion.

Die Evangelisch-lutherische Kirche in Bayern und die Evangelische Kirche in Württemberg haben durch namhafte Druckkostenzuschüsse geholfen. Wir möchten darin ein Zeichen der Anerkennung für die theologische Arbeit des Jubilars und des Verständnisses für die Sache sehen, der er mit seiner theologischen Arbeit dienen wollte und in der wir uns mit ihm verbunden wissen.

Das letzte Wort aber soll dem Dank an Friedrich Mildenberger selbst gehören, dem Freund, kritischen Gesprächspartner und theologischen Weggefährten über viele Jahre, der uns herausfordert und beschenkt.

Erlangen, 28. Februar 1994   Jürgen Roloff
                                    Hans G. Ulrich

I.

Schriftauslegung als Sprachhilfe zur einfachen Gottesrede

Hans Friedrich Geißer

Zwist in der Tübinger Schule, oder:
Wessen historische Kritik ist nicht negativ?

Die über dieser Frage Entzweiten - Ferdinand Christian Baur und David Friedrich Strauß - als Lehrer und Schüler beisammen zu sehen, ist das Gegebene[1]. Beinahe ebenso nahe liegt das Betrachtungsmuster der Vater-Sohn-Beziehung. Und daß es in beiderlei Konstellationen heftige, ja bitterböse Konflikte geben kann, ist zur Genüge bekannt. Darum sollen nur vorweg und nebenbei, ohne in irgendeiner Hinsicht tief blicken lassen zu wollen, ein paar Einzelzüge registriert werden. Wir wollen ja den Gegenstand des damals ausgefochtenen Wettstreits zu Gesicht bekommen, eben das von beiden so überaus hoch geschätzte Gut der historischen Kritik[2].

Als die württembergischen Landexaminanden des Jahrgangs 1821 Blaubeurer Seminaristen wurden - dreizehn- oder vierzehnjährig, in solchem empfänglichen Alter - , war der Professor Baur, der mit ihnen Herodot, Livius und Tacitus zu erarbeiten begann, selbst noch ein junger Anfänger. (Mit 25 Jahren war er 1817 dorthin berufen worden; Strauß erinnert sich später der Jugendlichkeit des für die Promotion ungemein förderlichen Lehrergespanns Baur und Friedrich Heinrich Kern)[3]. Das Lebensalter allein verlieh dem Lehrer also keine väterliche Würde. (In späteren Briefen lautet die Anrede zwischen den reifen Männern beiderseits in der Regel "Verehrtester Freund"[4].) Aber Baur hat offenbar mit seiner strengen, ja schroffen Art

---

[1] In erster Fassung war das Folgende ein Referat bei der Jahrestagung des Vereins für württembergische Kirchengeschichte, die am 4. und 5. Oktober 1992 in Schmiden (unweit Stuttgarts) abgehalten wurde, um des 200 Jahre zuvor, am 21.6.1792 im dortigen Pfarrhaus geborenen Ferdinand Christian BAUR zu gedenken. (Ulrich KÖPFs Vortrag bei der Tübinger akademischen Gedenkfeier über "Ferdinand Christian Baur als Begründer einer konsequent historischen Theologie" war zuvor als Auftakt dieser Tagung wiederholt worden; er ist nachzulesen in ZThK 89, 1992, 440-461.) - Meine Notizen hier mögen als Randfigurationen zum ersten Kapitel in Friedrich MILDENBERGERs Biblischer Dogmatik, das von der "Schriftauslegung zwischen historischer Wissenschaft und kirchlicher Anwendung" handelt, betrachtet werden (zumal weder dort noch sonstwo in den drei Bänden, soweit ich sehen kann, BAUR und STRAUß namentlich erwähnt sind). Der Jubilar möge sie auch als Zeilen eines zu rekonstruierenden Albumblatts aus unserer gemeinsamen Tübinger Schule, dem Evangelischen Stift dortselbst, ansehen.

[2] Die Begriffsverbindung "historisch-kritisch" ist nicht neu. Ein programmatischer Gebrauch aber im Zusammenhang mit der Frage nach Anlaß und Zweck der so untersuchten Schrift kündigt sich an in Baurs Aufsatz "Über Zweck und Veranlassung des Römerbriefs und die damit zusammenhängenden Verhältnisse in der römischen Gemeinde. Eine historisch-kritische Untersuchung" (TZTh 1836/3, 59-178 = Ausgew. Werke, hg.v. Klaus SCHOLDER, Bd.1, 1963, 147-266). Vgl. K. SCHOLDER, Art. Baur, TRE Bd.5, 1980, 355,30-34, ferner den in Anm. 1 genannten Beitrag von U. Köpf und die im folgenden angeführten Beispiele.

[3] D.Fr. STRAUß, Christian Märklin. Ein Lebens- und Charakterbild aus der Gegenwart, 1851, 18 ("kaum aus dem Jünglingsalter herausgeschritten"). Die Freunde KERN und BAUR begegneten den seit 1825 in Tübingen Studierenden vom folgenden Jahr an wieder als akademische Lehrer, KERN allerdings (der als Erstberufener sich den Nachzug BAURs ausbedungen hatte) in bald geminderter Wertschätzung (s. a.a.O., 41). STRAUß' weit ausholender Nachruf auf den Seminar- und Stiftsfreund Märklin - streckenweise ein Stück Autobiographie - findet sich auch in den von Eduard ZELLER edierten "Gesammelten Schriften" Bd.10, 1878, 175-359.

[4] Wo STRAUß in deutlich gereiztem und verbittertem Zustand schreibt, wird daraus "Verehrtester Herr und Freund!". So beginnt der später noch heranzuziehende Brief vom 17.11.1846; er endet mit der Wendung "Ihr ergebenster Schüler (darf ich das sagen?)". Fehlerfrei abgedruckt (und außerdem kom-

der Hingebung an die Sache seines Unterrichts - rücksichtslos insbesondere gegen sich selbst - auf seine Schüler und späteren Tübinger Studenten einen unauslöschlich prägenden und gewinnenden Eindruck gemacht. Sein Leben, so erzählt Strauß, ging "ganz in der Wissenschaft auf, er kannte außer seinen Studien kaum einen Genuß, und ist in dieser Beziehung uns, wie ohne Zweifel noch jetzt Allen, die ihn von dieser Seite kennen zu lernen Gelegenheit haben, ein Ideal geblieben"[5].

---

mentiert) findet sich dieser Brief bei E. BARNIKOL, Der Briefwechsel zwischen Strauß und Baur. Ein quellenmäßiger Beitrag zur Strauß-Baur-Forschung, ZKG 73 (1962) 74-125: 117-120/122. (Vorhergehende, unzulängliche Veröffentlichungen bei W. LANG, Ferdinand Christian Baur und David Friedrich Strauß, PrJ 160, 1915, 474-504 und 161, 1915, 123-144: 124-127); A. RAPP, Baur und Strauß in ihrer Stellung zueinander und zum Christentum, BWKG 52 (1952) 95-149: 121-123); E. BARNIKOL, Das ideengeschichtliche Erbe Hegels bei und seit Strauß und Baur im 19. Jahrhundert, Wissenschaftl. Zeitschrift. der Martin Luther-Universität Halle-Wittenberg X/1, 1961, 281-328: 290-291.)

[5] Märklin (s. Anm. 3), 18; in Tübingen habe sich BAUR "in die ungeheurn Felder der Dogmen- und Kirchengeschichte ... mit seinem riesenmäßigen Fleiß und durchgreifenden Geiste wunderbar schnell hineingearbeitet" (39f). Über den Tübinger Arbeitsstil berichtet der Schwiegersohn E. ZELLER Anekdotisches: "Sommers und Winters erhob er sich Morgens um 4 Uhr und arbeitete im Winter aus Schonung gegen die Dienstboten gewöhnlich einige Stunden im ungeheizten Zimmer, mochte ihm auch, wie es wohl vorkam, in besonders kalten Nächten die Tinte einfrieren ..." (Vorträge und Abhandlungen geschichtlichen Inhalts, 1865, 363; bei BARNIKOL 1961, - s. Anm. 4 -, 326). Zu STRAUß' Blaubeurer Eindrücken gehört auch, daß der "ernste Baur" - im Unterschied zu KERN - nicht nur "immer und überall gerecht und unparteiisch", sondern auch "darin bisweilen zu schroff war, daß er vorübergehenden jugendlichen Leichtsinn allzu schnell als unheilbaren Stumpfsinn und bleibende Verworfenheit verloren gab", daß jedoch solche Eigenheiten "der Verehrung, ja selbst der Liebe keinen Abbruch thun" konnten, "mit der wir an dem seltenen Lehrer hingen", an diesem "herrlichen Mann" (Märklin, 18f - geschrieben also fünf Jahre nach der tiefen Verstimmung, die sich im oben Anm. 4 erwähnten Schreiben - und auch sonst nur in Privatbriefen - äußert).
Andere lernten im Lauf der Zeit am Tübinger Schulhaupt nicht nur einen arbeitswütigen und einen (über-)korrekten, sondern auch einen schwerfällig-beschränkten oder einen schneidend-scharf zustoßenden und unnachsichtig verletzenden Mann kennen. Albrecht RITSCHL, dem nachmals abtrünnigen Schüler, war er beim ersten Besuch "recht schwäbisch blöde und ungewandt", aber auch "sehr artig" begegnet (am 31.8.1845 an die Mutter; nach O. RITSCHL, Albrecht Ritschls Leben, Bd.1,1892, 112; bei J. BAUR, Albrecht Ritschl - Herrschaft und Versöhnung, in: B. MOELLER, Hg., Theologie in Göttingen, Göttinger Universitätsschriften A/1, 1987, 256-270: 257). Carl Bernhard HUNDESHAGEN (der seinerseits der Tübinger Schule hart an den Karren gefahren war), konnte ein Lied singen nicht nur von dem "Hochmuth eines in falscher Schulweisheit festgerannten Individuums" und der "Verblendung philosophischer Geschichtsmacherei", sondern auch von "plumper Gehässigkeit und handgreiflicher Perfidie", ja von "einem wahnsinnähnlichen Selbstgefühl, mit welchem dieser Mann längst jede der seinigen widerstreitende Meinung gewissermaßen als einen Akt strafwürdiger Insubordination zu behandeln pflegt" (Der deutsche Protestantismus, seine Vergangenheit und seine heutigen Lebensfragen im Zusammenhang der gesammten Nationalentwicklung beleuchtet von einem deutschen Theologen, 1847, 3. verb. und verm. A. 1850, VIII, XLII, XLV und VII; vgl. XVI). Über die Erfahrungen, die Johann Adam MÖHLER (auch er nicht gerade unschuldigerweise) machte, als er sich als Symboliker mit BAUR angelegt hatte, s. in meiner Studie über "Glaubenseinheit und Lehrentwicklung bei J.A. Möhler" (Kirche und Konfession Bd.18, 1971), 166-169. Ein BAUR nahestehender, aber sehr selbständiger Gewährsmann wie der Jurist und Diplomat (auch Tübinger Universitätskanzler) Robert (von) MOHL konnte "das wunderbar eigentümliche Wesen dieses berühmten Mannes" - seines Schwagers - u.a. beschreiben: "Er war ... von allen Menschen, welche ich je gesehen habe, der am wenigsten weltläufige, in praktischen Dingen erfahrene oder auch nur urteilsfähige, ein wahres Kind im täglichen Leben; der deutsche Gelehrte, wie er im Buche steht, oder noch genauer bezeichnet, der württembergische Stiftler". - "Sein Wissen war staunenswert, sein Fleiß unbegreiflich, seine Überzeugung tief und aufrichtig, sein ganzes Wesen von hohem Ernste; kein Wunder also, daß er einen so mächtigen Einfluß auf die Jugend ausübte, Schüler bildete wie Strauß, Vischer, Zeller. Im häuslichen und bürgerlichen Leben hatte er keinen Makel; er war ohne Falsch, von Zetteleien und Intrigen meilenweit entfernt, dabei er, der 'Heidenbaur', wahrhaft fromm, wenn auch nicht nach der Schablone des Katechismus; aber er war keine glücklich angelegte Natur. Er nahm alles schwer, konnte sehr heftig werden und hatte eine Neigung zur Melancholie" (Lebens-Erinnerungen Bd.1, 1902, 191f; bei BARNIKOL - s. Anm. 4 - 1961, 325f).

Demnach war durchaus auch Väterlichkeit im Spiel. Halb zärtlich kann Strauß, wo er sich mit dem jüngeren Freund Eduard Zeller zusammenschließt (letzterer hat sich eben mit einer Baur-Tochter verlobt), den Meister "unseren gemeinschaftlichen Papa" nennen[6]. Er heißt später den unlängst Verstorbenen auch "unseren Erzvater"[7]. Damit spielt Strauß auf das unterschiedliche Verhältnis der Jakobssöhne zum Patriarchen an. Und was ihn betrifft, so verschiebt sich dabei die Pointe zu verschärfter Ambivalenz. Einmal sieht sich Strauß, verglichen mit Zeller und anderen Glücklicheren (mit "Euch jungen Josephen und Benjaminen"), als einen "halbverstoßenen Simeon"[8]. Dann glaubt er gar, Baur habe ihn "immer als seinen Ruben betrachtet"[9]. Mit der Zuschreibung der Ruben-Sohnesrolle entzieht sich Strauß knapp ein halbes Jahr nach Baurs Tod dem Ansinnen des Freundes, dem großen Lehrer eine Biographie zu verfassen. Mit dessen Tod aber, so argwöhnt hundert Jahre später ein Beurteiler, habe Strauß, bisher "Baurs Pionier, Konkurrent und Literat", "seinen geistigen Halt" verloren[10].

Uns interessiert nunmehr, was für ein geistiger Halt in der gemeinsamen Sache begründet und wie dort das Zusammenhaltende und gemeinschaftlich Halt Gebende beschaffen war. Im Anschluß daran ist nach dem Grund der Differenz zu fragen. (Wir hörten ja eben, daß Strauß sich diesbezüglich einer rubenhaften Schandtat zeiht - oder rühmt.)

I. Die Gemeinsamkeit sowie deren Voraussetzung

Der unbedingte Wille, "historisch kritisch" und demzufolge "vorurteilsfrei und voraussetzungslos" zu forschen, war den Zöglingen dieser Tübinger Schule durch den Lehrer als eigenste Maxime und allgemeines Gesetz eingepflanzt worden. Von der vielfach geschmähten, obgleich bereits zerfallenen Schule sagt der schon fast todesmatte Meister, all die persönlichen Querelen und Konflikte berührten ihren Charakter "nicht wesentlich": "Ihr eigentliches Wesen besteht doch nur in den Grundsätzen und Grundanschauungen, von welchen sie von Anfang an ausgegangen ist."
Drei Forderungen seien es stets gewesen und geblieben, unter denen sie an "ihre Aufgabe, die Erforschung des urchristlichen Alterthums" heranging und die die "Art und Weise" dieser Erforschung "als eine historisch kritische" kennzeichneten. Die erste Forderung: "vor allem überhaupt durch keine, die Unbefangenheit des Urtheils trübende dogmatische Voraussetzung und Rücksicht auf hergebrachte Meinungen

---

[6] An ZELLER, 1.2.1847; Ausgew. Briefe (= ABr), hg.v. E. ZELLER, 1895, 190, Nr. 176.

[7] An ZELLER, 15.5.1861; ABr 432, Nr. 420.

[8] Wie Anm. 6.

[9] Wie Anm. 7: "Baur hat mich immer als seinen Ruben (Gen 49,3.4) betrachtet, und dieser Ruben war wenigstens ehrlich genug, Dir die Josephsstelle von Herzen zu gönnen, und das Urtheil unseres Erzvaters, soweit es Dich betraf, selbst zu bestätigen". Zum Simeon- und Ruben-Vergleich s. außerdem Gen 49,5-7 sowie Kap. 34,25-31 und 35,22. - Dezentere Metaphorik - um Bilder war er nie verlegen - gebrauchte STRAUß z.B. in dem unten Anm. 36 zitierten Brief.

[10] BARNIKOL 1961, 288.

gebunden zu sein". Die zweite: "sodann nichts als geschichtliche Wahrheit gelten zu lassen, was sich nicht aus den vorliegenden Quellen nachweisen läßt, eben dieß aber, was einmal als thatsächlich gegebene Erscheinung anerkannt werden muß, mit aller Schärfe und Entschiedenheit geltend zu machen, ohne sich durch gesuchte Vermittelungen, halbe Vorstellungen, präkare, kleinliche Auskünfte irre machen zu lassen". Und die dritte der Forderungen: "endlich auch das Allgemeine nie aus den Augen zu verlieren, das sich aus der Erforschung des Einzelnen und Speziellen als die ergänzende Einheit und die leitende Grundanschauung von selbst ergibt"[11].

Diese Grundeinstellung und Zuversicht also ist es, die Lehrer und Schüler bleibend verbindet. Nur mit ganz leisem kritischem Unterton hatte Baur 1847 "die wahrhaft geschichtliche Bedeutung der Strauß'schen Kritik der evangelischen Geschichte" folgendermaßen charakterisiert: "Ihr größtes Verdienst wird immer darin bestehen, mit reiner offener Wahrheitsliebe ... vorurtheilsfrei und voraussetzungslos, ohne alle Schonung und Rücksicht, wenn auch mit schneidender Kälte dargethan zu haben, wie es auf dem damaligen Standpunkt der Kritik mit dem historischen Wissen um die evangelische Geschichte sich verhielt."[12]

Sich "die freie Forschung, die freie Kritik, schließlich die Freiheit des Geistes überhaupt" durch nichts und niemanden streitig machen zu lassen - in dieser Sache also hält die Tübinger Schule wie ein Mann zusammen[13]. Es geht bei solchen Grundsätzen nämlich nicht allein um ein Ethos und ein Pathos, um Pflicht und Recht zur Wahrhaftigkeit (zu "vorurteilsfreier und voraussetzungsloser" Erforschung der "geschichtlichen Wahrheit" in ihrer "tatsächlich gegebenen Erscheinung"). Die Gleichgesinnten sehen sich vielmehr gemeinsam einer Art von Gnosis gewürdigt. Im Urwissen einer Idee erfahren sich hier die zu historischer Erkundung Ausziehenden beheimatet. In einer vorauszusetzenden, ja im voraus zu besitzenden Wahrheit wissen sie ihr kritisches und objektives Erkennen gegründet. Denn die Freiheit des Geistes überhaupt, die sie für sich geltend machen, gehört der Domäne des absoluten Geistes an, wie er sich in der Geschichte - und vor allem in den derzeit fälligen Erkenntnisfortschritten - manifestiert. Historisch-kritische Forschung vollstreckt die soteriologischen, Freiheit heraufführenden Absichten des Weltgeistes[14]. Daher das Selbstbe-

---

[11] Die Tübinger Schule und ihre Stellung zur Gegenwart (1859), 2., neu durchgesehene und mit einigen Zusätzen vermehrte Auflage 1860, 57f (= Ausgew. Werke Bd.5, 1975, 293-465; mit Seitennummerierung der Vorlage). - "Mein Standpunkt ist mit Einem Worte der rein geschichtliche, mit welchem es einzig darum zu thun ist, das geschichtlich Gegebene, so weit es überhaupt möglich ist, in seiner reinen Objectivität aufzufassen": so in der Vorrede zu "Das Christenthum und die christliche Kirche der drei ersten Jahrhunderte", 1.A. 1853, IVf (2./3.A. 1860/1863 = Ausgew. Werke Bd.3, 1966).

[12] Kritische Untersuchungen über die kanonischen Evangelien, ihr Verhältnis zu einander, ihren Charakter und Ursprung, 1847, 51 (Einleitung; künftig: "Kanon.Evang."). - Was BAUR hier mit nur leiser Mißbilligung an seinem Schüler rühmt, läßt sich auch anders bewerten, nämlich als ahnungslose Ferne von der Praxis des öffentlichen Lebens: "Das einzig praktische Element an ihm ist die schneidende Aufrichtigkeit, mit welcher er, was er denkt, auch schreibt" (C.B. HUNDESHAGEN a.a.O., - s. Anm. 5 - 183; vgl. auch das in Anm. 15 erwähnte Urteil HUNDESHAGENS).

[13] Die zitierte Passage bei K. SCHOLDER, TRE 5, 354,52-355,1.

[14] Zur Perspektive BAURs vgl. TRE 5, 357,43-47 sowie hier Anm. 35. Warum gerade sein Freund STRAUß im verhockten Schwabenland zum auserwählten Rüstzeug des weltgeschichtlichen Geisteserwachens tüchtig war, vermag F. Th. VISCHER lichtvoll darzutun, s. Dr. Strauß und die Wirtemberger (1838), in: ders., Kritische Gänge, Bd.1, 1844, 3-130 (3f,15ff,78). Vgl. VISCHER an STRAUß am 6.9.1837,

wußtsein und die Selbstgewißheit, die Kühnheit und Rücksichtslosigkeit, womit diese Kritischen allen Konsequenzen ins Auge zu schauen vermögen. Daher aber auch nichts als Ratlosigkeit, Entrüstung und Verletztheit, wenn ihre Gnosis und die entsprechende Praxis auf Unverständnis oder auch feindselige Widerstände stößt[15]. Zugespitzt gesagt: Der Geist, der hier sich frei weiß und frei sein will, ist der Geist eines elitären idealistischen Fundamentalismus. Es herrscht da ein Wissen und Bewußtsein, das seines absoluten Gegründetseins fraglos sicher ist. (Es ist ein Fundamentalismus nicht des Buchstabens, sondern des Geistes, der "Idee".) Axiome einer spekulativ zu entwerfenden Geschichtsphilosophie bilden demnach die für selbstevident angesehene quasi-dogmatische Voraussetzung der Unabhängigkeit von jeder "die Unbefangenheit des Urteils trübenden dogmatischen Voraussetzung".

Derart war die Grundvoraussetzung, auf die sich der Verfasser des "Leben Jesu" in der Vorrede von 1835 für seine historisch-kritische Analyse der geheiligten Überlieferung und die Aufdeckung ihres rein menschlichen Ursprungs stolz berufen konnte. Strauß macht sich den "mythischen Standpunkt" zu eigen. Denn von diesem aus wird das Bizarre in den Berichten der neutestamentlichen Evangelien, das an einer Rekonstruktion des wirklich Geschehenen irre werden läßt, durchsichtig. Als Ursprung all der Ungereimtheiten entpuppt sich nämlich die absichtslos-dichterisch produzierende Phantasie der Verfasser bzw. Tradenten (sozusagen ein geschichtlich bedingtes kollektives Unbewußtes). Zu diesem mythischen Standpunkt seien freilich vor ihm schon andere vorgedrungen. Er, Strauß, bringe ihn als Vollstrecker einer geschichtlichen Notwendigkeit lediglich konsequent zur Anwendung in dem vorliegenden Werk.

Indes: Wieso hatte "gerade der Verfasser desselben Beruf ..., in dieser Stellung hervorzutreten"? Nun, so kann unser Verfasser - er ist nicht ganz 28 Jahre alt - seine Leser belehren, er sei "sich lebhaft bewusst, dass viele Andere ein solches Werk ungleich gelehrter auszustatten im Stande gewesen wären, als er. Doch glaubt er andrerseits wenigstens Eine Eigenschaft zu besitzen, welche ihn zur Übernahme dieses Geschäftes vor Andern befähigte". Was den vielen anderen nämlich fehle, "das Grunderforderniss einer solchen Arbeit, ohne welches mit aller Gelehrsamkeit auf kritischem Gebiete nichts auszurichten sei", sei "die innere Befreiung des Gemüths und Denkens von gewissen religiösen und dogmatischen Voraussetzungen, und diese ist dem Verfasser durch philosophische Studien frühe zu Theil geworden"[16]. "Ruhe und Würde", "Ruhe und Kaltblütigkeit" zum kritischen Geschäft verdankt er der sicheren Gewißheit, daß die "religiöse Wahrheit" in der evangelischen Geschichte,

---

in: A. RAPP (Hg.), Briefwechsel zwischen Strauß und Vischer, Bd.1, 1952, 40 (= Vischer-Br.).

[15] Den Weisen und Klugen der Tübinger Schule verlieh ihr universalgeschichtlicher Bewußtseinshorizont im kirchlich-theologischen wie auch im politisch-gesellschaftlichen Umfeld nicht unbedingt das trefflichste Augenmaß. Vgl. meinen Beitrag über "Kritische Theologie in Grenzen" in: O. BORST (Hg.), Aufruhr und Entsagung. Vormärz 1815-1848 in Baden und Württemberg (Stuttgarter Symposion Bd.2), 1992, 317-335 (bes. ab 324), 480-485. C. B. HUNDESHAGEN meinte hier (wie auch sonst in manchem junghegelianischen Glauben an die reglementierende Allmacht der Idee) ein Resultat der "Pädagogik des Polizeistaates" zu erkennen, der die besten Kräfte der jungen deutschen Intelligenz "auf eine ausschließlich literärische Existenz zurückgedrängt" habe (a.a.O., - s. Anm. 5 - 171ff,179ff, s. auch das der S. 166 entnommene Motto des Buches).

[16] Das Leben Jesu, kritisch bearbeitet (Bd.1 und 2, 1835), Bd.1, IV-VI (wörtlich Zitiertes: Vf)

daß der "dogmatische Gehalt des Lebens Jesu" und damit der "innere Kern des christlichen Glaubens" durch keine noch so radikale Infragestellung der Historizität des Berichteten Schaden leiden könne, vielmehr mittels spekulativen Denkens sich "als unversehrt aufzeigen" lasse[17].

Nicht also historische Studien waren es, dank denen Strauß - etwa unter Baurs Anleitung - schon so früh auf diesen Standpunkt gelangt wäre. Vielmehr markiert das Selbststudium der Hegelschen Philosophie, auf das Strauß hier seine Berufung zurückführt, bereits ein Moment des Unterschieds vom Lehrer. Baurs Übergang zur Hegelschen Position erfolgte ja vollständig erst um 1835/36, als von Strauß das "Leben Jesu" schon vorlag. In diesem Belang war der Jüngere dem Älteren auf alle Fälle voraus.

Zwar besaß auch Baur die Gewißheit von der sich in der Geschichte unaufhaltsam und unfehlbar verwirklichenden Wahrheit der Idee. Auch er wußte: es konnte nur die in sittlich-freier Gemeinschaft zur Vollendung gelangende Einheit des Göttlichen und des Menschlichen sein. Und auch für Baur wurde jene Gewißheit und Wahrheit nicht tangiert, wenn sich herkömmliche Annahmen über den Hergang dieser Idee und das dabei wirklich Geschehene als unwahr erwiesen. Aber daraus ergab sich ihm ein anderes Verhältnis zur Geschichte als ganzer und speziell zur Geschichte des "christlichen Bewußtseins", wie sich uns bald zeigen wird[18].

II. Der Unterschied und die Auseinandersetzung

Am besten führen wir uns einige Formeln vor Augen, mit denen Baur und Strauß sich ihre Differenz klar zu machen suchten.

("*Negative und positive Kritik*") Unter dieser Überschrift ist ein Reimspruch überliefert, den Strauß vermutlich 1846 oder 1847 unter Aufnahme einer Baurschen Distinktion dem Lehrer in den Mund legte:
"(Dr. Baur spricht:) Wie Nein und Ja sind wir, wie Sturm und Regenbogen; er sagt: es ist nicht wahr; ich sag': es ist erlogen."[19] - Was soll damit gesagt sein?
Wohlgemerkt, "ich sag': es ist erlogen" - das ist Dr. Baur. Dieser hatte in der Tat Strauß die Rolle der "negativen" Kritik - und damit sich der positiven - zugeschoben (im "Lehrbuch der christlichen Dogmengeschichte", dessen auf 1847 datierte erste Ausgabe Strauß bereits im Spätherbst 1846 von Baur erhalten hatte[20]). Strauß

---

[17] A.a.O., VII.

[18] Für BAUR stand sein religionsgeschichtliches und religionsphilosophisches Konzept um 1835 fest, und in dieser Form besaß und behielt es die tragende Funktion für die historischen Rekonstruktionen der Folgezeit; der ominöse HEGELsche Dreischritt gewann gar nicht die ihm nachgesagte maßgebende und maßstäbliche Bedeutung. Vgl. K. SCHOLDER, TRE 5, 353,18f,32f; 354,5f,19-25; 354,25-28; 356,11.

[19] Poetisches Gedenkbuch. Gedichte aus dem Nachlasse, Ges.Schr. Bd.12, 1877, 27 (von ZELLER auf die Zeit "um 1844" datiert, aber mit BARNIKOL aus sogleich zu nennenden Gründen später anzusetzen).

[20] 2. neu bearbeitete und erweiterte Ausgabe 1858 = 3.A. 1867 (Vorreden zu den beiden ersten Ausgaben: Ausgew.Werke Bd.2, 1963, 303-308 und 308-310). Der Zusammenhang, auf den sich STRAUß' Empörung bezieht, ist unten bei Anm. 35 nach der 2. Ausgabe zitiert.

ist demnach der Neinsager ("er sagt: es ist nicht wahr"), dem niederreißenden Sturm zu vergleichen. Baur erscheint als der Bejahende, versöhnlich wie der Regenbogen, der nach dem Unwetter sich wölbt, - indem er sagt: "es ist erlogen". Daß dies zwar aussagenlogisch keine Negation, im Ton wie in der Sache aber das absprechendere Urteil darstellt, ist natürlich genau die ironische Pointe, auf die es Strauß ankommt. Ich möchte wissen, so fragt er, das nämliche Begriffspaar ("nicht wahr" - "erlogen") ausspielend, in dem sehr bitteren Brief vom 17. November 1846 den "Verehrtesten Herrn und Freund", ich möchte wissen, "worin denn Ihre dogmatischen Resultate positiver sein sollen?" Ist es nicht "ein falscher Paß", den Baur hiermit vorweist? Die "Zionswächter" werden sich dadurch nicht täuschen lassen, und "die Schule" wird um kein Haar besser dastehen, wenn Baur als Ergebnis seiner tendenzkritischen historischen Untersuchungen die Entstehungsbedingungen und die Entstehungsgeschichte der Evangelien anzugeben weiß. Von den einzelnen Berichten selbst sagt er freilich nicht nur, sie seien "nicht wahr". Sondern "positiv" fährt er fort: "ich weise zum Überfluß nach, wo und von wem sie erdichtet worden sind"; "es ist gelogen und ich weiß den namhaft zu machen, der es erlogen hat!"[21]

Lassen wir dahingestellt, ob Baur damit meinte die "Zionswächter" täuschen zu können (auch Strauß will ihm eine solche Ansicht bzw. Absicht nicht geradezu unterstellen). Fragen wir jedoch: Wie konnte Baur, ohne sich auch selbst zu täuschen, meinen und sagen, Strauß' Kritik bleibe im Negativen stecken, er, Baur hingegen sei mit seiner historisch-kritischen Arbeit auch in der Sache, wie sie in der Geschichte des Dogmas zur Erörterung steht - Strauß insistiert im Brief auf dem "dogmatischen Punkt" - , zu positiven Aussagen vorgestoßen?

Zunächst: Baur ist um 1846 tatsächlich überzeugt, schon längst viel weiter als der Strauß des Jahres 1835 gekommen zu sein. Die Negation, sagt er, entsprach genau dem Erkenntnis- und Bewußtseinstand jener vergangenen Zeit. Strauß hat ihn adäquat formuliert; er konnte mit seiner Entdeckung seinerzeit gar nichts anderes anfangen. Neu war zwar sein Standpunkt nicht, aber *er* war es, der die Konsequenzen aus schon Gedachtem und Gesagtem auf den Punkt brachte[22]. Damals war die Idee bis dahin gelangt, nicht weiter. Seitdem aber ist sie, während Strauß dort stehen bleibt, dank meiner sorgfältigen und geduldigen Detailarbeit an den geschichtlichen Überlieferungen, weitergekommen: eben zu positiven Resultaten[23]. Das ist es, was Baur behauptet.

---

[21] Bei BARNIKOL 1962 (s. Anm. 4), 117-119.

[22] Kanon.Evang. (s. Anm. 12), 49, vgl. 41,46f,50f,393. Auch die konsternierte und aggressive Reaktion der meisten Zeitgenossen erklärt sich für Baur daraus, daß sie im Spiegel der STRAUßschen Kritik ihr eigenes zeitverhaftet-negatives Bild zu Gesicht bekamen (s. 46-50, insbes. 48). Vgl. auch den Brief an W. HEYD vom 10.2.1836; bei W. LANG, PrJ 160, 1915, 484.

[23] So ist die Schranke der STRAUßschen Kritik zugleich "der Punkt, von welchem aus diese Kritik mit dem innern Triebe einer weitern Entwicklung über sich selbst hinausführt" (Kanon. Evang., 41). Noch wenige Wochen vor seinem Tod insistiert BAUR auf diesem Punkt: "Es bleibt in dem von Strauß gezogenen Kreise alles in seinem Recht, aber man muß auch darüber hinausgehen, es ist dies nach meiner Ansicht ein Wendepunkt des neuesten kritischen Verfahrens, der wol festgehalten werden darf" (an ZELLER am 19.10.1860; bei W. LANG, PrJ 161, 1915, 138f. BAUR beansprucht für sich, schon vor STRAUß auf dem Weg zu diesem Wendepunkt gewesen zu sein: 137).

Inwiefern aber kann das positiv heißen (in qualifiziertem "dogmatischem" Sinn, d.h. in bezug auf einen Fortschritt der Idee), was Baur über Strauß hinausgehend vorzuweisen vermag? Erklären können, nicht bloß daß, sondern wie und warum historisch Unwahres mythisch konzipiert und produziert wurde, in was für einem Entstehungsprozeß, unter welchen Umständen und Konflikten, aus welchen "Interessen" und mit welcher "Tendenz": das ist allerdings mehr. Aber was ist es anderes?

("*Kritik der Schriften*") Wir kommen der Sache näher, wenn wir eine weitere Baursche Kennzeichnung der Differenz hinzunehmen. Strauß, so meint Baur, konnte damals, auf dem Verwirklichungsstand des Geistes zu jener Zeit, nur bis zur "Kritik der Geschichte" vordringen. Er kam nicht bis zur "Kritik der Schriften", in denen doch diese Geschichte erzählt ist. Was aber vermag Kritik der Geschichte ohne Kritik der Schriften? Die letztere müßte das erste sein. Sonst kann es gar nicht anders sein, als daß die Kritik der Geschichte "negativ" bleibt[24].

Dies will im Sinne Baurs heißen (und auf diesen Sinn kommt es genau an!): Was ist es wert, allenfalls und im allgemeinen die Ungeschichtlichkeit des Erzählten festzustellen, ohne in jedem Fall, auch im einzelnen, die Geschichte des oder der Erzählenden - hinsichtlich der Entstehungsbedingungen, in ihrem notwendigen Zusammenhang und Ablauf - zu verstehen? Das dezidierte Baursche Interesse an den "Schriften" (den neutestamentlichen Briefen, der Apostelgeschichte und schließlich den Evangelien) ist also keineswegs nur literarisch-archivalischer Art. Es ist ein ungemein aufmerksames Interesse - Baur bekundet es deutlich - an der Schriftstellerei, d.h. am Schriftsteller und dessen Stellung in dieser "Interessen"-Lage mit ihren Antagonismen, ihren Rechtfertigungsbedürfnissen und Deutungsabsichten. Baur geht es nicht so sehr um die Glaubwürdigkeit des Erzählten (ist es möglicherweise "nicht wahr"?), als vielmehr um die Willigkeit und die Fähigkeit des Erzählers, etwas - freilich nicht irgendetwas - zu glauben und andere glauben zu machen (aus welchem Grund ist es sinnvollerweise "erlogen"?)[25]. Mehr noch: Es handelt sich bei Baur um

---

[24] Kanon.Evang. 40-71 (und 71-76). Zur STRAUßschen "Einseitigkeit" der "Trennung der Kritik der Geschichte von der Kritik der Schriften": 41; zur Negativität: 50f.

[25] "Da überhaupt für uns alles Geschichtliche erst durch das Medium des erzählenden Schriftstellers hindurchgeht, so ist auch bei der Kritik der evangelischen Geschichte die erste Frage nicht, welche objektive Realität diese oder jene Erzählung an sich hat, sondern vielmehr, wie sich das Erzählte zum Bewußtseyn des Schriftstellers verhält, durch dessen Vermittlung es für uns ein Objekt des historischen Wissens ist". Historisch aufschlußreich ist es gerade, wenn sich "bei näherer Betrachtung" zeigt, daß ein Schriftsteller "selbst nicht streng historisch erzählte, daß er ein besonderes Interesse hatte, den Gegenstand seiner Erzählung von diesem bestimmten Gesichtspunkt aus aufzufassen". Dazu aber "muß man überhaupt wissen, was ein Schriftsteller wollte und bezweckte, aus welchem Interesse seine geschichtliche Darstellung hervorgegangen, welche Tendenz er in ihr verfolgt, welchen Charakter sie dadurch erhalten hat". Dies aber läßt sich nur erfahren "durch eine so viel möglich genaue Erforschung der geschichtlichen Verhältnisse, unter deren Einfluß der Schriftsteller geschrieben hat" (Kanon.Evang., 73). Besonders relevant ist es für die Beurteilung der Historizität des Erzählten, wenn der Erzähler mit seinem Erzählen "in das geistige Leben" seiner bestimmten Zeit "so eingreift, daß durch ihn verschiedene Gegensätze von Meinungen, Interessen und Parteien hervorgerufen werden". Es kommt somit darauf an, ob und wie die "Verfasser bei ihrer Darstellung durch bestimmte Motive und Interessen geleitet wurden". "Die erste Frage, welche die Kritik an diese Evangelien zu machen hat, kann daher nur seyn, was wollte und bezweckte jeder Verfasser derselben, und mit dieser Frage kommen wir erst auf den festen Boden der concreten geschichtlichen Wahrheit" (74; "das Concrete, Individuelle, Eigenthümliche" läßt sich nur erfassen, wenn sich beim Schriftsteller ein Anhalt bietet, der "uns tiefer in seine Seele und die sie bewegenden Interessen und Motive hineinsehen läßt": 74f). Darum ist gerade eine "Tendenzschrift" mit ihrem

ein Interesse, um ein Beteiligtsein auch des Forschenden selbst an dem hier zu deutenden Deutungsgeschehen, um das Wissen einer Zugehörigkeit zu dieser Geschichte. Denn sie ist ja die Geschichte des "christlichen Bewußtseins" in der christlichen Kirche, die Geschichte der Idee des Göttlichen im Menschlichen. Sie ist ja eine Geschichte des Evangeliums im Sinne des gesetzesfreien, ethisch bestimmten Gottesverhältnisses für alle Menschen, worin alle partikularen Geschichtlichkeiten überwunden sind. Eine Geschichte ist es überdies, die jetzt, in der Gegenwart, chiliastische Dimensionen annimmt. Das ist das "Positive", welches sich der Erkenntnis des an *diesen* Schriften historisch und kritisch Forschenden darbietet. Hier haben wir es mit dem Unterschied, ja in einer entscheidenden Hinsicht mit dem Gegensatz zwischen Baur und Strauß zu tun[26]. - Machen wir die Gegenprobe: Wie will Strauß die Konstellation gesehen wissen?[27]

(*"Gedanken andrer hat er ausgedacht ..."*) Während Baur für sich in Anspruch nimmt, daß *ihm* der entscheidende Schritt über die durch Strauß repräsentierte Kulmination der vergangenen Phase der Kritik hinaus gelungen sei[28], ist Strauß überzeugt, mit dem souveränen Handstreich seiner "mythischen Erklärung" der Evangelienberichte habe *er* die von anderen - auch von Baur - nicht wahrgenommene Konsequenz aus der bisher nur halbherzig und kurzsichtig betriebenen kritischen Arbeit gezogen. Er habe damit den epochalen und kategorialen Durchbruch herbeigeführt, der anderen, gerade auch Baur, das Weiterschreiten ermöglichte.

"Tendenzcharakter" für den Historiker aufschlußreich (76, am Schluß der Einleitung). - So kann BAUR dem Osterglauben der Jünger fundamentale Bedeutung für die geschichtliche Durchsetzung des christlichen Bewußtseins beimessen, ganz unabhängig von der Frage der Faktizität der Auferstehung (Christentum der ersten 3 Jh., 1860 - s. Anm. 11 -, 39-41). Denn was dem Historiker beim Aufspüren aller solcher Motive, Interessen, Tendenzen, Parteien und Konflikte in der Geschichte des Urchristentums lebendig vor Augen tritt, ist eben dieses "christliche Bewußtsein" und damit die "Idee der Kirche" (vgl. die gehäufte Verwendung dieser Termini in "Tübinger Schule" 1860, 4-11). Auf der Bewährung des Wissens von der Wahrheit der Idee in der beharrlichen Wahrnehmung dieses Verwirklichungsprozesses gründet für Baur die Gewißheit, daß historische Kritik dem sich recht begreifenden christlichen Glauben niemals schaden kann (vgl. die folgende Anmerkung sowie unten bei und in Anm. 35).

[26] Zu BAURs "Kirchlichkeit" s. unten S. 16f. Zu den obigen Ausführungen vgl. die Schlußpartien der vorausgehenden Anmerkung. Aufschlußreich ist ferner die "Abgenötigte Erklärung gegen einen Artikel der evangelischen Kirchenzeitung, herausgegeben von D.E.W. Hengstenberg" (TZTh 1836/3, 179-232 = Ausgew. Werke Bd.1, 1963, 267-320). BAUR nimmt für sich in Anspruch, "von keinem anderen Interesse geleitet worden zu seyn, als von dem Interesse für die objektive historische Wahrheit, das ich von dem wahren Interesse für die Sache des Christenthums nicht zu trennen wisse" (1836, 187f). "Dieses Festhalten am geschichtlich Gegebenen ist das Eigenthümliche meiner Kritik" - so bestimmt er deshalb die Differenz zu Strauß (206, vgl. 200-207). Und dem HENGSTENBERGschen Vorwurf der maßlosen, "schwindelnden, ja berauschten kritischen Skepsis", auf den er immer wieder zurückkommt (182, vgl. 197, 199, 203 u.ö.), setzt BAUR eine Interpretation von Glauben und Wissenschaft entgegen (208-210 und 210-219), die beide als "in bester Harmonie" sich befindend erweist (213). - Wenn BULTMANN in den Epilegomena der "Theologie des Neuen Testaments" auf seine Weise (d.h. mit seiner am Kerygma interessierten historisch-kritischen Exegese) sich auf den zu Unrecht und zum Schaden der neutestamentlichen Theologie um seine Wirkung gekommenen BAUR bezog, so wird dies auf dem Hintergrund der STRAUß-BAUR-Kontroverse vollends gut verständlich (a.a.O., 1.A. 1953, 583-585).

[27] Vgl. dazu das von BARNIKOL 1961 (dort mit monströsen Zutaten) und 1962 aufbereitete Brief- und Schriftenmaterial (s.o. Anm. 4). STRAUß findet für seine Sicht der Dinge auch bei MÄRKLIN Verständnis und weitgehende Zustimmung. Selbst ZELLER, der sich hier in einem Loyalitätskonflikt befindet, steht im Grunde STRAUß näher.

[28] S.o. bei und in Anm. 23 sowie unten Anm. 32.

Strauß kann also Baur ein Stück weit rechtgeben. Dieser läßt ja Strauß das schon Angebahnte und sich in Gang Befindende konsequent zu Ende führen. Von dort aus sieht Baur sich selbst in ein neues Forschungsgebiet fortschreiten und vorstoßen, auf einen neuen geistesgeschichtlichen Entwicklungsstand emporsteigen. Aber er will durchaus festgehalten wissen, daß der auslösende Anstoß dabei von Strauß stammte. (Baur könnte wohl auch zugeben, daß Strauß ihm den Stoß versetzt habe, ohne den er nicht richtig Tritt gefaßt hätte.) Doch schon angesichts eines solchen Zugeständnisses muß Strauß empört aufbegehren: Baur - der nach wie vor verehrte und geliebte väterliche Lehrer und Freund! - hat ihn und seine Leistung, bei aller Anerkennung, die er ihr an ihrem Ort zuteil werden läßt (so wie Baur diesen Ort sieht), nie in ihrer wahren Bedeutung (so wie Strauß sie sieht) gewürdigt[29]. Baur wollte um alle Welt der sein, der da kommen sollte. Darum ließ er den Jüngeren nur als Vorläufer und Wegbereiter gelten. Ja, vor der Öffentlichkeit wollte er sich vorsichtig-indigniert lieber nicht in der Nähe des als Un- und Antichrist verschrieenen Schülers blicken lassen. Persönlich aber erscheint Baur ihm gekränkt und eifersüchtig, weil er, Strauß, der jugendliche Naseweis und Emporkömmling, ihm zum Nebenbuhler geworden ist - siehe den Ruben-Vergleich.

Doch darüber kann Strauß auch wieder selbstquälerisch-resigniert die Achsel zucken: Nun ja, es war nicht anders zu erwarten, und ich hab's nicht besser verdient. "Gedanken andrer hat er ausgedacht" - das also, was gerade Baur als die geschichtliche Notwendigkeit und zugleich als das persönliche Verdienst in der Rolle Strauß', also als dessen Ruhmestitel ungeschmälert gelten lassen will, eben das kann dann Strauß, noch keine vierzig Jahre alt, sich als "Grabschrift" zu Häupten setzen[30]. So läuft das Straußsche ceterum censeo immer wieder nur auf das eine hinaus: 'Er mag ja fast in allem die sicherere Position und das stärkere Recht haben. Aber am springenden Punkt setzt er sich objektiv ins Unrecht und ist er subjektiv ungerecht und unfair mit mir umgesprungen.'

(*Eine Zwischenüberlegung*) Wie hier urteilen? - Empfindlich und reizbar waren beide, wie auch anderweitig ersichtlich, jeder auf seine Art. Selbstgerecht, rechthaberisch und ungerecht konnte der so rechtschaffene, korrekte und objektiv sein wollende Baur sich durchaus verhalten. (Auch dafür gibt es Beispiele; über Strauß freilich

---

[29] Vgl. die unten in Anm. 36 zitierte Stelle des Briefs an MÄRKLIN (1846).

[30] "Gedanken Andrer hat er ausgedacht, / Und damit seiner Zeit vorausgedacht. / Bald ward er überholt, und sein nicht mehr, / Noch seines kritischen Minenbaus gedacht. ..." (Poetisches Gedenkbuch - s. Anm. 19 -, 30, von ZELLER auf 1845 datiert). - Bezüglich der von BAUR arrangierten Rollenverteilung fragt und klagt Strauß: "Und wozu das alles? Nützen, möglicher machen kann Sie und Ihre jetzige Schule die Stellung nicht, die Sie sich zu mir zu geben suchen ... Schaden aber auf der andern Seite, schaden hätte es Ihrer Stellung, Ihrem Ruhme nicht können, auch wenn Sie gegen mich - das was ich dafür halten muß - gerecht gewesen wären. Wer zuletzt lacht, lacht am besten; das Lachen aber ist längst an Ihnen und wird an mich wohl nie wieder kommen. Bin ich Ihnen etwas zu früh berühmt geworden, so bin ich dafür jetzt verschollen; die angemessene Strafe für das allzu frühe Anfangen ist frühzeitiges Aufhören. Sie leben und wachsen, ich nehme nicht mehr ab, sondern bin schon tot, und habe mich in diese Rolle eines Verstorbenen so hineingewöhnt, daß ich dieses, was ich hier äußere, gewiß nicht geäußert, ja kaum empfunden haben würde, wenn es ein Fremder wäre, der mir so begegnete. Da aber Sie es sind, so ist es nicht literarische Empfindlichkeit, die bei mir immer mäßig war, sondern es ist mir unbequem, unsre bisherige Freundschaft mit einer Stellung reimen zu sollen, die ich selbst an einem Fremden feindselig und ungerecht finden würde" (im Brief vom 17.11.1846; nach BARNIKOL 1962, 119).

findet sich bei ihm nirgends ein abfälliges Urteil oder ein heftiges Wort.) Einfühlung in die Situation seiner Partner und Kontrahenten war jedenfalls nicht Baurs Stärke, so intensiv er sich in die "Interessen" und "Motive" seiner Schriftsteller hineinzudenken suchte. Was aber Strauß anlangt: Der konnte es nicht verwinden, daß ihm wegen seiner "negativen" Kritik der in jenen Schriften dargestellten Geschichte die akademische Laufbahn nicht nur in der Theologie, sondern auch in jeder anderen wissenschaftlichen Disziplin versagt blieb. Und er konnte es darum wohl auch (in der Tiefe seines Herzens) dem Lehrer nicht verzeihen, daß dieser mit seiner "positiven" Kritik der Schriften ("es ist erlogen!") auf dem theologischen Lehrstuhl fest und sicher sitzen konnte, keineswegs unangefochten zwar (der "Heidenbaur"), aber seiner selbst und seiner Sache unentwegt gewiß. Und auch die Predigtkanzel mied er nicht![31]

Wie also sollen wir urteilen? Es mag sich etwa so verhalten: Strauß hatte recht, wenn er meinte, er habe dem schwerblütigen, an den "Schriften" klebenden und vorsichtig sich vorantastenden Meister durch seinen munteren und kühnen ('kaltblütigen') Zugriff erst die Nase auf die weiterführende Fährte gestoßen. Baur jedoch hatte guten Grund für seine Überzeugung, er selbst habe diese Witterung schon von lange her in der Nase gehabt, Strauß aber habe mit seinem Vorpreschen und Gekläff nur unnötig Staub aufgewirbelt und die Zionswächter alarmiert. Hinterher, nachdem er auf dieser Fährte zu den ganz eigenen Beobachtungen und Entdeckungen gelangt war, konnte Baur den Hergang gar nicht anders sehen[32]. Und "positiv" war das Gefundene überdies!

---

[31] Bei STRAUß streiten sich, wie es scheint, Liebe und Bewunderung für den Lehrer mit dem Triumphgefühl, diesen (einst) überrundet zu haben, und der Erbitterung ob dessen bleibender Unerreichbarkeit. BARNIKOL hat schon etwas Richtiges gesehen, wenn er meint, "Strauß liebte den Lehrer und Menschen Baur, aber haßte fast den Theologen Baur, da dieser gemäß seiner wissenschaftlichen Art Theologe war und blieb ..." (a.a.O., - s. Anm. 4 - 1961, 311). Wenn STRAUß dem vom ersten Schlaganfall Gezeichneten am 5.9.1860 aufmunternd-scherzhaft als dem "verehrten alten Feldherrn" (der seine Getreuen "bald wieder frisch und rüstig als bewährter Marschall Vorwärts zum Kampf und Siege führen" möge - "Dies der herzliche Wunsch Ihres unwandelbar ergebenen D. F. Strauß") aufs neue seine Kriegsdienste anbietet (nun, da die Zeit reif ist für die "Scheidung" bzw. "Läuterung" der Geister samt dem Untergang der "Pfaffen" und der "massa perditionis" der Theologen), so will er den alten Lehrer gewiß wieder der fast anderthalb Jahrzehnte totgeschwiegenen Liebe versichern. Doch vergißt STRAUß dabei wohl kaum, daß für *ihn* auf diesen Alten schon längst nicht mehr Verlaß war. (Dieser letzte Brief bei BARNIKOL 1961, 285 bzw. 1962, 123f.) Und wenn STRAUß dem am 2.12.1860 Verstorbenen nach Empfang der "schmerzlich erschütternden" Trauerkunde als dem dahingegangenen "letzten großen Theologen" nachblickt, so sind Schmerz und Erschütterung ohne Zweifel echt (an ZELLER, 4.12.1860; ABr 423, Nr. 412). Aber vielleicht wüßte STRAUß selbst nicht mit letzter Entschiedenheit zu sagen, in welcher Hinsicht dieser Lehrer ihm als der "letzte große Theologe" gilt: als einer der letztlich doch Unbelehrbaren und daher ohnehin zum Aussterben Verurteilten, oder als einer von denen, die unter günstigeren Umständen das "ewige und unsterbliche Teil" der mythisierten Christusgestalt dem Totenacker der Geschichte fürs höhere Wissen hätten entreißen können? (Der Appell an den BAUR, der wie kein anderer berufen sei, "als der heilige Christophorus das Christkind, aber nur sein ewiges und unsterbliches Teil, durch die Brandung dieser Zeit hindurchzutragen", war in dem vorhin zitierten Brief vom 5.9.1860 enthalten gewesen.)

[32] Vgl. A. RAPP, 1952 (s. Anm. 4) im Blick auf STRAUß' "Leben Jesu": "Für sein Buch nahm er in Anspruch, daß er Baur in aller Öffentlichkeit die Bahn gebrochen und ihn sozusagen gezwungen habe, aufs Ganze zu gehen. Baur, der seinen Weg sicher, aber behutsam ging, mochte das Vor- und Dazwischentreten störend finden" (104, vgl. die 125 zitierten Strauß-Änderungen). Der auf den Tod kranke BAUR beharrte dem Schwiegersohn und Strauß-Freund ZELLER gegenüber noch einmal darauf: "Meine Kritik soll ganz durch die Strauß'sche bedingt sein, ich aber habe schon vor Strauß den Weg eingeschlagen, auf welchem erst die Kritik zu einer streng historischen werden kann" (bei W. LANG, PrJ 161, 1915, 137f)

Doch damit betraf der Zwiespalt ja nicht nur solche heiklen Fragen wie die des Urheberrechts und der urkundlichen Priorität. Sondern es war gerade auch das beiden gemeinsame Urwissen in die leidige Geschichte hineingezogen. Wie stand es grundsätzlich mit der Bezogenheit, ja womöglich der Angewiesenheit dieses Urwissens auf Gemeinschaft und Geschichte? Wir haben diese Problemdimension vorhin schon berührt. Anhand einer weiteren, von Baur wie von Strauß gebrauchten Distinktion läßt sie sich noch eingehender erkunden:

("Historisch" und "dogmatisch") Behalten wir in Erinnerung, daß beide sich von historisch verwurzelten, kirchlich geltenden dogmatischen Voraussetzungen und Vorurteilen gänzlich frei wußten. Hinsichtlich des "Lebens Jesu" nun, das sich eben dieser Voraussetzung verdankt, und hinsichtlich der dort geübten Evangelienkritik meint Baur, Strauß sei mit der Geschichte allzu pauschal verfahren[33]. Baur hätte auch sagen können: zu dogmatisch. Denn in Sachen Dogmenkritik bringt er seinen Einwand explizit auf diesen Nenner. Baur nimmt Bezug auf den vielleicht damals schon fast sprichwörtlich gewordenen Grundsatz der Straußschen Glaubenslehre von 1840/41, der "die wahre Kritik des Dogma ... seine Geschichte" sein läßt[34], und er kritisiert den hiermit eingenommenen Standpunkt als einen dogmatischen: Es sei bei der Durchführung einer solchen Ansicht gar nicht zu vermeiden, "dass die Geschichte, nur vom dogmatischen Standpunkte aus betrachtet, immer zu kurz kommt. Nicht die Geschichte als solche ist die Hauptsache, sondern die Kritik, und indem die Kritik sich nicht an das Positive, sondern an das Negative hält, das Dogma nur dazu sich aufbauen lässt, um seinen Bau wieder in sich zerfallen zu sehen, und zu zeigen, dass nichts an ihm sei, was bestehen kann, scheint es in letzter Beziehung überhaupt nur dazu da zu sein, um sich kritisiren und kritisch negiren zu lassen". Für Baur dagegen war das Dogma als Objektivation des Geistes "selbst wesentlich geistiger Natur"; seine Geschichte "als ein geistiger Process" war folglich dazu da, daß darin "das Wesen des Geistes selbst sich offenbart". "Eben darum kann die einmal begonnene Arbeit des Geistes nie ruhen"[35], und eben darum - dieser Inspiration wegen -

---

[33] "Strauß nimmt das Geschichtliche gar zu sehr nur im allgemeinen" (an W. HEYD, 13.2.1841; bei W. LANG, PrJ 160, 1915, 504). Vgl. Kanon.Evang., 52,71ff (74: "rein abstrakte Behandlungsweise", "nicht concret genug").

[34] Die christliche Glaubenslehre in ihrer geschichtlichen Entwicklung und im Kampfe mit der modernen Wissenschaft dargestellt, Bd.1, 1840, 71 (vgl. X).

[35] Zur Kritik an STRAUß: Dogmengeschichte (s. Anm. 20), 44; zu BAURs eigener Auffassung: a.a.O., 9f. - "Es ist also das Dogma selbst, das in diesem Process mit sich selbst begriffen ist, in ihm sich nur zu sich selbst verhält, indem es in seinen Inhalt aus sich herausstellt, und in ihm sich selbst gegenständlich wird, zum Bewusstsein über sich selbst zu kommen; ebenso gut kann man aber auch sagen, der ganze Verlauf der Dogmengeschichte sei der fortgehende Process des denkenden Bewusstseins mit dem Dogma und jede bedeutende Veränderung, welche in der Geschichte des Dogma eintritt, nur eine andere Stellung, welche das Bewusstsein des Subjects zur Objectivität des Dogma sich gibt. Dass aber das Eine so gut wie das Andre gesagt werden kann, beides auf gleiche Weise wahr ist, hat nur darin seinen Grund, dass es auf beiden Seiten dasselbe Wesen des Geistes ist, das diesen Process an sich selbst durchmacht" (9). "Innerhalb dieser beiden Seiten nimmt die ganze Bewegung des Dogma ihren Verlauf als die unendliche Arbeit des mit sich selbst ringenden, in dem absoluten Inhalt des Dogma die Freiheit seines Selbstbewusstseins erstrebenden Geistes" (10). Nach *dieser* Geschichte der Selbstvermittlung des Geistes hat sich die Methode der kritischen Dogmengeschichtsdarstellung zu richten: sie kann "nur die objective der Sache selbst sein; man kann sich nur in den Entwicklungsgang, welchen das Dogma in seiner immanenten Bewegung genommen hat, hineinstellen und demselben nachgehen, um, weil hier nichts blos zufällig und

konnte Baur einer bloß negierenden Kritik, wie wir hörten, kein bleibendes Recht einräumen. So wenig aber Strauß auf der einen Seite die Baursche Kritik als eine positive gelten lassen konnte, so wenig brauchte er auf der andern sein Negieren als ein dogmatisch motiviertes zu leugnen: "Ich bin kein Historiker, es ist bei mir Alles vom dogmatischen (resp. antidogmatischen) Interesse ausgegangen, und das mag er mit Recht von seinem historisch-kritischen Standpunkt aus mißbilligen"[36].

Antidogmatisch ist Strauß' Standpunkt, sofern er dazu nötigt, die überlieferten christlichen Glaubenssätze als inadäquate, letztlich unwahre Äußerungen des Bewußtseins von der Wahrheit der Idee zu kritisieren. (Und als inadäquat und letztlich unwahr gelten hier die Dogmen, insofern sie noch eingekleidet sind in die Form der aus historischer Anschauung sich nährenden Vorstellung - und weil, wie Strauß dann erfuhr, ihre Verfechter von dieser Form nicht lassen wollten.) Dogmatisch aber kann Strauß sein Interesse noch insofern nennen, als er ursprünglich überzeugt war - es aber nicht blieb, schon 1846 es nicht mehr war - , daß die ewigen, der Idee entsprechenden Wahrheiten des christlichen Glaubens durch die Destruktion des geschichtlichen, mythischer Produktion enstammenden Anschauungsmaterials und der daran hängenden Vorstellungen nicht angetastet werden könnten, ja nach dieser Destruktion erst, in ihrer vollen Reinheit rekonstruiert, leuchten würden. "Dogmatisch" meint somit jetzt in diesem Zusammenhang so viel wie "spekulativ", und dies gilt Strauß ebenso wie Baur gleich "wissenschaftlich". Indes: So wie Strauß den "dogmatischen Standpunkt" ausspielt, gelangt er nicht zu dem "Positiven", auf welches es Baur ankommt. Auch was Strauß seinerseits dabei im Auge hatte, blieb ihm auf der Strecke; er kam nie dazu, seinen einst erhobenen spekulativen Anspruch einzulösen. Gemäß solcher Logik sind die eingangs zitierten Sätze aus der Vorrede zum "Leben Jesu" zu verstehen. Und ebenso Ausführungen wie diese:

Da die "Unwahrheit" der christlichen Glaubensaussagen in deren "endlicher Form" liegt, muß eben diese - als deren "sterblicher Theil" - überwunden werden. Dies aber hat durch "dialektische Kritik und Polemik" zu geschehen, gemäß der "objectiven Dialektik", welche in der "Geschichte der Entstehung, Ausbildung, Be-

---

willkürlich ist, das eine Moment immer wieder als die nothwendige Voraussetzung des andern und alle zusammen als die Einheit ihres Begriffs zu begreifen" (9). Vgl. überhaupt in diesem Einleitungsteil die Ausführungen über Objekt, Methode, Philosophiebezug und Interessenperspektive der Dogmengeschichte (§§ 3-7, S. 3-62), ferner die in Anm. 44 am Schluß genannten Beispiele.

[36] STRAUß fährt fort: "Allein er sollte doch bedenken, wie meine Arbeit für den Anfang gerade angemessen und natürlich war, und wie *sie* ohne meinen Vorgang heute gewiß noch nicht da stünden, wo sie stehen. Blicke ich nun zurück, so finde ich auch früher eigentlich nirgends ein anerkennendes Wort Baur's für meine Arbeiten, immer ablehnend, teilweise ganz lächerlich mich ignorierend, wo es sich geradezu von meinen Ideen nährte ... Kurzum: Es ist keinem Lehrer angenehm, wenn sein Schüler zu früh, und gewissermaßen vor ihm selbst, sich einen Namen macht ... Ich bin der Sohn, der ihm zu früh aus dem Geschäft getreten ist, um ein eigenes zu begründen, das anfangs das seinige verdunkeln zu wollen schien ...; und jetzt, da er mit seinem festina lente weiter gekommen ist als ich, sagt er: sieh, da hast Du's nun ... Ich gestehe, mein persönliches Verhältnis zu Baur finde ich durch diese Sache gestört, deswegen preise ich aber doch sein Werk als ein Meister- und Musterwerk der Kritik" (an MÄRKLIN, 22.7.1846; Wiedergabe nach A. RAPP 1952, 119f - in ABr 183f, Nr. 171 findet sich der Brief nur mit etlichen Auslassungen). MÄRKLIN machte BAUR von diesem Brief - nicht immer wörtlich und vollständig zitierend - unterm 6.12.1846 Mitteilung, als BAUR ihn nach Empfang des bitteren STRAUß-Briefs vom 17.11.1846 ratlos um Vermittlung gebeten hatte (diesen Brief MÄRKLINs bringt BARNIKOL 1961, 292f). Im Brief vom 17.11. 1846 hatte STRAUß ähnlich wie am 22. Juli formuliert: Gegen sein Verfahren, dem "die Geschichte nur Mittel zu einem dogmatischen, d.h. antidogmatischen Zwecke ist", müsse sich bei "einem geborenen Historiker" wie BAUR begreiflicherweise "Widerwille" regen (bei BARNIKOL 1962, 118).

streitung und Vertheidigung der Dogmen" waltet, so daß diese "selbst ihre endliche Form zerbrechen und sich zur Reinheit des Begriffs läutern"[37]. Weil "das gerechte Gericht, d.h. die wahre Kritik einer Sache, nur in ihrer Geschichte liegen kann", wird also aus deren "Fortschritt niemals ein reines Vernichten, sondern nur ein Aufheben im philosophischen Sinne" hervorgehen[38]. In diesem Sinne ergibt sich auch "am Schlusse der Kritik von Jesu Lebensgeschichte die Aufgabe, das kritisch Vernichtete dogmatisch wiederherzustellen"[39]. Denn rechtschaffen "speculativen Theologen" obliegt es, "den kritisch getödteten Leib des Dogma in der unverweslichen Aetherhülle des Begriffs wieder zu erwecken'"[40]. Doch eben, es gibt "kein Auferstehen der Idee, wenn nicht die Historie zu Grunde geht"[41]. (Hier gilt, was der christliche Glaube ja selbst vom inkarnierten ewigen Logos bekennt: "daß, wie die Leiblichkeit des persönlichen Gotteswortes am Kreuze sich ertödten lassen mußte, um durch Auferstehung und Himmelfahrt sich zu verklären: so auch das geschriebene Bibelwort die Nägelmahle und Lanzenstiche der Kritik nicht scheuen darf, damit es, als Buchstabe sterbend, als Geist wiederum auferstehe'"[42].)

So gesehen, d.h. aus solcher spekulativen Warte betrachtet, konnte Strauß diejenige Geschichte gleichgültig sein, die anderen religiös und theologisch - "dogmatisch" in jenem unspekulativen Sinn - von grundlegender Bedeutung war. Er wußte sein Schäfchen anderweitig im Trockenen. (Daß ihm die spekulative Gewißheit, wie eben schon angedeutet, im Lauf der Zeit doch dahinschwand, ist ein anderes Kapitel; es hat wohl auch mit Strauß' Lebenswandel und Berufsgeschichte zu tun[43].) Noch im Vollgefühl seines spekulativ vergewisserten Besitzes aber hatte Strauß die Brücken auch zu einer solchen Geschichte abgebrochen, wie sie sich - als Geschichte göttlicher Geistesarbeit

---

[37] Schleiermacher und Daub in ihrer Bedeutung für die Theologie unserer Zeit, in: Charakteristiken und Kritiken. Eine Sammlung zerstreuter Aufsätze aus den Gebieten der Theologie, Anthropologie und Aesthetik, 1839 (2.A. 1844), 145f,172f.

[38] A.a.O., 30.

[39] Leben Jesu Bd.2, 686 (Schlußabhandlung).

[40] Schleiermacher und Daub, 206.

[41] An DAUB, 11.8.1835; bei Th. ZIEGLER, David Friedrich Strauß (Bd.1 und 2), 1908, Bd.2,767. So ist es für STRAUß z.B. hinsichtlich der Lehre von der Versöhnung zwischen Gott und Menschen klar, daß "für die wirkliche Geschichte, an welcher diese im Laufe der religiösen Entwicklung der Menschheit allmählig herangereifte Idee etwa Veranlassung nahm, in's Bewusstsein hervorzutreten, keine Art von wesentlicher Wichtigkeit im modernen Bewusstsein übrig bleibt" (Glaubenslehre Bd.2,336).

[42] Schleiermacher und Daub, 236 (vgl. auch die oben am Schluß der Anm. 31 zitierte Christkind-Christophorus-Metapher).

[43] Vgl. meine Zürcher Antrittsvorlesung über "David Friedrich Strauß als verhinderter (Zürcher) Dogmatiker" (ZThK 69, 1972, 214-258) und den "Versuch, die Geschichte des Dr. David Friedrich Strauß ihrer theologiekritischen Abzweckung getreu zu erzählen" (in: M. Brecht, Hg., Theologen und Theologie an der Universität Tübingen. Beiträge zur Geschichte der Evang.-Theol. Fakultät, 1977, 344-378; beides jetzt in: H. F. GEIßER, Annahme der Endlichkeit. Aufsätze zur theologischen Anthropologie und zur Dogmeninterpretation, hg.v. H.J. LUIBL, 1993, 301-349 und 350-389. - Die Schlußabhandlung, die STRAUß seinem eigenen Leben und Werk schrieb, ist bekanntlich seit 1872 unter dem Titel "Der alte und der neue Glaube. Ein Bekenntniß" in einer Unmenge von Ausgaben nachzulesen.

im christlichen Bewußtsein, im Kerygma wie auch im Dogma - dem beharrlichen Verstehensinteresse des Historikers Baur darbot[44].

So ergibt sich eine eigentümliche Verschränkung und Asymmetrie der Gegensatzpaare 'positive und negative Kritik' und 'historisch-dogmatisch': Baur kann beide, Strauß nur das zweite zur Kennzeichnung der aufgebrochenen Differenz verwenden. Diese läßt sich daraufhin, unter Einschluß des Verbindenden, folgendermaßen in drei Punkten zusammenfassen:

(1) Die geschichtsphilosophisch-spekulative Grundüberzeugung, die beiden (mit bezeichnenden Unterschieden schon bei dieser Gnosis oder Fundamentaldogmatik) gemeinsam war, machte den einen wie den anderen unabhängig von dem religiösen und dogmatischen Interesse an einmal Geschehenem, wie es (bei allen Unterschieden auch hier) für den christlichen Glauben kennzeichnend ist.

(2) Diese Art von Desinteresse begründete beim einen, bei Baur, gerade wieder ein Interesse anderer, spezifischer Art am konkreten Stoff der geschichtlichen Entstehung und Entfaltung des christlichen Bewußtseins (an der Selbstbewegung des Geistes in den kerygmatischen und den dogmatischen Schriftstücken). Beim andern, bei Strauß hingegen entsprang daraus ein spezifisches Desinteresse an eben diesem geschichtlichen Stoff.

(3) Beides, jenes spezifisch Baursche Interesse ebenso wie dieses spezifisch Straußsche Desinteresse setzte den einen hier, den andern dort zu überraschend neuartigen Beobachtungen und Theoriebildungen an bzw. mit dem überlieferten historischen Stoff instand. Mißgriffe gehörten dazu. Doch Baur und Strauß - nicht sie allein, aber speziell sie beide - gewannen historische Einsichten, die allem Anschein nach zu einem erheblichen Teil als nachvollziehbar und insoweit begründet gelten können, ohne daß dafür just die der damaligen Tübinger Schule selbstverständlichen dogmatischen (oder ideologischen) Voraussetzungen gebraucht würden. Auf die jeweiligen Bedingungen der Möglichkeit, eine heilige, anderen als unantastbar geltende Geschichte mit "Ruhe" und "Kaltblütigkeit" oder gar "Würde" auseinanderzunehmen, niederzulegen und womöglich danach ganz anders wieder zusammenzusetzen und darzustellen, sollten freilich die selbstbewußt Kritikfähigen und Kritikbeflissenen tun-

---

[44] Einst schon hatte der historisch-kritisch vorgehende Professor für den Geschmack seines dogmatisch-kritisch eingestellten Studenten den überlieferten Dogmen und speziell den romkritischen reformatorischen Lehraussagen noch einen zu positiven Sinn abgewonnen. Im Blick auf BAURs erste Symbolik-Vorlesung 1828/29, die er zusammen mit den Freunden besucht hatte, erinnert sich STRAUß an seinen "speculativen Hochmuth", der in den konfessionellen Unterscheidungslehren nur "leere Hülsen" erkennen wollte und den MÄRKLIN "mit seiner Pietät gegen alles historisch Gewordene" dämpfen mußte (a.a.O., - s. Anm. 3-41). Aber aus dem Abstand des Jahres 1851 meint STRAUß zugleich BAURs Befangenheit eher deutlicher zu sehen: "Daß er hierbei mehr, als von seinem philosophischen Standpunkt aus anging, in die einzelnen Lehren des protestantischen Systems mit seinem eigenen Bewußtsein noch verwickelt war, hat sich später in seinem Streite mit Möhler gezeigt; wie denn überhaupt in Baur's Theologie die historische Kritik einen Grad von freier Entwicklung erreicht hat, hinter welchem die dogmatische bis jetzt noch zurückgeblieben ist" (a.a.O., 40). Rückständig wäre demnach BAUR nicht zuletzt dort geblieben, wo er monographisch und groß angelegt "Die christliche Lehre von der Versöhnung in ihrer geschichtlichen Entwicklung von der ältesten Zeit bis auf die neueste" (1838) und "Die christliche Lehre von der Dreieinigkeit und Menschwerdung Gottes in ihrer geschichtlichen Entwicklung" (Bd.1-3, 1841-1843) behandelte.

lich reflektieren. Denn solcher Bedingungen gibt es wohl allerlei, aber sie sind nicht unbedingt allewege gegeben, wie unter anderm am Fall Baur-Strauß zu studieren ist.

Das führt mich zu einer Schlußbetrachtung. Es liegt nahe und leuchtet ein, wie folgt zu räsonnieren: Daß das historisch-kritische Vorgehen beim einen diese, beim andern jene Wendung und Richtung nahm, das lag an der unterschiedlichen Struktur, in der sich die gemeinsamen geschichtsphilosophisch-spekulativen Elemente beim einen und beim andern zur nicht weiter mehr befragten Grundvoraussetzung - zu jenem 'Urwissen' - formiert hatten. Aber so einfältig, wie speziell Strauß sich das Hegelsche Konzept der Aufhebung der Vorstellung in den Begriff zurechtgelegt hatte, konnte es ja nicht gut gehen. So eine "Pseudo-Spekulation"! Es wäre demnach der Begriff Gottes als des sich im endlichen Geist selbst denkenden absoluten Geistes nur richtig zu fassen und tief genug zu denken, und nichts könnte im Nach- und Weitervollzug der Geschichte des religiösen Bewußtseins zu verkehren - etwa Feuerbachschen - Folgerungen verleiten[45].

Doch mich dünkt, das spezifische Interesse, das Baur im Gegensatz zu Strauß für das geschichtliche Christentum hegte, hänge ungleich tiefschichtiger mit einem anderen Sachverhalt zusammen. Ernst Barnikol hat ihn, etwas allzubemüht und mit dem hartnäckigen Herbeibemühen ihn über Gebühr strapazierend, in der "Kirchlichkeit" geortet, die für Baur ganz anders als für Strauß etwas Selbstverständliches geblieben war[46]. Diese Kirchlichkeit wiederum hängt offensichtlich auch, wenngleich nicht nur, mit dem ungleichen kirchlich-beruflichen und theologisch-beruflichen Schicksal der beiden zusammen. Was läßt sich darüber sagen?

Wenn wir unter dem, was bei Baur "christliches Bewußtsein" heißt, auch Frömmigkeit verstehen, so müssen wir wohl denen einigermaßen recht geben, die weder bei Strauß noch auch bei Baur ein besonders tiefes religiöses Empfinden und Verständnis finden konnten[47]. Jedenfalls das exquisite "Bedürfnis einer Anhänglichkeit an Christum", an den Jesus der Geschichte und den Christus des Glaubens, den "Erlöser" (ein Bedürfnis, das Strauß selbst hinter sich gelassen hatte und über dessen

---

[45] Derlei gehört ja zu den höheren Erkenntnissen, die in unseren Tagen von München ausgegangen sind. Vgl. F.W. GRAF, Kritik und Pseudo-Spekulation. David Friedrich Strauß als Dogmatiker im Kontext der positionellen Theologie seiner Zeit (Münchener Monographien zur hist. und syst. Theologie Bd.7), 1982; F. WAGNER, Vernünftige Theologie und Theologie der Vernunft, Erwägungen zum Verhältnis von Vernunft und Theologie, KuD 24 (1978) 262-284; ders., Was ist Religion? Studien zu ihrem Begriff und Thema in Geschichte und Gegenwart, 1986 (etwa 74-89 und 572-589); ders., Was ist Theologie? Studien zu ihrem Begriff und Thema in der Neuzeit, 1989 (u.a. 204-285 und 343-350).

[46] Ferdinand Christian Baur als rationalistisch-kirchlicher Theologe (Aufsätze und Vorträge zur Theologie und Religionswissenschaft, hg.v. E. SCHOTT und H. URNER, Heft 49), 1970; s. dort die Abschnitte 2-4 (7-24), deren letzter die Überschrift trägt: "Der kirchliche Baur contra den a-, un- und antikirchlichen Strauß!" (18ff). Vgl. schon BARNIKOL 1991, 294f.299.

[47] Man sollte freilich mit solchen Urteilen behutsam sein. Vgl. für STRAUB: D. Lange, Historischer Jesus oder mythischer Christus. Untersuchungen zu dem Gegensatz zwischen Friedrich Schleiermacher und David Friedrich Strauß, 1975, 301 (mit Verweis auf ältere Voten, s. Anm. 473); für BAUR: G. FRAEDRICH, Ferdinand Christian Baur, der Begründer der Tübinger Schule als Theologe, Schriftsteller und Charakter, 1909, 199.374; zu STRAUB und BAUR s. auch A. Rapp 1952, 144.

Gemütsverankerung bei Schleiermacher er sich hernach mokieren konnte[48]), ist bei Baur wohl schon von Haus aus nicht vorauszusetzen. Baurs Frömmigkeit und Christlichkeit war durch kirchlich-institutionelles Herkommen geprägt; sie bekundete sich in biederer Rationalität und Moralität. Sie war allerdings gespeist und beflügelt durch die "Idee" der in ethisch gegründeter Gemeinschaft und Freiheit zu lebenden Einheit von Gott und Mensch, wie er sie im christlichen Bewußtsein und prototypisch bei Jesus von Nazareth lebendig fand. Darum mißfiel ihm auch der Ton, in dem Strauß von Jesus sprach, und er sah Jesu "Persönlichkeit" durch Strauß geschichtlich nicht hinreichend gewürdigt[49]. (Da war wohl Schleiermachers Einfluß noch immer kräftig.) - So viel ad vocem "Frömmigkeit".

Doch so oder so: Baurs Verbundenheit mit dem Gemeingeist - schleiermacherisch gesprochen - seiner evangelischen Kirche scheint unausrottbar gewesen zu sein, trotz allen Anfeindungen, die er durch die Frommen dort erfuhr, und ungeachtet der bisweilen vernichtenden Diagnosen, die er dieser Kirche in ihrer gegenwärtigen Erscheinung stellen mußte. Das ließe sich illustrieren[50].

---

[48] Im Anschluß an die Definition der christlichen Religion, wonach "alles in derselben bezogen wird auf die durch Jesum von Nazareth vollbrachte Erlösung" (Glaubenslehre 2.A. Leitsatz § 11), hatte SCHLEIERMACHER die Anerkennung einer Religionsgemeinschaft als christlich dann noch für möglich gehalten, "wenn sie sich nicht selbst dafür ausgäbe, schon wirklich von dem Bedürfnis einer Anhänglichkeit an Christum erlöst zu sein" (§ 11,5; Ausgabe Redeker Bd.1,82). In bezug auch auf andere Indizien einer solchen Anhänglichkeit bei SCHLEIERMACHER kann STRAUß dann sagen: "Das Grunddogma, dem alle übrigen nur dienten, war das von Christus, mit dem in innigem persönlichem Verkehr sich zu fühlen, Schleiermacher'n von seiner Erziehung in der Brüdergemeinde her gemüthliches Bedürfniß war" (Vorrede zu "Gespräche von Ulrich von Hutten übersetzt und erläutert", 1860, Ges.Schr. Bd.7, 1877, 548f, vgl. 560). Ähnlich ironisch-indigniert äußert sich STRAUß auch sonst zu dieser Eigentümlichkeit; vgl. Schleiermacher und Daub, 36f; Der Christus des Glaubens und der Jesus der Geschichte. Eine Kritik des Schleiermacher'schen Lebens Jesu, Ges.Schr. Bd.5, 1877, 28f. Des jungen Studenten STRAUß gereimter "Dank für die Erweckung" hatte einst (1827 oder 1828?) geendet mit den Zeilen: "Ja, laß mich nimmer reich und mein, nur arm und dein, Herr Jesu sein!" (Ges.Schr. Bd.12,9f).

[49] So im Brief an den Freund W. HEYD, wo BAUR "die öfters verletzende Kritik, besonders gegenüber der Person Jesu" beanstandet (bei W. LANG, PrJ 160, 1915, 484). Zur Rolle Jesu von Nazareth bei der Erweckung des freiheitlich-universalen christlichen Prinzips im Gottesverhältnis des sittlichen Bewußtseins vgl. Christentum der ersten 3 Jh. (s. Anm. 11), 2.A. 1860, 36f; Tübinger Schule, 2.A. 1860 (s. Anm. 11), 12f,28-37. Von dieser neutestamentlichen Voraussetzung gilt für Baur "der an die Person Jesu geknüpfte und mit ihr identische substantielle Inhalt des christlichen Bewusstseins als der unwandelbare Grund aller geschichtlichen Bewegung", in welcher sich das Dogma modifiziert (Dogmengeschichte - s. Anm. 20 -, 5f).

[50] So konnte gerühmt werden, wie der Verstorbene "mit aller Wärme des frommen Gefühls, mit rüstiger Kraft geistlicher Beredtsamkeit Jahrzehnte als Prediger des Evangeliums an der Gemeinde gewirkt hat" (Dekan Ludwig GEORGII am 5.12.1860 in der Rede am Grabe, in: Worte der Erinnerung an Ferdinand Christian von Baur, Doctor und ordentlicher Professor der Theologie an der Universität Tübingen, erstem Frühprediger an der Stiftskirche, erstem Inspector des evangelischen Seminars daselbst, Ritter des Ordens der Württembergischen Krone, 1861, 6). Im selben Sinn äußerte sich der Kollege von der praktischen Theologie, Christian PALMER, bei der Feier in der Kirche (a.a.O., 17; vgl. jetzt Christa ANDREAE, Ferdinand Christian Baur als Prediger. Exemplarische Interpretationen zu seinem handschriftlichen Predigtnachlaß, Diss.masch. Tübingen 1991). Als überaus "bezeichnend" und "schön" konnte PALMER ferner erwähnen, daß der "verewigte Lehrer und Freund" "noch am Morgen seines Todestages zu der Stunde, da die Glocken zur Kirche einluden, erwachend aus der Betäubung sich plötzlich erinnerte, es sei heute Advent, und nun eiligst sich erheben und Anstalt machen wollte, zur Kirche zu gehen, weil es Advent sei!" (18, vgl. 15). Die Rede war bei den Nachrufen auch von BAURs Respekt für "kirchliche Anstalten" und "kirchliche Lebensinteressen" (GEORGII, 6), von des kollegial sich einsetzenden Stiftsinspektors Sorge um und Freude über tüchtigen kirchlichen Nachwuchs (Ephorus Gustav Friedrich OEHLER bei der Gedächtnisfeier im Stift, a.a.O., 25-30; vgl. PALMER, 16). - Auf der anderen Seite begegnet

Da herrscht also große Verschiedenheit. Sie dürfte, wie gesagt, gewiß auch, aber keineswegs nur mit der unterschiedlichen Verteilung von "Glück und Unglück eines Theologen mit seiner Kirche" zusammenhängen[51]. Was war wohl sonst noch im Spiel?

Zwischen dem Lehrer Baur und dem Schüler Strauß scheint etwas passiert zu sein, das auch sonst - und nicht zuletzt heutzutage - in einer kirchlich-theologischen Generationsfolge und -ablösung vorkommt: Was bei Älteren (oder Eltern) eine wie selbstverständliche Grundgegebenheit und Gewißheit ist, von der sie gerade in ihren eigenen traditionskritischen Absetzbewegungen getragen sind und zehren, das vermögen sie zumindest in der Gestalt, die es für sie erlangt hat, den Jüngeren und Nachrückenden nicht weiterzureichen. Und: Was die Jüngeren von den Älteren, von Lehrern oder Eltern mitnehmen, das vermag - gerade auch da, wo sie sich diesen dankbar verpflichtet wissen - bei ihnen Wirkungen zu zeitigen, welche die Älteren so nicht gewollt haben und nicht gutheißen können, vermag Gestalten anzunehmen, in denen diese das Ihre nicht wiedererkennen können.

In diese auch sonstwie krisenträchtige Geschichte des christlichen Bewußtseins - eine zu überliefernde und zu erprobende Beziehung zwischen Gott und Menschen - sind wir einbezogen. Es ist noch immer die Geschichte, in der der Historiker Baur die "einmal begonnene Arbeit des Geistes" vonstatten gehen sah (wissend: 'dein Arbeit darf nicht ruhn')[52], von der er darum nicht Abschied nehmen konnte und wollte - nicht wie Strauß, der sich "aus den Falten des schwarzen Rocks" herauswik-

---

[51] STRAUß als der, dessen ganze theologische Schriftstellerei für ihn den Zweck erhielt, "vollständig" sich "aus den Falten des schwarzen Rocks herauszuwickeln" (an den Bruder Wilhelm, 1.10.1843; ABr 154, Nr. 145). Bald nur noch widerwärtige "Pfaffen", "verächtliches Theologenpack" konnte er in der Kirche am Werk sehen (die erstere Titulatur wird allmählich im Briefwechsel die Regel - vgl. den hier in Anm. 31 zitierten Brief des Jahres 1860 - , den zweiten Ausdruck teilt ZIEGLER Bd.2,592 mit). Und das Urteil des Freundes MÄRKLIN (der von der Pfarrstelle im pietistisch durchsetzten Calw weg- und eine theologische Professur in Tübingen anstrebte - erfolglos, aber er gelangte alsdann in den Schuldienst) ist STRAUß aus dem Herzen gesprochen: "Besseres ist dieses Polizei-Institut, diese Zwangsanstalt für das Denken, diese alte Kirche, nicht werth, als daß sie bald zusammenstürzt" (Märklin, 126 = Ges.Schr. Bd.10,290). Was aber ist mit den "armen Knabenseelen", die in STRAUß' heimischer Kirche "jährlich durch den Speck der Stiftungen in die theologische Mausfalle gelockt werden", wo an den Aporien zwischen wissenschaftlichem Studium und Predigtauftrag "gerade die besten am jämmerlichsten zu Grunde gehen" (Glaubenslehre Bd.2, 1841, 626/ Anm. 17)? Nun, die kirchliche "Selbstbelügungsanstalt" (an VISCHER, 30.11./1.12. 1849; Vischer-Br. Bd.1,238) weiß den ihr taugenden Nachwuchs trefflich zu intolerantem "Fanatismus" zu erziehen (Hutten-Vorrede a.a.O., - s. Anm. 48-557f - vgl. 556). Den Weg aber der wohl oder übel im Kirchendienst verbliebenen Freunde - meist auch BAUR-Schüler - konnte STRAUß längst nur noch mit Skepsis begleiten, vgl. u.a. die letzten Seiten des "Leben Jesu" (Bd.2,740-744, d.h. des auf ein "Letztes Dilemma" hinauslaufenden § 147, der "Schlußabhandlung"; s. auch den eben erwähnten Brief an VISCHER). Denn nach den Erfahrungen insbesondere im deutschen Land Württemberg und im eidgenössischen Stand Zürich (1839!) hielt STRAUß eine religiöse oder philosophische Vermittlung zwischen "den zwei Klassen der Gesellschaft, den Wissenden und dem Volke" (bzw. den sogenannten "Glaubenden" dort, den "Überfrommen") für gänzlich ausgeschlossen; eine "Scheidung der Gegensätze" mußte kommen, dann mochten beide Teile einander in Ruhe lassen und ihrer Wege gehen (Glaubenslehre Bd.1, 1840, 355f).

[51] S. meinen so betitelten interkonfessionellen Vergleich, durchgeführt "am Beispiel der beiden Tübinger Johann Adam Möhler und David Friedrich Strauß" (ZThK 83, 1986, 85-110; dass. in der Anm. 43 genannten Sammlung, 390-417).

[52] S. oben bei und in Anm. 35.

keln mußte⁵³. Verwickelt in diese Geschichte und geschützt von seinen Gewißheiten durfte Baur sich so scharfsichtig-zuversichtlich, so positiv-kritisch, an den kirchlich in Geltung stehenden biblischen und dogmatischen "Schriften" zu schaffen machen; auch für ihn waren sie ja voller Inspiration⁵⁴.

---

⁵³ Siehe die in Anm. 50 zu Anfang des STRAUß betreffenden Abschnitts zitierte Briefstelle.

⁵⁴ Bezüglich des Verhältnisses zur heiligen Schrift hat STRAUß einmal auf ein seines Erachtens typisch protestantisches Handicap gegenüber Katholiken aufmerksam gemacht. Was er hier gesehen hat (es ist in dem in Anm. 51 genannten Aufsatz erwähnt), gibt allerdings zu denken, zumal heute. Jedenfalls erläutert STRAUß mit seiner Problemdarstellung auch zugleich die eigene Nonchalance in Sachen der BAUR am Herzen liegenden "Kritik der Schriften". BAUR indes dürfte so doch nicht ganz zutreffend erfaßt sein (und der Verfasser der Biblischen Dogmatik ohnehin nicht): "Es ist nämlich ganz eine andere Sache, die Göttlichkeit einer Schrift, als die eines Instituts wie die Kirche, zu beweisen. Diese beweist sich selbst ... Einer heil. Schrift dagegen sind die Gläubigen nicht so immanent wie der Kirche, sie ist kein lebendiger Process, der die Subjecte in sich begriffe, sondern diese stehen ihr als einem Objecte gegenüber, mit dem sie erst vermittelt werden müssen. Allerdings ist diese Vermittlung auch bei den Protestanten von Hause aus durch die Erziehung und den Gemeingeist der Kirche vorhanden: aber dieses substantielle Verhältniss, in welchem der Katholik unbefangen ruht, ist dem Protestanten nicht das wahre - es ist ja das katholische - , er muß es aufheben, um das Subjekt als solches, unabhängig von kirchlicher Auctorität, der Göttlichkeit der Schrift gewiss werden zu lassen ... Worauf sollen wir aber unsern Glauben an die Schrift bauen, wenn weder der Kirche noch räsonnirender Beweisführung eine Stimme eingeräumt wird?" (Glaubenslehre Bd.1,133f, im § 12 über die Lehre von der Schriftinspiration, zwischen "Tradition und Schrift" und "Auslegung der heiligen Schrift"). - Zu der Baur von Strauß unterscheidenden Kirchlichkeit s. auch A.E. BIEDERMANN, Ferdinand Christian Baur (1861), in: Ausgewählte Vorträge und Aufsätze, hg. von J. KRADOLFER 1885, 105-185: 129f.

Jürgen Roloff

Exegese als Sprachhilfe zur einfachen Gottesrede

I.

Die lange Zeit als selbstverständlich geltende Behauptung, der Weg von der historisch-kritischen Textauslegung zur Predigt sei theologisch sachgemäß, weil der Sache der Predigt dienlich, ist in den letzten Jahren zusehends kritisch in Frage gestellt worden. Und dies, wie mir scheint, mit Recht. Die gewichtigen Gegenargumente kamen sowohl aus dem Bereich der theologischen Hermeneutik wie auch aus der Erfahrungswelt der Predigtpraxis. Um nur einige davon kurz anzudeuten: Die Vorschaltung der Exegese bringt den Text in eine kaum überbrückbare Distanz zur heutigen Gemeinde. Die Rekonstruktion dessen, was der Text in seiner geschichtlichen Ursprungssituation sagen wollte, gewinnt zumeist ein so starkes Eigengewicht, daß der Prediger mit dem folgenden Schritt, durch Interpretation die Bedeutung des Textes für Glauben und Leben heutiger Christen aufzuweisen, überfordert ist. Es bleibt dann in der Regel beim Aufweis anthropologischer Parallelen[1], wenn nicht gar bei der Auswertung einzelner Worte, die sich für einen assoziativen Bezug zu gegenwärtigen Erfahrungen anbieten. Der Prediger entscheidet aufgrund seiner exegetischen Kompetenz, in wieweit und ob überhaupt der Text "uns heute" noch etwas zu sagen hat. Damit aber maßt er sich die unangemessene Kompetenz eines Richters über den Text an.

Friedrich Mildenberger hat, indem er auf die theologische Relevanz des Genus der einfachen Gottesrede aufmerksam machte, die Reihe der eben genannten Argumente nicht nur um ein weiteres bereichert, sondern – verstehe ich ihn recht – ein diese summierendes übergreifendes Kriterium in die Diskussion eingeführt. Einfache Gottesrede "bringt durch die biblischen Texte Anstehendes auf Gott hin zur Sprache"[2]. Sie hat das unmittelbare Zusammengehören von Kirche und biblischem Wort zur Voraussetzung. Die Kirche ist die durch das Wort der Heiligen Schrift geschaffene Gemeinschaft, weil dieses Wort sie erst sprachfähig auf Gott hin werden läßt und sie damit zugleich zu vom Glauben bestimmter Kommunikation fähig macht. Sie ist also - ohne daß damit andere ekklesiologische Bestimmungen ausgeschlossen wären - zunächst in einem ganz wesentlichen Sinn von der Heiligen Schrift bestimmte *Sprachgemeinschaft*. Die primäre Funktion der Predigt ist eben solche einfache Gottesrede; sie soll aufgrund des biblischen Textes ansagen, was jetzt im Blick auf Gott für die Gemeinde an der Zeit ist. Damit umschreibt Mildenberger letztlich nichts anderes, als das, was im Neuen Testament als der profetische Aspekt der Predigt dargestellt wird: Urchristliches προφητεύειν war ja nichts anderes als die vom Wort der Schrift her erfolgende Ansage des jetzt und hier der Gemeinde geltenden Willens Gottes bzw. des erhöhten κύριος (vgl. 1Kor 14,3.25f). Zu solcher Ansage aber ist nach Mildenberger die heutige Predigt nur fähig, solange sie den Lebenszusammenhang der Gemeinde mit dem Wort der Schrift voraussetzen kann. Im Blick auf eine Predigt hingegen, die von einem Verständnis des biblischen Textes als einer in historischer Distanz zur heutigen Gemeinde stehenden Größe

---

[1] Dazu R. BOHREN, Biblische Theologie wider latenten Deismus, JBTh 1 (1986) 163-186. 169f.

[2] F. MILDENBERGER, Biblische Dogmatik I, Stuttgart 1991, 30.

ausgeht, erhebt er den Vorwurf, sie trenne auseinander, was wesenhaft zusammengehört. Mit dem Versuch jedoch, das historisch Getrennte mittels theologischer Interpretation letztlich doch wieder zusammenzubringen, überfordere der Prediger sich selbst und auch die Gemeinde. Der durch die Historisierung des Textes bestrittene Lebenszusammenhang zwischen Schrift und Gemeinde werde hierbei nämlich ersetzt durch die mehr oder weniger mühsame Konstruktion eines bloßen gedanklich-assoziativen Zusammenhanges, der bestenfalls interessant sein mag, aber keinesfalls *Verbindlichkeit* konstituieren kann.

Immer wieder hat Mildenberger seine Sorge darüber artikuliert, daß die heutige Exegese, weil sie auseinanderreißt, was wesenhaft zusammengehört, den Weg zur einfachen Gottesrede verbaut. Vor allem in seinen Lehrveranstaltungen fand er harsche Worte gegen den Historismus der Exegeten. Wenn die Studierenden (was freilich manchmal geschah) diese als Freibrief dafür auffaßten, es mit den exegetischen Fächern nicht so ernst zu nehmen, so war das gewiß ein Mißverständnis, das schon durch die Tatsache widerlegt sein sollte, daß Mildenbergers eigene wissenschaftliche Anfänge in der Exegese lagen und daß er bis in die Gegenwart hinein in regem Gespräch mit ihr geblieben ist. Für das letztere ist die "Biblische Dogmatik" ein eindringlicher Beweis. Seine Kritik bezieht sich allein auf den historistischen Ansatz der Exegese und dem darin implizierten Anspruch, "der Wahrheit darin näher" zu sein, "daß sie den eigentlichen, von gegenwärtigen Fragen unbehelligten Sinn der Bibel erfaßt"[3].

Als Exeget, der Tag für Tag das historisch-kritische Handwerk betreibt und dessen Methodik vom Proseminar an in der Lehre den Studierenden zu vermitteln sucht, sehe ich mich durch diese Kritik nicht in Frage gestellt. Das wäre auch eine schlechte Basis für ein Gespräch. Ich nehme Mildenbergers Kritik vielmehr als eine Herausforderung, im Gespräch mit ihm und in kritischer Aufnahme seiner Gedanken darüber nachzudenken, ob und wie es möglich sein könnte, Exegese so in die Predigtarbeit einzubringen, *daß der Bruch zwischen Text und Gemeinde vermieden wird und der Weg zu einfachem Reden von Gott sich auftut.* Dieses Nachdenken geschieht auf dem Hintergrund eigener Predigtpraxis. Ich gestehe gern, daß ich als relativ häufig predigender Exeget mein Handwerk je länger desto weniger als die Unmittelbarkeit des Textes zur Gemeinde und zu mir als Prediger behindernd empfunden habe. Es hat mir eher geholfen, die Nähe des Textes aufzuspüren. Dabei mag viel Intuitives und Unreflektiertes im Spiel gewesen sein. Umso nötiger erscheint es mir, diese Erfahrungen methodisch zu reflektieren.

Nun hat freilich Mildenberger selbst bislang hinsichtlich solcher methodischer Reflexion eine überraschende Zurückhaltung an den Tag gelegt. In seiner "Kleinen Predigtlehre" ist von der historisch-kritischen Methodik lediglich als von einem "Handwerk" die Rede, das zu den notwendigen Voraussetzungen des Predigers gehört, sich aber nicht in den Vordergrund rücken darf. Seine Beherrschung macht den Prediger

---

[3] Biblische Dogmatik I,34.

frei, seine Aufmerksamkeit auf anderes, wichtigeres zu richten[4]. Die Textauslegung in der Predigt verlangt anderes "als die historisch-kritische Textbearbeitung, wie sie etwa in einer Proseminararbeit vorgelegt wird"[5], nämlich dies, daß sie der Kontinuität des Geistgeschehens Rechnung trägt, kraft derer Text und Situation so zusammenkommen, "daß sie sich gegenseitig erhellen"[6]. Im selben Zusammenhang benennt Mildenberger auch jene Faktoren, in denen sich die *Kontinuität des Geistgeschehens* manifestiert und auf die der Prediger darum zu achten hat: die biblischen Texte entstammen einem geschichtlichen Zusammenhang, der auch die heutige Gemeinde mit einbezieht, und müssen innerhalb desselben interpretiert werden; sie bezeugen Jesus Christus als Gottes Zuspruch und Anspruch, und deshalb muß dieses Zeugnis auch in der Predigt laut werden. Er sagt jedoch nichts über positive Möglichkeiten der Exegese, *an die Erkenntnis dieser Faktoren heranzuführen*. So hat es den Anschein, als bliebe die exegetische Arbeit aus dem eigentlichen theologischen Geschehen der Predigtvorbereitung ausgegrenzt und als sei das beste, was von ihr erwartet werden könne, dies, daß sie sich auf dieses Eigentliche und Zentrale nicht störend auswirkt.

Darin, daß dies nicht das letzte Wort zur Sache sein kann, hoffe ich mit Mildenberger einig zu sein. Ich will deshalb versuchen, das von ihm begonnene Gespräch weiterzuführen, indem ich einige Gedanken aus meiner Sicht – das heißt, aus der Sicht des sich als Prediger verstehenden Exegeten – beitrage.

II.

Ich setze mit der Besprechung des Ausgangspunktes der Kritik Mildenbergers an der Exegese ein: diese schaffe eine nicht überbrückbare Distanz zwischen Text und Gemeinde. Hier scheint mir eine Differenzierung dringend geboten zu sein. In der Tat gehört es zu den Aufgaben der Exegese, festzustellen, was ein Text in seiner ursprünglichen Entstehungssituation sagen wollte. Dabei wird sich in vielen Fälle auch ein Abstand zur heutigen Predigt- und Hörsituation ergeben. Diese Aufgabe wird heute weithin als theologisch begründet, ja notwendig beurteilt. Man spricht – in Anlehnung an Bertolt Brechts dramaturgisches Programm – von einer notwendigen *Verfremdung*, die eine vorschnelle Okkupation des Textes als eines angestammten Besitzes verhindere und so sicherstelle, daß dieser Text in der ihm zukommenden Position des Gegenübers zur heutigen Gemeinde wahrgenommen werden könne[7]. Die Exegese werde – und das

---

[4] F. MILDENBERGER, Kleine Predigtlehre, Stuttgart 1984, 28f: "Hoffentlich beherrscht einer dann (*scil.* in der Praxis) dieses Handwerkszeug so, daß er damit keine Probleme mehr hat und also seine Aufmerksamkeit auf anderes konzentrieren kann."

[5] Ebd. 29.

[6] Ebd. 30.

[7] Vgl. hierzu B. BRECHT, Über experimentelles Theater (1939), in: ders., Werke. Schriften, zusammengestellt von W. Jeske, Frankfurt am Main 1991, 133-151. 148: "Einen Vorgang oder einen Charakter verfremden heißt zunächst einfach, dem Vorgang oder dem Charakter das Selbstverständliche, Bekannte, Einleuchtende zu nehmen und über ihn Staunen und Neugierde zu erzeugen ... Verfremden heißt also Historisieren, heißt Vorgänge und Personen als historisch, also als vergänglich darstellen." Ders., Kurze Beschreibung einer neuen Technik der Schauspielkunst, die einen Verfremdungseffekt hervorbringt (1940), ebd., 161-181.166:

ist freilich eine von Bertolt Brecht völlig abweichende Zielsetzung des Verfremdungsprinzips[8] , indem sie verfremdend den historischen Abstand aufweise, zur Sachwalterin des reformatorischen Schriftprinzips, das die Schrift als Trägerin eines von außen auf die Gemeinde zukommenden, ihr zunächst fremden Wortes verstehe und der Predigt so die Aufgabe zuweise, die Gemeinde zur Entdeckung dieses Fremden und zur Verständigung mit ihm anzuleiten. Markant ausgeprägt erscheint diese Sicht bei Hans Weder, der das exegetisch-hermeneutisch erhobene Schriftverständnis in die Metapher des *fremden Gastes* faßt[9]. Es geht darum, sich dessen bewußt zu bleiben, daß die Schrift nicht einfach eine Funktion der Kirche ist, sondern der Kirche wesenhaft vorgeordnet bleibt und ihr ein Wort sagen will, das sie sich nicht selbst sagen kann. Es läßt sich schwerlich bestreiten, daß die historische Exegese, insofern sie der "Sicherung der Fremdheit des Evangeliums gegenüber seiner vorschnellen Einverleibung durch die Kirche" dient, eine theologische Funktion hat, die speziell für die Predigt unentbehrlich ist[10].

Aber insofern die Exegese diese Funktion wahrnimmt, hilft sie gerade noch nicht zu einer einfachen Gottesrede. Sie verhindert, ganz im Gegenteil, daß es zu einem *allzu einfachen*, weil den Text in seiner Eigenart nicht das Wort gebenden Reden von Gott kommt. Und sie tut das, indem sie den geschichtlichen Abstand bewußt macht. Solche Reflexion über den ursprünglichen historischen Ort des Textes gehört zunächst in den Bereich jener wissenschaftlichen Kontrollfunktionen, die der seine Verkündigung methodisch reflektierende Prediger wahrzunehmen hat, und die auch Mildenberger, wenn ich ihn recht verstehe, für unumgänglich hält[11]. Er wäre wohl auch bereit, zuzugestehen, daß diese Reflexion unter gewissen Umständen auch in der Predigt selbst thematisiert werden kann. Das hat freilich zur Folge, daß diese in dem Maße, wie solcher Reflexion des geschichtlichen Abstands in ihr Raum gewährt wird, aus dem Genus der einfachen Gottesrede herausfälllt. Denn mit ihr tritt an die Stelle der Ansage dessen, was *jetzt* von Gott her an der Zeit ist, die Information über das, was *damals* geschah und gedacht wurde, in welcher Situation sich der Verfasser befand und mit welcher Intention er schrieb. Thema ist dann nicht mehr das *Reden Gottes zu uns durch den biblischen Text*, sondern das *Reden über Gott in diesem Text*. Damit befinden wir uns im Bereich der *Lehre*, deren Thema ja das Reden über Gott ist. Das ist legitim, wenigstens so lange der Prediger die Genera seines Redens zu unterscheiden weiß. Die Predigt war stets auch Ort der Lehre, wenn auch keineswegs ihr primärer Ort. Heute

---

"Der Schauspieler muß die Vorgänge als historische Vorgänge spielen. Historische Vorgänge sind einmalige, vorübergehende, mit bestimmten Epochen verbundene Vorgänge. Das Verhalten der Personen in ihnen ... hat durch den Gang der Geschichte Überholtes und Überholbares und ist der Kritik vom Standpunkt der jeweilig darauffolgenden Epoche aus unterworfen. Die ständige Entwicklung entfremdet uns das Verhalten der vor uns Geborenen."

[8] Nach BRECHT (ebd. 166) geht es nicht um Verständigung mit dem geschichtlich Abständigen, sondern um dessen kritischer Ortung innerhalb geschichtlicher und gesellschaftlicher Prozesse. So ist das vom Schauspieler zu fordernde Verhalten das einer Nicht-Identifikation, die den Zuschauer, indem sie ihn an der Identifikation hindert, "zur Kritik der dargestellten Person" auffordert (ebd.).

[9] H. WEDER, Neutestamentliche Hermeneutik, Zürich 1986, 428-435.

[10] R. OECHSLEN, Kronzeuge Paulus, München 1990 (BEvTh 108), 251.

[11] Dazu MILDENBERGER, Biblische Dogmatik I,30: "Eine theologische Begleitung der einfachen Gottesrede ist unumgänglich, wenn das reformatorische Schriftprinzip bewahrt werden soll."

allerdings, wo andere Formen kirchlichen Lehrens immer stärker zurücktreten, wird sie mehr und mehr zum einzigen Ort, wo solches Lehren möglich ist.

Ich wage hier noch einen weiteren Schritt mit der Behauptung, daß zum nötigen und sinnvollen Lehren auch die Information über exegetische Sachverhalte gehören kann. Sicher darf diese Information nicht zum Selbstzweck werden. Die Kanzel ist nicht der Ort für die Ausbreitung der Ergebnisse der historischen Textanalyse des Predigers.

Aber wer predigt, sollte ein Gespür für jene Aussagen des biblischen Textes haben, von denen zu erwarten ist, daß sie bei den Predigthörern historische Zweifel und kritische Rückfragen provozieren. Diese Hörer sind nun einmal weitgehend bestimmt vom rationalistischen Denken der modernen Gesellschaft, der sie angehören. Das gilt übrigens auch von denen, die ein fundamentalistisches Schriftverständnis vertreten: Ihr Pochen auf die wörtliche historische Zuverlässigkeit der Bibel ist das Korrelat eines rationalistischen Positivismus[12]. So ist der Prediger etwa Rechenschaft darüber schuldig, wie es um die Historizität mancher krass-wunderhaften Züge biblischer Erzählungen steht. Er muß deutlich zu machen versuchen, daß es sich hier nicht um Tatsachenberichte im modernen Sinn handelt, sondern um doxologisch überhöhende Darstellungen aus der Sicht des Glaubens. Anders gesagt: die Aufgabe, die sich ihm stellt, läuft darauf hinaus, dazu zu helfen, in solchen Texten *das Genus der einfachen Gottesrede freizulegen und wahrnehmbar zu machen*. Das darf freilich nicht im Ton überheblicher Besserwisserei geschehen. Vielmehr muß erkennbar bleiben, daß es die Ehrfurcht vor dem Text ist, die den Prediger veranlaßt, dessen innere Bewegung nach-denkend – und das heißt: auch kritisch – nachzuvollziehen. In der Regel wird dann die Gemeinde auch bereit sein, sich ihrerseits auf solchen Nachvollzug einzulassen.

Nun kommt es allerdings entscheidend darauf an, daß die *Verfremdung* des Textes nicht das letzte Wort der Exegese bleibt. Die Metapher vom *fremden Gast* erweist sich nämlich als höchst fragwürdig, sobald man ihr etwas genauer nachdenkt. Der Fremde bleibt ja im Status des Gastes. Er ist einer, der nicht dazugehört und der keinen bleibenden Platz im Hause hat[13]. Man kann versuchen, auf ihn einzugehen, ihn seine Sache sagen zu lassen und ihn zu verstehen. Man kann sogar Neues von ihm erfahren und sich so durch ihn bereichern lassen. Aber er hat nicht teil am normalen Leben der Hausbewohner. Solange er da ist, ist Ausnahmesituation. Die Kommunikation mit ihm hat insofern etwas Künstliches, weil sie die normale Kommunikation der Hausbewohner[14] unterbricht. Man darf annehmen: erst wenn der Gast gegangen ist, sind die Hausbewohner wieder unter sich und ihre normale Kommunikation kann weitergehen.

---

[12] Dazu S. HAUERWAS, Unleashing the Scripture: Freeing the Bible from Captivity to America, Nashville 1993, 18: "The fundamentalist and biblical critic share the assumption that the text of the Bible should make rational sense (to anyone) apart from the uses that the Church has for Scripture."

[13] S. hierzu WEDER, a.a.O., 435: "Der eigentliche Sinn der Wahrnehmung neutestamentlicher Texte besteht darin, diesen Fremden Gastrecht zu gewähren. Sie sollen Fremde bleiben dürfen, ohne weggeschickt zu werden. Dann entfalten sie den Reichtum, den sie als Gäste auszuteilen haben." Hier kommt die Fragwürdigkeit der Metapher mit aller wünschenswerten Deutlichkeit zum Ausdruck.

[14] Nach WEDER ist dies eine Kommunikation unter der Voraussetzung der voll bejahten Weltlichkeit der Welt. Dazu kritisch MILDENBERGER, Biblische Dogmatik I,45f.

Die Überdehnung der Metapher sollte die Problematik der von ihr implizierten Verhältnisbestimmung von Text und Gemeinde verdeutlichen helfen: Der Text wird im Grunde in jener Distanz festgehalten, in die ihn die exegetische Verfremdung versetzt hat. Auch wenn es durch die Begegnung mit ihm zu einem die Hörer einbeziehenden, deren eigene Situation beleuchtenden Verstehensprozeß kommt, ändert sich an der Grundsätzlichkeit dieser Distanz nichts. Die Begegnung bleibt außerhalb der Normalität der Kommunikationsprozesse, in denen die Hörer stehen. Ihr eignet letztlich ein episodenhafter Charakter.

Evangelischem Verständnis der gepredigten Schrift wäre eine andere Metapher sehr viel gemäßer: die der Heiligen Schrift als *Vater* bzw. *Mutter der Familie.* Vater oder Mutter sind nicht Fremde; sie gehören zur Familie; mehr noch: sie ermöglichen sogar die Existenz und das Miteinander der Kinder innerhalb des Familienverbandes. Ja sie geben ihre Sprache an die Kinder weiter und machen diese dadurch fähig zur Sprache und zur Kommunikation. Innerhalb dieses Eltern-Bildes bleibt durchaus auch noch Raum für den Gesichtspunkt der *Verfremdung:* Unbeschadet vorgängiger familiärer Zusammengehörigkeit werden Kinder in der Regel erst dann Vater oder Mutter in deren individueller Eigenart erkennen und vielleicht sogar bewußter lieben können, wenn sie – meist als Heranwachsende – durch die Erfahrung der Distanz hindurchgegangen sind. Umgekehrt gilt aber auch, daß solche Distanzerfahrung nur dann nicht zu bleibender Fremdheit führt, wenn sie sich mit der Bewußtmachung bereits erfahrener, sich als beständig erweisender Zusammengehörigkeit verbindet. Gleiches läßt sich aber auch für die Begegnung von Heiliger Schrift und Gemeinde in der Predigt sagen: Nur wenn Prediger und Gemeinde von der Gewißheit solcher grundlegender vorgängiger Zusammengehörigkeit herkommen, wird die Erfahrung der Distanz zum jeweiligen – als Teil des Ganzen der Heiligen Schrift verstandenen – Text zu einem Verstehen führen können, das nicht episodenhaft und abstrakt bleibt, sondern vielmehr aus diesem zugleich in seiner Nähe und Fremdheit begriffenen Text die gültige und lebensverändernde Ansage dessen, was von Gott her jetzt an der Zeit ist, herauszuhören vermag.

III.

Der vorgängige *Zusammenhang von Heiliger Schrift und Gemeinde* ist keineswegs nur ein dogmatisches Postulat. Ich will im folgenden *drei ihn maßgeblich konstituierende Faktoren* beschreiben. Dabei nehme ich Anregungen Mildenbergers auf, setze jedoch, der spezifischen Sicht des Exegeten folgend, einige Akzente ein wenig anders als er. Zugleich will ich zu zeigen versuchen, daß sich aus diesen Faktoren jeweils *konkrete Möglichkeiten und Aufgaben für die Exegese* ergeben, die sie über die ihr zumeist zugewiesene enge Domäne der historischen Verfremdung hinausführen.

1. Die Heilige Schrift ist das *Zeugnis von der Selbstkundgabe Gottes in seinem Handeln an Menschen.* Sie hat zwar in letzter Hinsicht Gott zum "Thema". Aber der Gott, von dem sie spricht, kann nur in seiner Zuwendung zu Menschen wahrgenommen werden. Der Gott der Bibel gibt sich darin zu erkennen, daß er Menschen sich zum Gegenüber erschafft, sich aus diesen Menschen ein Volk zu unmittelbarer Gemeinschaft erwählt und dieses Volk durch immer neue Erweise seiner Nähe, helfend und richtend, in dieser

Gemeinschaft festhält. So will denn auch der alttestamentliche Gottesname JHWH den bezeichnen, "der sich in diesem Namen an Israel erwiesen hat und immer neu erweist"[15]. Darin kann dieser Name als die Mitte, besser noch: als der Einheit stiftende Bezugsrahmen der Heiligen Schrift gelten. Reden über diesen Gott kann man nur, indem man die Reihe der Wahrnehmungen dessen, was er an seinem Volk getan hat, aufzählt und erinnernd berichtet. Und das heißt: die Rede von Gott führt hinein in die Erkenntnis der von diesem Gott bestimmten und gestalteten Geschichte. Sie vollzieht sich in der Bezeugung dieser Geschichte. *Die Grundform biblischen Redens von Gott ist das Erzählen von Gottes großen Taten*[16].

Zugleich gilt aber auch für die Bibel: Reden über den Menschen in seinem Verhältnis zu Gott läßt sich nur, indem der Standort dieses Menschen im Bereich des geschichtlichen Handelns Gottes an seinem Volk bewußtgemacht wird. Das je Spezifische der gegenwärtigen Situation des Gottesvolkes wie auch seiner einzelnen Glieder in bezug auf Gott wird herausgestellt, indem der Bezug zu vergangenen Situationen und Heilserfahrungen aufgezeigt wird. Weil Gott seine Selbigkeit und die Treue zu den ihm zugehörigen Menschen in seinem Handeln erweist, darum kommt alles darauf an, daß die Gegenwart mit der Vergangenheit zusammengebracht und so ihr Bestimmtsein von dieser Selbigkeit und Treue Gottes erkennbar gemacht wird. Dies geschieht in der Weise ständiger *Neuinterpretation von vergangener Geschichte auf die Gegenwart hin*. Vergangenes wird so dargestellt, daß die Gegenwart in ihm Platz hat und von ihm her erhellt wird. Vom Vergangenen her kann gesagt werden, was jetzt an der Zeit ist. Das heißt: durch Neuinterpretation wird das Vergangene zum *Medium einfacher Gottesrede*.

Wenige Beispiele solcher Neuinterpretation müssen hier genügen. So deutet das Deuteronomium die Situation des nachexilischen Israel durch eine vergegenwärtigende Neuerzählung der Sinai-Gesetzgebung: "nicht mit unseren Vätern hat JHWH diesen Bund geschlossen, sondern mit uns, die wir heute hier stehen, mit uns allen, mit den Lebenden." (Dtn 5,3) Und ebenso stellt mit seinem "heute" Ps 95 eine Verbindung zwischen der Gegenwart und der Wüstenwanderungszeit des Gottesvolkes her, die der Hebräerbrief ausdehnt auf die schlaff und müde gewordene Kirche des ausgehenden 1. Jahrhunderts n.Chr. (Hebr 3,7-11). Matthäus und Johannes erzählen die vergangene Geschichte Jesu so nach, daß ihre Gemeinden sich in den Jüngern wiederfinden können, um von den – auf ihre gegenwärtige Situation hin kühn umformulierten – Worten Jesu unmittelbar das zu erfahren, was jetzt für sie von Gott her ansteht[17]. Nicht weniger kühn ist auch die von der Johannesoffenbarung geleistete Neuinterpretation alttestamentlicher Profetenbücher: vor allem aus Daniel und Ezechiel werden einzelne Motive neu zusammenmontiert (z. B. Offb 13,1-3; vgl. Dan 7) und ganze Passagen völlig frei paraphrasiert (z.B. Offb 21,9-22,5; vgl. Ez 40-48), so daß deren Herkunft zwar den Lesern noch deutlich bleibt, sie aber zugleich zu Trägern einer auf die Gegenwart

---

[15] W. ZIMMERLI, Biblische Theologie I, TRE VI, Berlin 1980, 446.

[16] Dazu G.A. LINDBECK, The Story-shaped Church: Critical Exegesis and Theological Interpretation, in: Scriptural Authority and Narrative Interpretation, ed. G. Green, Philadelphia 1987, 161-178; I. SCHOBERTH, Erinnerung als Praxis des Glaubens, München 1992 (Öffentliche Theologie 3).

[17] S. hierzu J. ROLOFF, Die Kirche im Neuen Testament, Göttingen 1993 (GNT 10), 145f. 294f.

bezogenen Deutung des jetzt anstehenden Geschehens werden. Mit Neudeutung haben wir es schließlich auch in den deuteropaulinischen Briefen zu tun, wenn diese die Botschaft des leibhaft nicht mehr gegenwärtigen Paulus auf die Gegebenheiten der dritten christlichen Generation hin so aktualisieren und transformieren, daß Antworten auf nunmehr neu anstehende Fragen christlichen Glaubens und Lebens hörbar werden, in denen sich die apostolische Autorität auf die Gegenwart hin gleichsam verlängert[18].

Der Umstand, daß das Erzählen von Gottes geschichtlichem Handeln als gleichzeitiges Neudeuten von Vergangenem eine so gewichtige Rolle spielen, kann als Hinweis darauf gelten, daß die Bibel keine statische Größe, sondern die *Manifestation einer geschichtlichen Bewegung* ist, in der es um das Verhältnis zwischen Gott und seinem Volk geht. Und zwar hat auch das Neue Testament an dieser Bewegung Anteil. Gewiß steht im Mittelpunkt des Neuen Testaments das Zeugnis von Gottes endgültiger Selbstkundgabe in Jesus Christus (Joh 1,18), die, als sein letztes Wort, alle seine bisherigen Heilserweise zusammenfaßt und überbietet (Hebr 1,1f). Aber auch von diesem Christusgeschehen gilt das gleiche wie von den vergangenen Selbstkundgaben Gottes: es ist bezogen auf das Gottesvolk und setzt es in Bewegung. So hat schon in der Botschaft des irdischen Jesus die $\beta\alpha\sigma\iota\lambda\epsilon\iota\alpha\ \tau o\tilde{u}\ \vartheta\epsilon o\tilde{u}$ ihr unmittelbares Korrelat im Volk Gottes, dessen endzeitliche Sammlung mit ihrer Ausrufung ihren Anfang nehmen soll. Und ebenso besteht ein unmittelbarer Zusammenhang zwischen der Offenbarung des Auferstandenen als des von Gott beglaubigten $X\rho\iota\sigma\tau\acute{o}\varsigma$, des endzeitlichen Gesalbten für sein Volk (1Kor 15,3b-5), und der Sammlung der Jünger Jesu zur Heilsgemeinde an Pfingsten (Apg 2). Diese nämlich verstand sich als der Anfang des aufgrund des Christusgeschehens gesammelten Gottesvolkes der Endzeit, zu dem nun auch – in Erfüllung des bereits im Alten Testament proklamierten universalen, weltumspannenden Heilsplans – die Weltvölker hinzukommen sollten. Die Kirche der Anfangszeit erfuhr sich so als kraft des geschichtlichen Handelns Gottes als in unmittelbarer Kontinuität mit Israel stehend. Ihre eigene Geschichte mit Gott begriff sie mit Selbstverständlichkeit als die Fortsetzung des in Israels Bibel bezeugten geschichtlichen Gotteshandelns. Es war diese Gewißheit, die sich zunächst in der Inbesitznahme der Bibel Israels und ihrer Interpretation auf die eigene Geschichte spiegelte und die schließlich zu dem kühnen Wagnis führte, dieser Bibel einen zweiten Teil, das Neue Testament, hinzuzufügen. Das, was die beiden Teile der christlichen Bibel zu einer Einheit zusammenfügt, ist die von der Kirche erfahrene und bezeugte Einheit des geschichtlichen Handelns Gottes. Das Neue Testament ergibt sich unter diesem Aspekt als die durch die Existenz der aufgrund des Christusgeschehens aus Juden und Heiden gesammelten Kirche gleichermaßen notwendig gewordene wie auch legitimierte *Weiterinterpretation der Bibel Israels*[19]. Wenn irgendwo, so wäre hier auch der Ausgangspunkt für eine gesamtbiblische Theologie zu suchen! Mit der hier angedeuteten Sicht ist auch der Möglichkeit eines "doppelten Ausgangs" des Alten Testamentes im Talmud und im Neuen Testament Rechnung

---

[18] Dazu J. ROLOFF, Der erste Brief an Timotheus, Zürich/Neukirchen-Vluyn 1988 (EKK XV), 376-382.

[19] Aus dieser Sicht ergibt sich – in Umkehrung der üblichen Meinung – die Notwendigkeit, das Neue Testament im Licht des Alten, d.h. als dessen weiterführenden Kommentar, zu lesen. Hierin sehe ich mich einig mit CH. DOHMEN, in: Ch. Dohmen/F. Mußner, Nur die halbe Wahrheit? Für die Einheit der ganzen Bibel, Freiburg u.a. 1993, 43-60. S. hierzu ferner CH. DOHMEN/M. OEMING, Biblischer Kanon, warum und wozu?, 1992 (QD 137).

getragen. Denn daß das Neue Testament der legitime Ausgang des Alten Testamentes sei, ist eine Aussage, die nicht auf der Ebene historischer ideengeschichtlicher Deduktion erfolgen kann, sondern allein durch das Bekenntnis der sich dem Christusgeschehen verdankenden Kirche legitimiert wird.

Als erste und wichtigste *Konsequenz* aus diesen Überlegungen für die predigtbezogene Exegese ergibt sich die Einsicht: der biblische Text muß nicht erst mit der Gemeinde zusammengebracht werden. Er gehört vielmehr bereits mit ihr zusammen, weil die Bibel Alten und Neuen Testaments, deren Teil er ist, jenes geschichtliche Handeln Gottes bezeugt, dem sich die Kirche verdankt und in dem sie ihr – freilich dem gegenwärtigen Weltbestand entsprechend nur vorläufiges – Ziel findet.

Damit hängt ein weiteres zusammen: der jeweilige Text ist nur ein *abstractum*. Er gewinnt seine Konkretion erst, wenn es mir gelingt, seinen Ort innerhalb des biblischen Gesamtzeugnisses Alten *und* Neuen Testament zu entdecken. Inwieweit bezieht er sich zurück auf Altes? Worin kündigt er Neues an? Und mit welchen Mitteln tut er das? Will er erzählend ein Handeln Gottes berichten, wobei die Möglichkeit besteht, daß er durch die Weise seines Erzählens die Erinnerung an früheres Gotteshandeln mit einbezieht? Will er auf dem Wege der Interpretation Vergangenes auf die Gegenwart hin aufschließen?

In diesem Zusammenhang kann auch die diachrone Analyse, die Entwicklungsstadien des Textes aufdeckt sowie in ihn eingegangene Traditionen und Motive sichtbar macht, homiletische Bedeutung gewinnen. Gewiß ist das, was zu predigen ist, im Regelfall der Text in seiner kanonisch gewordenen Endgestalt, obwohl das (etwa im Falle von Gleichnissen) kein ehernes Gesetz sein sollte. Aber der Blick zurück in die Tiefenschichten kann dazu helfen, den Text als *Resultat eines bewegten interpretatorischen Prozesses* zu verstehen. Dieser Prozeß ist mit dem vorliegenden Text nicht abgeschlossen, sondern drängt weiter auf die gegenwärtige Gemeinde hin. So steht der Prediger vor der Aufgabe, *diese Bewegung aufzunehmen* und so weiterzuführen, daß sie an ihrem Ziel "ankommt".

2. Insofern die Heilige Schrift menschliches Wort ist, ist sie *Reflex der Erfahrungen, die das Volk Gottes mit dem Handeln Gottes gemacht hat*. Diese Erfahrungen waren verschiedener Art; sie standen jeweils im Zusammenhang mit unterschiedlichen geschichtlichen Situationen. Sie werden jedoch durch den Bezug auf den Namen des lebendigen Gottes zu einem Ganzen zusammengefügt. Die Schrift wurde so zum *Erfahrungshorizont* des Gottesvolkes und damit zugleich zu jenem *Deutungsrahmen*, der das religiöse Leben des einzelnen und der Gemeinschaft bestimmte. Jedes einzelne Glied Israels gewann aus der Schrift die Kategorien für eine Deutung aller Lebensbezüge, in der es stand. Die Schrift gab ihm die sprachlichen Muster an die Hand, die erst dazu befähigten, Lebenssituationen im Blick auf Gott wahrzunehmen und zu bewältigen, ja sie lieferte wohl auch das sprachliche und gedankliche Material, aufgrund dessen bestimmte religiöse Erfahrungen erst möglich wurden[20]. Und das gleiche galt auch für die Kirche

---

[20] Ich beziehe mich hier und im folgenden auf das "cultural-linguistic model" von G.A. LINDBECK, The Nature of Doctrine. Religion and Theology in a Postliberal Age, Philadelphia 1984, bes. 32-41.

der Anfangszeit. Christ zu werden war, zumal für den ehemaligen Heiden, mehr als ein einmaliger Akt der Entscheidung für Jesus als den κύριος und σωτήρ. Es bedeutete das Sich-Einleben in den Kosmos der Schrift – und diese war für das Urchristentum ja das Alte Testament! –, ihre Übernahme als Deutehorizont für das eigene Leben und das der Gemeinschaft des endzeitlich gesammelten Gottesvolkes. Den eindrucksvollen Beweis dafür liefern jene neutestamentlichen Schriften, die mit großer Wahrscheinlichkeit als Werke von Heidenchristen gelten müssen und die als Adressaten Heidenchristen voraussetzen, die aber zugleich eine profunde Kenntnis und Durchdringung des Alten Testaments verraten, so etwa das lukanische Geschichtswerk und der Erste Petrusbrief. Natürlich wird in den neutestamentlichen Schriften auch einiges an Neuinterpretation des Heilsgeschehens für Menschen mit hellenistischen Denkvoraussetzungen geleistet. Aber dies geschieht – wie man etwa am Beispiel des Hebräerbriefs sehen kann – doch immer so, daß damit Elemente des fremden Denkens in den biblischen Deutungsrahmen hineingeholt werden, diesen so erweiternd und bereichernd, niemals jedoch umgekehrt.

Wer predigt, muß wissen, daß ihm oder ihr die Schrift bereits voraus ist in der Weise, daß sie als Deutehorizont christlicher Existenz für die Gemeinde eine Rolle spielt. Sie ist vorhanden in den verschiedenen Teilen der Liturgie und im Gesangbuch. Dabei ist es unerheblich, ob der Schriftbezug den Gemeindegliedern bewußt ist oder nicht. Entscheidend ist, daß biblische Gedanken und Motive von da her in das religiöse Denken eingegangen sind. Selbst in Gemeinden, deren Glieder mehrheitlich eine defizitäre christliche Sozialisation aufweisen, ist zumindest mit dem Vorhandensein von Rudimenten christlicher Deutungsmuster zu rechnen. Der Prediger bzw. die Predigerin sollte versuchen, Bezüge dazu, die sich vom jeweiligen Text her anbieten, aufzugreifen und bewußt zu machen. Was die Gemeinde erwartet und was sie vor allem benötigt, ist die Verstärkung und Konsolidierung dieser *Deutungsmuster*. Es kann nicht darum gehen, die Aussagen des jeweiligen Textes in extraskripturale Kategorien zu übersetzen. Die Aufgabe ist vielmehr, zu zeigen, daß der Text Teil jenes biblischen Universums ist, das die ganze erfahrbare Welt umgreift und in das Licht Gottes zu setzen vermag, und daß dem je einzelnen die Sprache gibt, um seine eigene Existenz in ihrem Bezug auf Gott zu deuten[21]. Nur solange die Gemeinde diesen biblischen Deutehorizont hat und mit ihm lebt, kann sie christliche Gemeinde bleiben. Es gilt darum, ihn zu stärken und nicht etwa, ihn zu destruieren.

Der Prediger bzw. die Predigerin muß sich zu allererst um die Wahrnehmung jener Funktion bemühen, die ein Text innerhalb des biblisch vorgegebenen Deutehorizonts der Gemeinde bereits hat. Wo kommt der Text etwa in der Liturgie vor? Welche Bezüge hat er zum Kirchenjahr? Welches Brauchtum hat sich möglicherweise aus ihm entwickelt? Weckt er Assoziationen zu bestimmten Kasualien und den persönlichen Erfahrungen im Zusammenhang mit diesen? Ist er vielleicht in handliche Sprichworte und Lebensweisheiten eingegangen?

Werden diese Funktionen in der Begegnung mit dem Text zur Sprache gebracht, so

---

[21] Vgl. LINDBECK, Nature, 118: "It is the text, so to speak, which absorbs the world, rather than the world the text."

ist damit auch die Voraussetzung für die konkrete Aktualisierung des Deutehorizonts geschaffen. Jetzt kann – wiederum vom Text her – das besprochen werden, *was jetzt im Rahmen eines biblisch orientierten Glaubens- und Lebensvollzuges ansteht.*

Es ist freilich auch mit der Möglichkeit zu rechnen, daß bestimmte Texte aus dem Deutehorizont für die eigene christliche Existenz herausgefallen sind, so daß sie zunächst von der Gemeinde nur in einer – in den meisten Fällen unbewußten – polemischen Abwehrhaltung wahrgenommen werden können. Das gilt in allererster Linie für Texte, die wirkungsgeschichtlich durch ihren Mißbrauch zum Aufbau von Vorurteilen und zur gesellschaftlichen Diskriminierung von Menschen und Menschengruppen belastet sind, sowie für Texte, die durch konfessionelle Polemik belastete Themen und Reizworte enthalten. Für evangelische Gemeinden gehören zu den ersten 'antijüdische' Passagen wie z.B. Mt 27,25 und Joh 8,37-47, zu den letzten die matthäischen Aussagen über "gute Werke" (Mt 5,48) oder über die Sonderstellung des Petrus (Mt 16,17-19). Es genügt nicht, solche falschen Vorverständnisse wahrzunehmen und anzusprechen, so nötig dies auch sein mag. Die entscheidende homiletische Aufgabe besteht vielmehr darin, diese Texte als legitime Teile des biblischen Deutehorizonts zu interpretieren. Diese aber kann nur aufgrund von Exegese geleistet werden: freilich nicht von einer nur neutral historischen, sondern von einer *den Text auf die anstehende Problematik hin kritisch befragenden Exegese.*

In diesem Zusammenhang muß nun auch auf die Bedeutung des biblischen Kanons noch kurz eingegangen werden. Sie scheint mir in einem Doppelten zu liegen.

Zum einen ist daran festzuhalten, daß der Kanon *in seiner Einheit aus Altem und Neuem Testament* der umfassende, keiner weiteren Ergänzung bedürftige Deutungshorizont für die Erfahrungen des Volkes Gottes ist. Sicher hat die Kirche auf ihrem langen Weg durch die Geschichte vielerlei Situationen durchlaufen, die sich in prägenden, immer wieder abrufbaren und aktualisierbaren Erfahrungen niedergeschlagen haben. Ich nenne hier nur die Reformation des 16. und die Aufklärung des 18. Jahrhunderts. Der Kanon ist abgeschlossen, weil – übrigens nach jüdischem gleichermaßen wie nach christlichem Verständnis – die Akte der geschichtlichen Selbstkundgabe Gottes gegenüber seinem Volk abgeschlossen sind. Keineswegs zu seinem Ende gekommen ist jedoch mit dem Abschluß des Kanons der Prozeß der Erfahrung des Volkes Gottes in der Begegnung mit der geschichtlichen Selbstkundgabe Gottes. Hier besteht eine offenkundige Diskrepanz[22]. Diese läßt sich wenigstens teilweise bewältigen[23] durch die Erwägung, daß die im biblischen Kanon dokumentierten Erfahrungen des Volkes Gottes in einem unmittelbaren Bezug zum Offenbarungsgeschehen stehen. Sie schreiten den Kreis möglicher Reaktionen auf Gottes Handeln aus. Von daher haben sie typischen, bzw.

---

[22] Die entscheidende Schwäche wichtiger neueren Entwürfe einer kanonsorientierten Gesamtbiblischen Theologie (H. GESE; P. STUHLMACHER, .B. CHILDS) scheint mir darin zu bestehen, daß sie einseitig am Abschluß des Traditionsprozesses der Offenbarungsgeschichte orientiert sind und darüber die ekklesiologische Komponente der Kanonsbildung übersehen. Vgl. die Kritik bei D. RITSCHL, "Wahre", "reine" oder "neue" Biblische Theologie, JBTh 1 (1986) 134-150.144f.

[23] Eine volle theologische Bewältigung wäre gleichbedeutend mit der Lösung des Problems des Verhältnisses von Schrift und Tradition.

paradigmatischen Charakter. Sie geben Raum dafür, daß sich die Erfahrung aller späteren Generationen in ihnen wiederfinden und sich durch sie aussprechen kann.

Zum andern bietet der Kanon infolge seiner Fülle und der in ihm reflektierten Vielfalt von Erfahrungen die Möglichkeit, jeweils konkret anstehende Gegenwartsprobleme in den biblischen Deutungshorizont einzubringen und von da her erkennbar und aussprechbar werden zu lassen. Ich erinnere nur an das Nebeneinander der vier Evangelien. Jedes von ihnen hat, wie die Wirkungsgeschichte erweist, einen ganz charakteristischen Bereich christlicher Erfahrung erschlossen. Jedes von ihnen hatte darum auch Zeiten besonderer Nähe bzw. Ferne. Dies gilt erst recht vom einzelnen Text. Es kann sein, daß durch bestimmte Tagesereignisse Altbekanntes, nur routinehaft Wahrgenommenes unmittelbare Aktualität gewinnt, und ebenso, daß anderes ferngerückt erscheint. Dem ist grundsätzlich standzuhalten[24], wobei allerdings der Exegese die Aufgabe einer kritischen Überprüfung der Gründe für die jeweilige Nähe oder auch Distanz zufällt.

3. Soll in der Predigt Anstehendes auf Gott hin angesprochen werden, so bedarf es dazu der *Sprache*[25]. Aber nicht jede Sprache kann das leisten. Es muß vielmehr eine Sprache sein, die geeignet ist, das jeweils Anstehende innerhalb jenes biblischen Deutungshorizonts, der dem Volk Gottes aufgrund seiner Erfahrungsgeschichte mit Gott zugewachsen ist, zu orten. Erfahrung und Sprache gehören unmittelbar zusammen. Die Erfahrungsgeschichte, aus der die Kirche lebt, hat sich immer aus der biblischen Sprache genährt. Es war diese Sprache, die die Christen (und, wie man nicht vergessen sollte, ebenfalls die Juden) auf Gott hin und auf die Gemeinschaft des Gottesvolkes hin sprachfähig gemacht hat. Es ist die Heilige Schrift, aufgrund derer die Kirche zu einer Sprachgemeinschaft geworden ist[26]. Diese Tatsache sollte gegenüber der häufig erhobenen Forderung skeptisch machen, die Predigt solle die Inhalte biblischer Texte in eine der Erlebnis- und Erfahrungswelt des heutigen Menschen entsprechende Sprache übersetzen[27]. Das liefe auf eine Ausgrenzung des biblischen Textes als eines *fremden*

---

[24] Vgl. RITSCHL, a.a.O., 149: "Wir werden zu einer Selektion gedrängt, die ohne den 'Anlaß' nicht vorgenommen worden wäre."

[25] Vgl. LINDBECK, Nature, 35: "experience, like matter, exists only insofar as it is informed".

[26] Hierin dürfte übrigens auch der tragfähige Grund der ökumenischen Bewegung liegen. Die bisherige Erfahrung zeigt, daß für die Annäherung der getrennten Kirchen die Entdeckung der gemeinsamen biblischen Sprache und der Versuch, diese (gleichsam über alle "Dialekte" hinweg) gemeinsam zu gebrauchen, maßgeblich gewesen ist.

[27] Dies sei an einem bewußt trivial gewählten Beispiel verdeutlicht. Man könnte Ps 23 etwa so in die Erfahrungs- und Sprachwelt heutiger Menschen übersetzen: "Der große Boß ist mein Tankwart, er macht in seinem Laden Tag und Nacht für mich einen klasse Service. Er füllt meinen Tank mit prima Sprit bis oben; wenn ich damit loszische, sehen die andern nur noch meine Schlußlichter. Deshalb schau' ich immer wieder gern bei ihm rein". Von Fragen des guten Geschmacks sei hier einmal abgesehen. Das entscheidende Defizit dieser Übersetzung besteht darin, daß die tragenden Bilder und Metaphern, die eine Fülle innerbiblischer Bezüge freilegen könnten ("Hirte", "grüne Aue", Sättigen und Tränken, "Bleiben im Haus des Herrn"), ausfallen und durch nichtssagende Platituden ersetzt werden. Theologisch subtiler, aber nicht weniger charakteristisch geschieht dies auch in *modernen Bibelübertragungen*, wie etwa der "Guten Nachricht": Da wird z.B. in Gal 1,14 der "Eifer" des Paulus zum *Fanatismus*, und der Gegenstand dieses Eifers, nämlich die "Überlieferungen der Väter" wird – weil anscheinend dem heutigen Menschen zu fernliegend – gänzlich unterschlagen.

Gastes, und damit in letzter Konsequenz auf den Verlust kirchlicher Sprachgemeinschaft hinaus. Es muß vielmehr versucht werden, in der Predigt so weit wie möglich *Anschluß an die biblische Sprache* zu finden[28].

Sicher dürfen wir die Augen nicht vor der Tatsache verschließen, daß in heutigen Gemeinden die Kenntnisse biblischer Texte und Zusammenhänge in einem rapiden Rückgang begriffen ist. Aber dies ist kein Gegenargument. In dieser Situation wird es umso dringlicher, daß durch die Predigt die noch vorhandenen Rudimente biblischer Sprache (es sind wohl weit mehr, als vielfach angenommen wird!) zu Bewußtsein gebracht und aufgefrischt werden. Es könnte sein, daß hier der Predigt die Funktion einer *Einübung in die biblische Sprache* neu zuwächst.

Es ist nun in erster Linie Sache der Exegese, *Anwendungsmöglichkeiten für die Sprache des jeweiligen biblischen Textes* in der Predigt zu erkunden. Hierzu nur einige kurze Anregungen!

So sollte die Exegese zunächst die *Aussageform und -richtung* des jeweiligen Textes achten: Handelt es sich um eine Geschichtserzählung, ein Gleichnis, eine Metapher (bzw. Metaphernreihung), um profetische Rede, um weisheitliche Explikation einsichtiger Sachverhalte, um argumentierende Darlegung oder Polemik? Hier geht die Richtung der Rede jeweils auf Menschen. Oder haben wir es mit Lobpreis, Klage und Bitte zu tun, also mit an Gott gerichteter Rede?

Die nächstliegende Option sollte jeweils die Aufnahme der Aussageform in der Predigt sein. Das gilt vor allen Dingen für erzählende Texte. Sie fordern zu einem Nacherzählen auf, das Möglichkeiten für eine Identifikation der Hörer und Hörerinnen offenhält, entweder mit den Personen der Handlung oder auch mit den ursprünglichen Adressaten der Erzählung. Bei Gleichnissen bietet sich eine Nacherzählung, die die ursprünglichen Hörer samt ihren Reaktionen mit einbezieht, an. Bei weisheitlichen Texten muß versucht werden, den Appell an die Bereitschaft zum Erkennen und Entdecken des Naheliegenden in die gegenwärtige Situation hineinzutragen. Argumentation und Polemik lassen sich angemessen nur in der Form der Lehrpredigt, die freilich in der Regel außerhalb des Bereichs einfacher Gottesrede liegt, aufnehmen. Predigten über Lobpreis, Klage und Bitte schließlich sollten dazu dienen, die betreffenden Sprachformen der Gemeinde als Möglichkeiten anzubieten und aufzuschließen, um deren eigene Erfahrungen vor Gott auszusprechen.

Aber auch die im Text enthaltenen Bilder und Metaphern sollte die Exegese zur Kenntnis nehmen. In ihnen kommen vielfach Bezüge zu Wort, die einer Isolierung des Textes gegenüber dem gesamtbiblischen Zeugnis Widerstand entgegensetzen.

---

[28] Dazu LINDBECK, Nature 118: "Intratextual theology redescribes reality within the scriptural framework rather than translating Scripture into extrascriptural categories. It is the text, so to speak, which absorbs the world, rather than the world the text."

IV.

Die vorliegenden Überlegungen wollen der Predigtpraxis dienen. Gemäß dieser Intention münden sie aus in die folgende schematischen *Darstellung der Schritte einer Predigtvorbereitung*, in der Möglichkeiten der Exegese sinnvoll eingesetzt sind.

A. *Erste Arbeitsphase*: *Vorklärung des Verhältnisses des Predigers/der Predigerin zum Text* und kritische Ermittlung des vorhandenen Vorverständnisses. (Grundlage: Lektüre des Textes in deutscher Übersetzung – naheliegenderweise im Blick auf den gottesdienstlichen Gebrauch nach der Lutherbibel!)

1. *Persönliche Reflexion*. Welche spontanen Eindrücke entstehen bei meinem Lesen des Textes? Verbinden sich für mich mit dem Text persönliche Erinnerungen? Wo fordert er mich zu unmittelbarer Zustimmung heraus, wo zum Widerspruch? Und warum? Verbindet sich damit die Erinnerung an gehörte Predigten über den Text?

2. *Traditionsbestimmte Überlegung*. In welcher Hinsicht hat sich der Text in der Vergangenheit auf Lehre und Leben der Kirche (und zwar zunächst meiner konkreten Konfessionskirche, also z.B. der evangelisch-lutherischen Kirche) bestimmend ausgewirkt? Enthält er kirchlich positiv oder negativ besetzte Motive und Reizworte?

3. *Aktualitätsbezogene Überlegung*. Welche gegenwärtig anstehenden Erfahrungen und Probleme der Gemeinde im ganzen und einzelner ihrer Glieder fallen mir spontan ein? Welche Bezüge zu gegenwärtigen gesellschaftlichen und politischen Vorgängen und Problemen kommen daneben in den Blick?

B. *Zweite Arbeitsphase: Exegetische Entdeckung des Textes.* (Grundlage: Übersetzung des griechischen Textes bzw. hebräischen und nachfolgende Lektüre eines neueren Kommentars!)

1. *Zur Sprechsituation des Textes*. Falls es sich um menschliche Adressaten handelt: Wer sind sie? (Hier ist gegebenenfalls zwischen textinternen und textexternen Adressaten zu unterscheiden.) In welcher Situation befinden sie sich? Welche Einstellungen und Verhaltensweisen setzt der Verfasser bei ihnen voraus? Gibt es für diese Einstellungen und Verhaltensweisen Analogien in unserer heutigen kirchlichen Situation? Falls (bei Gebeten und liturgischen Stücken) Gott der textinterne Adressat ist, ist daneben auch die Frage nach dem textexternen Adressaten zu stellen.

2. *Zur sprachlichen Gestalt des Textes*. Welche sprachlichen Mittel benutzt der Verfasser, und wie setzt er sie ein? Handelt es sich um einen Geschichtsbericht, um ein Gleichnis, um argumentative Entwicklung eines Gedankens, um weisheitliches Regelgut, um Polemik, um Klärung eines von der Tradition vorgegebenen Begriffes

oder Gedankens? Handelt es sich um Gebet, Klage oder Doxologie?

3. *Zu Duktus und Gefälle des Textes.* Worauf läuft der Text hinaus? Stehen in ihm einzelne Aussagen gleichgewichtig nebeneinander, oder hat er ein Gefälle, und – wenn ja – wie verläuft es? Wo liegt die Spitze des Arguments bzw. die Pointe der Erzählung? Gibt es ein Überraschungsmoment (z.B. bei Gleichnissen in Gestalt des Gleichnisschlusses)?

4. *Feststellung der Tiefenstruktur des Textes.* Gibt es aufgrund des Vorhandenseins verschiedener Schichten innerhalb des Textes (z.B. Tradition – Redaktion, Erstgestalt und abschließende Überarbeitung) erkennbare Spannungen? Weisen diese auf einen Lern- und Erfahrungsprozess der frühen Gemeinde hin, der als solcher für uns heute relevant sein könnte?

5. *Zur Text-Hörer/Leser-Beziehung.* Was wollte der Verfasser bei seinen damaligen Hörern/Lesern bewirken? Ging es ihm um Veränderung einer Einstellung/eines Verhaltens, um Vergewisserung des Glaubens, um Motivierung zu konkreter Aktion, um Trost in kritischer Lage, oder um (Aufforderung zum) Gotteslob? In welcher Hinsicht finde ich mich in einer Gemeinsamkeit mit den damaligen Hörern/Lesern vor? Und gibt es eine derartige Gemeinsamkeit auch für meine Predigthörer? Oder erweist sich die damalige Text-Hörer/Leser-Beziehung als nicht übertragbar?

6. *Zur Stellung des Textes im Kontext.* Inwieweit ist der Makrotext, dessen Bestandteil die jeweilige Perikope ist, mit zu bedenken?

7. *Zur Stellung des Textes im Ganzen der Heiligen Schrift.* Vermag ich eine Besonderheit des Textes, die ihm eine unverwechselbare Eigenart im Schriftganzen zuweist, festzustellen? Ist der Text durch Sprache und/oder einzelne Traditionen und Motive mit anderen Texten verbunden?

C. *Dritte Arbeitsphase: Auf dem Weg zur Predigt.*

1. *Zur historischen Informationspflicht.* Welche Klärungen historisch-kritischer Sachverhalte dürfen die Predigthörer und -hörerinnen von mir mit Recht erwarten? Wo sind weltanschaulich bedingte Ärgernisse und Mißverständnisse (z.B. vom modernen naturwissenschaftlichen Weltbild und vom historischen Geschichtsverständnis her) zu klären, und wie kann das geschehen?

2. *Zur Identifikation des Predigers/der Predigerin mit dem Text.* In welcher Hinsicht bin ich trotz des historischen Abstandes, der mich vom Text trennt, aufgrund meiner exegetischen Überlegungen dazu fähig und bereit geworden, mich zum Träger seines Anliegens machen zu lassen? Inwieweit bin ich über mein Vorverständnis hinausgeführt worden? Wie kann ich die hörende Gemeinde an diesem meinem Lernprozeß Anteil haben lassen? Wie kann ich die Botschaft des Textes im Horizont heutiger

theologischer und kirchlicher Verantwortung aufnehmen und weitersagen?

3. *Zum Gemeinde- und Weltbezug.* Inwieweit haben sich meine spontanen Eindrücke zum Gemeinde- und Weltbezug (vgl. A.3) bestätigt? In welcher Hinsicht muß ich sie nun korrigieren? Wie kommen Gemeinde und Welt im Text tatsächlich vor?

4. *Zu Inhalt und Gestalt der Predigt.* Zu fragen ist hier (a) nach dem sachlichen Gehalt, d.h. nach dem, *was heute unbedingt vom Text her gesagt werden muß*, sowie (b) nach dem, was ich als Prediger/Predigerin bei den Hörern und Hörerinnen bewirken will.

Hans-Christoph Schmitt

Die Einheit der Schrift und die Mitte des Alten Testaments

I.

In den Prolegomena seiner "Biblischen Dogmatik" hat Friedrich Mildenberger auf die "Infragestellung der Schrifteinheit" als einer Konsequenz der historisch-kritischen Exegese hingewiesen: "Die Einordnung der historisch-kritischen Schriftauslegung in den Diskurs der neuzeitlichen Wissenschaft und eben damit ihre Ablösung von der kirchlichen Erfahrung hat zu einer Problematisierung dessen geführt, was bis dahin selbstverständliche Voraussetzung des kirchlichen Schriftgebrauchs war: Daß die Sammlung der biblischen Schriften eine Einheit darstelle ..., und daß sich die Schrift in ihrem Gebrauch als Wort Gottes erweise, das in die jeweilige Gegenwart hineinspricht"[1]. Als besonders problematisch erweist sich dabei ein einheitliches Verständnis von Altem und Neuem Testament, zumal das Alte Testament ja nicht nur als Teil des kirchlichen Schriftkanons, sondern auch als Heilige Schrift des Judentums zu betrachten ist.

Dies zeigt sich bereits bei dem ersten grundlegenden Versuch, Schriftauslegung von der kirchlichen dogmatischen Tradition zu lösen, wie er in Johann Philipp Gablers Altdorfer Antrittsvorlesung von 1787 "De iusto discrimine theologiae biblicae et dogmaticae regundisque recte utriusque finibus" vorliegt[2]. Gabler schlägt hier vor, die biblische Theologie zunächst einmal unabhängig von der dogmatischen Theologie zu erheben, wobei er zwei Schritte unterscheidet: Zuerst soll die "wahre" (d.h. die historisch wahre) Theologie erhoben werden, erst dann "die reine biblische Theologie", die die historisch bedingten Aussagen der Bibel von den bloß temporären reinigt und das zeitlos Gültige der biblischen Aussagen herausarbeitet, das von der Dogmatik für den jeweiligen kirchlichen Gebrauch appliziert werden kann.

Bemerkenswert ist, wie für Gabler schon bei der Erhebung der wahren (historischen) biblischen Theologie" die Einheit der Schrift zerbricht: "In diesen heiligen Büchern sind nicht die Ansichten eines einzigen Mannes enthalten und auch nicht die desselben Zeitalters oder derselben Religion ... Die einen sind Lehrer der alten und als solchen grundlegenden Lehrform, die Paulus selbst mit der Bezeichnung *ptōchà stoicheîa* [vgl. Gal 4,9] bezeichnet; die anderen sind Lehrer der neueren und besseren christlichen Lehrform. ... Unter diesen Umständen müssen wir, wenn wir nicht erfolglos arbeiten wollen, die einzelnen Perioden der alten und neuen Religion ... trennen"[3]. Georg Lorenz Bauer hat dann auch bei der Abfassung einer biblischen Theologie entsprechend diesem Programm erstmals zwischen einer "Biblischen

---

[1] F. MILDENBERGER, Biblische Dogmatik. Eine Biblische Theologie in dogmatischer Perspektive, Bd.1: Prolegomena: Verstehen und Geltung der Bibel, 1991, 93.

[2] Die Antrittsvorlesung ist veröffentlicht in J.P. GABLER, Kleinere theologische Schriften, Bd.II, 1831, 179-198. Eine deutsche Übersetzung findet sich bei O. MERK, Biblische Theologie des Neuen Testaments in ihrer Anfangszeit, MThSt 9 (1972) 273-284.

[3] Vgl. MERK, ebd. 277.

Theologie entsprechend diesem Programm erstmals zwischen einer "Biblischen Theologie des Alten Testaments", die 1796 erschien, und einer "Biblischen Theologie des Neuen Testaments", die er in 4 Bänden zwischen 1800 und 1802 publizierte, getrennt[4].

Zu beachten ist, daß bei Gabler diese Zweiteilung in eine alttestamentliche und eine neutestamentliche Theologie nicht nur mit den unterschiedlichen Entstehungssituationen der jeweiligen Bücher begründet wird, sondern vor allem damit, daß es sich hierbei jeweils um Bücher unterschiedlicher Religionen handele. Dabei wird ganz offen der alttestamentliche Teil des Kanons unter Hinweis auf die "armseligen Elementarmächte" von Gal 4,9 als gegenüber dem neutestamentlichen Teil minderwertig bezeichnet. Es ist die Abwertung des jüdischen Dokuments Altes Testament gegenüber dem christlichen Neuen Testament, die für die Differenzierung zwischen alttestamentlicher und neutestamentlicher Theologie eine entscheidende Rolle spielt. Letztlich ist es die christliche Abgrenzung gegenüber dem Judentum, die den Anlaß zur gesonderten Behandlung des Alten Testaments bildet. Von dieser Abgrenzung gegenüber dem Judentum war in der Reformation und in der lutherischen Orthodoxie das Alte Testament noch verschont geblieben. Mildenberger[5] hat zu Recht darauf hingewiesen, daß man hier die alte jüdische Theologie, wie sie sich im Alten Testament findet, noch als "göttlich" ansah, während man erst die nachbiblische jüdische Theologie als Verfälschung des gesamtbiblischen Zeugnisses beurteilte. In dem Moment, in dem die Schriftauslegung sich primär an den Entstehungsbedingungen der biblischen Schriften und nicht mehr am kirchlichen Gebrauch der Heiligen Schrift orientierte, wurde das Alte Testament zu einem rein jüdischen Dokument und damit zum Dokument einer Fremdreligion, von dem sich der christliche Glaube zum mindesten partiell abgrenzen mußte.

Auf diesem Hintergrund stellt sich jedoch die Frage, ob es nicht möglich ist, die Beziehung des Alten Testaments zum Judentum anzuerkennen, ohne gleichzeitig seine Zugehörigkeit zur christlichen Heiligen Schrift in Frage zu stellen. Entwürfe einer biblischen Theologie, die heute die Einheit der Schrift wieder zur Darstellung bringen wollen, werden sich daran messen lassen müssen, ob sie diesen beiden Anliegen gerecht werden können. Unter diesem Gesichtspunkt sollen im folgenden das von Hartmut Gese vorgelegte Programm einer biblischen Theologie und die Diskussion über eine "Mitte des Alten Testaments" einer kritischen Analyse unterzogen werden.

II.

Wir beginnen mit dem Entwurf einer biblischen Theologie, der in den letzten beiden Jahrzehnten am stärksten die Diskussion herausgefordert hat, dem 1970 von

---

[4] Vgl. hierzu MERK, ebd. 141-203.

[5] Bibl. Dogmatik I,17f. Für die lutherische Orthodoxie verweist er hier auf D. HOLLAZ, Examen theologicum acroamaticum, 1707, I,32f.

Hartmut Gese veröffentlichten programmatischen Aufsatz "Erwägungen zur Einheit der biblischen Theologie"[6]. Gese unternimmt hier den Versuch, die Einheit der Schrift als einen Altes und Neues Testament miteinander verbindenden einheitlichen traditionsgeschichtlichen Prozeß darzustellen. Seine grundlegende These lautet: "Das Alte Testament entsteht durch das Neue Testament; das Neue Testament bildet den Abschluß eines Traditionsprozesses, der wesentlich eine Einheit, ein Kontinuum ist"[7].

Dabei macht Gese[8] einerseits zu Recht darauf aufmerksam, daß die Vorstellungen von "altem" und "neuem Bund" nicht einfach auf die Überlieferungskorpora "Altes Testament" und "Neues Testament" übertragen werden dürfen. Wenn auch das Neue Testament erst von der *Verwirklichung* des "neuen Bundes" berichtet, so ist doch die *Vorstellung* von einem "neuen Bund" nicht erst im Neuen Testament entstanden, sondern stellt bereits eine alttestamentliche Größe dar. So weist schon Jer 31,31-34 darauf hin, daß es nur aufgrund einer neuen $b^e r\hat{\imath}t$ Jahwes zu einer Erfüllung des Willens Gottes durch das Gottesvolk kommen kann: Nicht aufgrund seiner eigenen Fähigkeit kann das Gottesvolk die ihm gebotene Tora erfüllen. Vielmehr ist es dazu notwendig, daß Gott dem Gottesvolk die Tora ins Herz schreibt. Hier in der eschatologischen Prophetie ist bereits die zentrale Vorstellung der neutestamentlichen Rechtfertigungslehre vorhanden, daß eine Rettung des Menschen nur sola gratia geschehen kann. Somit wird der *Inhalt* des neuen Bundes nicht erst vom Neuen Testament, sondern schon vom Alten Testament bezeugt. Insofern rufen die von der eschatologischen Prophetie geprägten Texte des Alten Testaments bereits zum Glauben an das Evangelium von der Rechtfertigung des Sünders allein aus Gnaden auf, auch wenn diese Texte das entsprechende Handeln Gottes erst für die Zukunft erwarten.

Andererseits räumt Gese durchaus ein, daß es inhaltliche Brüche zwischen Neuem und Altem Testament gibt, wobei er vor allem auf das "Ich aber sage euch" Jesu als Aufsprengung des am Sinaigeschehen orientierten Kanons der Offenbarung hinweist[9]. Er zeigt aber gleichzeitig zu Recht, daß sich entsprechende Brüche auch bereits im Alten Testament selbst finden: So beispielsweise wenn Amos die bisherige heilsgeschichtliche Tradition in Frage stellt: "Seid ihr mir nicht wie die Kuschiten, ihr Israeliten? Habe ich Israel nicht aus Ägypten geführt, die Philister aus Kaphthor und Aram aus Kir?" (Am 9,7). Oder auch wenn das Ezechielbuch die Sinaioffenbarung als "Satzungen, die nicht gut waren, Gesetze, durch die sie nicht leben sollten" (Ez 20,25), bezeichnet[10]. Wenn das Neue Testament alttestamentliche Tradition transzendiert, dann tut es somit das gleiche, was bereits die alttestamentliche Prophetie mit der ihr vorgegebenen alttestamentlichen Tradition gemacht hat.

---

[6] ZThK 67 (1970) 417-436, wieder abgedruckt in: H. GESE, Vom Sinai zum Zion, BEvTh 64, 11-30.

[7] Ebd. 14.

[8] Ebd. 12f. Vgl. hierzu auch MILDENBERGER, Bibl. Dogmatik I,249-254.

[9] Sinai 29.

[10] Ebd. 15f.

Eine Sonderstellung hat das Neue Testament nach Gese[11] nur insofern, als die neutestamentliche Tradition "Abschlußcharakter" besitzt. Dieser Abschluß geschieht dadurch, daß in der Verkündigung Jesu sich die Gegenwart des Heils vollzieht und daß damit sowohl der futurischen Erwartung der alttestamentlichen Eschatologie als auch der Tora ein Ziel- und Endpunkt gesetzt wird. Gese stellt daher die Christologie des Neuen Testaments als die Ausprägung der alttestamentlichen Theologie dar, die das Einbrechen des Heils, die Realisierung des Eschatons beschreibt. Von daher kann Gese feststellen, daß das Neue Testament ohne diesen Rückbezug auf die alttestamentliche Theologie unverständlich ist, andererseits aber das Alte Testament ohne die neutestamentliche Zielbestimmung des alttestamentlichen Traditionsprozesses mißverständlich bleibt[12].

Diese Feststellung Geses entspricht nun dem, wie das Neue Testament auf die alttestamentliche Tradition zurückblickt. Es ist hier nur an Heb 1,1f zu erinnern: "Nachdem Gott vorzeiten vielfach und auf vielerlei Weise geredet hat zu den Vätern durch die Propheten, hat er in diesen letzten Tagen zu uns geredet durch den Sohn". Mildenberger[13] hat daher zu Recht darauf aufmerksam gemacht, daß die von Gese vertretene Vorstellung, die alttestamentliche Theologie finde ihr Ziel in der neutestamentlichen Christologie, nicht als "rein historische" Beschreibung beurteilt werden darf, sondern als Sicht des christlichen Glaubens verstanden werden muß. Und Mildenberger hat auch insofern Recht, als er eine solche Darstellung der Einheit der Altes und Neues Testament umfassenden Schrift für theologisch geboten hält, um so die Offenheit der alt- und neutestamentlichen Befunde für diese Glaubensüberzeugung von der Einheit der Schrift aufzuzeigen[14].

Obwohl der Entwurf Geses in eindrucksvoller Weise die Einheit der Schrift Alten und Neuen Testaments herauszustellen vermag, bleiben doch im Hinblick auf die Einzeldurchführung des Entwurfs eine Reihe von Fragen. Im Zentrum geht es hierbei um die Frage, ob Gese bei seiner Darstellung der alt- und neutestamentlichen Befunde tatsächlich nur die Offenheit für die christliche Glaubenssicht wahrt oder ob er die Möglichkeit eines nichtchristlichen Verständnisses des Alten Testaments ausschließt. Letzteres ist vor allem im Hinblick auf die oben gestellte Frage nach dem Verhältnis zum jüdischen Verständnis des Alten Testaments von zentraler theologischer Bedeutung, mit dem, wie Mildenberger[15] zu Recht fordert, von christlicher Seite "ein Neben- und vielleicht auch ein Miteinander einzuüben"[16] ist.

---

[11] Ebd. 15f.

[12] Ebd. 28-30.

[13] Bibl. Dogmatik I,101-103.

[14] Vgl. schon F. MILDENBERGER, Systematisch-theologische Randbemerkungen zur Diskussion um eine Biblische Theologie, in: Zugang zur Theologie, FS W. Joest, 1979, 11-32, besonders 12-14.27.

[15] Bibl. Dogmatik I,115. Vgl. ebd. 111f.

[16] Vgl. auch ebd. 17f, wo MILDENBERGER zu den "Orten der einfachen Gottesrede", die im Zusammenhang biblischer Gottesrede stehen, auch das Judentum rechnet. Die Forderung, das AT als "jüdische Bibel" ernst zu nehmen, hat neuerdings vor allem E. ZENGER, Das Erste Testament. Die jüdische Bibel und die Christen, 2.A. 1992, erhoben.

III.

Versuchen wir eine Antwort auf diese Frage an Geses Entwurf, so zeigt sich, daß Gese in zwei Punkten die Offenheit des alttestamentlichen Befundes zuungunsten des jüdischen Verständnisses des Alten Testaments überspielt.

Am deutlichsten zeigt sich dies bei Geses[17] Darstellung der Entstehung des alttestamentlichen Kanons. Gese nimmt an, daß der dritte Teil des alttestamentlichen Kanons, die sog. "Schriften" ($k^e tub\hat{\imath}m$) zum Ende des 1. Jh.s n.Chr. noch nicht abgeschlossen war und bis zu diesem Zeitpunkt auch die Bücher der sog. "Apokryphen" zum alttestamentlichen Kanon gehört hätten.

Aus diesem Altes und Neues Testament miteinander verbindenden Kanonisierungsprozeß sei das rabbinische Judentum auf der Synode von Jamnia ausgestiegen und habe aus einer "antichristlichen" Tendenz heraus die "Apokryphen" ausgeschieden. Es sei daher ein Fehler der Reformation gewesen, sich für die Festlegung des alttestamentlichen Kanons an dieser "antichristlichen" jüdischen Entscheidung zu orientieren. Ein Christ könne daher den masoretischen Kanon niemals gutheißen, sondern müsse an der Kanonizität der die Kontinuität zwischen Altem und Neuem Testament garantierenden sog. Apokryphen festhalten.

Nun unterliegt die These vom Abschluß des jüdischen Kanons auf der Synode von Jamnia erheblichen Bedenken. Zunächst existiert kein eindeutiger Beleg für eine Zusammenkunft maßgeblicher rabbinischer Vertreter in Jamnia, die das Ziel gehabt hätte, eine autoritative Entscheidung über den jüdischen Kanon zu treffen. Die Mischna (Yad III,2-5) enthält zur Frage der Kanonizität von Hohelied und Kohelet lediglich folgende Aussage: "Es sagte R. Schim'on ben Azzai: Überliefert ist mir aus dem Mund der 72 Ältesten an dem Tag, da sie R. Eleazar ben Azarja einsetzten, daß das Hohelied und Kohelet die Hände verunreinigen"[18]. Schon die Tatsache, daß R. Schim'on ben Azzai (ein Zeitgenosse R. Akibas) davon spricht, daß die Entscheidung der 72 Ältesten nur ihm ("mir") überliefert ist, deutet nicht gerade auf eine für das gesamte rabbinische Judentum bindende Entscheidung hin, die dann ja auch den anderen Rabbinen in gleicher Weise bekannt sein müßte. Bemerkenswert ist außerdem, daß im gleichen Kontext noch mehrere Rabbinen aus der Zeit nach dem Bar Kochba-Aufstand erwähnt werden, die die Kanonizität von Hohelied und Kohelet in Zweifel ziehen, so daß die Entscheidung der 72 Ältesten auch nicht das Ende der Diskussion über die Kanonsgrenzen darstellen kann.

Günter Stemberger[19] weist von daher zu Recht darauf hin, daß es keinerlei Anzeichen für eine autoritative "synodale" Festlegung des jüdischen Kanons in rabbi-

---

[17] Sinai 16f. Vgl. jetzt auch: Die dreifache Gestaltwerdung des ATs, in: Atl. Studien, 1991, 1-28, besonders 25-27. Ähnlich auch J. ROLOFF, Neues Testament, 2.A. 1979, 261.

[18] Vgl. hierzu G. STEMBERGER, Jabne und der Kanon, in: Zum Problem des biblischen Kanons, JBTh 3, 1988, 163-174, besonders 166.

[19] Ebd. 174.

nischer Zeit gegeben hat. Vielmehr dürfte der entscheidende Faktor bei der Kanonbildung die Akzeptanz bestimmter Bücher durch das gläubige Volk gewesen sein, die allmählich zu einer nicht mehr diskutierbaren Abgrenzung der kanonischen Bücher führte.

Andererseits kann dieser grundsätzlichen Offenheit des jüdischen Kanons jedoch nicht entnommen werden, daß im 1. Jh. n.Chr. die sog. "Apokryphen" noch Bestandteil des jüdischen Kanons gewesen wären und erst aufgrund antichristlicher Tendenzen ausgeschieden worden wären. Stemberger[20] hat gezeigt, daß sich "gezielte antichristliche Maßnahmen im Zusammenhang mit der Frage heiliger Bücher ... nie feststellen" lassen[21]. Vor allem kann die Notiz der Tosefta (Yad II,13), daß die "Giljonim und die Bücher der Minim" die Hände nicht verunreinigen, nicht auf die Abgrenzung gegenüber christlichen heiligen Büchern gedeutet werden. Mit "Giljonim" sind hier nämlich nicht die Evangelien, sondern auf Einzelfolien geschriebene Tora-Exemplare gemeint[22]. Auch bei den "Büchern der Minim" ist wohl zunächst an unvorschriftsmäßige Toraausgaben, die von Minim geschrieben wurden oder sich in deren Besitz befinden, zu denken. Auch gibt es keinen Anhaltspunkt dafür, die in dieser Toseftastelle berichtete Entscheidung in die Zeit des ausgehenden 1. Jh.s n.Chr. zu datieren, da diese Toseftanotiz anonym überliefert ist[23].

Auch dagegen, daß die "Apokryphen" im 1. Jh. n.Chr. noch Teil des jüdischen Kanons waren, spricht eine ganze Reihe von Gründen. So geht Josephus in seinem Werk "Contra Apionem" (I,38-41) um 95 n.Chr. davon aus, daß "die Juden nur 22 Bücher besitzen, die ... mit Recht für glaubwürdig gehalten werden" und daß die Literatur, die "seit Artaxerxes bis auf unsere Zeit ... aufgezeichnet worden" ist, "nicht der gleichen Glaubwürdigkeit für wertgeachtet" wird "wie das Frühere"[24]. Bemerkenswert ist, daß Josephus die jüdische Anerkennung dieser 22 Bücher, die unserem

---

[20] STEMBERGER, 173 (vgl. G. WANKE, Art. Bibel I, TRE 6, 1980, 1-8, besonders 7).

[21] Vgl. auch H.P. RÜGER, Das Werden des christlichen Alten Testaments, in: Zum Problem des biblischen Kanons, JBTh 3, 1988, 175-189, besonders 182f: "Ich bin nicht der Auffassung, daß der Abschluß des dritten Teils der hebräischen Bibel und der damit verbundene Ausschluß der Apokryphen und Pseudepigraphen in jüdisch-christlichen Auseinandersetzungen begründet sind. Aber die Diskussion um den Charakter des Sirachbuches und der weitere Kontext, in dem diese Diskussion stattfindet, lassen mit hinreichender Sicherheit erkennen, daß der hier in Frage stehende Vorgang, den man gemeinhin abkürzend als 'Synode von Jamnia' bezeichnet, nur zu verstehen ist, wenn man ihn im Zusammenhang mit der Abgrenzung des Frühjudentums gegenüber den *mynym* und damit eben auch gegenüber den Juden- (und vielleicht auch Heiden-) Christen und deren heiligen Schriften, den 'Evangelien', betrachtet".

[22] Vgl. K.G. KUHN, Giljonim und sifre minim, in: Judentum, Urchristentum, Kirche. FS J. Jeremias, BZNW 26, 1960, 24-61, besonders 25-35 und dazu STEMBERGER, JBTh 3 (oben Anm. 18), 168. Die Auffassung von H.P. RÜGER: JBTh 3 (oben Anm. 21), 181, daß mit "Giljonim" die Evangelien gemeint seien, ist erst, wie KUHN gezeigt hat, für rabbinische Zeugnisse des 3. Jh.s zutreffend. Auch *sipre minîm* können in den Belegen des 1. und 2. Jh.s nicht auf von Christen gebrauchte Bücher bezogen werden, sondern meinen "Schriftrollen der Hl. Schrift des AT, die sich in der Hand von Häretikern innerhalb des Judentums befinden bzw. von ihnen geschrieben sind" (KUHN, 41 und dazu STEMBERGER, 168).

[23] Vgl. STEMBERGER, 168f.

[24] Vgl. hierzu RÜGER, 183.

heutigen masoretischen Kanon entsprechen[25], nicht auf eine neuere Entscheidung zurückführt, sondern offensichtlich als "seit langem" bestehend voraussetzt[26]. Von daher kann davon ausgegangen werden, daß die Existenz einer anerkannten Sammlung heiliger Schriften, die sich auf unsere Schriften des masoretischen Kanons beschränkt und die die nach Artaxerxes I. entstandenen sog. "Apokryphen" ausschließt, zumindest bis in die 1. Hälfte des 1. Jh.s n.Chr. zurückreicht. Dies spricht gegen die von Hans Peter Rüger[27] vertretene Auffassung, daß diese Beschränkung auf den heutigen jüdischen Kanon erst eine Folge von Entscheidungen am Ende des 1. Jh.s n.Chr. (die man traditionell der Synode von Jamnia zuschrieb) gewesen sei.

In die gleiche Richtung weisen ebenfalls die Angaben der auch um 100 n.Chr. entstandenen Apokalypse des 4. Esrabuches (4. Esra 14,44ff), die von 24 allgemein zugänglichen heiligen Büchern des Judentums (vgl. die gleiche Zählung im babylonischen Talmud, Baba batra 14b/15a) sprechen, die auch hier als schon lange im Gebrauch vorgestellt sind und mit denen offensichtlich auch die Bücher unseres masoretischen Kanons gemeint sind (hier werden Ruth und Klagelieder gegenüber dem Richter- bzw. dem Jeremiabuch als eigenständige Bücher angesehen)[28].

Schließlich lassen sich auch dafür, daß der Septuagintakanon (mit Einschluß der sog. "Apokryphen") den Kanon des alexandrinischen Judentums spiegelt, keine überzeugenden Argumente beibringen[29]. Daß der alexandrinische Kanon sich vom masoretischen Kanon nicht unterschied, zeigt vor allem der griechische Prolog des Sirachbuches, der nach seinen eigenen Angaben 132 v.Chr. in Ägypten entstanden ist und der explizit den masoretischen Kanon von "Gesetz, Propheten und den anderen von den Vätern überkommenen Büchern" voraussetzt[30]. Außerdem ist bei mehreren Büchern der "Apokryphen" mit palästinischer Entstehung zu rechnen (vgl. nur Jesus Sirach und das 1. Makkabäerbuch, aber auch Tobit, Judith und Baruch). Bemerkenswert ist auch, daß in den LXX-Papyri der ersten christlichen Jahrhunderte nur Tobit, Sirach und Weisheit Salomos belegt sind[31]. Offensichtlich sind daher in den alten Septuagintahandschriften die "deuterokanonischen" Schriften zunächst nur sehr zurückhaltend aufgenommen worden. Erst um 400 ist der jetzige Septuagintakanon im Westen zur Anerkennung gelangt, während die östliche Kirche auf dem Konzil zu Jerusalem von 1672 nur Tobit, Judith, Jesus Sirach und die Weisheit Salomos als Teil des Kanons akzeptierte[32].

---

[25] Vgl. O. KAISER, Einleitung in das Alte Testament, 5.A. 1984, 408.

[26] Vgl. R. SMEND, Die Entstehung des Alten Testaments, 4.A. 1989, 13.

[27] Vgl. (oben Anm. 21), 183.

[28] Vgl. O. KAISER (oben Anm. 25), 409.

[29] Vgl. ebd. 409.

[30] Vgl. R. BECKWITH, The Old Testament Canon of the New Testament Church and Its Background in Early Judaism, 1985, 385-386.

[31] Vgl. ebd. 389.

[32] Vgl. O. KAISER, Grundriß der Einleitung in die kanonischen und deuterokanonischen Schriften des Alten Testaments Bd.1: Die erzählenden Werke, 1992, 15.

Betrachtet man diese Befunde, so wird man die These Geses, daß der die Apokryphen auslassende masoretische jüdische Kanon erst aufgrund einer Abgrenzung des Judentums gegenüber dem frühen Christentum zustande gekommen sei, als historisch nicht verifizierbar ansehen müssen. Vielmehr hat das frühe Christentum keinen wesentlich anderen alttestamentlichen Kanon besessen als das den masoretischen Kanon bildende Judentum.

Zudem enthalten die Apokryphen keine entscheidenden neuen theologischen Inhalte gegenüber den Schriften des masoretischen Kanons, zumal die für die neutestamentliche Christologie wichtigen sapientalen Traditionen sich auch schon im masoretischen Kanon finden[33]. Vor einer theologischen Überinterpretation der Unterschiede zwischen hebräischem und griechisch-lateinischem Kanon ist also sowohl im Hinblick auf das katholisch-protestantische Gespräch als auch im Hinblick auf den jüdisch-christlichen Dialog zu warnen. Die geringen theologischen Unterschiede rechtfertigen nicht, das Urteil der Reformation in Frage zu stellen, daß uns das Judentum das verbindliche Zeugnis von der vorchristlichen Offenbarung des Vaters Jesu Christi überliefert hat[34]. Daß die Exegese des Alten Testaments aller christlichen Konfessionen heute zur Feststellung des Literalsinns des alttestamentlichen Teils des christlichen Kanons auf den dem Judentum verdankten hebräischen Text zurückgreift, bestätigt in eindeutiger Weise diese zentrale Bedeutung der jüdischen masoretischen Überlieferung für den christlichen Glauben.

Bei der Darstellung der Einheit von Altem und Neuem Testament wird man also wesentlich stärker als Gese in Rechnung stellen müssen, daß wir den alttestamentlichen Teil der Schrift mit dem Judentum gemeinsam haben, ja ihm allein sogar die authentische Überlieferung dieses Teils unseres christlichen Kanons verdanken.

IV.

Dieser Offenheit gegenüber dem vom Judentum tradierten Verständnis des Alten Testaments widerspricht auch die von Gese vorgenommene einlinige Konstruktion der alttestamentlichen Überlieferung als eines auf die neutestamentliche Christologie zulaufenden organischen traditions- und offenbarungsgeschichtlichen Prozesses.

Mildenberger[35] hat darauf hingewiesen, daß dieser Prozeß, den Gese[36] als "Geschichte des die Offenbarung erfahrenden Bewußtseins" und damit als Geschichte

---

[33] Vgl. zu diesen Weisheitstraditionen H. GESE, Die Weisheit, der Menschensohn und die Ursprünge der Christologie als konsequente Entfaltung der biblischen Theologie, in: Alttestamentliche Studien, 1991, 218-248. So findet sich die Vorstellung von der Präexistenz der Weisheit nicht erst in Sir 24, sondern schon in Hi 24 und in Prov 8,22ff. Gegen eine Überbetonung der Unterschiede zwischen dem hebräischen Kanon und dem Kanon der Septuaginta auch O.H. STECK, Der Kanon des hebräischen Alten Testaments, in: Vernunft des Glaubens. FS W. Pannenberg, 1988, 231-252, besonders 250f.

[34] Vgl. zu diesem Urteil B.S. CHILDS, Introduction to the Old Testament as Scripture, 1979, 99.

[35] Anm. 14,15f. Vgl. auch Bibl. Dogmatik I,102.

[36] Sinai 23.

"einer ungeheuren Aufweitung des Wirklichkeitsfeldes" beschreibt, als Darstellung der Verheißungstreue Gottes interpretiert werden kann. Auch wenn Geses Konstruktion eines Altes und Neues Testament umfassenden Traditionsprozesses somit als Glaubensurteil zu verstehen ist, so stellt sich doch die Frage, ob hierbei der Anredecharakter der Offenbarung des biblischen Gottes hinreichend deutlich wird. Von daher ergeben sich an Gese zwei Rückfragen: 1. Werden hier nicht die Bezeugungen der Treue Gottes auf von der Gottesbeziehung ablösbare Erkenntnisinhalte reduziert?[37]; 2. Kann man wirklich davon sprechen, daß die spätnachexilische alttestamentliche Gemeinde eine gegenüber der vorexilischen Prophetie "aufgeweitete" Erfahrung des biblischen Gottes gemacht hat oder daß der neutestamentliche Christ einen umfassenderen Glauben als Abraham, der Vater des Glaubens, besitzt?[38]

Gegen die Darstellung der Einheit von Altem und Neuem Testament als traditionsgeschichtlichen Prozeß spricht schließlich auch, daß die Rekonstruktion eines solchen traditionsgeschichtlichen Kontinuums an zahlreichen Punkten nur sehr hypothetisch möglich ist. Schon die in der neueren Forschung sehr kontroversen Datierungen der Schichten des Pentateuch und der Prophetenbücher[39] zeigen die Schwierigkeit, zu einer einigermaßen konsensfähigen Rekonstruktion des atl. Traditionsprozesses zu kommen.

Wesentlich unproblematischer ist eine Hermeneutik des Alten Testaments, die direkt von den Texten des Alten Testaments ausgeht. Weiterführend ist daher der Vorschlag von Antonius H.J. Gunneweg[40], jeweils die einzelnen alttestamentlichen Texte auf ihre Beziehung zum Neuen Testament zu befragen, zumal ja auch die gottesdienstliche Auslegung der Schrift sich an einzelnen Texten und nicht an Traditionsprozessen orientiert. Dies darf allerdings - wie Mildenberger[41] zu Recht feststellt - sowohl in der Predigt als auch in der theologischen Reflexion nicht eine Isolation der Texte gegenüber ihrem Schriftkontext bedeuten. Vielmehr sind die Texte als reprä-

---

[37] Vgl. hierzu vor allem den Hinweis von H.-J. KRAUS (Theologie als Traditionsbildung?, in: K. HAAKKER u.a., Biblische Theologie heute, BThSt 1 (1977) 61-73, besonders 71), daß bei GESE "das Wort als Anrede in die Wanderbewegung des Traditionsprozesses hineingeschickt wird" und daß "einem solchen Verfahren ... nur eine *fides historica* entsprechen" kann: "Das Projekt 'Theologie als Traditionsbildung' ist auf dem Weg, zu den Voraussetzungen und Grundlagen biblischer und reformatorischer Lehre vom Glauben sich in einen kaum überbrückbaren Gegensatz zu stellen". Eine ähnliche Kritik auch bei L. SCHMIDT, in: H.J. BOECKER u.a., Altes Testament, 1983, 304.

[38] Vgl. hierzu A.H.J. GUNNEWEG, Vom Verstehen des Alten Testaments, ATD Erg. Reihe 5, 1977, 164, der darauf aufmerksam macht, daß das AT bei GESE "trotz Betonung der Einheit der Bibel und der darum geforderten Einheit der biblischen Theologie als Dokument einer ... Vorgeschichte verstanden wird". Daß es bei der Vorstellung eines "Offenbarungsfortschritts" kein "überholtes Glaubenszeugnis" gebe, wie GESE (Hermeneutische Grundsätze der Exegese biblischer Texte, in: Alttestamentliche Studien, 1991, 249-265, besonders 256f.) behauptet, ist schwer nachzuvollziehen.

[39] Vgl. hierzu nur KAISER, Einleitung (oben Anm. 25), 54-57. 306-313.

[40] Verstehen (oben Anm. 38), 183-187.

[41] Texte - oder die Schrift?, ZThK 66 (1969) 192-209.

sentative Zeugnisse der biblischen Gotteserfahrung zu deuten, wie Mildenberger auch in seiner Biblischen Dogmatik die von ihm ausgelegten biblischen Texte versteht[42].

Bei einer solchen Auslegung der alttestamentlichen Texte zeigt sich, daß in ihnen der gleiche Gott bezeugt wird wie im Neuen Testament. So kann mit Gunneweg[43] und Horst Dietrich Preuß[44] davon gesprochen werden, daß zwischen Altem und Neuem Testament "Strukturanalogien" in der Gotteserfahrung bestehen und sich somit zwischen beiden Testamenten existenztypologische Entsprechungen ergeben[45]. Dabei geht es nicht - wie die Existenztypologie häufig mißverstanden wurde - um die Erhebung allgemeinmenschlicher Existenzstrukturen in den Texten des Alten und Neuen Testaments. Vielmehr geht es darum, daß in den alt- und neutestamentlichen Texten die gleiche im Gegenüber zum Vater Jesu Christi gewonnene biblische Existenzerfahrung[46] vorliegt, die sich ihre spezifische Sprache geschaffen hat[47]. Ein Blick in das Neue Testament zeigt, daß genau in diesem Sinne auch Paulus auf die alttestamentlichen Texte Bezug nimmt. Es geht hier nicht um Hinweise auf einen heilsgeschichtlichen Prozeß. Vielmehr wird in Röm 4 und Gal 3f Abrahams Gotteserfahrung und seine glaubende Reaktion darauf bzw. in 1.Kor 10 die Erfahrung des den Unglauben strafenden Gottes angesprochen[48].

Wichtig ist dabei vor allen Dingen, daß die alttestamentliche Gotteserfahrung ihre Eigenständigkeit behält und nicht zu dem vorläufigen Stadium eines sich auf das neutestamentliche Gottesverständnis hinbewegenden Prozesses wird. Die alttestamentliche Gotteserfahrung erscheint damit so, daß sich sowohl Christentum als auch Judentum auf sie zurückbeziehen können.

---

[42] Vgl. Biblische Dogmatik Bd.2: Ökonomie als Theologie, 1992, 10. "Auf jeden Fall aber muß ... das Eigenrecht eines jeden Textes mit beachtet werden. Gewiß hat er seinen Ort im Ganzen der Bibel und muß von hier aus verstanden werden. Aber dabei kann dann weder die Kontinuität einer traditionsgeschichtlichen Rekonstruktion diesen Ort festlegen, noch kann einfach der Hinweis auf die kanonische Endgestalt diese Ortsbestimmung leisten ... der eigentliche Ort eines jeden Textes ist doch der Sach- und Ereigniszusammenhang der Gottesgeschichte".

[43] Verstehen (oben Anm. 38) 178-180.

[44] Das Alte Testament in christlicher Predigt, 1984, 120-140.

[45] Vgl. MILDENBERGER, Bibl. Dogmatik I,222f Anm. 67, der zur Vorstellung von "Strukturanalogien" zwischen AT und NT in der atl. Hermeneutik von GUNNEWEG und PREUß feststellt: "Solange diese Möglichkeit ... in der Selbigkeit des Menschseins gesucht wird, muß der Widerspruch aufrecht erhalten bleiben. Ginge es dagegen um die Selbigkeit Gottes in der Erschlossenheit seiner Nähe ..., dann läge dort ein Versuch in der gleichen Richtung vor, die ich hier einschlage".

[46] Vgl. GUNNEWEG, Verstehen (oben Anm. 38), 193: "Im Licht des Neuen werden Güter, die im Alten Testament als Heilsgaben Jahwes verstanden werden - Land, Nachkommenschaft, gutes Regiment, Feigenbaum und Weinstock, Gesundheit und Wohlergehen -, nicht einfach zu bloß diesseitigen, allenfalls als Voraussetzungen des wahren Heils noch gültigen Verengungen und Verfälschungen einer rein religiös zu fassenden 'Grundverheißung', sondern sie bleiben, was sie immer schon waren: konkrete, diesseitige Lebensermöglichung in Gegenwart und Zukunft allein von Gott her ...".

[47] Vgl. ebd. 187-198.

[48] Vgl. ebd. 179f mit Hinweis auf E. FUCHS, Hermeneutik, 2.A. 1958, 198f: "Paulus dachte die Selbigkeit in Anfang und Ende nicht gnostisch, als wäre sie die Selbigkeit eines metaphysischen Etwas im Menschen. Er dachte sie als diejenige Selbigkeit, in welcher der Mensch der Selbigkeit Gottes entspricht ...".

V.

Die Verbindung der alttestamentlichen Texte zum Neuen Testament, die bei Gese durch das Herausarbeiten des traditionsgeschichtlichen Zusammenhangs hergestellt wurde, geschieht bei Gunneweg durch das "Messen" der alttestamentlichen Texte am Kriterium des Neuen Testaments. Gunneweg greift dabei auf Luthers Vorstellung von der "Mitte der Schrift" zurück, wie er sie in seiner "Vorrede auf die Episteln Sanct Jacobi und Judas" formuliert hat: "Und daryn stymmen alle rechtschaffene heylige bucher uber eyns, das sie alle samt Christum predigen und treyben" (WADB VII,384). Eine Theologie des "Alten Testaments" hat somit von diesem christlichen "Kanon im Kanon" auszugehen: "Alttestamentliche Theologie ... mißt, wertet und urteilt vom gesamtbiblisch-neutestamentlichen Zeugnis her"[49]. Eine "rein interalttestamentliche Mitte" müßte "sofort vor die Frage stellen ..., welche theologische Qualität ihr überhaupt zukomme, sofern wenigstens theologisch hier als christlich-theologisch verstanden werden soll"[50].

Das Alte Testament erhält daher bei Gunneweg insoweit Bedeutung für den christlichen Glauben, als seine Gotteserfahrung im Neuen Testament aufgegriffen wird: "Das in die griechische Sprache der Ökumene übertragene Alte Testament liefert die Sprachmittel für die Verkündigung des Christusgeschehens, oder anders formuliert: die christliche Verkündigung schafft sich selbst eine neue Sprache, die der eschatologischen Neuheit des Christusgeschehens würdig ist, aber sie tut das, indem sie auf die Sprache des Alten Testaments zurückgreift"[51]. Als "Spezifikum der alttestamentlichen Sprache" bezeichnet Gunneweg in diesem Zusammenhang "den konsequenten und radikalen Monotheismus"[52] und damit die "Wahrung ... der Geschöpflichkeit von Welt und Mensch"[53].

Bemerkenswert ist, daß bei Gunneweg das für christliches Sprechen vorbildliche Alte Testament "das in die *griechische* Sprache der Ökumene übertragene Alte Testament"[54] (S. 187) ist und nicht das *hebräische* Alte Testament. Das Alte Testament erlangt hier nur insoweit Bedeutung, als es für die Formulierung der neutestamentlichen Christusoffenbarung von Relevanz ist. Eine Thematisierung der hebräischen Sprachgestalt des Alten Testaments findet im Zusammenhang der theologischen Hermeneutik Gunnewegs offensichtlich nicht statt.

---

[49] A.H.J. GUNNEWEG, "Theologie" des Alten Testaments oder "Biblische Theologie"?, in: ders., Sola Scriptura. Beiträge zu Exegese und Hermeneutik des ATs, 1983, 227-234, besonders 234.

[50] Ebd. 230.

[51] GUNNEWEG, Verstehen (oben Anm. 38) 187f.

[52] Ebd. 189.

[53] Ebd. 190.

[54] Ebd. 187. Vgl. die ähnliche Beobachtung ZENGERs, Testament (oben Anm. 16), 134, zum Entwurf Geses.

Mit dem Ausblenden der hebräischen Sprachgestalt des Alten Testaments wird nun jedoch auch die spezifisch alttestamentliche Welterfahrung ausgeblendet, die sich deutlich vom hellenistisch beeinflußten Denken des griechischen Alten und Neuen Testaments unterscheidet. Damit wird die Komplexität der biblischen Gotteserfahrung, die in *mehreren* "immer schon durch Sprache erschlossenen" Welten geschieht[55] im wesentlichen auf die hellenistisch-griechische Welterfahrung des Neuen Testaments reduziert. Die Tatsache, daß biblische Gotteserfahrung auf dem Hintergrund unterschiedlicher Welterfahrungen zur Sprache kommen kann, wird dadurch nicht mehr genügend herausgestellt.

Eine biblische Hermeneutik darf daher die unterschiedliche Sprachgestalt von Altem und Neuem Testament nicht überspielen. Alttestamentliche Befunde sind so darzustellen, daß nicht nur die Gemeinsamkeit mit dem Neuen Testament im Rahmen des christlichen Kanons deutlich wird, sondern auch die Gemeinsamkeit mit der Sprache der altorientalischen Umwelt und damit auch mit dem Judentum, in dem diese Sprache der hebräischen Bibel in besonderer Weise gepflegt wurde und mit ihm das spezifische Gottes- und Weltverständnis des Alten Testaments. Dieser Notwendigkeit, alttestamentliche Texte sowohl in ihrem Bezug auf das Neue Testament als auch in Bezug auf die jüdische Überlieferung ihrer Sprachgestalt ernst zu nehmen, kann man nicht durch eine unmittelbare Beziehung der alttestamentlichen Texte auf das Christusgeschehen des Neuen Testaments gerecht werden.

Vielmehr wird eine Theologie des Alten Testaments der spezifischen Sprachgestalt des Alten Testaments nur dann gerecht, wenn sie darauf verzichtet, die neutestamentliche Christuserfahrung bereits in das Alte Testament zurückzuprojizieren. Eberhard Jüngel[56] hat zu Recht darauf hingewiesen, daß "die alttestamentliche Wissenschaft ... die übrigen Theologischen Wissenschaften" dadurch entlastet, "indem sie von Jesus Christus schweigt". Dies kann zwar nach dem bisher Ausgeführten nicht heißen, daß die alttestamentliche Theologie von einem Bezug des Alten Testaments auf das Neue Testament schweigen müsse, doch muß sie diesen Bezug in einer spezifisch alttestamentlichen Sprachgestalt thematisieren, die insbesondere das Gespräch mit dem Judentum nicht abbrechen läßt.

Die Theologie des Alten Testaments muß somit nach einer "Mitte des Alten Testaments" suchen, die sowohl offen ist für die neutestamentliche Christuserfahrung als auch als Grundlage für das Gespräch mit dem Judentum über das Alte Testament dienen kann. Inwieweit die neueren Bestimmungen einer Mitte des Alten Testaments dieser Doppelfunktion gerecht werden, wird im folgenden zu analysieren sein.

---

[55] Zur Bedeutung der Sprache für die "einfache Gottesrede" vgl. MILDENBERGER, Bibl. Dogmatik I,202: "... einfache Gottesrede, die Anstehendes auf Gott hin zur Sprache bringt, geschieht in einer immer schon durch Sprache erschlossenen Welt. Dabei ist die unlösbare Korrespondenz von Innen und Außen, der in der Sprache repräsentierten gedachten Welt und der wahrgenommenen Welt zu beachten".

[56] Das Verhältnis der theologischen Disziplinen untereinander, in: E. JÜNGEL - K. RAHNER - M. SEITZ, Die Praktische Theologie zwischen Wissenschaft und Praxis, 1968, 11-45, besonders 42.

VI.

Eröffnet worden ist die neuere Diskussion über "die Mitte des Alten Testaments" durch die gleichnamige Monographie von Rudolf Smend aus dem Jahre 1970[57]. R. Smend hält an der Frage nach einer Mitte des Alten Testaments fest, weil seiner Meinung nach angesichts der Mannigfaltigkeit des biblischen Zeugnisses auf die Frage nach seinem inneren Zusammenhang nicht verzichtet werden darf[58]. Es gehe hierbei um den zentralen "Gegenstand des alttestamentlichen Zeugnisses"[59], von dem her die theologische Frage nach dem im Alten Testament "Gültigen" zu beantworten sei. Zwar ist dieses "Gültige" in seiner "Offenbarungsqualität" "nur den Augen des Glaubens sichtbar", dennoch ist es "als Name, Begriff oder Vorstellung ... auch für den Historiker erkennbar"[60].

Als dieses Gültige hat nun Smend[61] den Inhalt der sog. "Bundesformel", die man nach Ernst Kutsch[62] besser als "Zugehörigkeitsformel" bezeichnen sollte, vorgeschlagen: "Jahwe, der Gott Israels - Israel, das Volk Jahwes[63]". Durch diese Doppelformel wird nach Smend sachgemäß zum Ausdruck gebracht, daß in der Mitte des Alten Testaments kein Begriff und keine Idee steht, sondern die Beziehung Gottes zum Menschen und die Beziehung des Menschen zu Gott[64].

Gegen den Vorwurf, bei dieser "Mitte" handele es sich um eine "Leerformel", weist Smend[65] schließlich darauf hin, daß es diese doppelte Beziehung zwischen Jahwe und Israel ist, die in den alttestamentlichen Texten immer wieder neu mit konkreten Inhalten gefüllt wird, bis sie im Neuen Testament durch Jesus Christus als Mitte abgelöst wird.

Ein Problem dieser Bestimmung einer Mitte des Alten Testaments mit Hilfe der sog. "Bundesformel" besteht nun darin, daß das, was "Jahwe" und "Israel" meint, nicht

---

[57] Jetzt in: R. SMEND, Die Mitte des ATs, Gesammelte Studien Band 1, BEvTh 99, 1986, 40-84. Smend (50-56) widerspricht in dieser Arbeit der Auffassung von G. von RAD, Theologie des Alten Testaments, 6.A. 1969, S. 128-132, der für das AT eine Mitte ablehnt und vielmehr im Sinne von Heb 1,1 ("auf mancherlei Weise") mit einer Vielzahl von zentralen atl. Gotteserfahrungen rechnet.

[58] Mitte 53.

[59] Ebd. 54.

[60] Ebd. 55.

[61] Ebd. 78-84.

[62] Verheißung und Gesetz, BZAW 131, 160.

[63] SMEND (Mitte [oben Anm. 57] 75-78) knüpft hierbei an J. WELLHAUSEN an (Israelitische Religion, Die Kultur der Gegenwart Bd.I,4, 1905, 1-38, besonders 8f).

[64] Mitte 74.

[65] Ebd. 75.

expliziert wird. Von daher ist der Hinweis von Hans Heinrich Schmid[66] zu beachten, daß sich die beiden Elemente der Zugehörigkeitsformel in ähnlicher Struktur auch in der Umwelt Israels finden, ja sogar im Alten Testament für Götter und Völker der Umwelt Israels belegt sind[67]. So spricht beispielsweise I Reg 11,33 u.a. von "Kamosch, dem Gott der Moabiter" und von "Milkom, dem Gott der Ammoniter". Andererseits kann z.B. Jer 48,46 auch die Bezeichnung "Moab, das Volk des Kamosch" bzw. Jer 49,1 die Bezeichnung "Ammon, das Volk des Milkom" gebrauchen. Die Zugehörigkeitsformel an sich bringt somit ein bereits im Alten Orient belegtes Gottes- und Menschenverständnis zum Ausdruck und ist somit noch nicht spezifisch für das Alte Testament.

Erst wo das Spezifikum des alttestamentlichen Gottesverständnisses und das Spezifikum des alttestamentlichen Verständnisses vom Gottesvolk mitreflektiert wird, wird daher die Besonderheit der biblischen Beziehung zwischen Gott und Mensch deutlich. Als religionsgeschichtliche Besonderheit des alttestamentlichen Gottesverständnisses sind - wie vor allem Werner H. Schmidt[68] gezeigt hat - der Alleinverehrungsanspruch und das Bilderverbot anzusehen, mit denen sowohl die Alleinmächtigkeit Jahwes als auch seine Transzendenz zum Ausdruck gebracht wird. In gleicher Weise ist für das alttestamentliche Gottesvolkverständnis charakteristisch, daß hier Israel allein durch die gnädige Erwählung Jahwes zum Gottesvolk wurde. Expliziert man dieses spezifisch alttestamentliche Verständnis von Jahwe und Israel, so kommt man auf folgende Form der "Zugehörigkeitsformel": Jahwe, der Gott Israels, der als alleinmächtiger und transzendenter Gott verehrt werden will - Israel, das Volk Jahwes, das allein aus Gnaden erwählt wurde.

Man hat nun gegen die sog. "Bundesformel" als "Mitte des Alten Testaments" eingewandt, daß sie die Beziehung Jahwes zur Welt und zum Einzelnen nicht berücksichtige. Allerdings hat schon Smend[69] darauf hingewiesen, daß im Alten Testament die Beziehung Jahwes zur Welt und zum Einzelnen "in ihrem Verhältnis zu seiner Beziehung zu Israel zu erfassen" versucht werden muß. Nun ergibt sich die Beziehung Jahwes zur Welt und zum einzelnen Menschen aus dem spezifisch alttestamentlichen Verständnis von Gott und Gottesvolk, das zumindest im prophetischen Verständnis wegen der Alleinmächtigkeit und Transzendenz des biblischen Gottes anders als im Alten Orient kein "nationalreligiös-identifikatorisch verstandenes Gott-Volk-Verhältnis" kennt[70]. Jahwe steht daher nicht nur mit seinem erwählten Volk, sondern auch mit der übrigen Welt und mit einzelnen Menschen in Beziehung. Von daher steht am Anfang des Alten Testaments nicht - wie in anderen altorientalischen Schöpfungsberichten - die Schöpfung von Welt und Mensch als Schöpfung des Kultes der Göt-

---

[66] "Ich will euer Gott sein, und ihr sollt mein Volk sein". Die sogenannte Bundesformel und die Frage nach der Mitte des ATs, in: Kirche, FS G. Bornkamm, 1980, 1-25.

[67] Vgl. besonders ebd. 3-14.

[68] Vgl. vor allem: Das erste Gebot, 1970.

[69] Mitte 81.

[70] Vgl. SCHMID, FS G. Bornkamm (oben Anm. 66), 9-25.

ter und ihrer Verehrer, sondern die Schöpfung einer Welt und einer Menschheit, die unter der Herrschaft Jahwes stehen, obwohl sie nicht zum Gottesvolk gehören. Wenn in unserer Formulierung einer explizierten "Bundesformel" auf die Alleinmächtigkeit und Transzendenz Jahwes und auf die Erwählung Israels allein aus Gnaden hingewiesen wurde, dann ist damit dieses Herr-Sein Jahwes auch über Welt und Menschheit mitgemeint.

Dieses Herr-Sein Jahwes über die ganze Menschheit hat in der alttestamentlichen Prophetie zur eschatologischen Hoffnung geführt, daß auch die Heiden Teil des Gottesvolkes werden (vgl. vor allem Jes 19,19-22.23.24-25)[71]. Gelegentlich wird in der Prophetie diese Vorstellung von einer universalen Herrschaft Gottes auch mit der Erwartung einer messianischen Gestalt verbunden (vgl. vor allem Sach 9,9f)[72]. Wenn es sich hierbei auch nur um Randentwicklungen der alttestamentlichen Tradition handelt, so erweist sich das Alte Testament damit doch als grundsätzlich offen für eine Erweiterung der Bundesformel, die die neutestamentliche Erkenntnis der letztgültigen Offenbarung des alttestamentlichen Gottes in dem Messias ("Christus") Jesus und der Offenheit des Gottesvolkes für die Kirche aus den Heiden einbezieht: "Jahwe, der Gott Israels, der sich letztgültig in Christus offenbart hat - Israel, das Volk Jahwes, zu dem auch die Kirche aus den Heiden gehört."

Diese "erweiterte Bundes-Formel" versteht sich nicht als "Lösung" der Frage der christlichen Theologie nach einer "Mitte des Alten Testaments". Sie will vielmehr auf die Spannungen aufmerksam machen, unter denen eine christliche Theologie des Alten Testaments steht und will damit aufzeigen, daß nach dieser "Mitte des Alten Testaments" nur in einem Gespräch mit dem Judentum gesucht werden kann, bei dem man weder das Alte Testament dem Judentum entreißt noch zentrale christliche Glaubenswahrheiten unberücksichtigt läßt[73].

---

[71] Vgl. H. WILDBERGER, Jesaja 2. Teilband: Jesaja 13-27, BKAT 10, 1978, 746: "... von Abschnitt zu Abschnitt wagt sich der jeweilige Verfasser mit seiner Hoffnung weiter vor - und entfernt sich dabei noch mehr von den realen Gegebenheiten und Geschehnissen, an die zweifellos angeknüpft wird, bis schließlich der Mann, der in 24f das Wort hat, alle Israels Denken sonst umschrankenden Grenzen überspringt und die höchsten Ehrentitel Israels an die Völker verteilt". Ähnlich O. KAISER, Der Prophet Jesaja, Kapitel 13-39, 3.A. 1983, 86.

[72] Vgl. den Hinweis von W. H. SCHMIDT, Alttestamentlicher Glaube in seiner Geschichte, 6.A. 1987, 245, daß dem AT "ein Verständnis des Messias als nationaler Herrschergestalt, das entsprechend der Davidsreich nur Israels Größe wiederherstellen soll, nicht gerecht" wird: "... ausgerottet werden die Waffen, nicht die Menschen ... Selbst die Bindung an das Davidshaus kann zurücktreten bzw. verlorengehen, während den Völkern das Heil verkündet wird (Sach 9,9f)". Zum atl. Messiasverständnis vgl. auch W. WERNER, Eschatologische Texte in Jesaja 1-39, FzB 46 (1982) 85-88.

[73] Vgl. ähnlich H. D. PREUß, Theologie des Alten Testaments Bd.1: JHWHs erwählendes und verpflichtendes Handeln, 1991, 29, der fordert, daß "dieses Erschließen ... von Grundstrukturen des atl. Glaubens in ihrer Zuordnung zur ... Mitte offen ist für eine gesamtbiblische Theologie als einem christlichen Anliegen, das ... mit diesem Versuch christlichen Verstehens doch weder in den Verdacht gerät noch dieses gar versucht, daß man das AT den Juden entreißen will".

VII.

Um ein theologisches Verständnis des Alten Testaments, das von Juden und Christen (und darüber hinaus von allen Menschen, die über den Sinn menschlicher Existenz nachdenken) gemeinsam vertreten werden kann, geht es auch Otto Kaiser[74] in seinem Beitrag zur Frage nach der "Mitte des Alten Testaments". Kaiser[75] macht in ihm darauf aufmerksam, daß die Aussagen der sog. "Bundesformel" nur dann sachgemäß verstanden sind, wenn sie die Verpflichtung Israels auf das Gesetz Jahwes einschließen[76]. Das Gesetz wird dabei von Kaiser im Sinne der allen Menschen geltenden göttlichen Forderung verstanden, wie Kaiser sie in den das deuteronomische Gesetz abschließenden Worten Moses in Dtn 30,19-20 bezeugt findet: "Ich nehme Himmel und Erde heute über euch zu Zeugen. Ich habe euch Leben und Tod, Segen und Fluch vorgelegt, damit du das Leben erwählst und am Leben bleibst, du und deine Nachkommen, indem ihr den HERRN, euren Gott, liebt und seiner Stimme gehorcht und ihm anhanget ...". Hier liegt seiner Meinung nach die gleiche Bestimmung des Verhältnisses von Indikativ und Imperativ vor, wie sie auch für die paulinische Theologie charakteristisch ist[77]. Nach Kaisers Meinung[78] ist die Aussage von Dtn 30,19f nämlich auf dem Hintergrund von Jer 31,31ff und Ez 36,26-27 zu sehen, die zeigen, daß auch nach alttestamentlicher Auffassung die Erfüllung des Gesetzes letztlich allein Gottes Werk ist.

Auf diesem Hintergrund versucht Kaiser folgendes gemeinsame jüdisch-christliche Gesetzesverständnis zu beschreiben: "... as the Lutheran imperative functions to prevent the security of the Christian, the commandments of the Law likewise function for the Jew ... The participation in the promised salvation depends on the obedience to the law. But even then there is, as we have seen, a final hope that the Lord himself shall give to his people the ability for the demanded obedience. Without his gift of a new heart and a new spirit, Israel may not reach its final destination. To compare it ... with the Christian pattern of salvation: humans shall be judged according to their deeds, but rescued by God's grace and mercy. It is the Holy Spirit who has to fill the heart to enable the Christian to love the Lord and one's neighbor"[79].

Inwieweit ein solches gemeinsames jüdisch-christliches Gesetzesverständnis möglich ist, ist allerdings in der neueren Paulusexegese umstritten. Bei dieser Frage geht es vor allem um die Interpretation von Röm 3,20: "... durch die Werke des Gesetzes kann kein Mensch vor ihm (sc. Gott) gerecht sein. Durch das Gesetz kommt Erkenntnis der Sünde, die Rechtfertigung allein durch den Glauben". Zu dieser Stelle

---

[74] The Law as Center of the Hebrew Bible, in: "Shaᶜarei Talmon" (FS Sh. Talmon), 1992, 93-103.

[75] Ebd. 94-96.

[76] Ähnlich PREUß, Theologie I (oben Anm. 73), 26f, der in der Bundesformel "Jahwe" als "sein Volk verpflichtenden Gott" versteht.

[77] KAISER, FS Talmon (Anm. 74), 101f.

[78] Ebd. 98.

[79] Ebd. 101.

hat einerseits Rudolf Bultmann[80] festgestellt: Paulus "sagt nicht nur, daß der Mensch durch Gesetzeswerke nicht das Heil erlangen kann, sondern auch, daß er es gar nicht soll. ... Der Jude würde schon der Behauptung des Paulus widersprechen, daß ein Mensch nur auf Grund schlechthin vollkommener Gesetzeserfüllung ... gerechtfertigt werden kann; er würde vollends dem Satz widersprechen, daß sich Rechtfertigung aus Gesetzeswerken und aus göttlicher, im Glauben des Menschen ergriffener Gnade ausschließen"[81].

Andererseits geht Ulrich Wilckens[82] in seinem Römerbriefkommentar, ähnlich wie Kaiser, davon aus, daß in Röm 3,20 ein Gesetzesverständnis vorliegt, das in Übereinstimmung mit Judentum und Altem Testament steht: "Paulus setzt dabei selbstverständlich voraus, daß der Mensch das Gute tun und darin das Gesetz erfüllen kann. Für ihn, wie für jeden Juden seiner Zeit, wäre es undenkbar, Gott habe ein Gesetz gegeben, das für Menschen unerfüllbar sei. ... Nicht unerfüllbar, aber unerfüllt ist das Gesetz".

Schließlich hat sich Mildenberger[83] im Zusammenhang dieser Diskussion zwar für ein Verständnis von Röm 3,20 "im Sinne einer prinzipiellen Unmöglichkeit, durch die Gesetzeserfüllung zum Heil zu kommen", ausgesprochen. Er weist dabei aber anders als Bultmann darauf hin, daß Paulus mit diesem Gesetzesverständnis nicht allein steht, sondern sich dafür auf alttestamentliche Texte berufen kann, die ein entsprechendes Verständnis aufweisen. Mildenberger[84] nennt vor allem Lev 26, in dessen literarischer Endgestalt er zu Recht als zentrale Aussage die Verheißung von v. 44f herausstellt: "... ich will ihnen zugut an meinen Bund mit ihren Vorfahren gedenken, die ich aus Ägyptenland führte vor den Augen der Völker, auf daß ich ihr Gott wäre, ich, der Herr"[85].

Unabhängig davon, wie man sich in der Frage des Verhältnisses von alttestamentlichem, jüdischem und christlichem Gesetzesverständnis entscheidet, so zeigt sich hierbei doch die Fruchtbarkeit einer Entfaltung des Gottes- und Menschenverständnisses der alttestamentlichen Texte von der sog. "Bundesformel" her. Die Notwendigkeit, die "Bundesformel" zu explizieren, zwingt dazu, sich darüber klar zu werden, inwieweit das Gesetz zum Zentrum des Verhältnisses zwischen Jahwe und Israel hinzugehört und inwieweit hierbei ein dem Neuen Testament entsprechendes Gottes- und Menschenverständnis vorliegt.

Somit zeigt sich, daß eine theologische Interpretation des Alten Testaments von seiner in der sog. "Bundesformel" formulierten "Mitte" her Möglichkeiten eines um-

---

[80] Theologie des Neuen Testaments, 5.A. 1958, 264.

[81] Ähnlich E. KÄSEMANN, An die Römer, HNT 8a, 1973, 81-84.

[82] Der Brief an die Römer, EKK 6/1, Teilbd.1: Röm 1-5, 1978, 179.

[83] Bibl. Dogmatik II,175.

[84] Ebd. II,175 Anm. 64.

[85] Ebd. II,101.

fassenderen, die jüdische Tradition einbeziehenden Verständnisses des Alten Testaments eröffnet, wie sie m.E. einer "Biblischen Theologie" verschlossen bleiben, die Altes und Neues Testament als "organische Einheit" versteht[86].

Nur wenn so die Eigenständigkeit des Alten Testaments innerhalb der Einheit der Schrift gewahrt wird, kann christliche Theologie der ihr gestellten Aufgabe gerecht werden, ihren Gebrauch des Alten Testaments dem Judentum gegenüber zu rechtfertigen, wie sie Mildenberger in seiner "Biblischen Dogmatik"[87] beschrieben hat. Mildenberger weist dabei zu Recht darauf hin, daß hier "nicht eine Lösung im gedanklichen Bereich das vordringliche Erfordernis"[88] ist. Allerdings wird es das von ihm geforderte Einüben eines "Neben- und vielleicht auch Miteinanders" von jüdischer und christlicher Auslegung des Alten Testaments[89] nur geben können, wenn es der christlichen Interpretation des Alten Testaments gelingt, "not to Christianize the Old Testament by identifying it with the New Testament witness, but to hear its own theological testimony to the God of Israel whom the church confesses also to worship[90]".

---

[86] Eine entsprechende Kritik an dem Entwurf Geses findet sich auch bei ZENGER, Testament (oben Anm. 16), 133: "Bei solcher Art des Umgangs mit dem AT wird dieses christlich so angeeignet, daß die Juden dabei *ent*eignet werden".

[87] I,111f.115.

[88] Ebd. I,112.

[89] Ebd. I,115.

[90] B.S. CHILDS, Old Testament Theology in a Canonical Context, 1985, 9.

Peter Stuhlmacher

Geistliche Schriftauslegung?

> "Es soll nicht durch Heer oder Kraft,
> sondern durch meinen Geist geschehen,
> spricht der Herr Zebaoth." (Sach 4,6)

I.

Hartmut Gese hat in seinem Aufsatz über "Hermeneutische Grundsätze der Exegese biblischer Texte"[1] vorgeschlagen, bei der Exegese biblischer Texte "von dem einfachen hermeneutischen Fundamentalsatz auszugehen ... : *Ein Text ist so zu verstehen, wie er verstanden sein will, d.h. wie er sich selbst versteht*"[2]. Gese möchte dieses Textverständnis im Rahmen einer Hermeneutik praktiziert wissen, die den kerygmatischen Charakter der biblischen Texte ebenso beachtet wie ihre traditionsgeschichtliche Struktur und ihre Zugehörigkeit zum Kanon der Hl.Schrift (aus Altem und Neuem Testament), einer Hermeneutik, "die bestimmt ist von der annehmenden Anerkennung" der Texte, "vom historischen Sich-Identifizieren" mit ihnen "und vom Erlernen der Wirklichkeit", die sie vor Augen stellen[3].

Versucht man, sich bei der Exegese alt- und neutestamentlicher Texte an diese Grundsätze zu halten, gerät man alsbald zwischen alle Fronten. Die übliche wissenschaftliche Exegese des Alten und Neuen Testament ist nur sehr bedingt in der Lage, Geses Programm zu folgen. Ihr historisch-kritischer Ansatz nötigt methodisch dazu, den Charakter der Bibel als Hl.Schrift der Kirche, die kirchliche Erfahrung mit ihr und leider auch den Umstand auszublenden, *daß die biblischen Texte selbst Anspruch auf eine ihnen gemäße Auslegung erheben*. Weil die einzelnen Texte der Bibel so historisch objektiv wie möglich und kritisch wie nötig untersucht werden sollen, werden (weithin) ihr hermeneutisches Eigengewicht sowie ihre Zugehörigkeit zur Scriptura hintangestellt und wird außerdem unbeachtet gelassen, daß gerade die biblische Hermeneutik der Kirche aus dem Bemühen erwachsen ist, die kanonischen Texte so auszulegen, wie sie selbst ausgelegt sein wollen. Geses Programm stellt diejenigen, die ihm folgen, in eine mehr oder weniger große Distanz zur kritischen "Schul-Exegese". Aber auch von seiten der Dogmatik werden dagegen Einwände erhoben. Dabei wird vor allem Geses weiter Begriff von Tradition und Traditionsgeschichte kritisiert und auf die Gefahr hingewiesen, daß, wenn man seinen Ansatz vergröbert, geschichtliche Tatbestände und Entwicklungen naiv eingezeichnet werden "in das Kontinuum ... , das als Vorentwurf historischer Gegenständlichkeit der modernen Historie zugrunde liegt"[4].

---

[1] Die Abhandlung findet sich in: H. GESE, Alttestamentliche Studien, 1991, 249-265.

[2] A.a.O., 249, kursiv von P.St.

[3] A.a.O., 265; wie GESE selbst diese Hermeneutik praktiziert, lehren seine drei Aufsatzbände: Vom Sinai zum Zion, (1974) 3.A. 1990; Zur biblischen Theologie, (1977) 3.A. 1989; Alttestamentliche Studien, 1991 (s.o.).

[4] Vgl. F. MILDENBERGER, Biblische Dogmatik I, 1991, 101-103; MILDENBERGER sieht allerdings sehr wohl, daß GESE selbst von diesem Vorwurf nicht betroffen ist; auf seine Hermeneutik läßt er sich trotzdem nur sehr partiell ein.

Um dies zu verhindern, macht sich die Dogmatik selbst anheischig, aus ihrer Perspektive heraus "eine Schriftauslegung zu entwickeln, die dem gerecht wird, was die biblischen Schriften selbst sein und sagen wollen"[5]. Interessanterweise wehrt man sich aber auch in der kirchlichen Praxis gegen eine in Geses Spuren vorgehende Schriftauslegung, und zwar aus zwei Gründen: Seine traditionsgeschichtlich und ontologisch differenzierte Betrachtungsweise der Texte wird in manchen bibeltreuen Kreisen als Angriff auf die Autorität der Bibel (miß-)verstanden. Außerdem haben sich mittlerweile alle maßgeblichen Gruppierungen in der (Volks-)Kirche daran gewöhnt, das Prinzip "sola scriptura" nur noch eingeschränkt anzuwenden. Man beruft sich zwar nach wie vor in Präambeln und Schlußworten von kirchlichen Verlautbarungen auf die Hl.Schrift als "einig Richter, Regel und Richtschnur"[6] des Glaubens, ist aber in Wirklichkeit weder willens noch fähig, der Schrift allein zu folgen. Im Vergleich mit der heutigen (Volks-)Kirche nimmt sich die ἐκκλησία des Neuen Testaments mit ihren Glaubensgrundsätzen als elitäre eschatologische Sekte aus (E. Troeltsch), und man hat allenthalben Angst davor, sich diese Diskrepanz einzugestehen und daraus die gebührenden Folgerungen zu ziehen. Mit biblischer Exegese im Stil H. Geses gerät man also auch kirchlich in eine Außenseiterposition. Ein vierter Umstand kommt noch hinzu: Die Studierenden und die Pfarrerschaft sind trotz zumeist besten Willens nur noch selten in der Lage, die von Gese geforderte Textauslegung zu üben; ihnen fehlt die sprachliche Kompetenz und zumeist auch die historische und theologische Bildung, um sich wirklich selbständig an den biblischen (Ur-)Texten zu orientieren[7].

Die biblische Exegese, die versucht, dem hermeneutischen Eigenwillen der Texte im Sinne H.Geses zu entsprechen, sieht sich heute also vor eine gestaffelte Barriere von wissenschaftlicher Zurückhaltung und Kritik, kirchlicher Angst vor der Hl.Schrift und fehlender theologischer Bildung gestellt, die es ihr schwer und oft unmöglich macht, ihrer Aufgabe gerechtzuwerden.

II.

Man könnte an der Aufgabe und Durchführung einer der Hl.Schrift wirklich entsprechenden Schriftauslegung resignieren, wenn nicht das von Mildenberger aufgewiesene Geschehen der "einfachen Gottesrede" dem Exegeten signalisieren würde, daß *die biblischen Texte sich nach wie vor selbst verständlich machen und von sich aus zu einer ganz bestimmten Form von Auslegung einladen*. Versucht man, dieser Einladung Folge zu leisten, muß die Auslegung vier Ansprüchen genügen: Sie muß Anwalt der Texte sein, der Inspiration der Hl. Schriften Rechnung tragen, das Evangelium Gottes

---

[5] MILDENBERGER, a.a.O., 227. MILDENBERGER führt diese Auslegung in seiner dreibändigen Biblischen Dogmatik durch. Er geht dabei von dem Ansatz aus, daß das geisterfüllte Geschehen der "einfachen Gottesrede" aufgrund der Hl.Schrift der wissenschaftlichen Theologie in allen ihren Disziplinen vorgegeben ist, so daß ihr nur die Aufgabe bleibt, sich auf dieses Geschehen zu beziehen und es kritisch zu begleiten.

[6] BSLK 769,7.

[7] Diese Lage markiert einen insgesamt besorgniserregenden Abstand zu LUTHERs Forderungen an die reformatorischen Theologen in seiner Schrift "An die Ratsherrn aller Städte deutschen Landes, daß sie christliche Schulen aufrichten und halten sollen" (1524); vgl. bes. WA 15; 37,1 - 42,14!

von Jesus Christus in den Mittelpunkt stellen und dem Aufbau der Gemeinde Jesu Christi sowie der Ausbreitung des christlichen Zeugnisses dienen.

1. *Anwalt der Texte* muß die biblische Exegese in zweifachem Sinne sein: Sie muß einerseits der geschichtlichen Eigenart und Stellung der Texte im Ganzen der Schrift Rechnung tragen und sie muß andererseits die Texte im einzelnen und die Schrift im Ganzen in Schutz nehmen gegenüber dem sowohl in der wissenschaftlichen Theologie als auch der kirchlichen Praxis überhandnehmenden instrumentalen Gebrauch, bei dem einzelne Schriftzitate zur Begründung von z.T. völlig unbiblischen Denkweisen und Positionen herhalten müssen. Geses Programm wird diesem doppelten Anspruch hervorragend gerecht, weil es dazu nötigt, die biblischen Traditionen in ihrer historisch unverwechselbaren Eigenart nachzusprechen.

2. Mit dem Hinweis auf *Inspiration der Hl.Schriften* betritt man im Protestantismus gegenwärtig eine theologische Tabuzone. Daß die Rede von der Schriftinspiration entscheidende hermeneutische Implikationen hat, wird von der (deutschen) Fachexegese z.Z. nur kritisch distanziert wahrgenommen[8]. Dieser Umstand behindert die Ausbildung einer der Schrift entsprechenden Schriftauslegung sehr und beruht, wenn nicht alles täuscht, auf einer bewußten exegetischen Ausblendung!

Das Neue Testament hat nämlich vom antiken Judentum die Anschauung von der Inspiration der γραφαὶ ἅγιαι (= des christlich so genannten Alten Testaments) übernommen und für gültig erachtet. Es hat dabei genausowenig einen Unterschied zwischen der hebräischen und griechischen Bibel (Septuaginta) gemacht wie das Frühjudentum auch[9]. Die neutestamentlichen Autoren haben auch die hermeneutische Implikation der Inspirationslehre bejaht, wonach das vom Geist Gottes eingegebene Schriftzeugnis nur von solchen Auslegern (und Rezipienten) verstanden werden kann, die an diesem Geist Anteil haben. Der entscheidende Unterschied zwischen ihnen und den frühjüdischen Schriftauslegern bestand nur darin, daß diese den Geist als Kraft der von Gott durch Mose ausgehenden Lehr- und Auslegungstradition verstanden, die neutestamentlichen Lehrer aber im Hl.Geist die wirkende Kraft des einen Gottes sahen, der seinen Sohn Jesus Christus in die Welt gesandt, dem Kreuzestod preisgegeben und ihn von den Toten auferweckt hat. Die Auslegung der Hl.Schriften verlangte den jüdischen Exegeten jener Zeit die Teilhabe an der vom Sinai ausgehenden Lehrtradition, den neutestamentlichen Zeugen dagegen die Partizipation an der von Jesus und den Osterereignissen ausgehenden Offenbarung und Glaubensüberlieferung ab. Die

---

[8] Das Stichwort "Inspiration (der Hl.Schrift)" fehlt in allen z.Z. gängigen Lehrbüchern der Theologie des Neuen Testaments und wird sowohl von H. WEDER, Neutestamentliche Hermeneutik, 1986, 94ff., als auch K. BERGER, Hermeneutik des Neuen Testaments, 1988, 29ff., nur negativ apostrophiert. In der Dogmatik ist die Inspiration der Hl.Schrift kontinuierlicher diskutiert worden, und zwar vor allem von A. SCHLATTER, Das christliche Dogma, 3.A. 1977, 364-369; K. BARTH, Kirchliche Dogmatik I/2, 7.A. 1983, 523-598; H. DIEM, Dogmatik, 3.A. 1960, 175 -179; O. WEBER, Grundlagen der Dogmatik I, 4.A. 1972, 252-23; R.PRENTER, Schöpfung und Erlösung, 1960, 79-83; R. SLENCZKA, Kirchliche Entscheidung in theologischer Verantwortung, 1991, 47-53; F. MILDENBERGER, a.a.O., 20-23. 93-112, und M. WELKER, Gottes Geist, 1992, 253-258. Auch die Praktische Theologie ist mit dem Thema intensiv befaßt, vgl. vor allem M. SEITZ, Praxis des Glaubens, 2.A. 1979, 21ff. 199ff, 218ff, und G. RUHBACH, Meditation der Heiligen Schrift im Vollzug, TheolBeitr 10 (1979) 72-83.

[9] Vgl. R. HANHART, Die Bedeutung der Septuaginta in neutestamentlicher Zeit, ZThK 81 (1984) 395-416; 397f; ders., Septuaginta, in: W.H. SCHMIDT, W. THIEL, R. HANHART, Altes Testament, 1989, (176-196) 186f.

wichtigsten Belegstellen für ihre neue Art von christologischer Auslegung der Hl.Schriften sind Lk 24,25-26.44-47; Joh 2,17.22; 5,39: 20,9.22; 1.Kor 10,11; Röm 15,3-4; 2.Tim 3,16 und 2.Petr 1,20-21.

Diese Inspirationsanschauung ist im Verlauf der neutestamentlichen Traditionsbildung auf das Zeugnis Jesu und der Apostel ausgedehnt worden. Man kann dies am schönsten aus der johanneischen Lehre vom Geist-Parakleten und aus 1.Kor 2,6-16 ersehen. Nach den Parakletensprüchen aus Joh 14,26 und 16,13-15 werden Verkündigung und Werk Jesu erst von Ostern her wahrhaft verständlich, indem sie von dem "Geist der Wahrheit" in Erinnerung gerufen werden, den Jesus nach seinem Weggang zum Vater sendet. Das Johannesevangelium bietet in Joh 2,22; 12,16 und 20,9 Beispiele für diese erst von Ostern her aufscheinende Schrift- und Wahrheitserkenntnis, und es deutet in Joh 21,24-25 an, daß die johanneische Jesus-Tradition insgesamt als Niederschlag solch geistgewirkter Erkenntnis aufgefaßt werden will (vgl. ganz parallel auch Apk 22,18-20): In Joh 18,9.32 wird nicht mehr nur von Zitaten aus den Hl.Schriften (vgl. Joh 12,38; 15,25) gesagt, daß sie "erfüllt werden", sondern von Worten Jesu (aus Joh 3,14; 6,39; 17,12)! "... zwischen dem Wort des Sohnes und dem des Vaters (besteht) kein grundsätzlicher Unterschied mehr, und man kann die 'Erfüllung' des einen genau so gut konstatieren wie die des anderen"[10]. – Unabhängig von Johannes bietet Paulus in 1.Kor 2,6-16 einen hermeneutischen Entwurf, der auf die Inspiration des apostolischen Zeugnisses weist: Während die jüdischen Archonten Jesus verkannt und deshalb ans Kreuz gebracht haben, hat der Apostel kraft der Gabe des Geistes erkennen dürfen, daß Jesus "der Herr der Herrlichkeit" ist, und worum es sich von Gott her beim Kreuzesgeschehen handelt. Indem Paulus den Geistträgern in Korinth geistliche Sachverhalte in Worten deutet, die der Geist lehrt (1.Kor 2,13-14), gibt er ihnen die ihm gewährte Offenbarungserkenntnis weiter[11]. So rhetorisch gekonnt und durchsichtig Paulus in seinen Briefen argumentiert[12], so sehr ist er sich im Klaren darüber, daß seine Darlegungen nur denen einleuchten, denen Gott durch den Hl.Geist Herz und Verstand für das Evangelium öffnet (vgl. 2.Kor 4,1-6). 2.Petr 3,15-16 belegen, daß man zu Beginn des 2.Jh.s diesen hermeneutischen Vorbehalt auf die Auslegung der (Sammlung aller) Paulusbriefe ausgedehnt und sie als inspiriert verstanden hat.

Befragt man das Neuen Testament, lassen sich also die auf Christus weisenden Hl. Schriften, die Jesustradition und das apostolische Zeugnis nur dann sachgemäß auslegen, wenn die Ausleger an dem Geist partizipieren, der diese Traditionen durchherrscht, und ihre Auslegung kann auch nur dann verständig aufgenommen werden, wenn der Geist die Rezipienten dafür aufschließt. Damit steht die ganze Schriftauslegung unter dem Vorbehalt, daß erst und nur Gott selbst durch Christus kraft des Hl.Geistes das Verständnis der Schrift eröffnen kann. Die geistliche Schriftauslegung erfolgt in einem Raum und Rahmen, den der Hl.Geist und nicht die Tätigkeit der Ausleger erschließt.

---

[10] H.P. RÜGER, Der Passionsbericht des Johannesevangeliums in alttestamentlicher und judaistischer Sicht (unveröffentlicht).

[11] Vgl. zu diesen Zusammenhängen meinen Aufsatz: Zur hermeneutischen Bedeutung von 1.Kor 2,6-16, TheolBeitr 18, 1987, 133-158.

[12] Vgl. F. SIEGERT, Argumentation bei Paulus, 1985.

Dieser Raum ist die geisterfüllte Gemeinde Jesu Christi (vgl. Kol 1,18; 2,9-10; Eph 2,19-22). *Eine wirklich den Texten der Bibel zugewandte und ihnen folgende Exegese hat die Pflicht, auf diese ihr biblisch vorgegebenen hermeneutischen Parameter in aller Form aufmerksam zu machen!*

3. Daß das *Evangelium Gottes von Jesus Christus* (Röm 1,1-2) der Hauptinhalt des (gesamten) biblischen Schriftzeugnisses ist, bedarf angesichts der vier Evangelien und der Paulusbriefe keiner besonderen Begründung. Deshalb kann gleich auf zwei Implikationen dieser thematischen "Mitte der Schrift"[13] hingewiesen werden. Das Evangelium spricht sowohl in seiner kerygmatisch erzählenden Form (wie wir sie in den Evangelien und der Apostelgeschichte finden) als auch in der apostolischen Begriffssprache (die für die Apostelbriefe kennzeichnend ist) von dem Heilshandeln des einen Gottes in und durch Christus zu einer Zeit, "als wir noch Sünder waren" (Röm 5,8). Die Ausleger stehen damit vor der Aufgabe, das dem Glauben in der Geschichte vorgegebene Heilshandeln Gottes zu bedenken und das biblische Zeugnis von diesem Gotteshandeln auf die Gegenwart und Zukunft der Gemeinde und der Welt insgesamt zu beziehen. *Von diesen durch das Evangelium gesetzten Voraussetzungen her kann sich die biblische Exegese unmöglich auf eine Diastase von Kerygma und Geschichte einlassen. Sie muß vielmehr darauf aufmerksam machen, daß Gott mit dem alten und neuen Gottesvolk nicht jenseits der Geschichte handelt, sondern in ihr und durch lauter zufällig und begrenzt erscheinende Geschichtsereignisse hindurch*[14].

4. Aus der Apostelgeschichte und den Paulusbriefen kann man ersehen, daß die *Verkündigung des Evangeliums* aus dem Auftragswort des erhöhten Christus erwächst und als inspiriertes menschliches Zeugniswort Glauben wirkt (vgl. Röm 10,17 mit 1.Thess 2,13; Gal 3,2; Apg 2,37-41 u.a.). Das vom Neuen Testament ausgehende Zeugniswort hat den wesentlichen Sinn und Zweck, Gemeinde zu bauen, Glauben an den Κύριος Ἰησοῦς Χριστός zu wecken und dazu anzuhalten, die Welt insgesamt mit der Botschaft von der Herrschaft Christi zu konfrontieren. Die Apostel, Propheten und Lehrer stehen vom Neuen Testament her in der Verpflichtung, so klar und einleuchtend wie nur möglich von Gott, seiner Heilstat in und durch Christus und von der Zukunft des Kosmos zu sprechen (vgl. 1.Kor 14,13-19). Aber ihre μαρτυρία kommt nur dort Glauben schaffend zum Ziel, wo es ihr kraft des Geistes gelingt, alles Denken in den Gehorsam gegenüber Christus zu überführen (2.Kor 10,5) und jene Erneuerung der Vernunft und Hingabe von Leib und Leben an den Dienst Gottes zu bewirken, die nach Röm 12,1-2 das Glaubensleben der Christen kennzeichnet.

Die knappe Übersicht zeigt, *daß das Neue Testament durchaus eine eigene Vorstellung davon entwickelt hat, wie die Hl.Schriften des Alten Testaments und das*

---

[13] Anders als K. BERGER, Hermeneutik des Neuen Testaments (s.o.), 210, halte ich die exegetische Bemühung um die "Mitte der Schrift" keineswegs für eine "peinliche und nicht zu leistende Aufgabe", von der die Exegese befreit werden und die sie "der je neu zu leistenden Applikation überlassen ... sollte", sondern für eine ihrer unaufgebbaren Verpflichtungen! Vgl. dazu meinen Aufsatz: Die Mitte der Schrift -biblisch-theologisch betrachtet, in: Wissenschaft und Kirche, FS für E. Lohse, hg.v. K. ALAND und S. MEURER, 1989, 29-56.

[14] In der deutschsprachigen Exegese hat dies vor allem O. CULLMANN betont; vgl. sein Werk: Heil als Geschichte, 2.A. 1967, und zur Bedeutung seines Ansatzes K.-H. SCHLAUDRAFF, Heil als Geschichte?, 1988.

neutestamentliche Zeugnis auszulegen sind. Sie sollen im Hl.Geist von Christus her auf Christus hin ausgelegt werden, und zwar von Auslegern, denen Anteil an dem Geist geschenkt ist, der die biblischen Bücher durchweht. Ihre Schriftauslegung bleibt so lange unverstanden, bis der Geist das Zeugnis in die Herzen der Rezipienten schreibt. Wer H. Geses hermeneutischem Fundamentalsatz folgt, muß also nicht nur um eine philologisch genaue, traditionsgeschichtlich differenzierte und die Einzeltexte als Bestandteil der ganzen Hl.Schrift achtende Exegese bemüht sein, sondern auch die geistliche Schriftauslegung bejahen, die von den Texten selbst gefordert wird.

III.

Diese Feststellung steigert die Schwierigkeiten der biblischen Exegese ganz erheblich, und zwar aus zwei Gründen: Die geistliche Auslegung der Bibel steht unter dem Vorbehalt der Präsenz und Wirksamkeit Gottes durch Christus im Hl.Geist und entzieht sich damit im Entscheidenden dem methodischen Zugriff. Solche Auslegung soll nach dem Willen der Texte zwar geübt, kann aber nur sehr beschränkt in dem Raum und Rahmen eingeübt werden, den der Geist vorgibt und eröffnet. Wie eben schon angedeutet, hat die kritische protestantische (Fach-)Exegese die skizzierten hermeneutischen Zusammenhänge seit langem verdrängt. Wo sie ernstgenommen wurden, geschah dies zumeist nur unter fundamentalistischem Vorzeichen, und das hat der (Fach-) Exegese dann wieder den Vorwand dafür geliefert, die Aufgabe, selbst eine geistliche Hermeneutik einzuüben, auch dort von sich wegzuschieben, wo sie sich als kirchliche Wissenschaft verstand und versteht[15]. Die katholische Theologie und Exegese kennt ein solches hermeneutisches Defizit und die aus ihm resultierende Polarisierung der Schriftauslegung kaum oder gar nicht. Vielmehr hat die Dogmatische Konstitution über das Wort Gottes des Zweiten Vatikanischen Konzils "die Frage nach Inspiration und Irrtumslosigkeit der Schrift wie die daraus sich ergebenden Interpretationsprobleme ... in einem sorgfältig erarbeiteten Kompromißtext beschrieben"[16], und in der an dieses klassische Lehrdokument anschließenden Diskussion ist auch der Inspirationsgedanke fruchtbar diskutiert worden[17].

Im evangelischen Raum ist es leider nicht so. Hier steht die biblische Exegese, die der von der Schrift selbst erhobenen Forderung nach geistlicher Auslegung nachkommen will, nicht nur vor der eingangs erwähnten gestaffelten Barriere von Kritik, Skepsis und Unverständnis, sondern sie muß sich außerdem noch auf ein Gelände wagen, das man seit langem als unbegehbar abgesperrt hat. Soll man also nicht doch lieber die Finger von der geistlichen Schriftauslegung lassen? Noch einmal: Wären die Texte nicht, würde

---

[15] Vgl. zu diesen Zusammenhängen die Arbeiten und Voten von P. ACHTEMEIER, The Inspiration of Scripture, 1980; I.H. MARSHALL, Biblical Inspiration, 1982; G. MAIER, Biblische Hermeneutik, 1990, 79-125.

[16] F. MILDENBERGER, a.a.O., 23.

[17] Vgl. nur den von J. RATZINGER herausgegebenen Sammelband: Schriftauslegung im Widerstreit, 1989; W. KASPER, Prolegomena zur Erneuerung der geistlichen Schriftauslegung, in: Vom Urchristentum zu Jesus. Für J.Gnilka, hg.v. H. FRANKEMÖLLE und K. KERTELGE, 1989, 508-526; sowie die beiden lehrreichen Aufsätze von T. SÖDING, Historische Kritik und theologische Interpretation, ThGl 82 (1992) 199-231, und: Geschichtlicher Text und Heilige Schrift, in: Neue Formen der Schriftauslegung, hg.v. T. STERNBERG, 1992, 75-130, bes. 103f.

sich dies nahelegen. Da sie aber nach wie vor die Auslegung tragen und zu ihr herausfordern, ist nicht Resignation, sondern der Versuch einer Neuorientierung am Platze. Er erfolgt am besten am Leitfaden der Schrift und der kirchlichen Tradition, die bedenkenswerte Modelle für die geistliche Bibelauslegung entwickelt hat, die der Erinnerung und Neubelebung wert sind.

Ehe wir uns diesen Modellen zuwenden, ist nur noch an zwei Sachverhalte zu erinnern, die für die vom Neuen Testament selbst gelehrte und betriebene geistliche Schriftauslegung grundlegend sind:

1. Der die Auslegung bestimmende Geist ist die Kraft und Gabe, die die Gemeinde beseelt (Apg 2,1-47; 1.Kor 12,4-11; Eph 4,4-6). Als solche Gabe beraubt er die Apostel, Propheten und Lehrer (1.Kor 12,28) nicht ihres Verstandes, sondern befähigt sie, den νοῦς für die Verkündigung und Lehre einzusetzen (1.Kor 14,13-19). *Eine Antithese von Hl.Geist und menschlichem Verstand kann vom Neuen Testament her nur dann und so lange durchgehalten werden, als der νοῦς nicht in den Gehorsam Christi überführt ist* (2.Kor 10,5); ist das geschehen, wird der Hl. Geist zu der Kraft, die den Verstand beflügelt und zu Entdeckungen befähigt, die ihm vorher verschlossen waren (vgl. 1.Kor 2,16).

2. Nach Paulus und dem Johannesevangelium teilt sich das πνεῦμα ἅγιον durch Evangelium, Taufe und Herrenmahl mit. Es wird wirksam als die vierfache Fähigkeit, an Jesus Christus zu glauben, ihn als κύριος zu bekennen, seine Lehre zu verstehen und seinem Willen zu folgen. Schon die Apostel, Lehrer und Propheten der neutestamentlichen Zeit sahen sich einer großen Anzahl von Ungläubigen gegenüber, die anderen Herren als dem Κύριος 'Ιησοῦς Χριστός folgten, Jesu Lehre verkannten und den Dienst an der Gerechtigkeit nach seinem Gebot nicht übten. Die ständige Konfrontation mit dem Unglauben hat die neutestamentlichen Zeugen zu klarer Argumentation und verständlicher ἀπολογία (1.Petr 3,15) genötigt und das Aufkommen einer Schriftauslegung verhindert, die dazu nicht befähigte. 2.Tim 3,16 zeigt dies in klassischer Weise: Die Theopneustie der Hl.Schrift wird hier als Voraussetzung dafür verstanden, daß man die γραφή in der Gemeinde zur Lehre, zur Zurechtweisung, zur Besserung und zur Erziehung in der Gerechtigkeit gebrauchte. Dieser mehrfache Gebrauch der Schrift konnte nur erwachsen aus einer differenzierten und nach bestimmten Regeln vorgehenden Exegese. *Geistliche Schriftauslegung und geistig reflektierte, methodisch geregelte Bibelexegese sind von 2.Tim 3,16 her keine sinnvollen Gegensätze.*

IV.

Was die Modelle für eine geistliche Schriftauslegung anbetrifft, muß es in unserem Zusammenhang hinreichen, an die Lehre der griechischen Kirchenväter, an *M.* Luther, *J.G.* Hamann und *A.* Schlatter zu erinnern.

1. Wie J. Panagopoulos in seinem Aufsatz "Christologie und Schriftauslegung bei den griechischen Kirchenvätern"[18] gezeigt hat, folgen die *griechischen Kirchenväter* dem Modell einer an der Christologie orientierten "ökonomischen Hermeneutik": Die Hl.Schrift entspricht in ihrem Aussagegehalt der Gottheit Christi und in ihrer vorliegenden Textgestalt der Menschheit Christi. Wie der ewige Logos bei der Inkarnation Fleisch angenommen hat, nimmt er auch im Schriftwort menschliche Gestalt an und wohnt unter uns. "Die Analogie des göttlichen Logos in seinen zwei Naturen zum zweidimensionalen Schriftwort überträgt das Geheimnis der Person Jesu Christi auf die Heilige Schrift und führt zu einer entsprechenden Hermeneutik"[19]. Nach dieser Hermeneutik legt Christus sich selbst kraft des Geistes in der Schrift aus, und "die Bibelauslegung (intendiert) die persönliche Begegnung mit Jesus Christus und die Einverleibung in seinen lebendigen Leib"[20]. Dieses hermeneutische Modell wird nur, dann allerdings grundlegend, gefährdet, wenn die christologischen Grundanschauungen von Chalcedon in Frage gestellt werden. Bleiben sie in Gültigkeit, gewährleistet es eine ganzheitliche geistliche Schriftauslegung von imponierender Geschlossenheit. Sie ist im Bereich der (griechischen) Orthodoxie bis heute in Geltung.

2. *Luther* hat uns einen nicht minder bedenkenswerten Modellentwurf geistlicher Schriftauslegung hinterlassen. Er ist schon als Mönch in die geistliche Betrachtung der Hl.Schrift eingewiesen worden[21], und seine Auslegung der Bibel stand auch nach der reformatorischen Wende ganz im Zeichen der Erfahrung des (später von Calvin so genannten) Testimonium Spiritus Sancti Internum, wonach nur der Hl.Geist das äußerlich klare Schriftzeugnis in die Herzen schreibt und so Glaube und Erkenntnis des Wortes bewirkt[22]. In seiner "*Assertio omnium articulorum M. Lutheri per bullam Leonis X. novissimam damnatorum*" (1520) hat Luther betont, daß er "nicht als der gerühmt sein (will), der gelehrter als alle ist, sondern ich will, daß die Schrift allein Königin sei, und daß sie nicht ausgelegt werde durch meinen Geist oder den andrer Menschen sonst, sondern verstanden werde durch sich selbst und ihren eignen Geist"[23], und er hat gleichzeitig hervorgehoben, daß in Glaubens- und Lehrfragen den Aussagen der Schrift der Primat zukomme, "also daß sie selber durch sich selber sei die allergewisseste, die leichtest zugängliche, die allerverständlichste, die, die sich selber auslegt, die alle Worte aller bewährt, urteilt und erleuchtet"[24]. Luthers in der Auseinandersetzung mit Erasmus voll entfaltete Lehre von der doppelten Klarheit (und Dunkelheit) der Schrift folgt 2.Kor

---

[18] ZThK 89 (1992) 41-58.

[19] PANAGOPOULOS, a.a.O., 53.

[20] PANAGOPOULOS, a.a.O., 55.

[21] Vgl. M. NICOL, Meditation bei Luther, 2.A. 1991, 40ff. Zu LUTHERs Schriftverständnis ist jetzt auch der glänzende Aufsatz von A. BEUTEL zu vergleichen: Erfahrene Bibel. Verständnis und Gebrauch des verbum dei scriptum bei Luther, ZThK 89 (1992) 302-339.

[22] Vgl. CALVIN, Inst. I, 7, 4.

[23] WA 7, 98, 40 - 99, 2: "Nolo omnium doctior iactari, sed solam scripturam reagnare, nec eam meo spiritu aut ullorum hominum interpretari, sed per seipsam et suo spiritu intelligi volo"; Übersetzung nach E. HIRSCH, Hilfsbuch zum Studium der Dogmatik, 1951, 85.

[24] WA 7, 97, 23-24: "ut sit ipsa per sese certissima, facillima, apertissima, sui ipsius interpres, omnium omnia probans, iudicans et illuminans"; Übersetzung nach E. HIRSCH, a.a.O., 85.

4,3-6 und Röm 1,21-22. Ihre claritas externa macht es möglich, den Literalsinn der Schrift mit Hilfe der Sprachen und der Historie zu erforschen, so daß in Predigt und Lehre klar herausgestellt werden kann, wie das biblische Zeugnis lautet. Dieses Zeugnis erhält seine Bedeutung aber erst aus dem biblischen Zusammenhang heraus. Dementsprechend weist die claritas externa über die biblischen Einzelstellen hinaus auf die Wahrheit der ganzen Hl.Schrift und ihr Zentrum in Gestalt des Evangeliums. Die Wahrheit der Schrift und das Evangelium werden den verfinsterten Herzen (Röm 1,21) erst vom Hl. Geist aufgeschlossen. Nur der Geist erschließt die innere Klarheit der Schrift, und nur kraft der Partizipation an der claritas interna können Christus und die Botschaft von der Rechtfertigung des Gottlosen allein aus Glauben um Christi willen (mitsamt ihren Implikaten) als heilschaffende Offenbarung verstanden und gegen alle Bestreitungen festgehalten werden. Luthers reformatorische Entdeckung der iustitia dei als iustitia passiva in Röm 1,16-17 ist ein klassisches Beispiel für den Zirkel, den claritas externa und interna bilden. Hält man sich an die Beschreibung dieser Erkenntnis in der Vorrede zum ersten Band der Opera Latina von 1545[25], hat Luther die exegetische Einsicht in den Geschenkcharakter der Gottesgerechtigkeit nicht zufällig (erst) bei der Meditation von Röm 1,16-17 gewonnen[26]. Weil er sich schon im Kloster in die geistliche Betrachtung der Schrift eingeübt und sie auch nach der reformatorischen Wende beibehalten hat, konnte Luther in der Vorrede zum ersten Sammelband seiner deutschen Schriften von 1539[27] die Auslegung des (äußerlichen) Wortes der Schrift im Dreitakt von oratio, meditatio und tentatio als "eine rechte Weise in der Theologie zu studieren" empfehlen[28]: Die Hl. Schrift eröffnet sich nur dem demütigen Beter, der sich das äußerliche Wort der Schrift Tag und Nacht vorhält und vorspricht und durch nichts von den Erkenntnissen der Wahrheit abzubringen ist, die aus solchem Umgang mit der Schrift erwachsen; vielmehr wird er gerade durch Zweifel und Anfechtung zu der Erkenntnis und Erfahrung geführt, "wie recht, wie wahrhaftig, wie süß, wie lieblich, wie mächtig, wie tröstlich Gottes Wort sei, Weisheit über alle Weisheit"[29]. Luther fügt aus eigener Erfahrung hinzu: "Denn sobald Gottes Wort aufgeht durch dich, so wird dich der Teufel heimsuchen, dich zum rechten Doktor machen und durch seine Anfechtungen lehren, Gottes Wort zu suchen und zu lieben"[30]. *Wir haben hier den reifen Gesamtentwurf einer geistlichen Schriftauslegung vor uns:* Sie beginnt mit dem Gebet um das rechte Verständnis des biblischen Wortes, das wieder und wieder zu lernen und (laut) zu lesen ist, geht von hier aus zur historisch-philologischen Beschäftigung mit dem Literalsinn der Schrift über und bedenkt auch auf dieser Ebene den vorgegebenen Schrifttext immer aufs neue, setzt dann seinen Wortlaut in Beziehung zum Ganzen und zur Mitte der Schrift in Gestalt des Christusevangeliums und wagt von da aus nicht nur exegetische,

---

[25] WA 54; 185,14-186,20.

[26] Vgl. M. NICOL, a.a.O., 175ff.

[27] WA 50; 657,1-661,8; ich folge bei der Wiedergabe des deutschen Textes der Version von G.EBELING im 1.Band der von K. BORNKAMM und ihm herausgegebenen Ausgewählten Schriften Martin Luthers, (Insel Verlag) 3.A. 1983.

[28] A.a.O., 658,29f.

[29] A.a.O., 660,2-4

[30] A.a.O., 660,8-10.

sondern auch dogmatische Wertungen, die gegen alle äußere Kritik und innere Anfechtungen festgehalten werden und sich in ihnen als tragfähig erweisen[31]. Luthers letzter Zettel vom 16. Februar 1546 dokumentiert, daß er diese Art von (geistlichem) Schriftverständnis bis zuletzt hochgehalten hat[32]. *An seinem Entwurf ist nichts veraltet,* und er impliziert auch keine kritischen und selektiven Irrwege, wie sie ihm bis zur Stunde unter der griffigen Losung: "Nicht (nur) sola scriptura, sondern tota scriptura!" (in seltsamer Eintracht) von katholischer und evangelikaler Seite her vorgeworfen werden[33].

3. *J. G. Hamann* hat 1758 in seinen "Biblischen Betrachtungen eines Christen" in ganz einfach formulierten, aber literarisch hochreflektierten Sätzen zum Ausdruck gebracht, worum es bei der Schriftinspiration geht:

> "Wie hat sich Gott der Vater gedemüthigt, da er einen Erdenkloß nicht nur bildete, sondern auch durch seinen Othem beseelte. Wie hat sich Gott der Sohn gedemüthigt! Er wurde Mensch, er wurde der Geringste unter den Menschen, er nahm Knechtsgestalt an, er wurde der unglücklichste unter den Menschen; er wurde für uns zur Sünde gemacht; er war in Gottes Augen der Sünder des ganzen Volks. Wie hat sich Gott der heilige Geist erniedrigt, da er ein Geschichtsschreiber der kleinsten, der verächtlichsten, der nichts bedeutendsten Begebenheiten auf der Erde geworden, um dem Menschen in seiner eigenen Sprache, in seiner eigenen Geschichte, in seinen eigenen Wegen der Rathschlüsse, die Geheimnisse und die Wege der Gottheit zu offenbaren?"[34]

Hamanns Auffassung von der Kondeszendenz der Trinität und der Theopneustie der Schrift nimmt das entscheidende Element der ökonomischen Hermeneutik der griechischen Kirchenväter auf und stimmt mit Luther genau überein[35]. Sie macht aber zweihundert Jahre nach Luther noch deutlicher als dieser, daß die Schriftinspiration zu denken ist von der wirklichen, geschichtlich gewordenen literarischen Knechtsgestalt der Bibel her, in der Gott zur versammelten Gemeinde und jedem einzelnen Christen redet. Von Hamann aus ist es nicht nur möglich, sondern sogar geboten, die von Gottes Geist eingegebenen Texte der Schrift mit allen historisch-philologisch zur Verfügung stehenden Mitteln zu analysieren und das von ihnen bezeugte Handeln Gottes geschichtlich differenziert zu denken. *Weil Gott selbst in der Schrift zum Schreiber der Menschheitsgeschichte geworden ist, führt die Schrift zu Gott nur über die Auslegung der*

---

[31] Vgl. zur Bedeutung dieser Art von Schriftauslegung für LUTHERs Theologie O. BAYER, Oratio, Meditatio, Tentatio, LuJ 55, 1988, 7-59; ihre gegenwärtige kirchliche Relevanz betont auch R. SCHÄFER, Oratio, meditatio, tentatio. Drei Hinweise Luthers auf den Gebrauch der Bibel, in: ders., Gotteslehre und kirchliche Praxis, hg.v. U. KÖPF und R. RITTER, 1991, 245- 251.

[32] WA 48; 241 und WA TR 5, Nr.5468. Zu Überlieferung und Verständnis des Textes vgl. M. BRECHT, Martin Luther III, 1987, 367f, und vor allem O. BAYER, Vom Wunderwerk, Gottes Wort recht zu verstehen, KuD 37 (1991) 258-279.

[33] Vgl. H. KÜNG, Theologie im Aufbruch, 1987, 87-109, und G. MAIER, a.a.O., 174. Beide übersehen den Ansatz von LUTHERS Bibelkritik, wie ihn P. SCHEMPP, Luthers Stellung zur Heiligen Schrift, in: ders., Theologische Entwürfe, hrsg. von E. BIZER, 1973, (10-74) 59, glücklich definiert hat: "Luthers Kritik an der Schrift entstand aus der Freiheit, die ihm vom Evangelium der Schrift selber zuerkannt war; diese verleugnen hieße Christus selber verleugnen."

[34] Zitiert nach M. SEILS (Hrsg.), Johann Georg Hamann, 2.A. 1987, 13; zur Bedeutung dieses Textes vgl. O. BAYER, Zeitgenosse im Widerspruch - J.G.Hamann als radikaler Aufklärer, 1988, 75-87.

[35] Vgl. WA 26,505,38ff.

göttlichen Geschichtsschreibung und nicht an ihr vorbei. Das auf G.v. Rads Theologie und Hermeneutik[36] aufbauende Auslegungsprogramm von H. Gese folgt de facto dem bereits von Hamann vorgezeichneten Weg und zeigt zugleich auf, wie er in der Gegenwart beschritten werden kann.

3. *A. Schlatter* hat seine Arbeit an der Bibel im Zeichen der "zu Christus hin gewandten Einfalt" (2.Kor 11,3) betrieben[37]. Angesichts der ihm sowohl von seiten mancher Schweizer Positiven und deutschen Pietisten als auch vieler Liberaler in beiden Ländern entgegenschlagenden Kritik konnte er nach eigenem Bekunden "jeden, der die Freiheit meiner biblischen Forschung schalt, fragen ... : Sind wir nicht im Glauben verbunden? und jedem Kollegen oder Geistlichen, der meinen 'Biblizismus' schalt, antworten: Uns trennt ein Willensgegensatz"[38]. Unter diesen Umständen legt es sich nahe, in unserem Zusammenhang auch Schlatters Schriftauslegung zu bedenken. Im Vorwort zu seiner 1885 veröffentlichten (und bis 1927 immer wieder neu bearbeiteten) Preisschrift "Der Glaube im Neuen Testament" hat er darauf hingewiesen, daß ihm die "Wahrnehmung und Wiedergabe dessen, was durch die Männer des neuen Testaments als Glaube erlebt, gedacht und beschrieben ist, ... nur im engsten Zusammenhang mit dem, was ich selbst durch die Gnade Gottes und Christi an Glauben empfangen habe, zugänglich geworden" sei; dem zu seiner Zeit mächtig aufkommenden Liberalismus zum Trotz hat er freimütig hinzugefügt:

> "... weßhalb es mir kaum denkbar ist, daß ohne eignes glaubendes Verhalten nur durch Vermittlung der Phantasie, die auch fremde seelische Zustände nachzubilden und nachzuempfinden strebt, der neutestamentliche Glaubensbegriff durchsichtig werden könnte. ... Es wäre ein grund- und rechtloses Urtheil, wenn diese dienende Mitwirkung der eignen Glaubensstellung an sich schon unter die Anklage gestellt würde, Alteration des historischen Charakters der Untersuchung zu sein, als wäre es Förderung und nicht vielmehr Verhinderung der historischen Einsicht, wenn die aufzufassenden Ereignisse der eignen Erfahrung schlechthin entzogen sind. Im eignen Erleben des Glaubens an Jesus liegt vielmehr die Möglichkeit, der Antrieb und die Ausrüstung zu wahrhaft geschichtstreuem Verständnis des neuen Testaments, wie denn alle unsre Gedankenbildung und Urtheilsfällung an eine empirische Basis gebunden ist und sich von ihr nicht lösen kann ... "[39].

Schlatter war es dann auch, der schon 1905, also lange vor K. Barth und H. Diem, gegen die unreflektierte Einführung und Praxis atheistischer Methoden in der (exegetischen) Theologie Front gemacht hat[40]. In der Disziplin der Theologie des Neuen Testaments hat vor allem *L. Goppelt* den Ansatz Schlatters aufgenommen. Er hat sich nicht damit begnügt, die theologische Interpretation der Texte nur mit Hilfe der

---

[36] Vgl. R. SMEND, Deutsche Alttestamentler in drei Jahrhunderten, 1989, 226-254.

[37] Vgl. A. SCHLATTER, Rückblick auf meine Lebensarbeit, 2.A. 1977, 137.

[38] A.a.O., 80.

[39] A. SCHLATTER, Der Glaube im Neuen Testament, 6.A. 1982, Studienausgabe mit einer Einführung von P. STUHLMACHER, XXII.

[40] Vgl. A. SCHLATTER, Atheistische Methoden in der Theologie, in: ders., Zur Theologie des Neuen Testaments und zur Dogmatik, hg.v. U. LUCK, 1969, 134-150.

historisch-kritischen Analyse und religionsgeschichtlicher Analogien durchzuführen, sondern wollte "das Prinzip der historisch-kritischen Schriftforschung, Kritik, Analogie und Korrelation, mit dem Selbstverständnis des NT ... in einen kritischen Dialog bringen", und er hat es als grundlegend "für das Selbstverständnis des NT" erachtet, "daß es ein von dem Gott des AT herkommendes Erfüllungsgeschehen bezeugen will, das von Jesus als seiner Mitte ausgeht"[41]. Praktisch hieß das für ihn, die Aussagen des Neuen Testaments im Ganzen der Hl.Schrift zu sehen und theologisch nach der Analogie des Glaubens (Röm 12,6) zu beurteilen[42].

4. Angesichts dieser Auslegungstradition, die von der ökonomischen Hermeneutik der griechischen Kirchenväter zu *Luther*, von ihm zu *Hamann* und weiter zu *Schlatter* und *Goppelt* führt, erscheint es nicht mehr aussichtslos, wieder eine geistliche Schriftauslegung zu praktizieren, welche die historisch-kritisch reflektierte und traditionsgeschichtlich differenzierte Textanalyse nicht scheut oder überspringt, sondern in ihre Gesamtbewegung einbezieht. Ihr hermeneutischer Horizont ist der dritte Glaubensartikel, und ihr Ziel kann man mit K. Barths "Einführung in die evangelische Theologie" beschreiben:

> "Biblisch-theologische Wissenschaft arbeitet ... nicht im leeren Raum, sondern im Dienst der Gemeinde Jesu Christi, die durch das prophetisch-apostolische Zeugnis begründet ist. Eben von daher tritt sie in der *Erwartung* — mehr ist nicht zu sagen, aber auch nicht weniger! — an diese Texte heran: daß ihr dieses Zeugnis in ihnen begegnen werde — wobei sie sich nun doch (eben darum geht es in dem sog. 'hermeneutischen Zirkel') für die Frage rückhaltlos offen hält: ob, inwiefern, in welcher Gestalt und in welchen konkreten Aussagen sich diese ihre Erwartung *erfüllen*, die Auszeichnung, die diese Texte für die Gemeinde besitzen, sich also *bestätigen* möchte. '*Dogmatische*' Exegese? Sie ist das nur insofern, als sie ein Dogma ablehnt, das ihr diese Erwartung zum vornherein verbieten, deren Erfüllung zum vornherein als unmöglich erklären möchte. '*Pneumatische*' Exegese? Sicher nicht, sofern sie etwa aus irgendeinem ihr vermeintlich eigenen Geistbesitz über die Schrift verfügen zu können meinte. Sie mag aber so genannt werden, sofern sie sich die doch aus der Schrift selbst zu begründende Freiheit nimmt, ernstlich, letztlich und entscheidend nur eben die Frage nach dem in ihr vernehmbaren Selbstzeugnis des Geistes an sie zu richten"[43].

Die Frage sei erlaubt, ob unter den skizzierten Umständen nicht auch F. Mildenberger die biblische Lehre und Rede von der Schriftinspiration neu in sein dogmatisches Denken aufnehmen sollte. Er hält die (Wiederaufnahme der) Rede von der Inspiration im Blick auf das Geschehen der "einfachen Gottesrede" in der Gemeinschaft der Glaubenden "für unabdingbar"[44]. Er möchte aber den Inspirationsgedanken nicht fixiert sehen auf die an der "einfachen Gottesrede" "beteiligten Instanzen ... , sei es auf den

---

[41] Theologie des Neuen Testaments I, hg.v. J. ROLOFF, 1975, 50.

[42] Durch diesen Ansatz unterscheidet sich GOPPELTs Arbeit grundlegend von R. BULTMANNs Programm der existentialen Interpretation des Neuen Testaments, bei der die historisch-kritische und religionsgeschichtliche Analyse ebenfalls in den Dienst der theologischen Textauslegung gestellt wird. Vgl. zu BULTMANNs Ansatz E. JÜNGEL, Glauben u.Verstehen. Zum Theologiebegriff Rudolf Bultmanns, SHAW. PH 1985/1, und mein Buch: Vom Verstehen d. NT, 2.A. 1986, 186ff.

[43] A.a.O., 2.A. 1963, 193f.; kursiv bei B.

[44] MILDENBERGER, a.a.O., 23.

Redenden, sei es auf die biblischen Texte"⁴⁵. Mildenberger vermeidet es, von "Schriftinspiration" zu sprechen, weil er verhindern will, daß auch heute mit Hilfe dieses Begriffs die Lehre von der Hl.Schrift nach dem Vorbild der protestantischen Orthodoxie "aus dem soteriologischen Zusammenhang" herausgelöst und dogmatisch nur "in den Prolegomena als Erkenntnisprinzip" behandelt wird⁴⁶. Dabei sind der Schrift nachträglich göttliche Eigenschaften wie Vollkommenheit und Irrtumslosigkeit beigemessen worden, die der Geschichtlichkeit der biblischen Schriften widerstreiten und die (protestantische) Exegese bis heute vor die unglückliche Alternative stellen, entweder die Autorität der unfehlbar wahren Schrift anerkennen und deshalb auf kritische Schriftauslegung verzichten zu müssen, oder um der kritischen Erforschung der Schrift willen den ganzen Wahrheitsanspruch und die Autorität der Schrift mitsamt der dogmatischen Tradition in Frage zu stellen. Nach Mildenberger liegt die dogmatische Intention der Inspirationslehre darin zu begründen, "daß die Glaubensgewißheit ihren Grund nicht in dem glaubenden Menschen, sondern in dem wirksamen Wort Gottes hat"⁴⁷. Diese dogmatische Intention entspricht den neutestamentlichen Textaussagen, z.B. 2.Tim 3,16, genau. Weil dies so ist, und das Neue Testament selbst die geistliche Auslegung der (ganzen) Bibel fordert, kann die Rede von der Schriftinspiration nicht auf Dauer ausgerechnet aus Mildenbergers imponierender Biblischer Dogmatik ausgespart bleiben, in der eine hermeneutisch, exegetisch und dogmatisch gleichermaßen reflektierte Auslegung der ganzen Schrift skizziert und praktiziert wird, die dem Wahrheitsanspruch der Bibel gerecht werden will. Statt den Begriff zu meiden, ist vielmehr seine ursprüngliche hermeneutische Bedeutung auszuarbeiten und dem vielfachen Mißbrauch in der Tradition entgegenzustellen! Einen ersten Vorstoß in diese Richtung unternimmt Michael Welker, wenn er in seiner Theologie des Hl.Geistes schreibt: "Es ist ... der Heilige Geist", der die biblischen Zeugnisse "dazu bringt, auf die Präsenz und auf die Realität Gottes *hinzuweisen*, sie zu spiegeln. Sobald und soweit dies geschieht, sind wir berechtigt und sogar genötigt, von einer *Inspiration der Schrift* zu sprechen. Es ist die Aktivität des Geistes, die diese Zeugnisse zu wahren und lebendigen Zeugnissen macht, es ist die Akivität des Geistes, die durch diese Zeugnisse das Volk Gottes zusammenführt, erneuert und stärkt, die das Volk Gottes die Gegenwart Gottes in seiner Mitte erkennen und bekennen läßt"⁴⁸.

V.

Die Frage nach der praktischen *Durchführbarkeit* der von der Schrift selbst geforderten geistlichen Schriftauslegung ist noch speziell zu erörtern. Sie stellt sich am härtesten im akademischen Raum, weil hier sowohl der unverzichtbare kirchliche Rahmen solcher Exegese als auch ihre Methode und Intention umstritten sind und leicht mit dem Verdikt der Unwissenschaftlichkeit belegt werden (können). Dieser Einwand wird im kirchlichen Raum selbst zwar weniger energisch erhoben, aber dafür

---

[45] A.a.O., 21.
[46] A.a.O., 21.
[47] A.a.O., 93.
[48] M. WELKER, Gottes Geist, 1992, 256; kursiv bei W.

steht hier nun das bereits angedeutete Grundproblem im Raum, daß sich alle maßgeblichen Gruppierungen in der (Volks-)Kirche daran gewöhnt haben, die Bibel zwar grundsätzlich als Regel und Richtschnur des Glaubens anzuerkennen, praktisch aber meilenweit von dem Evangelium entfernt zu leben, von dem man geistlich zu existieren vorgibt. Man sieht diesen Abstand sogleich, wenn man die neutestamentlichen Vorstellungen von Kirche mit der kirchlichen Lebenswirklichkeit von heute vergleicht, die kirchlich übliche Praxis von Taufe und Herrenmahl an den neutestamentlichen Vorgaben für beide Sakramente mißt, die kirchliche Verlegenheit gegenüber der Rechtfertigung neben das paulinische Rechtfertigungsevangelium hält und alle gegenwärtig kirchlich gutgeheißenen Lebensformen und Handlungsweisen mit der strengen neutestamentlichen Ethik konfrontiert. Das Ergebnis ist jedesmal niederschmetternd, und zwar auch dann, wenn man der (vom Hl.Geist mittels des Evangeliums geführten) Kirche ausdrücklich das Recht und die Freiheit zugesteht, die Worte der Bibel nicht einfach biblizistisch reproduzieren zu müssen, sondern als Rede Gottes hören zu dürfen, die *heute* zum Glauben ermächtigt und zur Nachfolge Jesu Christi ruft. Die enorme Diskrepanz zwischen den biblischen Vorgaben und dem gegenwärtigen Glaubensstand der Kirche wird konstant überspielt und nur selten in der Bereitschaft reflektiert, sie zu verringern. Sofern man geistliche Schriftauslegung in Ansehung und nicht in Verschleierung dieser Diskrepanz betreibt, ist sie im kirchlichen Rahmen nicht leichter zu üben als an der Universität, weil ihre Resultate das verschleierte Identitätsproblem der (Volks-)Kirche (zumeist überaus schmerzlich) zu Bewußtsein bringen[49].

Was die konkrete *Praxis* anbetrifft, ist nunmehr an die eingangs getroffenen Feststellungen zu erinnern: *Die geistliche Schriftauslegung wird im Rahmen des dritten Glaubensartikels betrieben und steht damit unter dem Vorzeichen des menschlich unverfügbaren Handelns Gottes durch Christus im Hl.Geist mittels des Wortes der Schrift. Dieses Handeln wird dort erfahren, wo die Bibel sich gegenwärtig als wirksames Gotteswort erweist, das die glaubenschaffende Predigt der Kirche trägt und legitimiert.* Nach Mildenberger ist dies vornehmlich der Bereich der "einfachen Gottesrede", die "Bekennen, Bezeugen, Bitten, Danken, Trösten, Ermahnen, Zurechtweisen, Belehren; Loben, die Doxologie", aber auch das "Erzählen" und außerdem mannigfache nichtverbale Zeugnisformen umschließt[50]. Soll das Geschehen der einfachen Gottesrede von seiten der theologischen Exegese kritisch begleitet werden, darf man diese Rede und die methodische Exegese des Schriftwortes nicht antithetisieren. Man muß vielmehr sehen, daß sich beides durch die gesamte Auslegungsgeschichte hindurch bis in die Gegenwart herein bedingt und befruchtet.

Die nach klaren Regeln vorgehende Exegese dient dem geisterfüllten biblischen Wort, und wird den Auslegern umso besser gelingen, je intensiver sie sich selbst darin üben, das biblische Wort als Rede Gottes zu hören und solches Hören in den von Luther her vorgezeichneten drei Parametern von oratio, meditatio und tentatio zu praktizieren[51].

---

[49] Vgl. zu diesen Zusammenhängen meinen Aufsatz: Volkskirche - weiter so?, TheolBeitr 23, 1992, 151-170.

[50] MILDENBERGER, a.a.O., 20.

[51] Vgl. M. NICOL, a.a.O., 64ff.81ff.153ff.167ff.

Die Schriftinterpretation, die die biblischen Texte so auslegt, wie sie selbst ausgelegt sein wollen, ist Aufgabe aller theologischen Disziplinen. Die (Fach-) Exegese des Alten und Neuen Testaments kann ihren Nachbardisziplinen bei der gemeinsamen Interpretationsaufgabe nur mit möglichst gutem Beispiel vorangehen und dem biblischen Wort in dreifacher Hinsicht dienen[52]:

1. In den Spuren der Hamannschen Definition von Inspiration hat sie den sprachlich unverwechselbaren geschichtlichen *Ursprungssinn* der biblischen (Einzel-) Texte herauszuarbeiten, auf den die Kirche angewiesen bleibt, wenn die Hl.Schrift wirklich Regel und Richtschnur ihres Glaubens ist. Dies gilt auch für die Texte, die den gegenwärtigen kirchlichen Denk- und Lebensgewohnheiten widersprechen. Die philologisch genaue und historisch differenzierte Exegese schützt mit dieser Arbeit die biblischen Texte vor willkürlichen Auslegungen und instrumentellem Mißbrauch und arbeitet ihren bleibenden Wahrheitsvorsprung vor aller kirchlichen Glaubenstradition historisch aus.

2. Die Schriftauslegung hat nach der Stellung und Aussage der biblischen Einzeltexte im Schriftganzen zu fragen und folgt dabei am besten der paulinischen Mahnung, Geist und Prophetie nicht zu dämpfen, aber alles zu prüfen und (nur) das Gute zu behalten (1.Thess 5,19-21; vgl. auch 1.Kor 14,26-33; Röm 12,2). Maßstab dieser Prüfung ist das Evangelium Gottes von Jesus Christus, wie es sich schon urchristlich in Form einer festen Glaubenslehre niedergeschlagen hat (vgl. 1.Kor 15,1-11 mit Röm 6,17; 12,3.6). Bei der Durchführung solcher Prüfung ist freilich die Warnung H.Geses sorgsam zu bedenken, nicht "mit der Formel *Gesetz und Evangelium* Altes und Neues Testament in zwei diametral entgegengesetzte Teile zu zerreißen[53].

3. Gemäß dem Grundsatz aus der *Confessio Helvetica posterior* von 1566: "Praedicatio verbi dei est verbum divinum" kommt die geistliche Schriftauslegung insgesamt in der lebendigen Weiterbezeugung des Schriftwortes zum Ziel. Sie leitet daher in Ansehung der Wirkungsgeschichte der Texte und in Achtung vor der kirchlichen Auslegungstradition, wie sie sich vor allem in den Bekenntnissen niedergeschlagen hat, dazu an, die Worte der Schrift als Rede Gottes öffentlich zu lehren und existentiell zu bedenken; der eigentliche Testfall solcher Bezeugung ist (nach Mildenberger) die Predigt[54].

---

[52] Vgl. zum Folgenden das Schema in meinem Buch: Vom Verstehen des Neuen Testaments, 2.A. 1986, 241; an der Ausarbeitung dieses Schemas hat F. MILDENBERGER keinen geringen Anteil!

[53] Hermeneutische Grundsätze der Exegese biblischer Texte, 260.

[54] Vgl. MILDENBERGER, Kleine Predigtlehre, 1984.

II.

Einfach von Gott reden in der Zeit

Wolf Kroetke

Der Auftrag der Kirche Jesu Christi und das Gewissen
Zur Frage der Klarheit des Dienstes der Kirche und des christlichen Lebens unter den Bedingungen eines totalitären Staates

Christen sind immer für mehr in Anspruch genommen und verantwortlich gemacht, als sie selbst mit ihrem Leben darzustellen vermögen. Denn der Glaube an Jesus Christus führt sie ja nicht in die Verschlossenheit eines Lebensvollzuges, in dem es nur um sie selber geht. Er öffnet das eigene Leben vielmehr zur Teilnahme an den Lebensvollzügen anderer Menschen, denen die Gegenwart Jesu Christi zu bezeugen ist. Jesus Christus treibt die, die an ihn glauben, über sich hinaus und führt sie Wege, die sie sich nicht gesucht haben.

Ihre "Identität" können Christen deshalb nie in der Stimmigkeit ihrer eigenen subjektiven Lebensverwirklichungen suchen. Sie sind mit sich "identisch", indem ein anderer, über den sie nicht verfügen, für sie und ihr Leben gut steht. Sie leben von Möglichkeiten, die sie sich nicht selbst erschlossen haben, sondern die ihnen zukommen, indem sie glauben. Das christliche Leben trägt deshalb notwendig Züge einer legitimen Selbstüberschätzung. Das zeigt sich insbesondere, wenn es gilt, in einer weitaus überwiegenden nicht-christlichen, ja kirchenfeindlichen Gesellschaft und unter dem Druck einer weltanschaulich motivierten Staatsmacht für das Evangelium einzutreten. Wollte man in einer solchen Situation auf die Überzeugungskraft der subjektiven Lebensführung von einzelnen Christen bauen, dann hätte man von vorneherein auf Sand gebaut. Wenn hier nicht die Kraft dessen einträte, dem Christen ihr Leben anvertraut haben, wären sie ohne Zweifel verloren.

Es ist darum gut, daß es in solchen Zeiten der Not für die Kirche und für das Leben aller einzelnen Christen eine Quelle der Orientierung und der Vergewisserung des Dienstes gibt, auf die sich alle gemeinsam berufen können. Der Kirche und allen Christen geht der eindeutige Auftrag Jesu Christi voran, der sie verpflichtet und ermutigt, für die Botschaft von der freien Gnade Gottes einzutreten (Barmen VI)!

Doch diese unerläßliche Orientierung alles Dienstes der Kirche an der Verantwortlichkeit eines anderen kann in der Welt der Sünde auch zu einem gefährlichen Mißverständnis führen. Wenn das christliche Leben in seinem subjektiven Vollzuge ohnehin nicht das Entscheidende für die Zukunft Jesu Christi in der Welt ist, dann - so könnte man schlußfolgern - kommt es auf die Eindeutigkeit des Lebens von Christen eigentlich gar nicht an. Dieses Leben wird ja ohnehin immer mehr oder weniger in die Zweideutigkeiten weltlicher Verwirklichungen hineingezogen. Zumal wenn es gilt, innerhalb einer Gesellschaft, in der die "Religion" von einer machtorientierten Weltanschauungspartei als "Klassenfeind" angesehen wird. Für Jesus Christus einzutreten, bleibt ja gar nichts anderes übrig, als mit vielen Windungen und Wendungen einen halbwegs verträglichen Weg für die Kirche und die Christen zu suchen. Ungewöhnliche Situationen erfordern auch in der Kirche Verhaltensweisen, die man dort von ihrem Auftrag her eigentlich nicht erwartet. Denn wie oft wird man da vor die Wahl zwischen verschiedenen Übeln gestellt und entscheidet sich für das kleinste, das aber dennoch ein Übel bleibt. Abstrakte Moralität kann darauf zwar den Finger legen. In einer Zwangs-

und Drucksituation aber kommt es auf konkrete Entscheidungen an, die wenigstens kleine Schritte ermöglichen, auch wenn die mit den Schattenseiten der Zweideutigkeit belastet sind.

Doch wie richtig dieser Hinweis auf konkrete Zwangslagen auch ist, so verheerend wäre es, den Dienst der Kirche im Grundsatz als solche Zwangslage zu verstehen. Dann hätten wir nämlich davon auszugehen, daß es überhaupt keine Entsprechung zwischen der Klarheit des Auftrags der Kirche und der Wahrnahme dieses Auftrages in den Diensten der Gemeinden geben kann. Das jedoch würde die Berufung auf den Auftrag, der als solcher auf die Befreiung von Menschen aus "gottlosen Bindungen" zielt (Barmen II!), außer Kraft setzen. Die christliche Gemeinde ist darum von Jesus Christus in den Dienst genommen, damit es durch ihr Zeugnis zur Eindeutigkeit des Lebens und Verhaltens von Menschen schon mitten in der Welt der Sünde komme. Gelingt dieses Zeugnis in concreto nicht, dann ist das immer Versagen und Schuld der Gemeinde und der Christen und keinesfalls ein im Prinzip einzukalkulierendes Manko. Nicht gelingende Eindeutigkeit, ja Zweideutigkeit des kirchlichen Dienstes und des christlichen Lebens kann man in der Gemeinde deshalb niemals wollen und darum auch niemals rechtfertigen. In der Orientierung am Auftrag Jesu Christi ist dergleichen vielmehr nur zu beklagen.

Doch dieser einfachen Wahrheit, die für die Kirche Jesu Christi lebensnotwendig ist, Geltung zu verschaffen, erweist sich oftmals dann als schwierig, wenn es um der Selbstverständigung des Weges der Kirche willen auf sie ankommt. Der Verdacht, es ginge um moralische Bewertungen von Personen und nicht um die Klarheit des Zeugnisses der Kirche, verhindert, daß es überhaupt zu einer theologischen Bestimmung des Verhältnisses von Auftrag und Wahrnahme dieses Auftrages kommt. Stattdessen bestimmen pragmatische, kirchenpolitische und politische Gesichtspunkte das Feld, wie es etwa bei der Diskussion über die "Kirche im geteilten Deutschland" auf der 3. Tagung der 8. Synode der Evangelischen Kirche in Deutschland im November 1992 der Fall war[1]. Das verwundert nicht gänzlich, weil die Erklärung der Situation, in der sich die Kirchen in der DDR befanden, angesichts weit verbreiteter Unkundigkeit eine wichtige Sache ist. Zudem schafft das dunkle Phänomen der Staatssicherheitskontakte verantwortlicher kirchlicher Amtsträger, von denen auch die Gemeinden in der DDR nichts wußten, einen großen Erklärungsbedarf, der zunächst einmal durch das Geltendmachen der Gründe, die dazu führten, befriedigt werden muß. Das alles hat aber nicht gereicht, um theologisch durchsichtig werden zu lassen, warum die Grundsätze des Selbstverständnisses der Kirchen in der DDR als einer "Zeugnis- und Dienstgemeinschaft" von einzelnen Verantwortlichen systematisch und kontinuierlich außer Kraft gesetzt wurden. Es ist im Gegenteil so, daß der Versuch einzelner, die Kirche hinter dem Rücken von Synoden, Kirchenleitungen und Gemeinden auf eigene Faust in Abstimmung mit der Staatlichen Macht zu dirigieren, alles in Zweideutige zieht, was unter der Leitvorstellung der "Zeugnis- und Dienstgemeinschaft" gewonnen wurde.

---

[1] Vgl. die Dokumentation: Kirche im geteilten Deutschland. Bewahrung und Bedrängnis. Diskussionsbeiträge und ergänzende Materialien von der 3. Tagung der 8. Synode der Evangelischen Kirche in Deutschland, November 1992, Suhl, hg.v. der Evangelischen Kirche in Deutschland, Hannover 1992.

Nicht ohne Schadenfreude werden deshalb Theologen, die für dieses Selbstverständnis der Kirche eingetreten sind, selbst an "den hohen moralischen Kriterien" gemessen, "die sie für 'verbindliches Kirchesein' formuliert haben"[2], nach denen sie sich selbst offenbar aber nicht richteten. Umgekehrt wird auf einen solchen groben Klotz ein nicht weniger grober Keil gesetzt: Wer das Leben der Kirchen und Christen ob der jetzt offenbaren Zweideutigkeit kritisiert, wird zu den "selbstgerechten Pharisäern" gezählt, die die Schwierigkeit der Situation nicht durchzustehen hatten[3].

Beide Argumente, die vom Versuch moralischer Diskreditierung nicht frei sind, gehen jedoch an dem theologischen Problem vorbei, das sich für die Kirche und die einzelnen Christen unter den Bedingungen einer totalitären Herrschaft stellt. Auf der einen Seite kann eine Kirche, die die Welt im Namen Jesu Christi beansprucht, das gar nicht anders tun als so, daß sie sich auch dem Anspruch "hoher moralischer Kriterien" unterwirft. Wenn diesen Kriterien von einzelnen nicht entsprochen wird, sind sie deshalb noch nicht als solche falsch. Auf der anderen Seite dürfen kritische Anfragen an das Verhalten von einzelnen Personen in den Kirchenleitungen nicht bloß auf die vermutete Amoralität der Anfragenden zurückgeschoben werden, so daß diese sich nun rechtfertigen müssen. Denn die Frage steht unausweichlich, worin denn nun eigentlich die zwingende Nötigung dafür lag, neben und hinter dem gemeinsam verantworteten Weg der Kirche noch eigene, heimliche Wege der Verständigung mit der diktatorischen Macht zu suchen. Da offenkundig ist, daß alle pragmatisch-taktischen Erklärungen solche zwingenden Gründe von theologisch haltbarer Substanz nicht zu liefern vermögen, muß nach der Instanz gefragt werden, vor der theologisch Einzelentscheidungen verantwortbar werden, die sich ganz oder teilweise gegen theologisch-ethische Grundorientierungen wenden, die für die Kirche im Ganzen verbindlich sind. Diese Instanz ist das Gewissen.

II.

Es ist zweifellos erstaunlich und auffällig, daß in den reformatorischen Kirchen, die jetzt nach der theologischen Qualität solcher Einzelentscheidungen gefragt sind, die Berufung auf das Gewissen so gut wie keine Rolle spielt. Denn des Gewissen ist doch nach reformatorischer Einsicht der anthropologische Ort der Letztverantwortung eines Menschen vor Gott[4]. Im Gewissen empfangen sich Glaubende so von Jesus Christus her, daß sie gerade in der Situation konfliktreicher Entscheidungen fähig werden, zwischen gut und böse zu unterscheiden. Weil die Verläßlichkeit des Gewissensrufes in der Beziehung des Menschen zu Gott gründet, zeigt er an, wo menschliches Tun diese Beziehung verletzt und richtet Menschen auf ein besseres Tun aus, das coram Deo

---

[2] Vgl. hierzu F.W. GRAF, Traditionsbewahrung in der sozialistischen Provinz. Zur Kontinuität antikapitalistischer Leitvorstellungen im neueren deutschen Protestantismus, ZEE 36 1992, 175.

[3] So M. STOLPE, Schwieriger Aufbruch, Berlin 1992, 112.

[4] Vgl. hierzu G. EBELING, Theologische Erwägungen über das Gewissen, in: Wort und Glaube, Tübingen 1962, 434; ders., Das Gewissen in Luthers Verständnis, Lutherstudien Band III. Begriffsuntersuchungen - Textinterpretationnnen - Wirkungsgeschichtliches, Tübingen 1985, 108ff.

Bestand hat[5]. Wesentlich ist dabei, daß der einzelne in dieser vom Gewissensruf veranlaßten Intention des Handelns durch andere unvertretbar ist. Was ich aufgrund des Gewissensrufes tue, tue ich ganz als ich selbst. Ich kann mich da nicht auf andere berufen, sondern nur auf mich selbst, wie ich mich durch das Gewissen in der Gottesbeziehung erfahre. Darum kann es durchaus geschehen, daß der Gewissensruf den einzelnen veranlaßt, sich in einer konkreten Situation anders zu verhalten, als es die selbst bejahten Grundsätze für das Leben einer Gemeinschaft im allgemeinen nahelegen. Es kommt immer wieder vor und ist besonders im kirchlichen Leben in der DDR immer wieder vorgekommen, daß solch ein Konflikt zwischen grundsätzlicher Orientierung und konkret Erforderlichem auftritt. Gerade auch ein verantwortlicher kirchlicher Dienst kann Christen in solche Entscheidungssituationen bringen, in denen sie sich um des Gewissens willen anders verhalten, als es von den Grundsätzen dieses Dienstes her eigentlich zu erwarten ist. Der in Not geratene Mensch, die Eile, die in Zwangslagen zu Entscheidungen drängt, der Schutz des Geheimnisses eines Menschen und vieles andere mehr können zum Anlaß werden, Entscheidungen zu treffen, die nur für eine konkrete Situation gelten. Der Auftrag Jesu Christi an die Gemeinde macht alle einzelnen in ihr eben nicht zu Prinzipienreitern, sondern zu Partnern und Zeugen seiner selbst, die in dieser eigenen, letzten Verantwortlichkeit handeln und handeln sollen.

Wird die Instanz des Gewissens von denen, die solche Entscheidungen getroffen haben, dagegen noch nicht einmal wahrgenommen und als theologisches Kriterium verbindlich in Anschlag gebracht, dann erscheinen solche Entscheidungen als pragmatisches Finassieren mit den theologischen und ethischen Grundsätzen des Dienstes, das diese Grundsätze nach Belieben außer Kraft setzt. Das hat zur Folge, daß auch die handelnden Personen in ihrem menschlichen Profil eigenartig verschwimmen. Da die eigene Letztverantwortung für Handlungen, von denen andere nichts wußten, im Gewissen nicht sozusagen zum Stehen gebracht werden kann, tritt an die Stelle des "Ich" ein mehr oder weniger greifbares "Wir". "Wir waren ... zu stark fixiert auf das Verhältnis von Marxisten und Christen, Staat und Kirche in diesem Land. Wir hätten mehr berücksichtigen müssen, daß der größte Teil der Bevölkerung der DDR weder Christen noch Marxisten sind", sagt z.B. einer, der eine unübersehbare Fülle von Entscheidungen im Dienst der Kirche ganz alleine getroffen hat[6]. In dem "Wir", das hier aufgerufen wird, können sich dementsprechend diejenigen, die die Situation völlig anders erfahren haben, gar nicht unterbringen. Sie werden im allgemeinen jetzt für etwas mitverantwortlich gemacht, was sie selbst gar nicht zu verantworten haben. Es ist besonders in der Kirche schwer, mit einer solchen Zumutung umzugehen. Denn die Weigerung, solche Mitverantwortung nachträglich zu übernehmen, erscheint nun als ein Anzweifeln der Vertrauenswürdigkeit von Personen, ja als eine Verletzung der in der Kirche als normal vorauszusetzenden Brüderlichkeit und Schwesterlichkeit.

---

[5] Vgl. hierzu R. MAU, Gebundenes und befreites Gewissen. Zum Verständnis von conscientia in Luthers Auseinandersetzung mit dem Mönchtum, Theologische Versuche IX, hg.v. J. Rogge und G. Schille, Berlin 1977, 17ff.

[6] Vgl. M. STOLPE, Anmerkungen zu Kirchenpolitik und Menschenrechtsverantwortung in den Kirchen des Bundes. Rede am 13.2.93 bei der Evangelischen Akademie Thüringen in Neudietendorf, unveröffentlicht.

In einer solchen Situation ist die Frage nach der Gewissensentscheidung, die dem Verhalten einzelner zugrunde lag, theologisch aber auch menschlich entlastend und klärend. Sie vermag zunächst einmal die Grenze zu denen zu ziehen, die eindeutig gewissenlos gehandelt haben, indem sie sich verpflichteten, an der heimlichen Ausspähung und "Zersetzung" der Gemeinde mitzuwirken. Die Beschwerde darüber, daß die Öffentlichkeit hier so wenig zu einer sachgerechten Differenzierung in der Lage ist, hat ihren Grund auch darin, daß man ihr keine einleuchtende Kategorie für diese Differenzierung, wie sie im Gewissensruf gegeben wäre, nahe bringt. Zum anderen könnte die Besinnung auf den Gewissensruf sowohl die, die heute angefragt sind, wie die, die fragen müssen, gegenseitig frei machen, sich der Bedeutung und Funktion von Personen in den Diensten der Kirche zu stellen.

Gerade davor besteht aber offenkundig eine Hemmung. Die, die hier von sich reden zu hätten, rechtfertigen sich mit allgemeinen Notwendigkeiten und machen so gut wie nicht offenbar, in welchen konkreten Entscheidungszusammenhängen sie sich bewegt haben, wenn sie sich entschieden, z.B. Informationen über kirchliche Personalangelegenheiten an den Staatssicherheitsdienst weiterzugeben. Aber auch bei denen, die aus kirchlicher und theologischer Verantwortlichkeit heraus zurückfragen müssen, ist das Unwohlsein darüber zu bemerken, daß so viele einzelne jetzt wichtig werden, wo es doch eigentlich auf die Wichtigkeit der Gemeinde für den Weg der Kirche ankommt. Kann es also sein, daß im Verständnis der Kirche als "Zeugnis- und Dienstgemeinschaft" der Anteil der einzelnen insbesondere unter den Bedingungen eines totalitären Staatswesens überspielt oder nicht ernst genommen würde? Haben wir es hier mit einem Mangel der theologischen Verantwortung des Weges der Kirche zu tun oder geht es nur um einen der Situation geschuldeten Sachverhalt?

Die Frage ist schwierig zu beantworten, zumal die Selbstdarstellung der Kirche als "Kirche im Sozialismus" überhaupt nicht mitthematisierte, daß Menschen im Dienst dieser Kirche andauernd vor Gewissensentscheidungen gestellt wurden. Die Rede vom bejahbaren Ort des Lebens und Dienstes der Gemeinde formulierte eben nicht die Schmerzen, Lasten und Nöte dieses Lebens und Dienstes und damit das, was den einzelnen auferlegt wurde, mit. Gerade darum muß kritisch und selbstkritisch geprüft werden, warum theologisch dem Gewissensphänomen keine zentrale Aufmerksamkeit zuteil wurde und wiefern die Situation in der DDR diesen Trend noch unterstützt hat.

Angesichts der verschiedenen theologischen Traditionen und Denkweisen, die in den Kirchen der DDR ebenso lebendig vorhanden waren, wie in den Kirchen der "alten Bundesrepublik" auch, verbietet es sich von selbst, nur eine theologische Richtung für einen Sachverhalt verantwortlich machen zu wollen, der durchgängig zu beobachten ist. Daß Karl Barth in den DDR-Kirchen zum "Normaldogmatiker" stilisiert wurde[7], ist sicher unrichtig. Für die lutherischen Kirchen ist eher ein großer Abstand zu seiner Theologie charakteristisch. Intensivere Beschäftigung mit der Theologie Karl Barths

---

[7] So F.W. GRAF, a.a.O., 175

treffen wir in der DDR-Zeit eigentlich nur in Berlin an[8]. Die Berufung auf D. Bonhoeffer, die bei der Gründung des Bundes der Evangelischen Kirchen eine gewisse Rolle spielte, ist dagegen mit einer regelrechten Distanz zu Karl Barth verbunden[9]. Richtiger ist es dagegen, wenn auf den Einfluß des ekklesiologischen Denkens der Bekennenden Kirche, für das Barth und Bonhoeffer eine große Bedeutung hatten, hingewiesen wird. Die Einprägung des Dienstcharakters der Kirche und der Freiheit dieses Dienstes in der Unabhängigkeit von staatlicher Macht und weltanschaulichen Ideologien war auch dort wirksam, wo etwa die christologischen Voraussetzungen einer solchen Ekklesiologie gar nicht rezipiert wurden. Das hängt zweifellos mit der vergleichbaren Lage einer Kirche unter den Bedingungen eines diktatorischen Staates zusammen. Sie fordert die Selbstbesinnung der Kirche auf ihre ureigensten Möglichkeiten heraus.

Nicht zu übersehen ist nun aber, daß dieser Selbstbesinnung eine besondere Aufmerksamkeit auf das Gewissen von der Tradition der Bekennenden Kirche her nicht zu Pflicht gemacht wurde. Es ist sogar eher von einer gewissenskritischen Haltung zu reden, die dort das theologische Denken bestimmte, und die deshalb das Achten auf den Gewissensruf jedenfalls nicht als etwas Wesentliches für den Weg einer Kirche einprägte. Es ist lehrreich, sich zu verdeutlichen, warum das so ist.

III.

Constantin von Dietze, der bekannte Freiburger Jurist, hat anläßlich eines Berlin-Aufenthalten am 6./7.2.1943 in seinem Kalender Folgendes notiert: "Bhf.: Gründung auf dem Gewissen ist Sache vergangener Theologie. Wird von den Theologen der Bekennenden Kirche nicht angenommen werden"[10]. "Bhf" bedeutet: Dietrich Bonhoeffer.

Von Dietze hatte sich nämlich zusammen mit G. Ritter an diesem Tage mit Theologen der Bekennenden Kirche getroffen, um mit ihnen den Entwurf der sog. "Freiburger Denkschrift" zu diskutieren. Eine solche "Denkschrift" (oder besser: Ausarbeitung) war von der "Vorläufigen Leitung" der Bekennenden Kirche vom Kreis der Freiburger Professoren erbeten worden, der sich schon seit längerem mit der Frage der Aufgabe der Kirche angesichts des nationalsozialistischen Totalitarismus beschäftigte[11]. Es ging darum, wie die Kirche dem Verfall aller sittlichen Normen bei den Machthabern und im Volke zu wehren habe. Insbesondere sollte gefragt werden, welche

---

[8] Die Funktionalisierung der Theologie Karl BARTHs für eine vorbehaltlose Bejahung des "real existierenden Sozialismus", die an der Sektion Theologie der Humboldt-Universität unter Einsatz der für diesen Sozialismus typischen Machtmittel betrieben wurde, war kirchlich jedoch kaum wirksam.

[9] Vgl. hierzu meinen Aufsatz: Dietrich Bonhoeffer als "Theologe der DDR". Ein kritischer Rückblick, ZEE 37, 1993, 101f.

[10] Vgl. D. RÜBSAM / E. SCHADEK (Hg.), Der Freiburger Kreis. Widerstand und Nachkriegsplanung 1933 - 1945. Katalog einer Ausstellung und Nachkriegsplanung 1933 - 1945. Katalog einer Ausstellung, Freiburg 1990, 86.

[11] Vgl. In der Stunde Null. Die Denkschrift des Freiburger Bonhoeffer-Kreises: Politische Gemeinschaftsordnung. Ein Versuch zur Selbstbesinnung des christlichen Gewissens in den politischen Nöten unserer Zeit. Eingeleitet von H. THIELICKE, mit einem Nachwort von Philipp von BISMARK, Tübingen 1979, 5ff.

konstitutive Bedeutung die christliche Ethik bei der Neuordnung des politischen Gemeinwesens nach Hitler gewinnen müsse.

Die Ausarbeitung, die die Freiburger Professoren vorlegten, trug den Titel:"Politische Gemeinschaftsordnung. Ein Versuch zur Selbstbesinnung des christlichen Gewissens (!) in den politischen Nöten unserer Zeit"[12]. Sie sah im "christlichen Gewissen" die entscheidende Instanz, von der her dem "Dämon der Macht und der nationalen Selbstvergötzung"[13] Widerstand zu leisten sei. Denn die Verpflichtung jedes einzelnen vor Gott wurde angesichts der alle ethische Verantwortlichkeit vernichtenden Massenideologie des Nationalsozialismus als seelisch-geistige Quelle echten politischen Ethos angesehen. Sie war für den "Freiburger Kreis" deshalb auch die Basis für den Entwurf einer neuen, ethisch verantworteten politischen Gemeinschaftsordnung[14].

Dietrich Bonhoeffer hat diesem Grundansatz der "Freiburger Denkschrift" widersprochen[15]. Er hat in jenem Gespräch offenbar deutlich zu machen versucht, daß die Bekennende Kirche gerade im Gewissen von Christen nicht die Kraft sehen kann, die wirklich in der Lage ist, dem Zugriff einer mörderischen Ideologie auf das ganze Leben von Menschen wirksam zu wehren. Man kann im Gegenteil sagen, daß Bonhoeffer - hierin sicherlich einig mit K. Barth - in der Berufung auf das Gewissen eher eine große Gefährdung dessen sah, was der Kirche angesichts der Ansprüche einer totalen Herrschaft und des künftigen Neubaus der Gesellschaft aufgegeben war. Dafür gibt es im wesentlichen drei Gründe.

1) Die Berufung auf das Gewissen war offenkundig ein wesentliches Element der deutsch-christlichen Ideologie. In der berüchtigten Sportpalastrede des Dr. Reinhold Krause heißt es z.B. unter Berufung auf M. Luther, den "nordischen Gottsucher": Er mußte wie Adolf Hitler "seinen deutschen Volksgenossen ein Befreier der deutschen Seele" werden, "der über alles geschriebene und gelehrte Wort hinaus, allein in dem Gewissen, in dem Gott in uns, die letzte Bindung sieht"[16]. Daß diese Verselbständigung des Gewissensrufes zu einer quasi-göttlichen Stimme in uns ein grobes Mißverständnis von Luthers theologischer Berufung auf das Gewissen darstellt, braucht hier nicht lange belegt zu werden. Das Gewissen bringt nach Luther ja gerade nicht unsere Bindung an uns selbst in den Zusammenhängen der Welt zur Geltung, sondern es befreit aus solchen Bindungen[17]. Dennoch diskreditierte die deutsch-christliche Berufung auf die

---

[12] A.a.O., 25ff.

[13] A.a.O., 35.

[14] "Das christliche Gewissen", so heißt es angesichts des politischen Chaos, das durch den Nationalsozialismus heraufgeführt wurde, "wird ein titanisches Ringen mit den Mächtigen dieser Welt zu bestehen haben, um sie zur Ordnung zu rufen" (a.a.O., 54).

[15] Zu BONHOEFFERs eigener, zu dieser Zeit vertretenen Auffassung der Begründung des Staats vgl. "Staat und Kirche", in: Ethik. zusammengestellt und hg.v. E. BETHGE, München 9.A. 1981, 353ff.

[16] Rede bei der Sportplatzkundgebung, in: Wir verwerfen die falsche Lehre. Arbeits- und Lesebuch zur Barmer Theologischen Erklärung und zum Kirchenkampf, hg.v. G.v. NORDEN/P.G. SCHOENBORN/V. WITTMÜTZ, Wuppertal-Barmen 1984, 31.

[17] Vgl. R. MAU, a.a.O., bes. 185f.

Gewissen, die ihrerseits nicht ohne Beziehung zum Verständnis der Reformation als einer subjektiven "Gewissensreligion" war, die theologische Inanspruchnahme des Gewissens als einer Instanz von Wahrheitserkenntnis. In Bonhoeffers Ethik wird das Gewissen der nachadamitischen Menschheit regelrecht als ein "Sichvergreifen an Gott"[18], ja als die "gottloseste Selbstrechtfertigung"[19] beurteilt. Nicht das Gewissen, sondern Gottes Wort und Gebot gibt uns ethische Orientierung, führt uns in die wahrhaftige Verantwortlichkeit für uns selbst und für das Gemeinwesen.

2) Die Erfahrungen Bonhoeffers im Widerstand ließen ihn zweifeln, ob das Gewissen von Menschen die Kraft habe, den konkreten Anforderungen einer Situation gerecht zu werden, in der Christen auch Schuld auf sich nehmen müssen. In seiner Rechenschaft an der Wende zum Jahr 1943, in der er versucht, "nach zehn Jahren" seines Weges in der Kirche unter den Bedingungen der NS-Diktatur eine kleine Bilanz zu ziehen, heißt es über den "Mann des Gewissens":

" Das Ausmaß der Konflikte, in denen er zu wählen hat - durch nichts getragen und beraten als durch sein eigenstes Gewissen - zerreißt ihn. Die unzähligen ehrbaren und verführerischen Verkleidungen, in denen das Böse sich ihm nähert, machen sein Gewissen ängstlich und unsicher, bis er sich schließlich damit begnügt, statt eines guten ein salviertes Gewissen zu haben, bis er also sein eigenes Gewissen belügt, um nicht zu verzweifeln; denn daß ein böses Gewissen heilsamer und stärker sein kann als ein betrogenes Gewissen, das vermag der Mann, dessen einziger Halt sein Gewissen ist, nie zu fassen"[20].

Voraussetzung einer solchen Äußerung ist zweifellos die Anerkennung dessen, daß es neben der Verwirrung und Verführung des Gewissens auch so etwas gibt wie den Ruf des Gewissens zur ureigenen Menschlichkeit des Menschen. Das Gewissen ist von der Schöpfung her, wie Bonhoeffer nicht ohne Anleihen bei M. Heidegger sagt[21], "der Ruf der menschlichen Existenz zur Einheit mit sich selbst"[22]. Dieser Ruf aber führt, wo er als Ruf zur eigenen ethischen Reinheit verstanden wird, angesichts der Herausforderungen der menschlichen Existenz in einem diktatorischen Regime letztlich zur ethischen Hilflosigkeit. In ihm ist nicht vorgesehen, daß es nicht möglich ist, eine solche Situation schuldlos durchzustehen. Das an Christus gebundene und von ihm befreite Gewissen wird vielmehr auch bereit sein, um des Nächsten willen schuldig zu werden. Das böse "Gewissen", das ich haben muß, wenn ich gezwungen bin, zu lügen oder mich an der Tötung eines Diktators zu beteiligen, hindert mich nicht, in der Bindung an Christus das konkret Nötige und Unausweichliche zu tun. "In der Auseinandersetzung zwischen Christus und konkreter Verantwortung", sagt Bonhoeffer deshalb, muß "die

---

[18] D. BONHOEFFER, Ethik, hg.v. I. Tödt/E. Tödt/E. Feil und C. Green, Dietrich-Bonhoeffer-Werke. 6. Band, München 1992, 310.

[19] A.a.O., 279.

[20] D. BONHOEFFER, Nach zehn Jahren. Rechenschaft an der Wende zum Jahr 1943, in: Widerstand und Ergebung. Briefe und Aufzeichnungen aus der Haft, hg.v. E. Bethge. Neuausgabe, München 1977, 13.

[21] M. HEIDEGGER, Sein und Zeit, Tübingen 9.A. 1960, 275: "Das Dasein ruft im Gewissen sich selbst".

[22] Ethik, 277.

konkrete Entscheidung für Christus fallen"[23]. Das Hören auf Christus ist bindender als das Hören auf das eigene Gewissen.

3) Der dritte Grund, der einer besonderen theologischen Konzentration auf das Gewissensphänomen entgegensteht, gehört nur weitläufig in die gewissenskritische theologische Linie der ersten beiden Gesichtspunkte. Er hat aber doch eine nicht minder nachhaltige Wirkungsgeschichte gehabt. Denn er stammt aus dem Zusammenhang der Überlegungen Bonhoeffers in den Gefängnisbriefen zur Bedeutung der Religionslosigkeit als einer Massenerscheinung unserer Zeit. Bonhoeffer hat hier seine Meinung, daß wir einer "völlig religionslosen Zeit entgegen" gehen, mit der Behauptung erläutert, "die Zeit der Innerlichkeit und des Gewissens" sei vorüber[24]. Menschen "ohne Religion" sind auf ihre Gottesbeziehung nicht mehr über den Appell an das Gewissen ansprechbar. Sicherlich soll damit nicht gesagt sein, daß solche Menschen kein Gewissen mehr haben. Denn dann wären sie ja per definitionem keine Menschen mehr. Aber das Gewissen repräsentiert nicht mehr die Bindung an eine Instanz letzter Verantwortung, sondern meldet gewissermaßen nur noch "weltliche", kurzfristige Instanzen.

Es ist hier nicht der Ort, um die Interpretationsprobleme, die Bonhoeffers Überlegungen aufwerfen, im einzelnen zu diskutieren[25]. Wichtig ist unserem Zusammenhang nur, daß hier eine wesentliche Beziehung zwischen der Verkündigung Gottes durch die Kirche und dem Gewissen der anzusprechenden Menschen in Abrede gestellt wird. Es gibt eine weltliche Lebensverantwortung, die sich in "Mündigkeit" mit dem Relativen begnügt, an der die christliche Gemeinde ihrerseits auch "im Beten und Tun des Gerechten" teilnehmen kann[26]. Sie hat aber darauf zu verzichten, religionslose Menschen unter Inanspruchnahme des Gewissensphänomens gewissermaßen für Gott zu erpressen.

Vergleichen wir die drei angeführten gewissenskritischen Gesichtspunkte miteinander, so ist offenkundig, daß die ersten beiden mit dem, was die "Freiburger Denkschrift" über die Selbstbesinnung des christlichen Gewissens sagt, nicht unvermittelbar sind. Denn das dort gemeinte "christliche Gewissen" ist ja gerade das, welches in der Bindung an Jesus Christus dem dämonischen Sichvergreifen an Gott und der gottlosen Selbstrechtfertigung widerstaht. Es weiß darum auch um die Gewissenskonflikte, die entstehen können, wenn die Verletzung von Moralnormen um der Hilfe für Menschen willen unausweichlich wird. Solche Gewissenskonflikte und Pflichtenkollisionen gehören von Hause aus zum Phänomen des Gewissens. Ein salviertes Gewissen, das den Konflikt als solchen gar nicht mehr zuläßt, wäre geradezu das Gegenteil von dem, was die "Freiburger Denkschrift" einprägen will. Wo sich dergleichen dennoch auch in dieser Ausarbeitung zeigt, ist die Notwendigkeit einer kritischen Prüfung der Berufung auf das

---

[23] A.a.O., 283.

[24] Widerstand und Ergebung, 305.

[25] Vgl. hierzu meinen Aufsatz: Die Bedeutung von "Gottes Geheimnis" für Dierich Bonhoeffers Verständnis der Religionen und der Religionslosigkeit, in: Gottes Kommen und menschliches Verhalten. Aufsätze und Vorträge zum Problem des theologischen Verständnisses von Religion und Religionslosigkeit, Berlin 1984, 9ff.

[26] Vgl. Widerstand und Ergebung, 328.

Gewissen am Maßstab des Wortes Gottes nicht von der Hand zu weisen[27]. Die Gefährdung des Gewissens durch dämonische Bindungen und skrupulantistische Selbstrechtfertigung darf theologisch niemals außer acht gelassen werden. Auf der anderen Seite muß aber ebenso kritisch gefragt werden, ob diese Gefährdung es rechtfertigt, dem Gewissen des Menschen seine zentrale Stellung in der Gottesbeziehung und für die Verantwortlichkeit der einzelnen im Dienst der Gemeinde und im Dienst an der Welt zu bestreiten. Wird dadurch statt der beklagten Verinnerlichung und Subjektivierung des Weges von Christen nicht umgekehrt eine Veräußerlichung in der Wahrnahme des Auftrages befördert, die die persönliche, existentielle Verantwortlichkeit für diesen Auftrag schwächt?

Diese Frage müssen sich insbesondere die Kirchen stellen, die noch einmal eine Weltanschauungsdiktatur durchzustehen hatten, welche den Atheismus und Säkularismus auf ihre Fahnen geschrieben hatte. Daß diese Weltanschauungsdiktatur die von Bonhoeffer gemeinte mündige Welt repräsentiere, konnte wohl nur unter Absehung von ihrer die Gewissen aller bedrückenden Praxis behauptet werden[28]. Die Gewissen in ihrer Freiheit zu schützen, war darum eine Aufgabe, die der Kirche ganz von alleine zuwuchs. Das aber konnte nur glaubwürdig geschehen, wenn gerade die Wachheit des Gewissens als ureigenste kirchliche Wirklichkeit erkennbar war. Das Absichern der kirchlichen Arbeit gegenüber den Machtansprüchen der Partei, das nicht intensiv nach einer Entsprechung der Methoden dieser Absicherung und den Gewissen der vielen in den Gemeinden fragte, erscheint dagegen nicht erst im Nachhinein als eine fundamentale Verletzung des existentiell verpflichtenden kirchlichen Auftrags. Er nimmt an einer Mentalität teil, die äußeren Zwecken eine größere Wichtigkeit beimißt als dem existentiellen wahrhaften Zusammenstimmen aller in der Gemeinde bei der Wahrnahme des Auftrages der Kirche.

Es tut einer Kirche nicht gut, sich in der Meinung einzurichten, die Zeit des Gewissens sei vorüber. Besonders in einer Gesellschaft, die es darauf angelegt hat, den Gewissensruf machtmethodisch zum Schweigen zu bringen, ist die Kirche geradezu verpflichtet, Ort der freien Gewissen zu sein und zu bleiben. Es zählt darum zu den bis heute hoffnungsvollen und ermutigenden Erfahrungen mit der kirchlichen und gemeindlichen Wirklichkeit in der DDR, daß sie trotz der mangelnden theologischen Konzentration auf die Frage des Gewissens ein solcher Ort geworden ist.

IV.

In der Klassenmoral des Sozialismus war das Gewissen eher ein störendes Phänomen. Entsprechend der Grundannahme, daß das gesellschaftliche Sein das Bewußtsein und damit die Moral präge, galt das Gewissen "als Resultat des Prozesses der gesell-

---

[27] Das gilt vor allen Dingen im Hinblick auf die Anlage 5, deren Vorschläge zur "Lösung der Judenfrage in Deutschland" (vgl. a.a.O., 146f) in keinem Falle orientierende Bedeutung haben können. Sie sind von H. THIELICKE in den Einleitung mit Recht entschieden kritisiert worden (vgl. a.a.O., 21ff).

[28] Vgl. Bonhoeffer als "Theologe der DDR", 98ff.

schaftlichen Entwicklung des Menschen[29]. Es bringt "sozialhistorisch bestimmte Forderungen" subjektiv zum Ausdruck[30]. Da nun aber insbesondere die ökonomischen Verhältnisse im "real existierenden Sozialismus" immer noch mit gewaltigen "Resten" des Kapitalismus belastet sind, kann ein Gewissen, das den richtigen gesellschaftlichen Prozeß zum Ausdruck bringt, nicht entstehen. Man bemerkt das an den "intuitiven, plötzlichen Erleuchtungen", die nicht "exakt verstandesmäßig" bewertet werden können[31]. Deshalb muß dem Gewissen das "gesellschaftliche Pflichtbewußtsein" zur Seite gestellt werden, das die "gesamte moralische Persönlichkeit" durch freiwillige Unterordnung unter die gesellschaftlichen Interessen und Zwecke "diszipliniert"(!)[32]. Der Einfluß der Gesellschaft bzw. der die Gesellschaft bestimmenden Kraft der Arbeiterklasse in Form der Partei muß also die Fehlleistungen des Gewissens korrigieren. Die Beeinflussung nicht nur des Denkens und Urteilens, sondern auch des Fühlens und Reagierens wurde so regelrecht zu einer Frage der Machtausübung.

Es ist deshalb viel zu einfach, das Angewiesensein aller sozialistischen Staaten auf einen Sicherheitsdienst, der die hybride Aufgabe hatte, das Innere von Menschen zu kontrollieren und zu lenken, nur als eine Fehlentwicklung einer ansonsten wahren Weltanschauung anzusehen. Das Grundmuster der marxistisch-leninistischen Ethik drängt vielmehr zu dergleichen. Der Vorstellung, Gewissen beherrschen zu können, verdankte sich deshalb ja auch nicht nur der Sicherheitsdienst. Zahllose Institutionen und Organisationen in der Gesellschaft verfolgten von der Kinderkrippe bis ins Altersheim vielmehr den gleichen Zweck.

Wie groß der Erfolg dieser gesammelten Anstrengung durch 40 Jahre hindurch im Inneren der Menschen war, ist schwer zu sagen. Einerseits reichte sie zu, um einen riesigen Staats- und Parteiapparat mit Menschen zu füllen, die das, was von der Partei gefordert wurde, pünktlich bedienten. Andererseits muß man angesichts der massenhaften "Wende" von Funktionären und Parteimitgliedern nach 1989 fragen, ob der ganze Aufwand nicht letztlich bloß eine massenhafte Verlogenheit erzeugt hat. Man wird jedenfalls nicht fehl gehen, wenn man annimmt, daß auch in dieser privilegierten Schicht der Bevölkerung eine Verhaltensweise weit verbreitet war, die dann gewissermaßen zum Markenzeichen des typischen DDR-Bürgers wurde. Das ist die Verhaltensweise der Parzellierung, ja Spaltung der eigenen Verantwortlichkeit.

Im Grunde ist das eine Erscheinung, die wir überall antreffen, wo Menschen auf lange Zeit unter einer Macht leben müssen, die die eigene Lebensentfaltung unterdrückt. Die Unterdrücker werden durch Beweise der eigenen Loyalität besänftigt, um sich gerade so ihren Zugriff auf die eigene, private Lebensführung vom Halse zu halten. In der DDR ist dieses banale Verhalten beinahe zu einer Lebenskunst ausgebildet worden, zur Lebenskunst der sog. "Nischengesellschaft" nämlich. Auf der einen Seite

---

[29] Vgl. Marxistisch-leninistische Ethik, hg.v. einem Autorenkollektiv, Berlin 1979, 131.

[30] Ebd.

[31] A.a.O., 132.

[32] Vgl. a.a.O., 134ff.

wurde alles mitgemacht, was der Staat und die Partei verlangten. Wahrscheinlich können wir voraussetzen, daß dies sogar mit Verinnerlichungen der Unterdrückung als einer Art Idealzustand verbunden war. Auf der anderen Seite schaffte man sich gerade so den Raum für eine unbehelligte, kleingärtnerhaft ausgebaute Privatexistenz. Es ist kaum nötig zu illustrieren, welche Folgen diese Doppelexistenz für die eigene ethische Verantwortlichkeit und damit für die Aufmerksamkeit auf das Gewissen hatte. Die Bereitschaft von Menschen, sich bei sich selbst behaften zu lassen und sich als sich selbst erkennen zu geben, sank in dem Maße, wie die Fähigkeit dazu nachließ. Die Unterdrückung, Parzellierung und Leugnung desjenigen Gewissensrufes, der Menschen im Privaten und Öffentlichen zur Übereinstimmung mit sich selber ruft, wurde in der Nische zur Gewohnheit.

Es ist offenkundig, daß von dieser gesamtgesellschaftlichen Gewohnheit auch für die Gemeinden und damit für die Kirche im Ganzen eine große Gefährdung ausging. Denn auch den Christen wurde ja ihre "religiöse Nische" durchaus zugebilligt. Verhielten sie sich darin einigermaßen ruhig, hatten sie nicht viel zu befürchten. Die deutlich erkennbare Kirchenpolitik des Staates lief denn ja auch darauf hinaus, die Christen und ihre "religiösen" Übungen zu beschränken und sie ansonsten zum Lobe des Sozialismus in seiner realen Gestalt aufzufordern. In gewisser Weise kann man tatsächlich sagen, daß diese Art von Kirchenpolitik das musterhafte Exerzitium der ansonsten stillschweigenden Übereinkünfte der Nischengesellschaft war. Gescheitert ist dieses Exerzitium in Bezug auf die Kirche jedoch daran, daß die Gewissen der vielen einzelnen in den Gemeinden und auch in den Kirchenleitungen faktisch die Nischenmentalität fortwährend sprengten.

Es gab im Grunde gar keinen anderen Ort in dieser Gesellschaft als die Gemeinden und die Kirchen, an dem das Recht auf die eigene Gewissensentscheidung sich artikulieren konnte und der den verletzten Gewissen von Menschen einen Sprachraum gab. Denn das Evangelium kann niemals am konkreten Dransein der Menschen vorbei verkündigt werden, wenn man es nicht selbst entleeren will. Die Kirche ist darum öffentlich für das ja auch verfassungsmäßig gesicherte Recht auf die freie Gewissensentscheidung jedes einzelnen eingetreten. Das Konzept der "Bausoldaten" verdankt sich diesem Beharren auf der freien Gewissensentscheidung. Ebenso gab es nie Zweifel daran, daß die Kirche auch zu denen steht, die überhaupt nicht (auch ohne Waffen nicht) in einer Armee Dienst tun wollten. Vergleichbares gilt im Hinblick auf das, was sich in der Schule, in den Betrieben und auf anderen Ebenen des gesellschaftlichen Lebens abspielte. Jedermann konnte in dieser Gesellschaft wissen, daß die Kirche bereit war, den verletzten Gewissen eine Stimme zu geben.

Viel wichtiger für die Gemeinde ist aber, daß das christliche Leben selber zu einem andauernden Vollzuge von Gewissensentscheidungen wurde. Es bedurfte ja schon eines gewissen Mutes, in den gesellschaftlichen und politischen Zusammenhängen offenbar zu machen, daß man zur christlichen Gemeinde gehörte. Die Nachteile im beruflichen und gesellschaftlichen Leben, die Verdächtigungen und Nachstellungen, die nicht ausblieben, waren für die einzelnen keine Kleinigkeit. Das unter dem offiziellen Druck zusammenschrumpfende und in vielen Gegenden ausgesprochen kümmerliche Gemeindeleben bot zudem alles andere als einen festen Rückhalt für den eigenen Weg. Dennoch hat sich die Gemeinde immer wieder gerade aus solchen Menschen erneuert, die vor Gott, vor den Menschen und nicht zuletzt vor sich selbst in ihrem Gewissen gerade stehen wollten. Das ging sehr oft auf Kosten wohlbezahlter Berufe. Da haben junge Menschen sogar mit ihren Elternhäusern gebrochen, weil sie der Verlogenheit der Nischenexistenz leid waren. Da sind ganze Biographien ohne allen Rückhalt in das Vertrauen zur Verkündigung und zur Lauterkeit der Gewissen in der Gemeinde investiert worden. Da fanden sich eben die verschiedensten Menschen in der Anrufung des Gottes zusammen, der das Ende aller Lüge ist und aller Knebelung der Gewissen ein Ende bereitet.

Die Situation in den Gemeinden wurde so zu andauernden Aufforderung an die ganze Kirche, die Sorge um die unverletzten Gewissen in ihre Verantwortung der Dienste aufzunehmen. Der Vertrauensvorschuß von Menschen in dieser Kirche war angesichts des mit Mißtrauen geladenen Umfeldes, aus dem diese Menschen kamen, eminent. Nur weil sie die Klarheit und Durchsichtigkeit der Wahrnahme dieses Dienstes voraussetzten, konnten sie ja für ihr eigenes Leben in der Gemeinde diese Klarheit und Durchsichtigkeit erwarten. Wenn nun heute offenbar ist, daß kirchliche Amtsträger unter der Voraussetzung, daß das niemals offenbar werde, konspirative Absprachen mit den Staatsorganen getroffen haben, dann verletzt das sogar noch im Nachhinein die Gewissen derjenigen, die dergleichen "Absprachen" mit der Macht von der Kirche weder erwarten konnten noch erwarten durften. Sie sind nicht zu rechtfertigen, auch nicht mit dem Hinweis auf pragmatisch-kirchenpolitische Notwendigkeiten. Das Gewissen der einzelnen rief in dieser Hinsicht vielmehr nach dem Zusammenstimmen mit dem Auftrag der Kirche, der dem Aufrichten von heimlicher Herrschaft einzelner in der Gemeinde widerstreitet.

Solange darüber in der Kirche kein Einverständnis zu erzielen ist, bleiben jene vereinzelten Eigenmächtigkeit im Dienste Jesu Christu schmerzende Wunden für die ganze Gemeinde. Es wäre schon viel gewonnen, wen wenigsten die geistliche Tiefe des Problems bewußt würde. Denn die Gefahr, daß die Wahrnahme von Verantwortung für die institutionalisierte Kirche in Hinblick auf den Staat und die Gesellschaft die Gründe außer Acht läßt oder gar außer Kraft setzt, die Menschen Christen werden läßt, besteht ja für die Kirche in einer "pluralistischen Gesellschaft" nicht minder[33]. Es wäre für die Glaubwürdigkeit des Zeugnisses und des Dienstes der Kirche darum verhängnisvoll, wenn aus dem schwierigen Wege der Kirche in der DDR nur dies gelernt würde, daß der Sicherung der Institution Kirche notfalls auch die Gewissen der vielen einzelnen in der Gemeinde zum Opfer gebracht werden dürfen.

Der Dienst der Kirche in der DDR war und ist demgegenüber da hoffnungsvoll für die Kirche auch heute, wo die Gewissen aller in den verschiedenen Diensten an der Basis und in der Kirchenleitung der Klarheit des Evangeliums deutlich verpflichtet waren. Den Zweideutigkeiten, mit denen eine diktatorische Macht die Freiheit, die daraus entsprang, immer wieder "in den Griff" zu bekommen versuchte, fehlte die existentielle Evidenz der Wahrheit. Sie waren in sich selbst nichtig und sind deshalb

---

[33] Vgl. hierzu: E. JÜNGEL, Kirche im Sozialismus - Kirche im Pluralismus. Theologische Rückblicke und Ausblicke, in: Jahresversammlung des Landeskuratoriums Baden-Württemberg im Stifterverband für die Deutsche Wissenschaft. Ansprachen und Festvortrag, Essen 1993, 16ff.

auch daran zugrunde gegangen, daß Christen - in ihrem Gewissen durch das Evangelium verpflichtet - das Licht nicht gescheut haben. Wie die Dinge liegen, ist hinreichend dafür gesorgt, daß dies keine selbstgefällige Feststellung sein kann. Es würde aber alles falsch, wenn wir es uns deswegen verboten sein ließen, für das große Geschenk der befreiten Gewissen in dieser Kirche dankbar zu sein.

Walter Sparn

Sancta Simplicitas
Über die Sorge um christliche Identität in Zeiten der Ironie[1]

Identität, individuelle, weibliche, männliche, kollektive, regionale, nationale, europäische, ethnische, kulturelle, religiöse, die Gewißheit, die Krise, die Stiftung von Identität, und was der Wortbildungen mehr sind: Nachdem dieses Wort in jüngster Zeit nicht nur auf dem politisch-publizistischen Forum, sondern auch im kultur- und religionswissenschaftlichen Diskurs zu einer Art Universalie oder Transzendentalie aufgerückt ist, ist ihm nun auch theologische Dignität zugewachsen. Das Thema des diesjährigen Europäischen Theologentags, "Pluralismus und Identität", nannte auch schon das Motiv für die Rezeption des Schlagwortes: die Unselbstverständlichkeit, Unbestimmtheit und Unsicherheit von so etwas wie christlicher Identität in der Situation des religiös-weltanschaulichen Pluralismus' und seiner praktischen Manifestationen in der sich fortentwickelnden Moderne. Öffentliche Reaktionen haben diesem Kongreß zwar die genauere Wahrnehmung der Phänomene und der Struktur religiöser Pluralität bescheinigt, etwa in der Unterscheidung von weichem und hartem Pluralismus, haben aber entsprechende Klärungen in Sachen "christliche Identität" mit deutlichem Bedauern vermißt. Der Theologe sollte diese Kritik nicht allzuschnell übergehen, sondern sie zumindest im Blick auf ihre Beweggründe und Voraussetzungen ernst nehmen - wie dies der Titel "Pluralismus und Identität", beim Wort genommen, denn auch erfordert.

Die einfache Verknüpfung der Begriffe "Pluralismus" und "Identität" stellt ja offensichtlich keine symmetrische Verknüpfung dar. In dem Sinne, in welchem religiöser Pluralismus ein Faktum sein kann, das sich nach bestimmten Gesichtspunkten - Lebenspraxis, Glaubensvorstellungen, kirchliche Partizipation sind solche Variable - erfassen und erklären läßt, ist religiöse Identität kein empirisches Faktum. Gewiß lassen sich Merkmale der religiösen Eigenart und Unverwechselbarkeit bestimmter Individuen und Kollektive identifizieren. Aber dies ist nur dann aussagekräftig, wenn dabei unterschieden wird zwischen Fremdzuschreibung und Selbstzuschreibung, selbst wo beide das Gleiche behaupten. Vielleicht noch mehr als andere Behauptungen von Identität, stellt alles, was man unter "religiöser Identität" zusammenfassen kann, konstitutiv eine Behauptung, die Interpretation von Fakten dar. Sie impliziert jedoch unvermeidlich die Differenz von Innen- und von Außensicht der fraglichen Phänomene; und das ist nicht nur ein theoretisches, sondern noch mehr ein praktisches Problem. Denn die Differenz von Binnen- und Außenperspektive besagt immer auch die oft strittige Forderung oder aber Zumutung der Anerkennung von Verschieden- und Anderssein. Da die Rede von Identität somit stets mit freier Selbstbestimmung oder mit der Ausübung von Macht oder mit beidem zugleich verknüpft ist, osziliiert sie in schwer bestimmbarer Weise zwischen deskriptiven und normativen Ansprüchen. Derart mehrdeutig soll sie, in pragmatischer Absicht, wohl auch sein, wenn sie denn, wie zumal im Falle der Strittigkeit der Grenze zwischen Eigenem und Fremdem, handlungsorientierende Plausibilität aufruft oder einredet. Identität zu beanspruchen oder zuzuschreiben, wirkt doch deshalb orientierend,

---

[1] Redigierte Fassung eines Vortrags, der am 8. Februar 1993 an der Theologischen Fakultät Erlangen und am 5. November 1993 an der Evangelisch-theologischen Fakultät München gehalten wurde.

weil und insofern den Verlustängsten, die angesichts der Bedrohung bisher fragloser Existenz und Evidenz geäußert oder unterstellt werden, etwas unwidersprechlich Einfaches, unmittelaber Einleuchtendes entgegengehalten wird. Die Rede von Identität ist, mit andern Worten, äußerst ideologieanfällig: Der Aufruf von Unmittelbarkeit appelliert stets auch an eine affektive Identifikation, die sich nur allzuleicht der verantwortlichen Prüfung oder sogar dem besseren Wissen entzieht. Der Schein der Simplizität mag sozusagen noch echt sein in Situationen der äußeren Bedrohung, die ja das Wir-Gefühl der Betroffenen stärken und ihre Identität extern mitkonstituieren kann. Auf religiösem Gebiet haben dies beispielsweise unsere östlichen Schwesterkirchen nach dem Ende der DDR erfahren. Scheint religiöse Identität jedoch dadurch bedroht, daß der Unterschied zwischen Eigenem und Fremdem in einer Situation religiöser Toleranz und weltanschaulichen Pluralismus' undeutlicher wird und die Grenze zwischen Innen und Außen synkretistisch zu verblassen scheint, dann verliert es seine relative Unschuld, wenn man der Versuchung nachgibt, das Eigen- und Selbstsein substantialistisch zu fixieren. Fundamentalismus, sei es dogmatischer (ein vorrangig protestantisches Problem), sei es institutioneller (ein vorrangig römisches Problem) ist die Folge einer solchen Fixierung. So oder so wird der Anspruch auf Identität dann zur puren Machtfrage; fundamentalistische Identitätssicherung ist latent gewalttätig.

Nicht zuletzt wegen dieser Gefährdung bedarf die Unterstellung der Simplizität, Plausibilität und Orientierungskraft der theologischen Nachprüfung, wenn von christlicher Identität die Rede ist oder sein soll. Die gegebenen oder erwünschten Formen der Begründung und Erhaltung oder Wiederherstellung von so etwas wie Identität müssen sich an deren Struktur messen lassen, wenn sie anders als durch Machtspruch legitim sein sollen. In der Tat zeigt sich in der Art und Weise, wie Identität behauptet wird, wie Rückhalt im Eigenen gesucht wird, das Verständnis eben dieses Eigenen. Sind also Formeln wie "christliche Identität" oder "protestantische Identität" theologischer Verwendung fähig?

1. Problematisch gewordene christliche Identität kann nicht durch den Rückgang auf das Wir-Gefühl einer christlichen Gruppe oder auf die soziale Identität einer christlichen Kirche neu konstituiert werden.

In der Absicht einer ekklesiogischen Nachprüfung der Rede von christlicher Identität erlasse es ich Ihnen und mir selbst, das vielstimmige Klagelied über das immer flacher werdende Profil und die immer schwächer werdende Zentrierungskraft unserer evangelischen Volkskirchen fortzusingen. Die eben vorausveröffentlichten Ergebnisse der neuen Mitgliedschaftsuntersuchung der EKD von 1992 konfrontieren es mit empirischen Daten; vielleicht können sie die in jenem Klagelied verborgen mitschwingenden Enttäuschungen, Befürchtungen und Sehnsüchte an ihren konkreten Ort rücken. Freilich, bestätigt wurde auch jetzt wieder jene alltägliche Erfahrung, angesichts deren Identitätspostulate so plausibel erscheinen: der religiöse und weltanschauliche Pluralismus in der Umwelt der Kirche nicht nur, sondern auch innerhalb der Kirche selbst und, sei es als Folge, sei es als Ursache, das Auseinandertreten von Religiosität, auch als christlich behaupteter Religiosität, und von Kirchlichkeit. Eine Grenze, von der man hoffen darf, sie trenne die Vielfalt und Vieldeutigkeit des Marktes der Möglichkeiten von einem Raum der eindeutigen und verläßlichen Orientierung, eine solche Grenze hat jedenfalls nicht die Gestalt einer festgefügten, undurchdringlichen Mauer um die Kirche. So durchlässig und verschiebbar diese Grenze jedoch auch sein mag, ist es doch nach wie vor ein Faktum, daß es institutionelle Strukturen nicht nur, sondern auch religiöse Prägungen und praktische Lebensformen gibt, die sowohl in der Innen- als auch in der Außenperspektive als "Kirche" und "Kirchlichkeit" bezeichnet werden. Inwiefern ist damit auch eine Instanz benannt, die "christliche Identität" verkörpert?

Nun wird, in der Binnenperspektive, wie sie eine dogmatische Reflexion einzunehmen hat, niemand im Ernst behaupten, daß die institutionelle Verfassung einer Kirche oder die Glaubensvorstellungen und die Lebensführungen der in ihrem Bereich lebendigen Frömmigkeit eine vollständige oder auch nur hinreichend angemesse Realisierung der ihr gegebenen Möglichkeiten und Aufgaben sei. (Die Differenz von Lehre und Leben ist, gerade in den reformatorischen Kirchen, so alt wie ihre Lehre, deren Standards sich, nämlich mit ihrem Erfolg, stets auch gesteigert haben). Im Blick auf dieses Realisierungsdefizit stimmen auch, ungeachtet ihrer sonstigen Gegensätzlichkeit (notabene schon vor dem breiten Auseinandertreten von Religiosität und Kirchenbindung), die beiden klassischen Versuche unseres Jahrhunderts überein, die Identität einer Gestalt des Christentums aus der historischen Analyse eines Netzes praktischer Realisierungen zu erheben: der Versuch Ernst Troeltsch', der in seinen "Soziallehren der christlichen Kirchen und Gruppen" (1912) eine produktive, aber stets auch überschießende "christliche Idee" unterstellt; und Werner Elerts, der in seiner "Morphologie des Luthertums" (1931/2) die behauptete "konfessionelle Konstante" auf das in der Rechtfertigungserfahrung bewußt werdende, aber alle religiös-praktische Realität stets neu relativierende "Urerlebnis" zurückführt.

Ohnedies ist es nicht einfach, von empirischen Daten auf die Identität eines vermuteten Kerns oder auch nur auf die impliziten Axiome einer christlichen Frömmigkeitsgestalt zu schließen; selbst dann ist das schwierig, wenn die Erhebung dieser Daten nicht bloß einige wenige und überdies von problematischen Vorannahmen bestimmte (wie immer noch bei manchen Jugendstudien), sondern viele und verschiedenartige Variable berücksichtigt und sich nicht nur quantitativer, sondern auch qualitativer Methoden bedient. Doch ganz vergeblich wäre der Versuch, die Identität einer Kirche, ihre Wiedererkennbarkeit über lange Zeit, *ex ante*, von einer gegebenen Ausgangslage und den in ihr liegenden Möglichkeiten aus empirisch zu rekonstruieren, gleichsam nachträglich zu prognostizieren. Denn eine elementare Gewißheit, die in jedem eigentlich kirchlichen Handeln lebt, ist zweifellos die, daß die Möglichkeitsbedingungen dieses Handelns von Jesus Christus selbst erhalten und erneuert werden, daß mithin auch die Institutionen und Traditionen, insoweit sie zu diesen Bedingungen gehören, vom Herrn der Kirche erhalten werden - und sei es durch deren tiefgreifende Veränderung. Die dogmatische Kennzeichnung der Kirche als *creatura verbi* besagt in diesem Zusammenhang, daß ihre Identität wesentlich kein empirisches Datum ist: ihr Bestand verkörpert vielmehr nur relativ zu ihrer Verkündigung Jesu Christi und zur Verheißung seiner Gegenwart im Heiligen Geist jene Selbstübereinstimmung und Wiedererkennbarkeit, die gemeinhin mit dem Wort "Identität" assoziiert wird. Die mögliche Identität der Kirche ist, mit andern Worten, gerade nicht die mit sich selbst; sie kann nicht in der Art einer universalen Idee und ihrer weltgeschichtlichen Entfaltung empirisch und historiographisch namhaft gemacht werden. Die Darstellung kirchlicher Identität im Modus chiliastischer Erfolgsgeschichtsschreibung oder auch Verfallsgeschichtsschreibung ist allenfalls möglich im Blick auf die sichtbare Kirche; diese würde so allerdings abgelöst von der *ecclesia invisibilis*, und sie verlöre unweigerlich denjenigen Faktor ihrer Realität, kraft dessen sie sich auch als sichtbare Kirche von anderen irdischen Sozietäten und Institutionen unterscheidet.

Es gibt ein und zwar nur ein Kriterium für die Beurteilung des möglichen Zusammenhangs der Lebensäußerungen der Kirche und für die Beurteilung der Wahrheit in der Vielfalt der Institutionen, Mentalitäten und Lebensformen des Christentums: das Bekenntnis der Kirche. Ein theologisches Kohärenz- und Kontinuitätskriterium ist das kirchliche Bekenntnis allerdings nicht im Sinne einmal niedergelegter Sätze, die als solche vielmehr zum empirischen Bestand einer Konfession gehören (und so ein religionssoziologisch und religionshistorisch orientierendes Datum sein mögen). Fragliches Kriterium ist vielmehr das Bekennen als solches, das heißt die Zeichenhandlung, in der sich, immer neu und insbesondere unverfügbar, die Identifikation einer das Evangelium Jesu Christi verkündenden Kirche mit diesem Evangelium vollzieht. Diese *Identifikation*, nicht eine abstrakte *Identität* ist es, die in CA VII die Zugehörigkeit zur der einen, wahren Kirche ausweist. Nur aufgrund dieser konkreten Identifikation der Glaubensgemeinschaft mit dem Grund ihres Glaubens sind niedergelegte Bekenntnisaussagen kirchlich verbindlich; deshalb sind sie aber auch erneuerungsfähig und erneuerungsbedürftig - so wie umgekehrt Lehrverurteilungen zwischen christlichen Kirchen sowohl möglich als auch revidierbar sind. Die Angewiesenheit und Verpflichtung der Kirche auf konkrete Identifikation ihres Handelns mit dem Evangelium schließt aus, daß sie ihre Identität konfessionell begründet. Die Rede von Prinzipien, anhand deren die Übereinstimmung einer entwickelten Gestalt der Kirche mit sich nachgewiesen werden könnte, ist unreformatorisch. Das gilt ohnehin für die neuere Unterscheidung eines Formalprinzips des Protestantismus, der Heiligen Schrift, und eines Materialprinzips, der Rechtfertigungslehre. Aber auch das Schriftprinzip stellt kein Prinzip protestantischer Identität dar, im Gegenteil, die Reformation hat es ausdrücklich als allgemein christliches Prinzip in Anspruch genommen.

Die reformatorischen Kirchen sind vielmehr Träger einer doppelten Pluralisierung christlicher Identität. Im Blick auf die Formensprache des christlichen Glaubens erzieht ihre Verkündigung des Evangeliums zur Individualisierung: zum Vollzug der Erfahrung, daß der einzelne Christ nicht für die Selbstreproduktion einer Kirche mediatisiert werden kann, er vielmehr die kirchliche Tradition kraft seines zu Gott unmittelbaren Gewissens frei, nämlich individuell aneignen und anverwandeln kann und soll. Im Blick auf die Sozialgestalt des christlichen Glaubens entspricht dem die Partikularisierung der empirischen Christentümer. Weil und insofern sich die reformatorischen Kirchen nicht als konfessionelle Identitäten zum Glaubensgegenstand machen, können sie sich selbst nicht nur in ihrer Binnenperspektive des universalen Evangeliums, sondern auch in der Außenperspektive auf ihre konfesionelle Partikularität wahrnehmen, und zwar ohne im geringsten etwas von ihrer unbedingten Entschiedenheit für das Evangelium abzuschneiden. Das Votum der letzten Generationen für oder aber gegen eine angebliche "Absolutheit des Christentums" ist abstrakt gegenüber der christlichen Lizenz, mit der Bereitschaft religiösen Lernens in ökumenische, interreligiöse und apologetische Dialoge einzutreten. Und die Pluralität der sozialen Formen des christlichen Glaubens ist solange eine produktive Herausforderung, als sie im Bezug auf das Evangelium Jesu Christi kommunikations- und konfliktfähig bleiben.

2. *Ziel kirchlichen Handelns kann und braucht nicht so etwas wie kirchliche Identität zu sein. Seine Ausfgabe ist vielmehr die Erhaltung und Erneuerung der sozialen Bedingungen christlich-religiöser Kommunikation.*

Wäre so etwas wie "kirchliche Identität" das Ziel kirchlichen Handelns, so würde die Kirche zur reinen Rechtsgemeinschaft oder aber zur reinen Gesinnungsgemeinschaft mutieren. So oder so würde der christliche Glauben verweltanschaulicht, seine Überlieferung würde fundamentalistisch reduziert, seine Institutionen würden autoritär zementiert; diese Kirche würde von ihrer Umwelt isoliert, ihre besondere Lebensgestalt würde zur sektenhaften Gegenwelt. (Der oft geschmähte kirchliche, ideologischdogmatische oder juridisch-institutionelle Positivismus hat immerhin das Gute, ein solches Gefälle zu temperieren.) Wenn kirchliche Identität aber nicht Gegenstand eines Projekts oder einer Vision sein kann, sondern nur die Folge, und zwar die nicht prognostizierbare Fortfolge des wahren Zwecks kirchlichen Handeln, dann besteht das hier zu verhandelnde Problem darin, daß die soziale Entität "Kirche" die Möglichkeit ihrer Identifikation mit dem Evangelium nicht behindert, sondern, was an ihr liegt, zuläßt und offenhält. Eine solche Identifikation vollzieht sich jedoch als *communio sanctorum*, das heißt: im Medium der Glaubensgemeinschaft von Individuen, die durch das Zeugnis anderer, aber dieser Glaubensgemeinschaft zugehörigen Individuen zu Christen geworden sind. Problematisch an der faktischen Identität einer verfaßten Kirche ist mithin ihre Fähigkeit, als Institution der religiösen Kommunikation zwischen christlichen Individuen zu dienen.

Nun ist das gegenwärtige Verhältnis der christlichen Individuen und der kirchlichen Institution schwierig zu bestimmen. Eine direkte und symmetrische Zuordnung des einzelnen Laien zu seiner Kirche ist der seltenere Fall geworden, wenn es ihn überhaupt noch gibt (woran auch die theologisch gegengelesenen neueren Analysen eher zweifeln lassen). An seine Stelle ist ein eher mittelbares, veränderlich-vielgestaltiges, vor allem aber selbstbestimmtes Verhältnis des Einzelnen zur Kirche als ganzer getreten; und eine hinreichend konkrete Historiographie der reformatorischen Kirchen belegt durchwegs, was die Reformation als theologisches Programm initiiert: eine krisenhaft, nicht nur kontinuierlich, sondern auch diskontiuierlich sich fortbildende Gestalt christlicher Frömmigkeit und christlicher Glaubensgemeinschaft. Der Zusammenhang zwischen dem christlichen Gewissen und der Amtskirche hat in unseren Zeiten zweifellos einen extrem hohen Grad an Komplexität erreicht. Doch anders als vergleichbare Großorganisationen kann eine reformatorische Kirche die gegenwärtigen Prozesse der Individualisierung und Pluralisierung religiöser Praxis ohne Verlustängste zulassen und auch zu ihrem Besten fördern, dann nämlich, wenn sie ihre institutionelle Struktur und die in ihr lebendige Frömmigkeit konkret korreliert. Das bedeutet in der gegenwärtigen Situation, daß die kirchlichen Strukturen als eher formale Organisation der Kohärenz materialer Differenzierung gehandhabt werden sollten, das heißt als Instrumente der Bildung hinreichend elastischer Spielregeln für die verbindende Kommunikation zwischen den sich entwickelnden Unterschiedlichkeiten, also für den erbaulichen Umgang mit den Charismen christlicher Frömmigkeit, ihrer praktischen Realitäten und ihrer sozialen Formen.

Eine solche weiträumige Differenzierungsstruktur ist als solche allerdings ein eher kühles Gehäuse, und sie nimmt dem Einzelnen kaum eine Entscheidung mehr ab, schon gar nicht zwangsweise, sondern belastet ihn mit der Zumutung eigenen Wählens und Verantwortens, zudem mit der Zumutung des Toleranz anderer und befremdlicher Optionen. Jedoch tritt an die Stelle abstrakter Partizipationsforderungen die Möglichkeit der konkreten Bindung an die Kirche in Gestalt eines in ihr möglichen, aktiv akzeptierten Milieus, tritt also die mittelbare Identifikation mit der Kirche als einer komplexen Systems, als Möglichkeitsbedingung der sozialen Ausdifferenzierung religiöser Authentizität.

3. *Christliche Identität läßt sich nicht in Gestalt der Ichstärke eines christlichen Individuums konstituieren oder auch nur stabilisieren; christliche Identität ist ein mystisches Phänomen.*

Nach dem bisher Gesagten ist die theologische Prüfung der Rede von christlicher Identität auf den individuellen Ort christlichen Glaubens gewiesen. Hat nun ein Christ hinreichend Rückhalt im Eigenen seines christlichen Glaubens? Im soteriologischen Zusammenhang von "Identität" zu sprechen, erscheint insofern plausibel, als man auf einen psychologisch und soziologisch ausgearbeiteten Begriff der Genese und Struktur von individueller Identität zurückgreifen kann, der anders als die alteuropäische, substantielle Definition der individuellen Person, anders aber auch als der moderne Begriff der Subjektivität, ein Selbst meint, das vor dem empirischen Ich durch psychosoziale Interaktion gebildet wird und das, als Balancierung von personaler und sozialer Identität, eine lebensgeschichtliche Aufgabe bleibt. Dieser symbolisch-interaktionistische Identitätsbegriff ist in der theologischen Anthropologie, der religionstheoretischen Diskussion der Humandisziplinen sowie in der Religionspsychologie und der Religionspädagogik zurecht aufgenommen und fortentwickelt worden. So fruchtbar hier die Frage nach dem lebensgeschichtlichen Aufbau und der psychosozialen Struktur individueller Identität ist, so wenig ist der hier gebrauchte Identitätsbegriff schon geeignet, die Eigenart christlich-religiöser Identität zu erfassen.

Daß hier mehr und anderes gegeben ist, läßt sich unschwer erkennen, wenn man nur die einfachste sprachliche Äußerung christlicher Identität ansieht. Der Satz: "Ich bin ein Christ", ist zweifellos ein Bekenntnis christlichen Glaubens. Nun ist dieses Glaubensbekenntnis, auch wenn es beispielsweise den Tatbestand mitmeint, daß man getauft ist, oder sonstige religiöse Tatbestände der eigenen Lebensführung, dennoch keine Tatsachenbehauptung; wie gesagt, nicht einmal im Fall des gleichzeitig vollzogenen Aktes völligen Gottvertrauens. Vielmehr handelt es sich bei einem solchen Bekenntnis, unbeschadet seiner emotionalen und kognitiven Wahrnehmbarkeit, um eine sprachliche Zeichenhandlung, deren semiotische Plausibilität auf der so ausgedrückten Beziehung zwischen Mensch und Gott beruht. Diese Beziehung stellt als solche jedoch keinen Tatbestand am oder gar Besitzstand im empirischen Individuum dar, sondern ein Phänomen der Kommunikation zwischen Gott und Mensch, der die "Tatsächlichkeit", das heißt: Binnenrealität des empirischen Selbst, insofern auch seine personale Identität gerade liquidiert. Denn dem christlichen Glauben ist die Unterscheidung des eigenen Gottesverhältnisses von dem, was dieses Gott verdankt, wesentlich. Christlich-religiöse Identität ist in ihrem zentralitätskritischen Aspekt daher ein wenigstens paradoxes Phänomen, das je nach Perspektive für Ichstärke oder Ichschwäche gelten kann, wie schon der Apostel Anlaß hatte festzustellen (2.Kor 12,9f). Diejenige personale Identität, welche die empirische Form der symbolischen Selbstunterscheidung von Gott hat, ist genau gesagt, ein eschatologisches Phänomen. Die onotologische Analyse seiner Erfahrung im Glauben an den Schöpfer und Erlöser des Ich hat eben dies als spezifisch christlich-religiöses Merkmal den anthropologisch verifizierbaren Merkmalen des Exzentrischen und des Responsorischen hinzugefügt

Das In-Beziehung-Sein, das, in Kritik von Substantialität aber auch Subjektivität als absoluter Binnenposition, christliche Identität ausmacht, hat auch keine empirische Voraussetzung, die als anthropologisches *fundamentum relationis* gelten könnte. Denn schon in der allerdings gegebenen geschöpflichen Voraussetzung des christlichen Glaubens, der Gottebenbildlichkeit des Menschen, handelt es sich um Sein kraft Beziehung und Mitteilung; und was für die ursprüngliche Gottebenbildlichkeit des Menschen galt, trifft erst recht zu für deren Erneuerung in der Vergebung und Aufhebung der Sünde, der Identitätsprätention in Gestalt der *incurvatio in seipsum*. Christliche Identität gilt für ein Selbst, das sich der Perichorese göttlichen und menschlichen Lebens verdankt; sie ist ein Sein in der Gleichgestalt Christi kraft unseres Seins in Christus und des Seins Christi in uns. Christliche Identität als ungegenständliche, mystische Kommunikation ist wiederum nicht nur apostolische Tradition (Gal 2,20; Phil 3), sondern auch sichere Erkenntnis der christlichen Theologie. Speziell die reformatorische Theologie hat dies im Bild *admirabile commercium*, aber auch im christologischen Personbegriff und soteriologisch in der Formel der *unio mystica* zwischen Christus und dem Christen expliziert. Letzterer zufolge ist christliche Identität nichts Einfaches, das man sein oder wenigstens haben könnte, sondern ein unhintergehbar zwiefältiges Phänomen: *Christianus biunus*, wie das alte Luthertum gesagt hat. Im Glauben an Jesus Christus ist das Geheimnis der menschlichen Personalität, die Gegenwart Gottes in ihr und ihr Leben in Gott, "kündlich offenbar".

Wenn ich christliche Identität ein *mystisches* Phänomen genannt habe, so eilt dies der gegenwärtigen theologischen Situation ein Stück weit voraus. Denn seit der pantheisierenden Modifikation des Mystikbegriffes durch die spekulative Theologie und seit der darauf reagierenden völligen Exstirpation des Mystikbegriffes durch die 'realistische' Theologie des Berufsethos und, darin bruchlos anschließend, durch die Dialektische Theologie verfügt die evangelische Theologie über keinen Mystikbegriff mehr, der ihr erlaubte, die einschlägigen religionsphänomenologischen Daten zu interpretieren. Umso unfähiger ist sie jetzt, die neueren charismatischen Formen christlicher Frömmigkeit, erst recht die esoterischen Ansprüche auf mystische Authentizität und Identität kritisch zu würdigen; das Vorurteil, mystische Frömmigkeit sei nicht traditions- und gemeinschaftsfähig, reproduziert sich auf diese Weise noch einmal. Zu den wichtigen theologischen Aufgaben der nächsten Zukunft gehört daher die Ausarbeitung eines christlichen, das heißt: am perichoretischen Personbegriff der Christologie orientierten, die kommunikative Kompetenz christlicher Innerlichkeit explizierenden Begriffes der Mystik.

4. *Christliche Identität tritt in Erscheinung in den konkreten und kontingenten Identifikationen des Christen mit dem Grund seines Glaubens; erkennbar ist sie in nicht mehr aber auch in nicht weniger als in der durch ein Glaubensbekenntnis interpretierten Lebensführung.*

Christliche Identität paradox und eschatologisch zu nennen, bringt neben der Erfahrung der wesentlichen und bleibenden Gnadenhaftigkeit des Christseins auch die Erfahrung zum Ausdruck, daß dieses Christsein stets auch *contra experientiam*, nämlich gegen das empirische christliche Glaubens und Leben geschenkt wird und geglaubt werden kann. "Ich bin ein Christ", das besagt zweifellos auch das Ergreifen der Möglichkeit, sich als "neuer Mensch" identifiziert zu wissen und dieser Gewißheit in der Kraft des Heiligen Geistes lebenspraktisch zu entsprechen. Doch ist dieser "neue Mensch" keinesfalls der nun gelungene Fall einer vordem mißlungenen Konstitution substantieller oder subjektiver Identität. Ein Christ ist zwar ein anderer, als er als Ungläubiger war, aber er ist dieser andere, neue Mensch nicht kraft Abspaltung des alten Menschen, sondern kraft göttlicher Vergebung der Sündhaftigkeit des Lebens in einer vom Leben Gottes abgespaltenen Identitätsprätention. Empirisch wird der "neue Mensch" daher in Gestalt eines Glaubens- und Sündenbekenntnisses, durch welches ein Christ seine bisherige Lebensführung, in der das Alte nie völlig abgearbeitet ist, *sub specie gratiae* auslegt. Eine solche Interpretation ist nicht nur nicht beliebig, sondern auch keineswegs leichthin möglich. Denn das Neue ist zugleich eine bestimmte, schmerzliche Anfechtung einschließende Art und Weise, das Alte anzunehmen - als Fremdwerdendes. Wenn man hier von Identität sprechen will, dann unter der Maßgabe des "als ob nicht" (1.Kor 7,29ff), des "Zugleich" äußerster Gegensätze, des Sünderseins und des Gerechtseins, der "Verborgenheit" des neuen Lebens in Christus. Zu den angemessenen Metaphern christlicher Identität gehört daher auch, sein Kreuz zu tragen: das Kreuz der Latenz des Neuen und Alterität des Alten. Unbeschadet aller Freude und Gewißheit des Neuen gehört daher das Leiden zur Phänomenalität des Christseins; zwar nicht das, welches die Nihilisten der Stärke dem Christentum nachgesagt haben, wohl aber das Leiden an der Versuchlichkeit zur scheinbaren Stärke unmittelbarer Identität: "Die Unmittelbarkeit gibt im Unglück den Geist auf, im Leiden beginnt das Religiöse zu atmen", wie Sören Kierkegaard gesagt hat.

Die christliche Identität, die dem Glauben verheißen ist und zugesprochen wird und die im Bekenntnis dieses Glaubens ihren wahrnehmbaren Ausdruck findet, hat mithin die Struktur einer in diesem Leben unabschließbaren Reflexivität. Das christliche Selbst ist, um noch einmal an Kierkegaard zu erinnern, ein Verhältnis, das sich zu sich selbst verhält, ist also nur im Vollzug dieses Verhältnisses, und das besagt zugleich: ist anders als bloß verzweifelt es selbst. Der Ort dieser Reflexivität ist das Gewissen, wo sie, in der empirischen Außen- und Selbstsicht, freilich als unüberwindbare Unruhe, Uneinheitlichkeit und Unfertigkeit erscheint. Daß es sich dabei zugleich um ein Sein *in fieri* handelt, dafür gibt es wiederum keine empirisch unzweideutigen Nachweise. Denn der Friede eines einfach und ruhig gewordenen Gewissens ist keine unmittelbare und fertige Selbstübereinstimmung, sondern der Akt gelungener, geschenkter Kommunikation zwischen dem Geschöpf und seinem Schöpfer und Erlöser.

Daß christliche Identität im Werden ist nicht im Sinne linearer Evolution, etwa der Entfaltung eines Keimes oder der Verwirklichung eines Selbst, dafür steht die christliche Praxis beständiger Buße. Auch wenn die Beichte in den reformatorischen Kirchen beklagenswerterweise nahezu keinen institutionellen Ort und Schutz mehr hat, so ist doch theologisch unstrittig, daß die tägliche Buße im Bekenntnis der Sünden ein notwendiger Rückgang des Christen auf sein Christsein ist - doch gerade nicht auf ein Eigenes, sondern auf die Taufe, in welcher der alte Mensch mit Christus getötet wird und aufersteht, auf den Namen, der im Buche des Lebens geschrieben steht. Diese Identifikation christlicher Identität ist, wie schon angesprochen, verschieden von jeder empirischen, temporären Gestalt christlichen Glaubens und Lebens. Allerdings ist auch ihr eine spezifische Temporalität und Prozessualität eigen, aber dies in ihrer Bedeutung als Unterbrechung und Erneuerung des lebenszeitlich jeweils gebildeten Verhältnisses von Vergangenheit und Zukunft, in ihrer Bedeutung also für die Bestimmung von Erinnerung und Erwartung im jeweiligen Jetzt der Erfahrung und damit für dieses Jetzt selbst. Während der Aberglaube an die gerade Linie meist bloß Wiederholungszwang erzeugt, besteht die Lebenskunst des christlichen Glaubens in der Pflege der Möglichkeit, immer wieder ein anderer zu werden und eben darin sich immer neu als zugesprochenes Selbst vorzufinden.

Wenn ich hier von *Buße* als Form der christlichen Identität gesprochen habe, so wird auch dies von der gegenwärtigen theologischen Reflexion nicht völlig abgedeckt. Den inzwischen vorliegenden, reichen religionsanalytischen Befunden zur biographischen und sozialen Bedeutung von Beichte und Konversion ist der gängige, eher pflichtmäßige theologische Begriff der Buße bzw. der Bekehrung hermeneutisch noch nicht gewachsen.

5. Auf empirische Bestände bezogen ist "christliche Identität" der verkürzende Ausdruck für einen Bildungsprozeß, der als Prozeß zunächst der christlichen Erziehung und dann der christlichen Selbstbildung mit der Lebensgeschichte eines Christen identisch ist.

Die Ungegenständlichkeit christlicher Identität begründet auf der Ebene ihrer empirischen Kohärenz und temporalen Kontinuität nicht mehr aber auch nicht weniger als so etwas wie ein kontinuierlich-diskontinuierliches Fließgleichgewicht. Individuelle christliche Identität hat daher stets die Gestalt einer selbst formulierten Lebensgeschichte, gleich ob sie laut oder still, ob sie am Stück oder in Bruchstücken, ob schriftlich oder gebetsweise erzählt wird. Christliche Identität läßt sich nur als autobiographische Interpretation der eigenen Lebensführung mitteilen. Der religiösen Konstitution des Christseins entsprechend, hat eine solche Autobiographie allerdings eine andere Machart als die Autobiographie vom Typ der Persönlichkeit, die in teleologischer Perspektive ihre Erfahrungsbestände, aber auch ihre noch ausstehende Zukunft in ein homogenes Sinngebilde vollendeter Ganzheit integrieren kann. Sie hat auch einen andern Stil als die Autobiographie vom Typ der modernen Eigentlichkeit, die den Zusammenhang der divergenten Lebenserfahrungen auf die Spontaneität und Authentizität der entblößenden Ich-Expression beschränkt. Eine christliche Autobiographie formuliert in der Tat, wie man vom modernen Individuum überhaupt gesagt hat, eine Art "patchwork-Identität"; aber von einer besonderen Textur. Sie ist bestimmt durch die Anwesenheit zweier Autoren, des empirischen Ich und eines davon verschiedenen, doch von diesem stellvertetenen göttlichen Autors; diese Stellvertretung ist möglich, weil das dem Individuum von Gott zugesprochene Selbst dem individuellen Ich als die Ganzheit seines "Namens" in seiner Erinnerung, seiner Erfahrung und seiner Erwartung gegenwärtig ist. Der synchrone und diachrone Zusammenhang einer christlichen

Lebensgeschichte wird gestiftet dadurch, daß einem Menschen Gottes "Antlitz" begegnet: daß ihm Gott ins Herz sieht und ihn so beim Namen anspricht, daß dieser Mensch ihn für sich, für den eigenen "Namen", das heißt: für das Ganze des eigenen Lebens, zitieren kann - wie dies denn jedes christliche Gebet auch tut.

"Mein Leben ist ein Pilgrimstand..." (EKD 303) - Entwurzelung und Nomadisierung ist mindestens im selben Maße Charakteristikum der christlichen *via salutis* wie die Herausbildung eines ästhetisch und moralisch konsistenten Lebensstils; für ersteres ist jedenfalls der Vater der Glaubenden der Typus und der Grund des Glaubens der Antitypus. Aber selbst ein wenig stürmisches Christenleben vermag nicht in der Weise rund und ganz werden, wie es die irdisch-menschliche Selbstidentifikation durch "Ich bin ich bin ich"-Leistungen, wie es aber auch die quasi-himmlische Projektion transzendentaler Subjektivität imaginiert, die auf wundersame Weise alles Fremde in Eigenes zu verwandeln vermag. Christlicher Identität, der Annahme der göttlichen Namensgebung und Rollenzuschreibung, entspricht lebenspraktisch vielmehr die Führung dieses Namens und das Spielen dieser Rolle im Prozeß der Heiligung des Lebens.

Gerade weil christliche Identität jenseits der Alternative von Fiktion und Realität, jenseits auch der Alternative von Fragment und Totalität angesiedelt ist, nährt sie nun doch auch einen erkennbar eigentümlichen Typ christlicher Personalität: *libertas Christiana*. Wenigstens als Eigensinn und Widerstandsfähigkeit ist diese Äußerung christlicher Identität, Gott sei Dank, so selten nicht. So ließ sich immer eine gewisse christliche Verblüffungsfestigkeit beobachten gegenüber der oft ausgesprochenen Verheißung der Moderne, nun endlich den "neuen Menschen" zu realisieren, den guten, freien, vernünftigen, identischen. Und zurecht einigermaßen unerschrocken reagieren nicht wenige Christen neuerdings angesichts des "Ende des Subjekts" im erschöpften Pathos der Autarkie und des "Todes des Individuums" im Schnittpunkt der anonymen technischen, bürokratischen und sozialen Kräfte, die das "Projekt der Moderne" entbunden hat.

Seine Freiheit gegenüber der herrschenden Zeit nährt das christliche Selbst, und damit kehre ich nochmals zum ekklesiologischen Abschnitt zurück, nicht zuletzt aus den Erfahrungen *communio sanctorum*. Denn die Sphäre der Vertrautheit, in der individuelle christliche Identität sich allererst ausbildet, ist die Kirche als Erinnerungs- und Erzählgemeinschaft eine Institution des langen Atems, der Wiederholung, langfristig sensibilisierend und orientierend in der Diskrepanz, die zwischen der evolutionär geöffneten Weltzeit und der befristeten, in der Moderne sich beschleunigenden Lebenszeit entstanden ist. Christliche Identität ist in ihren empirischen Lebensbedingungen zuallererst ererbtes Gut und daran geübte Tugend; daher ist sie aber auch Gegenstand einer Bildungspflicht. Die institutionellen Agenturen dieser Pflicht zur christlichen Sozialisation sind die christlichen Kirchen in der Vielfalt ihrer Vergesellschaftungs- und Handlungsmöglichkeiten.

6. *Christliche Identität nimmt im Gebet des Herzens zu Gott und im Fest der christlichen Gemeinschaft das Pathos heiliger Einfachheit an; dieses Pathos steht zum Pathos autarker Identität in einem ironischen Verhältnis.*

Alles, was man über die Rede von christlicher Identität sagen muß, ist erbaulich gesagt nur in Erinnerung daran, daß der sich steigernden Komplexität christlichen Glaubens und Lebens auch eine immer radikalere Reduktion entsprechen kann und tatsächlich auch entspricht. Eine solche Vereinfachung, die eine komplexe Situation verdichtet und neu bestimmt, habe ich mit dem Vollzug des christlichen Glaubens- und Sündenbekenntnis schon angesprochen. In den Augenblicken eines solchen Bekenntnisses werden die Fülle aber auch der Mangel, der Spannungsreichtum und die Widersprüchlichkeit des Lebens aus dem Glauben in einen neuen Horizont, zugleich affirmierend und relativierend, gefaßt; dies eröffnet wiederum den Schauplatz neuen Lebens in seiner Vielfalt und Vieldeutigkeit. Sowohl der einzelne Christ als auch die christliche Gemeinde hat nun die habituelle Chance, sich in solchen Erfahrungsräumen zu situieren. Den in die Rhetorik mehr oder weniger freundlicher Ironie abgewanderten Ausdruck *sancta simplicitas* möchte ich hier wieder als den Würdetitel reklamieren, der er ursprünglich war, und für solche Situationen gebrauchen, in denen wir die Identifikation mit uns selbst als Christen im Modus unserer Kommunikation mit dem realpräsenten Gott erfahren. Es sind dies performative Handlungen, in denen zeitliche oder räumliche Distanz und psychische Dissonanz oder soziale Diskrepanz aufgehoben werden; Situationen, in denen stabile Ordnung und dynamische Veränderung in Balance einstehen können.

Die vornehmlich individuelle Situation christlicher Simplizität ist das Gebet, dasjenige Reden des Herzens mit Gott, das keinen Zweck außerhalb seiner selbst hat, weil Gottes Geistesgegenwart im Herzen des Betenden die Erfüllung dieses Gebetes darstellt. Gewiß ist die kommunikative Struktur des Gebets, des freien und wohl noch mehr des gebundenen, außerordentlich voraussetzungsreich und komplex. Im gelungenen, geschenkten Fall der wahren Andacht gibt es aber nichts Einfacheres in der Welt als das Gebet zu ihrem Schöpfer. Die vornehmlich soziale Situation christlicher Einfachheit ist das christliche Fest, das agapische, das erotische, das sakramentale. Es ist die Situation desjenigen Austausches mit Gott, der unserer leibhaften Existenz entspricht, der uns als "ganzer Mensch" identifiziert und uns das Antlitz des "neuen Menschen" in der Gleichgestalt Jesu Christi verleiht. Auch die festliche Symbolisierung christlicher Identität ist ein in vieler Hinsicht voraussetzungsreicher und komplexer Vorgang. Im gelungenen, geschenkten Fall gibt es wiederum nichts Einfacheres auf der Welt als das Schmecken ihres Erlösers.

Nicht erst die zeitgenössische Erfahrung lehrt, daß Struktur und Kontingenz christlicher Einfachheit sich in der Außenperspektive wenig plausibel ausnehmen und distanzierende Reaktionen hervorrufen kann. In Zeiten und Gegenden religiösweltanschaulicher Toleranz ist das weniger der Ärger als eine zwischen Gleichgültigkeit und Überheblichkeit changierende Ironie gegenüber der religiösen Praxis von Zeitgenossen, die man im übrigen als aufgeklärt oder doch als erfolgreich schätzt. Die theologische Reflexion christlicher Identität und Simplizität nimmt demgegenüber selbstverständlich eine kritische Funktion wahr, indem sie "Identität", verstanden als individuellen oder kollektiven Selbstbesitz, als Rückhalt in dem Eigenen, das man beanspruchen und dessen man sich praktisch und sozial vergewissern kann, auf seinen möglichen ethischen Sinn beschränkt, seinen Gebrauch für den christlichen Glauben aber ausschließt. Diese kritische Aufgabe hat nun ihrerseits einen *ironischen* Zug, da sie sich an einer Identitätsposition abarbeitet, deren faktischer Anspruch auf Simplizität zu ihrer Kritik religiöser Simplizität in einem geradezu lächerlichen Mißverhältnis steht. Je weniger die Distanzierung vom christlichen Glauben die Gestalt einer verkrampft-fanatischen Gegenidentität hat, sondern das Klima religiös-weltanschaulichen Pluralismus und Synkretismus affirmiert, desto mehr nimmt die Anführung christlicher Einfachheit ironischen Klang an: Sie stellt eine, im Bewußtsein ihrer schieren Mißverständlichkeit und fast unvermeidlichen Mißverstandes, gleichwohl unbeirrte Geste der Nähe zum ironisch Distanzierten dar - ihrerseits ironisch also nicht kraft ihrer überlegenen Macht, sondern kraft der Nicht-Identität, aus der jene uneitle, anerkennungsunbedürftige, daher so liebevolle wie närrische Unbeirrbarkeit des christlichen Zeugnisses im zugewandten Gesicht und der ausgestreckten Hand seine Kraft zieht. Je deutlicher jenes Bewußtsein der kommunikativen Diskrepanzen ausgebildet ist, in denen sich der christliche Anspruch auf Gehör vorfindet, desto notwendiger ist der ironische Schutz des Pathos performativer Simplizität. Mehr denn je darf der Heilige ein Narr sein, und er muß es mehr denn je sein, wenn sein Pathos nicht in den religiösen Kitsch abgleiten soll.

Von Zeiten der Ironie habe ich daher nicht nur gesprochen im Sinne postmoderner Beliebigkeitszumutungen gegenüber eindeutig und entschieden religiöser Praxis, sondern auch im Sinne der objektiven Situation des christlichen Theologen, der nach dem Zerfall der metaphysischen Letztbegründungen und der weltanschaulichen Großgeschichten nicht mehr auf die gewohnte hermeneutische Korrespondenz von Wort und Antwort zählen kann. Um eine Zeit der Ironie handelt es sich für die christliche Theologie, wenn von christlicher Identität die Rede ist, jedoch in einem noch bedrohlicheren Sinne. Wie angedeutet, läßt sich die Formel theologisch als verkürzender Ausdruck des Tatbestandes verstehen, daß Christen die in ihnen wahrnehmbaren Ergebnisse ihrer hermeneutischen Interaktion mit der christlichen Überlieferung und ihrer religiösen Interaktion mit Mitchristen der *oeconomia salutis* zurechnen dürfen. Und in der Tat, auch wenn die einfache Erfahrung christlicher Identität ein Werk des Heiligen Geistes ist, der weht, wo und wann er will, so ist es doch möglich und auch nötig, die Erwartung dieses Kairos zu pflegen. Beten muß gelernt werden, ebenso das christliche Feiern, und das frühzeitig und lebenslang, wenn man sich sowohl passiv-bejahend als auch aktiv-gestaltend, traditionsfähig und innovationsfähig will verhalten können. Aber dieses Lernen und erst recht die theologische Reflexion auf seine Möglichkeitsbedingungen sind und bleiben, als empirische Phänomene, dem Wirken des Heiligen Geistes inkongruent. Das Bewußtsein dieser Inkongruenz, und zwar als Moment entschiedener Bemühung um christliche Sozialisation verleiht (wenn nicht der pastoralen Praxis, so jedenfalls) der theologischen Reflexion einen ironischen Zug im Blick nun auch auf sich selbst: auf ihre "*Torheit*", mit der sie am Evangelium selbst teilhat. Ihretwegen muß sie sich immer neu von sich als "*Weisheit*" distanzieren und sich als Angewiesenheit auf die verheißenen Präsenz Gottes exponieren - sonst weicht die Festigkeit ihrer Stimme einem falschen Tremolo.

Glücklicherweise hat die Theologie dafür weniger Anlaß als je. Ohnedies hat sich der unironische Ernst der modernen Totalitätskonzepte, die auf eine neue Religion hinausliefen, schrecklich genug desavouiert. Aber auch solche Totalitätskonzepte, welche wohlmeinend die Pluralität auch des christlich-religiösen Lebens in den einfachen Begriff aufheben oder doch in eine und nur eine weltanschauliche Perspektive homogenisieren wollten, zahlten dafür den allzuhohen Preis, daß ihre Wahrheitsgewißheit den Charakter der schneidenden, erbarmungslosen Gewißheit annahm. Die theologische Reflexion christlicher Identität entspricht aber der Erfahrung, daß die Begegnung mit Gott auf Leben und Tod fröhlich ausgeht; ihre heiter-ironische Selbstverleugnung gehört zur Stärke ihres Zeugnisses für diese Erfahrung.

So gehört es zu den identifizierbaren Merkmalen der christlichen Theologie, sich selber, ihrem atemporalen, sapientialen Diskurs ins Wort zu fallen und ihr *genus dicendi* ironisch zu distanzieren. Ich tue das mit einer andern, zu singenden Art der Äußerung und Bestimmung christlicher Identität, die dem Jubilar am Ende zurecht wichtiger ist als meine theologischen Überlegungen: "Sing, bet und geh auf Gottes Wegen, / verricht das Deine nur getreu / und trau des Himmels reichem Segen, / so wird er bei dir werden neu. / Denn welcher seine Zuversicht / auf Gott setzt, den verläßt er nicht" (EKG 298,7).

Christofer Frey

Gottes Geist, Menschengeist und die Konstruktion der Wirklichkeit im Zeitalter der Information

1. Hinführung

Die *theologische Lehre vom Menschen* kann, einer groben Skizze folgend, drei Wege gehen:
- (a) Sie kann beim *Wesen des Menschen im allgemeinen* ansetzen, es von der biologischen Konstruktion bis zur Personalität als Ergebnis sozialer Entwicklung betrachten und in den sozialen Beziehungen seine Gefährdungen identifizieren[1]. Selbstsucht und Beschädigung des anderen Menschen können dann auch Sünde heißen[2], denn das Menschliche kann fast wie von selbst in religiöse Fragen und theologisch zu vertretende Antworten übergehen. Die Wirklichkeit Gottes eröffnet ein Feld[3], in dem die Dynamik dieser Entwicklung spielen und nach vorn - in die Zukunft - treiben kann.

- (b) Sie kann beim *auf sich selbst zurückgeworfenen Menschen* beginnen und sein Dilemma aufweisen: Sich selbst suchend verfehlt er sich und ruft - oft wortlos und darum nur im Gestus seiner Existenz - nach dem, was seine Not wendet[4]. Dieser Weg mag bei hermeneutisch zu vertretenden Ansichten des Menschseins beginnen und sie in *existentieller Dialektik* überbieten; die biologische und soziale Konstitution des Menschen wird dann wohl nur indirekt im Existenzverständnis berücksichtigt werden[5]. Gottes Wirklichkeit wird sich durch Wort und Sprache als mächtig erweisen.

- (c) Sie kann sich der voraufgehenden *Vermittlung* positiver, aber auch negativer Art *verweigern* und die Bestimmung des Menschen zuerst und exklusiv aus der Begegnung Gottes in Jesus Christus herleiten[6]. Diesem Verfahren mag schnell das

---

[1] Das ist der von W. PANNENBERG eingeschlagene Weg: Anthropologie in theologischer Perspektive, Göttingen 1983.

[2] A.a.O., 77-150. Die Eigenart des vermittlungstheologischen Programms beweist der anthropologische Denkweg bis zur Gefährdung der Zentralität und Identität des Menschen, bis zum Phänomen der Sünde, das aber als Sünde erst begriffen und bestimmt werden kann, wenn Gottes Selbstoffenbarung diese Definition ermöglicht.

[3] Pannenberg führt den Feldbegriff im Anschluß an die Physik nach der Ablösung vom Newtonschen Mechanismus- und Raummodell ein und überträgt ihn auf das Wirken des Geistes Gottes, vgl. "Systematische Theologie", Bd.1, Göttingen 1988, 447,463; Bd.2, Göttingen 1991, 67,100ff u.ö.

[4] Vgl. G. EBELING, Dogmatik des christlichen Glaubens, Bd.1, Tübingen 1979, der auf S.79ff das Thema "Der Glaube an Gott, den Schöpfer der Welt" zum Ausgangspunkt einer Reflexion des Glaubens und seiner Einbettung in das Leben des Menschen nimmt.

[5] A.a.O., 95ff. Ebeling nimmt in den "Strukturen des Lebensbegriffs" auch Momente wahr, die in der von der Biologie ausgehenden philosophischen Anthropologie berücksichtigt werden.

[6] Vgl. die Anlage der Lehre vom Menschen als Geschöpf Gottes in K. BARTHs "Kirchlicher Dogmatik" (KD), Bd.III, 2, mit dem berühmten Hinweis auf die ontologische Bestimmung des Menschen Jesus (S.158). - W. JOEST, Dogmatik, Bd.2, Göttingen 1986, sagt auf den S.345-347 hinreichend deutlich, daß die theologische

Etikett der Schöpfungsvergessenheit und Anthropozentrik angeheftet werden. Trotz aller Exklusivität des Offenbarungsgeschehens muß jedoch die andersartige, ändernde, unsere Wirklichkeit aufbrechende *Wirklichkeit Gottes* am Menschen (und sei es am neuen) *identifiziert* werden können.

Das Ungenügen aller vertretenen Ansätze theologischer Anthropologie zwingt zu *Versuchen neuer Wirklichkeitsbestimmungen* und nicht zuletzt zu Fragen nach der Bedeutung von Geist des Menschen und Geist Gottes. Auch zur Mode werdende theologische Diskussionen deuten auf Probleme, die sowohl umfassend als auch im Detail untersucht zu werden verdienen. Die folgenden Überlegungen wollen den dritten Weg (c) gehen und nach der Bestimmung von göttlichem und menschlichem Geist - in nachgehenden kritischen Identifikationen - fragen.

Ein Brennpunkt solcher Diskussion könnte die Informationstheorie[7] sein. Sie läßt den menschlichen Geist strittig werden, aber sie eröffnet auch neue Perspektiven, die von einem materialistischen Empirismus wegweisen. In die Biologie eingeführt beweist sie die Tendenz, Leben als Informationsprozeß zu entschlüsseln und damit eine Art Platonismus in die moderne Naturwissenschaft einzuführen[8]; die von ihr angeregte Gehirnforschung streitet um *monistische* oder um Stufen- oder Weltmodelle[9], die materielle Grundlagen, Information und Selbstbewußtsein bzw. Objektbewußtsein differenzieren wollen. Hat die Sicht einer geistigen Welt die Oberhand gewonnen, erlaubt sie womöglich, von neuem nach göttlicher Wirklichkeit im Menschenleben zu suchen?

Wenn "Geist" zunächst auf Bewußtsein und Selbstbewußtsein bezogen wird, kann die Informationstheorie und dabei besonders die hochtrabend "artificial intelligence"

Anthropologie vom Menschen in seiner Beziehung zu Gott spreche und den Grund dazu in der "Geschichte seiner Selbstzusage in Jesus Christus" gefunden habe.

[7] Die Informationstheorie hat eine schier uferlose Fülle an Literatur, auch an popularwissenschaftlicher, erzeugt. Insider-Polemik kommt aus der Feder von J. WEIZENBAUM: Die Macht der Computer und die Ohnmacht der Vernunft, Frankfurt a.M. 1979.
  Zum Verhältnis von Computerprozessen und rationaler Subjektivität:
- BIERI, P. (Hg.), Analytische Philosophie des Geistes, Königstein/Ts. 1981
- JONAS, H., Macht und Ohnmacht der Subjektivität, Frankfurt a.M. 1981.
- OESER, E., Bewußtsein und Erkenntnis, in: Ders., F. SEITELBERGER, Gehirn, Bewußtsein und Erkenntnis, Darmstadt 1988.
- PENROSE, R., Computerdenken, Heidelberg 1991.
- SEARLE, J.R., Geist, Gehirn und Wissenschaft, Frankfurt a.M. 1986.

[8] Die Annäherung von "eidos" und Struktur hält C.F. von WEIZSÄCKER im Vorwort zu B.-O. KÜPPERs: Der Ursprung biologischer Information, München 1986, 9-15, fest. (Küppers will darin Eigens Theorie vom autokatalytischen Hyperzyklus als Entstehung des Lebens mit Mitteln der Statistik und somit der Wahrscheinlichkeitsrechnung darlegen.)

[9] John C. Eccles nimmt gegen einen materialistischen Empirismus noch einmal das Problem des Descartes auf und vertritt die These von einer dualistischen Interaktion von Geist und Gehirn. Anstößig wird auf seiten der strengen Empiriker empfunden, daß Eccles eine "rationalistische" Restkategorie, eine Ursprungssituation des Geistes, beibehält: Ihn interessiert, daß schwache Sinnesreize mit 0,5 sek Verspätung im Gehirn ankommen, weil sie, während das Gehirn seine "Module" abtastet, schon zu Wahrnehmungsqualitäten verarbeitet werden. (Vgl. J. C. ECCLES: The Self and its Brain, Berlin, Heidelberg, New York 1977.) Eccles lehnt sich an K. R. POPPER: Objective Knowledge, Oxford 1972, an (Welt I: physische Gegenstände und Zustände; Welt II: Bewußtseinszustände, subjektives Wissen; Welt III: objektives Wissen).

genannte Richtung zum Anstoß des Nachdenkens werden, gerade weil die letzte nicht den Horizont des Wirklichkeitsverständnisses erweitert, sondern positivistisch verengen könnte.

2. Information als unhintergehbare Realität

Vor einiger Zeit inszenierte ein sehr selbstbewußter Vertreter der "artificial intelligence" auf einer Akademietagung das Ende der traditionellen Philosophie[10]. Alles bisher Bekannte könnte in neuen Denksystemen besser verstanden werden - ähnlich wie einst der Prozeß des Lebens durch die Entdeckung des Blutkreislaufs oder der Zusammenhang der erfahrenen Welt durch die Mechanismus-Theorie des Descartes. Mit dem provozierenden Begriff der "meat-machine" wollte er das Gehirn qualifizieren. Deshalb formulierte er als überzeugter Vorkämpfer eines *informationstheoretischen "Mechanismus"* sieben Thesen, die er einem Philosophen[11] unterstellte und denen er seine Überzeugung entgegenhielt:

Der Philosoph:

Der Nachkonstrukteur der meat-machine:

1. Denken setzt die Unterscheidung von *Bewußtem* und *Unbewußtem* voraus

Diese Unterscheidung ist zurückzunehmen zugunsten eines Kontinuums: Die Information evoluiere von einem "low level" zu einer "high-level-Organisation".

2. Denken sei an *Sinneswahrnehmung* gebunden (auch als Selbstdenken an das sinnlich Wahrnehmbare des Gehirns!).

Denken sei ein planvoller Komplex von sinnenfälligen Daten (sensual data).

3. Denken gehe mit *Vorstellungen* (imaginations) um.

Für einen Vertreter der künstlichen Intelligenz bedeutet "Vorstellung" nur eine Sequenz informationeller Evolution (vom Elektronenfluß zur Hardware, zu logischen Einheiten, zur Software, schließlich zum Wissen und zu dessen Repräsentation vor allem dank der Sprache).

---

[10] Die Sätze und Einwände gehen auf eine Diskussion in der Evangelischen Akademie Arnoldshain (1985) zurück. Formuliert wurden sie in Anlehnung an Äußerungen des Informatikers J. Siekmann, Kaiserslautern.

[11] Gemeint ist der Philosoph Ernst OLDEMEYER. (Vgl. z.B.: Handeln und Bewußtsein. Anthropologische Überlegungen zu ihrem Verhältnis, in: Handlungstheorien interdisziplinär, hg.v. H. Lenk, Bd.II,2, München 1979, 729-764.)

4. Das Denken benutzt *symbolische Repräsentation*.	Dieses läßt sich anerkennen.
5. Das Denken setzt ein *Zentrum emotionaler Zustände* voraus.	Informationsverarbeitung ist an Werte und Emotionen gebunden.
6. Das denkende Subjekt kennt *volitive Zustände*, die von vornherein auf etwas gerichtet sind und als Intention verstanden werden könnten. Deshalb sei jeder sprachliche Akt personal.	Systeme künstlicher Sprache erlauben, Dialogsysteme aufzubauen, die elementare Gesprächsintentionen befriedigen.
7. Denken zeichnet sich durch *Reflexion* und *Selbstreflexion* aus.	*Selbstbezüglichkeit* ist im Prinzip technisch zu imitieren; sich selbst steuernde Systeme werden weiter entwickelt, jedoch niemals so raffiniert wie beim Menschen werden können.

Die Konfrontation der sieben Thesen mit Gegenthesen beweist, daß der *Hermeneutiker* und der *Informationstheoretiker* ontologischen Grundannahmen - eher stillschweigend als offen - voraussetzen.

Der eine wäre zu fragen, ob Bewußtsein und Selbstbezüglichkeit bereits Garanten einer eigenständigen geistigen Welt sind, deren Verhältnis zur materiellen noch erörtert werden müßte? Der andere müßte seine Behauptung stützen, daß informationstheoretisch gedachte Systeme in ihrer Evolution jeweils Realität zur Darstellung bringen. Sein *Realitätspostulat* steht auf einer Metaebene, weil es sich nicht im Rahmen der Informationen künstlicher Intelligenz verifizieren läßt. Bekanntlich dient das Gödelsche Axiom häufig zum Beweis dafür, daß Systeme sich nicht selbst begründen oder legitimieren können, weil sie ihre eigenen Axiome voraussetzen[12].

3. Die Selbstbezüglichkeit des Geistes

In der siebenten Gegenüberstellung (s.o. 2) geht es um die Selbstreflexion bzw. die Selbstbezüglichkeit eines informationellen Systems. In der *abendländischen Denkgeschichte* war diese Selbstbezüglichkeit aber das zentrale Thema der Philosophie des Geistes.

---

[12] Vgl. die Darstellung bei H. PEUKERT, Wissenschaftstheorie - Handlungstheorie - Fundamentale Theologie, Frankfurt a.M. 1978, 97-106.

Die wohl anspruchsvollste und umfassendste Geistesphilosophie, das System *Hegel*s, endet in der "Enzyklopädie" nach dem § 577 mit einem (griechischen) Aristoteles-Zitat (aus: Metaphysik XII,7), das als Hinweis auf den sog. "absoluten Geist" verstanden werden soll. Unter Auslassung des Schlusses sei es in einer Übersetzung vorgeführt:

"Das Denken (noesis) an sich aber geht auf das an sich Beste, das höchste Denken auf das Höchste. Sich selbst denkt die Vernunft (nous) in Ergreifung des Denkbaren, denn denkbar wird sie selbst, wenn sie den Gegenstand berührt und denkt, so daß *Vernunft und Gedachtes dasselbe* sind; denn die Vernunft ist das aufnehmende Vermögen für das Denkbare (noetos) und das Wesen (ousia). Sie ist in wirklicher Tätigkeit, indem sie das Gedachte hat. Also ist jenes, das Gedachte, noch in vollerem Sinne *göttlich* als das, was die Vernunft an Göttlichem zu enthalten scheint, und die Theorie (theoria) ist das Erfreulichste und das Beste. Wenn nun die *Gottheit* immer so glücklich ist, wie wir es zuweilen sind, so ist sie bewundernswert; wenn aber noch glücklicher, dann noch bewundernswerter. So verhält es sich aber mit ihr. Und *Leben* wohnt in ihr; denn der Vernunft wirkliche Tätigkeit ist Leben, die Gottheit aber ist die Tätigkeit; ihre Tätigkeit an sich ist ihr bestes (aidios) Leben"[13].

Anhand dieses Zitats lassen sich tragende Gesichtspunkte der *abendländischen Tradition des Geistes* festhalten:
- Die *Theorie* ist das vernünftige Anschauen des Ganzen. Was immer das Ganze anschaut, ist dem pragmatischen, gegenstandsbezogenen Erkennen überlegen.
- Diese Theorie als höchste Tätigkeit des Geistes ordnet die *intelligiblen Strukturen des Kosmos.*
- Damit erfaßt sie das *Wesenhafte* an allem, was ist, sowohl im *Wirklichen* wie im *Möglichen;* und sie öffnet sich damit dem Denkbaren überhaupt.
- Indem sie sich darauf richtet, hat sie sich an ihren Inhalten *selbst.*
- Wer *glücklich* werden will (ein Thema der aristotelischen Ethik!), muß dieser Theorie zustreben.
- Die vollkommene Theorie ist der *Gott* - ist das beste und ewige Leben, weil die Gottheit die Wesenheiten alles dessen, was ist und sein kann, "meditiert"[14].

Damit sind Grundzüge einer Philosophie des Geistes, soweit ihn die abendländische Tradition bedacht hat, zusammengestellt. Allerdings ist das nicht der Geist des biblischen Zeugnisses. Die abendländische Tradition versteht den Geist auf dem Hintergrund der Theorie-Konzeption des Aristoteles so, daß sich in ihm *ontologische, erkenntnistheoretische* und *philosophisch-theologische Gesichtspunkte* überschneiden. Der Geist der Erkenntnis des Ganzen heißt "nous".

Weil die Selbstbezüglichkeit ein zentrales Thema darstellt, kommt immer wieder neu die Frage auf, wie sich dieser Geist auf das ihm Äußere, das Entgegenstehende, auf das Erkannte und auch das noch nicht hinreichend Erkannte beziehen kann. Festzuhalten

---

[13] ARISTOTELES, Metaphysik 1072 b.

[14] Vgl. z.B. G. PICHT, Die Dialektik von Theorie und Praxis und der Glaube, in: Ders., Hier und jetzt: Philosophieren nach Auschwitz, Stuttgart 1980, 182-201.

bleibt, daß er in der höchsten Form der Theorie bei sich selbst bleibt, weil er als das reine Denken das Denkbare überhaupt zum Gegenstand hat. Aber wie verhält er sich zum Gegenüber der übrigen Welt, vor allem jener der konkreten Ereignisse und Dinge?

Ist er *selbstbezüglich durch Außersichsein* (Erkenntnis der realen und gegenständlichen Welt), oder kann er außer sich sein, weil er *zuerst selbstbezüglich* ist? Das dem Geist Äußere ist nur dann etwas Selbständiges, wenn es erkenntniskonforme Wesenszüge an sich trägt. Die Ordnung und Gestalt der endlichen, vor allem der sinnenfälligen Dinge, ist die Ordnung und die Gestalt der Vernunft selbst. Deswegen konnte das aristotelisch geprägte *Mittelalter* Gottes Schöpfungs*gedanken* in den Ordnungen und Strukturen, in den Wesenszügen der geschaffenen Dinge selbst als vernünftig ablesen. Geist trug nicht nur die Erkenntnis der Welt oder ihrer Inhalte, bezog sich vor allem auf ihre Struktur.

Selbstbezüglichkeit und Außersichsein sind seitdem ein dauerhaftes Thema abendländischen Denkens. (Aber dieses Thema läßt sich nicht genau auf die Unterscheidung von Materie und Bewußtsein abbilden.)

4. Zwei große Traditionen der neuen Zeit

Die Themen der Selbstbezüglichkeit und des Außersichseins kehren sowohl im *Rationalismus* wie im *Empirismus* der frühen Neuzeit wieder. Der *Rationalismus* möchte festhalten, daß sämtliche die material präsente Welt ordnenden Strukturen (s.o. das Thema des Wesenhaften!) in der Vernunft anzutreffen sind[15]. Der menschliche Geist kenne *angeborene Ideen;* somit sei in ihm bereits eine mögliche Welt angelegt. Deshalb konstruiere die Vernunft die Welt, indem sie ihre kategorialen und begrifflichen "Netze" in das sonst undurchsichtige Element des sinnenhaft Äußerlichen auswerfe.

Der *Empirismus* als Gegenströmung unterscheidet sich davon wesentlich: Hier ist es die sinnenfällige Welt, die das anfangs leere Blatt des Verstandes "beschreibt" und damit strukturiert. Aber dabei bleibt eine Restkategorie - im Bilde gesprochen: etwas wie die Zeileneinteilung des erst zu beschreibenden Blattes; denn beispielsweise ist die Kausalität als kategoriale Zuordnung zweier Ereignisse (a bewirkt b) nach David *Hume,* dem wohl bedeutendsten Vertreter, nicht am Wahrgenommenen selbst festzustellen, sondern sie ist eine Idee[16].

Diese beiden hier nur sehr roh skizzierten Richtungen betreffen die Auffassung des Geistes des Menschen von Grund auf; möglicherweise wird damit auch die von Aristoteles übernommene Theologie zurückgedrängt oder obsolet. Umstritten bleiben dann noch - die *ontologische Fragestellung:* Liegt das wahrhaft Wirkliche im Sinnlichen oder im Vernünftigen? Die klassische Metaphysik konnte behaupten, daß die vernünftigen Strukturen der von der göttlichen Vernunft geschaffenen Welt auch vom endlichen

---

[15] Der neuzeitliche Rationalismus setzt sich durchaus fort, weil die Lehre von den angeborenen Ideen das bessere Erklärpotential als der Behauviorismus aufweist, etwa beim Spracherwerb des Kindes, wie Noam Chomsky zeigt. Auch ein den Empirismus in die Logik hinein entfaltender Philosoph wie W.V. QUINE kann dem nicht ausweichen (vgl. Language and Philosophy, hg.v. S. Hook, New York 1970, 96).

[16] David HUME, Eine Untersuchung über den menschlichen Verstand, Stuttgart 1967, 82-105.

menschlichen Verstand wahrzunehmen seien.
- die *erkenntnistheoretische Frage:* Ist das Dasein oder auch nur die Erkenntnis eines bestimmten Dings aus dem Zusammentreffen der Daten und der kategorialen begrifflichen Ordnungsschemata herzuleiten?
- eine *transzendentalphilosophische Fragestellung:* Unter welchen Bedingungen "fügt" sich die Wirklichkeit "zusammen", wenn jene in der allgemeinen theoretischen Vernunft enthaltenen Ordnungsmuster mit den unbestimmten sinnenfälligen Daten, wenn Verstand und Anschauung zusammentreffen *(Kant)?*

Hegel, der letzte große Vertreter einer Geistesphilosophie, hat beide Aspekte, die Ontologie und die Erkenntnistheorie, noch einmal zusammengefügt und diese Synthesis als theologisches Thema verstanden[17]. Wenn der Geist sich selbst voll erfaßt und somit zu seinem Begriff kommt, hebt er auch das von ihm Begriffene, das außer ihm Seiende auf - im positiven wie im negativen Sinn. Seine Selbstvollendung ist die Aufnahme der gesamten Geschichte in ihn selbst. Mit dieser Einbeziehung der gesellschaftlichen und geschichtlichen Dimensionen des Geistes transformiert Hegel die aristotelische Geistkonzeption entscheidend.

5. Funktionalisierung

Noch einmal sei an *Aristoteles* erinnert: Der göttliche Geist (nous) bleibt im Selben, weil sich alles, was er anschaut, in einen zeitübergreifenden Zusammenhang fügt: Seine Theorie läßt die ewigen Ordnungen anschauen und erkennt sich selbst darin als selbig. Das Glück (das Angenehme) liegt in dieser *Vollkommenheit,* die niemals von der nichtenden Zeit zugrunde gerichtet wird. Sie steht in umfassender, stets sich selbst treuer Anschauung des Ganzen. Damit enthält der Geist schlechthinnige Wirklichkeit und zugleich Wahrheit. Die Theorie dieses Geistes umfaßt mehrere Ebenen:
- Sie denkt das einzelne Angeschaute mit Hilfe ihrer kategorialen und begrifflichen Mittel;
- sie denkt die Anschauung schlechthin, die Möglichkeit, aktuelle und potentielle Dinge zu erfassen;
- sie ist Anschauung dieser Anschauung (einschließlich der Versicherung, daß sie selbst in das Ganze hineingehöre). Der Geist vollendet sich dort, wo er mit dem Ganzen auch sich selbst als den Sachwalter des Ganzen erkennt.

Genau dieser Überschritt zur Sachwalterschaft des Ganzen wird am Ende der Neuzeit aufgrund der Pluralisierung und Diversifizierung der Erkenntnisse und Lebenswelten obsolet. Damit verarmt jedoch das Thema des Geistes. Ein Zeuge dieser Problematik ist der Soziologe Niklas *Luhmann:* "In der Realität ... gibt es keine Beliebigkeit. Es geschieht immer nur das, was geschieht, und nichts anderes. Nur ein Beobachter kann das, was geschieht, unterscheiden; und nur ein Beobachter zweiter Ordnung kann zusätzlich ein Netzwerk von Kontingenzen, Wahrscheinlichkeiten, Unwahrscheinlichkeiten, Risiken und latenten Bedingungen sehen, die dem Beobachter

---

[17] HEGELs "Wissenschaft der Logik" und seine "Enzyklopädie" beweisen dies.

erster Ordnung in dieser Form nicht zugänglich sind ... Die Theologen haben das eintrainiert, indem sie beobachteten, wie Gott als Könner und Kenner die Welt beobachtet; und indem sie nur noch Gottes Attribute als Einschränkung der Kontingenz zuließen. Inzwischen haben alle Funktionssysteme davon gelernt. Die Wirtschaft beobachtet, wie der Markt anhand von Preisen beobachtet wird. Die Politik beobachtet sich selbst im Spiegel der öffentlichen Meinung. Eheleute beobachten einander als Beobachter, und auch die Wissenschaft macht keine Ausnahme, wenn sie Möglichkeitshorizonte aufspannt, um dann erklären zu können, wieso dies und nicht das der Fall ist."[18]

Luhmann schließt daraus, daß alles Beobachten zweiter Ordnung (vgl. den Geist als reine Theorie!) doch nur eine Realität auf der Ebene der Beobachtung erster Ordnung kennt: Das Beobachten zweiter Ordnung ist - wie jenes der ersten Ordnung - eine Operation mit rekursiver Grundlage und operationeller Selbstbezüglichkeit. Was trägt denn das *Ganze* einschließlich der Beobachtungsebenen? Gibt es einen Beobachter auf der dritten Ebene? Entweder ist es der Verweisungshorizont, in dem Sinn als universal möglicher und aktueller Bezug und damit die *Welt* als Letzthorizont aufleuchtet. Das wäre eine transzendentale Bedingung im Gegensatz zur naiven Realitätsthese. Oder es ist die fundamentale *Unterscheidung von Aktualität und Potentialität,* die nur im Vollzug des Beobachtens heraustritt. Dieser letzten These neigt Luhmann zu, denn nach seiner Auffassung bleiben Welt und Sinn unbeobachtbar. Damit sind diese Inbegriffe eines Ganzen, das Wirkliches und Mögliches umfaßt, auch nicht mehr aussagbar. Wenn Gott als Geist einst den Sinn insgesamt repräsentiert hat, so entschwindet er nun jenseits des Kampfplatzes von Atheismus und Theismus in die absolute Indifferenz. Ein "Durchgriff auf ein Supersystem", eine letzte Norm oder Instanz, sei, so Luhmann, nicht mehr zugänglich[19].

6. "Gott ist Geist..."

Eine höchste Norm oder weltsetzende Instanz oder auch das Supersystem (im Luhmannschen Sinn) würden in einem naiven Schema der Höherstufung der Realität bzw. des ihm zugeordneten Denkens gedacht. Ihre Voraussetzung wäre wohl immer noch der Beobachter höherer Stufe und damit auch der Vorrang der Selbstbezüglichkeit; denn je universaler das Bewußtsein oder Geist alles erfaßten, desto mehr würden sie auch sich selbst als Teil des Ganzen erfassen und damit die eigene Endlichkeit übersteigen. Jegliches Außer-uns wäre nur gesichert, wenn es sich von seiner Struktur her auch der Beobachtung fügen könnte oder - metaphysisch gedacht - hinter sich den Beobachter aller Beobachtungen hätte, dessen Beobachten reine Tätigkeit (zugleich mit der Begründung alles dessen, was ist) darstellte. Angesichts dieses Problemstands ist es durchaus lohnend zu fragen, wie sich eine andere Geistestradition zu diesem abendländischen Denkweg, der von der Metaphysik bis zur funktionalen Schwebe führt,

---

[18] Im Nachwort zur "Kritik der Theorie sozialer Systeme", hg.v. W. KRAWIETZ und M. WELKER, Frankfurt a.M. 1992, 382.

[19] A.a.O., 384.

verhält: die *biblische Tradition*, vom Geist zu reden und diesen als Gottes Geist zu erkennen[20]. Gottes Geist und menschlicher Geist dürfen nicht von vornherein mit Hilfe der Analogie der Selbstbezüglichkeit aufeinander bezogen und miteinander verglichen werden.

Bereits die biblische Semantik nötigt zu Differenzierungen:
Der 'nous' ist kein Wechselbegriff für das 'pneuma' der Bibel, 'nous' ist auch kein Äquivalent der hebräischen Begriffe 'näphäsch' oder 'ruach'. Was ist aber grundsätzlich zu diesem Wortfeld und dem damit Bezeichneten zu sagen?

a. Der Gegensatz hebräischen und griechischen Denkens darf nicht übertrieben werden; angesichts des Themas des Geistes gilt er wohl nur in jenem eingeschränkten Maße, wie ihn die Unterscheidung zwischen einem idealistischen und einem animistischen Denken vom Geist herausstellen will.

Wohl kennt das *Alte Testament* die *Erfahrung des Windes* (ruach) als des schlechthin Zukommenden und Entgrenzten, als Begegnung dessen, was spürbar und zuletzt doch nicht faßbar ist (Gen 1,2: Jes 42,5). Biblische Geistesaussagen leben von Metaphern, die sonst nur komplex auszusagende Sachverhalte wie in einem Brennpunkt konzentrieren. Die religionsgeschichtliche Schule entdeckte, daß der biblische Geist nicht dem aristotelischen zu vergleichen ist, sondern vor allem auch die Kraft der Ekstase, des Sich-selbst-Überschreitens und damit des Ungewöhnlichen meint. Diese Manifestationen des Geistes münden in einen *endzeitlichen Glauben* ein: Alle Erwartung eines Sinns und alle Totalitäts- (Ganzheits-) Bestimmung ist nach vorn gerichtet und kommt nicht aus dem denkenden Verfügen, sondern aus dem *Widerfahren*.

b. Im unmittelbaren Lebensvollzug gibt es eine *elementare Erkenntnis, die nicht Beobachtungsebenen unterscheidet*. Der *Atem* (näphäsch) repräsentiert das von Gott geschenkte Leben (Gen 2,7). Biblische Geisterfahrung setzt, sofern sie auf den Menschen zielt, nicht bei der Selbstbezüglichkeit des Denkens an, sondern schöpft Kraft aus dem unableitbaren Widerfahrnis, daß der *Tod* (noch) nicht das Leben besiegt hat (Ps 49,16) und deshalb das eigene Dasein auch als persönliche *Aufgabe* gegeben ist. Pars pro toto (das totum nicht abschließend definierend) steht die Kehle (damit der Durst, u.U. auch die Gier - näphäsch, s. Ps 107,5) für dieses *Sichempfangen*.

c. Außersichsein und Insichsein, vom Lebenshauch getroffen werden und als sein Empfänger ein Lebewesen mit einem Selbstzentrum sein - das alles ist hier nicht zu trennen. Biblische Geisterfahrung wird deshalb einer isolierten oder zentrierten Selbstbezüglichkeit abendländischer Vernunft- oder Geistesauffassung Fragen stellen können. Gott kann deshalb nicht latent in der über alles gesteigerten Geisterfahrung des Menschen aufgehen, sondern ist der außer ihm verbleibende Grund dieses Lebenswiderfahrnisses.

---

[20] Als eines der Werke, das die biblische Begründung ernst nimmt, sei Y. CONGAR, Der Heilige Geist, Freiburg 1982, genannt. Umfangreiche Exegesen verbindet M. WELKER, Gottes Geist, Neukirchen-Vluyn 1992, mit dem Bestreben, einen angemessenen Wirklichkeitsbegriff zu finden.

d. Entscheidend dürfte aber die Aktualität und Potentialität übergreifende *Sinntotalität* sein, der Horizont eines möglichen Ganzwerdens der Welt und vor allem der Zeit, das nicht aus einem finalen Sinn der Wirklichkeit heraus entwickelt werden kann. Der Geist des Neuen Testaments ist der Geist der antizipierten und doch schon jetzt hereinbrechenden *Endzeit* (Röm 8,9-11). So wird Zeiterfahrung nicht auf den Jetztzeitpunkt fokussiert, genausowenig wie sich die Geisteserfahrung auf das Selbst konzentrieren läßt. Auf diesen *Geist,* der uns letzte Sinnerfahrung und damit die Wahrheit näherbringt, verweist Jesu Rede zur Samaritanerin am Brunnen, die selbst schon über die Partikularität ihrer Religion hinausgewachsen ist (Joh 4,23) und nach der *Wahrheit* sucht. Bekanntlich fällt in dieser Szene die Aussage "Gott ist Geist..." (Joh 4,24).

e. Weder kann dieser Gott als abgeschlossene Entität oder ein Gedankengegenüber (als Proposition) im endlichen Denken gedacht werden, noch darf er im Sinne eines Theismus als Hyperperson gegenüber einer abgeschlossenen Welt verstanden werden[21]. Er ist auch nicht als die eigentliche Dynamik des Weltprozesses oder als die treibende Kraft der Ereignisse im Prozeß der Wirklichkeit (wie es die Prozeßphilosophie oder Prozeßtheologie will) als Geist zu verstehen[22]. Er ist und bleibt der Grund (und das Hoffnungsziel) aller *Erfahrung von Differenz:* Außer uns und in uns, aktuell und potentiell, sich selbst zusagend und damit - in Worten, Metaphern, vielleicht auch Symbolen - in unsere Erkenntnis einbrechend.

f. Bereits das Alte Testament sah sich genötigt, den göttlichen Geist im *Widerspruch zu menschlichen Annahmen und Projektionen vom Geist und von Gott* zu denken: Elia, in der Einöde, erfährt die göttliche Offenbarung nicht im Wetter, sondern im leisen Säuseln, das er mit der Mächtigkeit Gottes zuvor nicht verbinden konnte (1.Kön 19,12ff). Noch deutlicher wird die Differenzerfahrung im Neuen Testament; sie steigert sich bis zum durchgehaltenen Widerspruch, der nur in Gott seine Auflösung findet und den nur der Geist Gottes durchzuhalten erlaubt (Röm 8,19ff): Wer sich in der urchristlichen (neutestamentlichen) Gemeinde zum Glauben gerufen weiß, wird die antizipierte Sinntotalität mit der Sinnlosigkeit zusammen festhalten; und das ist die tiefste Widerspruchserfahrung: Der Gott allen Sinns steht im sinnenfälligen Ereignis des Kreuzes auf dem Spiel, er setzt sich selbst diesem Nichtigen, dem Tode, aus. Darin begegnet der Geist des ausgehaltenen Widerspruchs und der Hoffnung auf Überwindung.

7. Geisteserfahrung und Konstruktion der Wirklichkeit

Die neue Diskussion um Gottes Geist trifft die Theologie in einem *erkenntnistheoretischen Dilemma* an:
- Entweder vermissen Theologen die Ontologie und nähern sich ihr wieder auf dem

---

[21] Diesen auf biblisches Zeugnis zurückgehenden Gesichtspunkt sichert die Trinitätslehre.

[22] Vgl. z.B. A.N. WHITEHEAD, Process and Reality, New York 1929; J.B. COBB Jr., A Christian Natural Theology, London 1966.

Weg der Sprachphilosophie an. Dann wird die Theologie mit dem späten Wittgenstein leicht in eine Art psychologisch bedingter Konstruktion der Wirklichkeit zurückfallen[23]. Der Begriff der *"Erfahrung"* wird - allerdings kaum durch Kants Kritik geklärt - eine zentrale Rolle spielen; und *Schleiermacher* wird nicht fern sein[24]. Was hat sie dem Empirismus in Gestalt einer naturalistisch-materialen Auffassung der Realität entgegenzusetzen?

- Vielleicht folgt sie damit auch der Begründung aller Wirklichkeitserkenntnis in der *Subjektivität;* idealistische Schemata werden dann eine Rolle spielen. Das Subjekt wird meist geschichtlich - als Ertrag der Aufklärung und der Individualisierung in der abendländischen Christenheit - eingeführt[25]. Ein Ansatz dieser Art wird sich der neueren Diskussion um Bewußtsein und Geist wenig gewachsen zeigen; und das gilt besonders, wenn die Aussagen vom Geist, der in der Subjektivität wirksam ist, in den Disputen um das Gehirn identifiziert werden sollen.

- Deshalb besteht bei manchen die Neigung, eben dieses Subjekt zu relativieren und es entweder in ein "Feld" dynamischer göttlicher Wirkung[26] oder in einen systemtheoretischen Zusammenhang[27] einzuordnen.

Das *Gegeneinander von Ontologie und Erkenntnistheorie* durchzieht auch diese Diskussionen; und wenn das meist nicht offen zu Tage tritt, so meldet es sich doch mit dem Wahrheitsanspruch, den ein Ansatz dieser Art inexplizit in sich trägt: Soll Ontologie das "Ganze" begreifbar machen, oder handelt es sich um einen Entwurf der außer ihm liegenden Wirklichkeit, die der Geist des Menschen immer nur um den Preis seines Zuspätkommens einzuholen versucht? Dann käme *Kant* noch einmal zu seinem Recht: Unsere Entwürfe des Ganzen der Wirklichkeit erfolgen in Begriffen, die niemals der (unmittelbaren) Bestimmung des Gegenstands dienen, sondern deuten - regulativ und als Horizontbegriffe - auf das, was dem menschlichen Geist schon immer voraus ist[28].

Auch die *theologische Anthropologie* und vor allem die *christliche Lehre vom Geist* haben zu wählen: Ist Gottes Geist der in einem universalgeschichtlich-ontologischen Rahmen zu erkennende Antrieb neuer Ereignisse; oder wahrt er das schlechthinnige Außer-uns unserer denkenden und handelnden Weltbemächtigung? Auch dieses Letztere

---

[23] Vgl. L. WITTGENSTEIN, Vorlesungen und Gespräche über Ästhetik, Psychologie und Religion, hg.v. C. Barret, 2.A. Göttingen 1971; W. HÄRLE, Systematische Philosophie, 2.A. München 1987; H. DEUSER, Gott - Realität und Erfahrung, in: NZSTh 25 (1983), 290-311.

[24] Vgl. E. HERMS, Herkunft, Entfaltung und erste Gestalt des Systems der Wissenschaften bei Schleiermacher, Gütersloh 1974. Ders., Theologie - eine Erfahrungswissenschaft, München 1978.

[25] Auf je verschiedene Weise geht das von Trutz Rendtorff, Wolfhart Pannenberg, Traugott Koch u.a. Vgl. T. RENDTORFF, Gesellschaft ohne Religion?, München 1975; W. PANNENBERG, Systematische Theologie, Bd.1, Göttingen 1988, 401ff; bes. 408; ders., Systematische Theologie, Bd.2, Göttingen 1991, 225ff; T. KOCH, Mit Gott leben. Eine Besinnung auf den Glauben, Tübingen 1989. - Vgl. dazu F. MILDENBERGER, Biblische Dogmatik. Eine Biblische Theologie in dogmatischer Perspektive. Bd.2, Stuttgart 1992.

[26] W. PANNENBERG, Systematische Theologie. Bd.2, Göttingen 1991, 104.

[27] Vgl. das unter Anm. 18 genannte Sammelwerk!

[28] Immanuel KANTs philosophisch-theologischer Ansatz wäre noch einmal genauer zu bedenken: Kritik der reinen Vernunft, B 595ff, B 608ff, B 647ff.

muß sich in einem Gesprächsgang mit informationstheoretischen Ansätzen zur Geltung bringen lassen.

Dazu soll nur ein Beispiel herangezogen werden: Der viel diskutierte Entwurf von *Maturana* und *Varela*[29] versucht, das Phänomen des Geistes nicht nur reduktiv durch Rückgriff auf rekursive Verfahren und Mechanismen der flexiblen Selbststeuerung (z.B. eines informationsverarbeitenden Dialogsystems) verständlich zu machen. Während die *genetische Erkenntnistheorie* davon ausgeht, daß die basalen ratiomorphen Mechanismen vom Anfang des Lebens an vorliegen und die Emergenz neuer Ereignisse aus immanenten Faktoren heraustritt[30], geht es Maturana und Varela offenbar darum, die Emergenz menschlichen Bewußtseins nicht aus einer bereits festgelegten emergierenden Naturgeschichte allein herzuleiten (eine Ursprungsgeschichte aus immanenten Faktoren), sondern diese der menschlichen Reflexion adäquat zu rekonstruieren - gewissermaßen ex post, aus dem mit und bei uns Gewordenen. Weder eine abstrakte Subjektivität noch eine in sich feststehende Agentin "Evolution" produzieren die Welt, sondern der Vollzug von Leben, Handeln und Erkennen in der Gemeinsamkeit vieler. Zugleich ist die gemeinsame Welt nach vorn hin zu entwerfen: "Die Identität zwischen Erkennen und Handeln zu leugnen, nicht zu sehen, daß jedes Wissen ein Tun ist und daß alles menschliche Tun sich im In-der-Sprache-Sein abspielt und damit ein soziales Geschehen ist, hat ethische Implikationen... Wir haben nur die Welt, die wir zusammen mit anderen hervorbringen, und nur Liebe ermöglicht uns, diese Welt hervorzubringen."[31] Die zuletzt erwähnte Folgerung mag zu weit gehen und die von der Biologie angeleitete systemtheoretische Konstruktion des Menschen überdehnen - jedoch zeigt sich, daß sich der Mensch in der Wahrnehmung und der "Konstruktion" seiner "Wirklichkeit" selbst widersprechen kann; die Liebe ist keine bloße Feststellung, sondern Anweisung; die Ethik krönt die Rekonstruktion des menschlichen Geistes aus der Natur. Daß der Mensch dennoch immer wieder *Zukunft* hat, wird nicht allein auf den Spielraum der Freiheit eines autopoietischen Systems zurückzuführen sein.

Die mögliche, vor allem aber auch die verlorene *Freiheit* bleibt ein Rätsel, das mit der Möglichkeit des Neuen in der Evolution verbunden sein könnte. Damit ist ein ganz neuer und grundlegender Wirklichkeitsbegriff gewonnen, der die Antagonismen von Rationalismus und Empirismus weit überholen könnte. Gottes Geist kann in geschenkter Freiheit wirksam werden.

Nun gilt es, diese Kontingenz nicht in einem universalgeschichtlichen System zu rationalisieren[32], sondern als das schlechthin Zufallende zu verstehen. Erst hier läßt sich

---

[29] H.R. MATURANA und F.J. VARELA, Der Baum der Erkenntnis. Die biologischen Wurzeln des menschlichen Erkennens, Bern und München 1987 (hier zitiert nach der Taschenbuchausgabe: München o.J.) Vgl. ferner: H.R. MATURANA, Erkennen: Die Organisation und Verkörperung von Wirklichkeit, 2.A. Braunschweig und Wiesbaden 1985.

[30] Vgl. den aus der Schule von Konrad Lorenz kommenden Entwurf: R. RIEDL, Biologie der Erkenntnis, 3.A. Berlin und Hamburg 1989.

[31] MATURANA/VARELA, Der Baum der Erkenntnis, S.267.

[32] Vgl. PANNENBERG, Systematische Theologie, Bd.2,42ff,59,67f. (Eine vermittelnde Funktion hat das "anthropische Prinzip", a.a.O., S.94f).

die Wirkung des göttlichen Geistes identifizieren. Das ist das Recht einer "Biblischen Dogmatik", wie sie *Friedrich Mildenberger* vorlegt[33]; sie darf, wie es auch dieses Werk des Autors zeigt, nicht einfach thetisch gegen eine bestimmte Gestalt neuzeitlicher Rationalität und Subjektivität ins Feld geführt werden, sondern wird sich mit den wissenschaftsimmanenten Kontroversen auseinandersetzen, besonders mit den Fragen nach Bewußtsein, Selbstbewußtsein und Geist des Menschen, weil an diesen Fragen die alles leitende Innen-Außen-Differenz thematisch wird und das unterscheidende Merkmal göttlichen Geistes erst hervortreten kann.

Die abendländische Geisttradition der Philosophie strebt zu Entwürfen, nach denen sich der Geist des (unausgeschöpften) Ganzen in einer Theorie selbst einholt und damit dem Absoluten nahekommt. Die biblische Geisterfahrung hält jedoch an der Endlichkeit fest und blickt in Hoffnung und ekstatisch über das Endliche hinaus auf das Ganze, das niemals abschließend erfaßter Gegenstand unserer Konstruktionen und Erkenntnisse sein kann. Während sich der philosophische Geist in der Theorie bewähren soll, will sich der biblisch bezogene Geist Gottes, zu den Menschen kommend, in deren Lebensführung selbst bewähren, wenn sie sich mutig und entschlossen den Widersprüchen des heute und hier erfahrenen Wirklichen aussetzen und darüber hinaus hoffen, daß mehr sein kann, als jetzt anzuschauen und zu erfahren ist.

---

[33] Vgl. MILDENBERGER, Biblische Dogmatik, Bd.2,65f,302,327.

Wolfgang Schoberth

Leere Zeit - Erfüllte Zeit
Zum Zeitbezug im Reden von Gott

Die "Biblische Dogmatik" macht es sich und ihren Lesern nicht leicht. Sie kann es sich nicht leicht machen, weil sie mit derjenigen Tradition des dogmatischen Denkens bricht, die als metaphysische Denkweise bezeichnet werden kann[1]. Der Bruch mit dieser der dogmatischen Tradition weithin selbstverständlichen Denkform ist gerade dann unvermeidlich, wenn die Kontinuität zu dem in dieser Tradition Bezeugten nicht aufgegeben werden soll, weil diese Tradition die Bibel zwar als Norm beansprucht, eine biblische Theologie jedoch den Prämissen metaphysischen Denkens um der unverstellten Wahrnehmung des Bibeltextes willen widersprechen muß[2]. Die metaphysische Denkweise ist allerdings keine neben anderen, die man wählen könnte oder aber nicht, sondern bestimmt weithin dogmatisches Denken, weil metaphysische Entscheidungen nach wie vor die Kategorien des Denkens schlechthin bestimmen. Wer also einfach der Metaphysik den Abschied geben und scheinbar unmetaphysisch Theologie treiben will, indem er etwa unmittelbar biblisch zu argumentieren meint, verfällt unweigerlich der metaphysischen Denkform[3]. Die "Biblische Dogmatik" setzt sich darum einer metaphysischen Theologie nicht abstrakt entgegen und behauptet keine vorgebliche Unmittelbarkeit, sondern zeichnet die innere Aporetik einer metaphysischen Theologie nach und weist auf, wie sie die Wahrnehmung des biblischen Zeugnisses immer wieder beeinträchtigt. Dabei ist sich Mildenberger bewußt, daß unter den gegebenen Bedingungen nur ein Kompromiß möglich ist zwischen dem durch die metaphysische Tradition bestimmten Denken und dem, was aus dem Nachzeichnen der durch die Bibel gewiesenen Linien für das Denken folgt. Der Ausdruck "Kompromiß" scheint mir freilich für die angestrebte und zu verfolgende Sache ein wenig zu konziliant, weil metaphysisches und biblisch orientiertes Denken einander letztlich ausschließen, insofern der Anspruch des metaphysischen Denkens notwendig total ist: Basiert Metaphysik auf der Überzeugung, daß das Sein in seiner Wahrheit dem begrifflichen Logos entspricht, so kann sie keine konkurrierende Weise des Erkennens dulden. Ein Kompromiß ist aber auch darum sachlich unmöglich, weil das metaphysische Denken nicht nur wegen seines

---

[1] Der Ausdruck 'Metaphysik' ist hier zugleich historisch und systematisch gebraucht: Historisch, indem damit das Denken bezeichnet wird, das sich in der Kontinuität der von PARMENIDES und PLATON gewiesenen Wege bewegt und die dort gestellten Probleme in verschiedenen Modifikationen bearbeitet; systematisch, indem dieses Denken gekennzeichnet ist durch Grundüberzeugungen, die auch weithin dort in Geltung stehen, wo der Begriff 'Metaphysik' vermieden oder zurückgewiesen und die Kontinuität zur griechischen Metaphysik geleugnet wird. Als Kriterium für metaphysisches Denken mag vorerst genügen, daß damit ein Denken bezeichnet ist, das implizit oder explizit beansprucht, die Grenzen des Denkbaren seien die Grenzen der Welt, weil Sein und Denken letztlich identisch seien. Eine weitere, damit verbundene Grundüberzeugung metaphysischen Denkens ist Thema der folgenden Überlegungen: Metaphysik ist charakterisiert durch die Voraussetzung der Diastase von Vergänglichem und Ewigem, verstanden als Zeitliches und Zeitloses.

[2] Die "Biblische Dogmatik" weist in verschiedenen Zusammenhängen eindrücklich nach, wie metaphysische Prämissen die Wahrnehmung der Bibel immer wieder behindern und verhindern; vgl. dazu besonders die Darstellung des "Auseinanderbrechens von Theologie und Ökonomie in der Aufklärung", Biblische Dogmatik 1, 231-236.

[3] So zeigt MILDENBERGER an der Hermeneutik des Fundamentalismus auf, wie hier das unerkannte metaphysische Denken ein Wirksamwerden der biblizistischen Intention gerade verhindert; Biblische Dogmatik 1, 99-101; a.a.O., 22.

Gegensatzes zu einem durch die Bibel angeleiteten Denken, sondern auch wegen seiner eigenen Aporetik aufzulösen wäre. Wie freilich eine Theologie gestaltet ist, die solche Metaphysik hinter sich gelassen hat, kann vorweg positiv nicht entschieden werden; diese Gestalt läßt sich nur im Vollzug der Auflösung der babylonischen Gefangenschaft der Theologie in der Metaphysik erkennen[4].

Die folgenden Darlegungen sind der Versuch eines Beitrags zu diesem kaum absehbaren Unternehmen. Sie befassen sich mit der Frage nach der Zeit, die als fundamentale Frage der Metaphysik überhaupt verstanden werden muß[5], weil sie sich mit der klassischen Frage nach dem Sein zuinnerst verbunden erweist: Vom wahren Sein kann nach der grundlegenden Überzeugung des metaphysischen Denkens nur dort die Rede sein, wo hinter den wandelbaren Erscheinungen das ans Licht tritt, was dem Wechsel und damit der Zeit enthoben ist. Das Unwandelbare ist immer das Zeitlose; das Zeitlose wiederum ist aber keiner je möglichen Erfahrung des Lebens zugänglich. Daß Wahrheit und Zeitlosigkeit im metaphysischen Denken identisch gesetzt werden, kann bereits das Verdikt begründen, solches Denken müsse aufgelöst werden, weil dieses notwendig den Vorrang des Denkens vor dem Leben behauptet: Neben dem allein dem Denken zugänglichen Wahren jenseits der Zeit muß das Leben als flüchtig, ephemer und letztlich unwahr erscheinen.

In diesen Überlegungen ist freilich der Vorgriff auf einen Begriff der Zeit enthalten, der doch allererst in Frage stehen soll. Das verweist auf die Schwierigkeit jeder Reflexion auf Zeit, daß sie eine Verständigung über ihren Gegenstand immer schon voraussetzen muß; ohne den Rekurs auf einen alltäglichen, vorgängigen Begriff der Zeit ist Denken über die Zeit unmöglich. Darum kann seine Aufgabe allenfalls darin bestehen, diesen vorgängigen Zeitbegriff zu präzisieren oder auch zu korrigieren; zu konstruieren vermag es den Begriff der Zeit nicht. Die Aufgabe einer Präzisierung des Zeitbegriffs ist im zwanzigsten Jahrhundert vielfach gesehen und durchzuführen versucht worden[6]. Das Interesse an dem Begriff der Zeit ist gerade in den Naturwissenschaften beträchtlich; nicht nur darum können folgende Überlegungen kaum mehr als ein Zwischenruf sein. Auf die breite Debatte über einen naturwissenschaftlichen Begriff der Zeit soll im Folgenden nicht eingegangen werden; die Gründe dafür müssen sich aus der Argumentation selbst ergeben. Ich gehe statt dessen erneut von der bekanntesten Äußerung über die Zeit aus, der Frage Augustins: "quid est ergo tempus?"[7] und der

---

[4] Das Unterfangen, einen 'metaphysischen Sündenfall' der Theologie nun historisch identifizieren zu wollen - seit HARNACK pflegen die Apologeten für die verderbliche 'Hellenisierung des Christentums' namhaft gemacht zu werden -, erscheint mir nicht nur müßig, sondern irreführend: Zum einen wird das systematische Urteil der Späteren in ein Denken eingetragen, das dessen Kategorien nicht teilt, zum anderen kann - gerade in der Reflexion auf Zeit - eine gegenwärtig nötige dogmatische Entscheidung ein historisches Urteil keineswegs begründen. Eine derartige historische Legitimation ist ohnehin kaum hilfreich und überzeugend. Es genügt zu sagen, daß die Denkwege, wie sie in der metaphysisch bestimmten Tradition der Theologie beschritten wurden, *jetzt* nicht ohne Schaden für die Theologie gegangen werden können.

[5] Darum ist auch die Wahrnehmung der Zeit, die dem Leben folgt und nicht einer metaphysischen Konstruktion der Wirklichkeit, ein zentrales Motiv der "Biblischen Dogmatik".

[6] Vgl. z.B. Klassiker der Zeitphilosophie; hg.v. W.Ch. ZIMMERLI und M. SANDBOTHE, Darmstadt 1993.

[7] AUGUSTIN, Confessiones XI, 14.

Selbsterwiderung: "Wenn niemand mich danach fragt, weiß ich's, will ich's aber einem Fragenden erklären, weiß ich's nicht."[8]

Augustins Frage nach der Zeit

Weil die Frage Augustins nach dem, was die Zeit sei, keine befriedigende Antwort gefunden hat, ist sie zu einer der drängendsten Frage für das Denken der Neuzeit geworden. Die Gründe sowohl für das Zurücktreten der Frage wie für ihre mittlerweile nach Jahrhunderten rechnende Virulenz können hier nicht historisch untersucht, sondern lediglich summarisch genannt werden: Die Frage nach der Zeit stellt sich erneut, nachdem die Versöhnung von Christentum und Metaphysik, wie sie Augustin epochal leistete, zerbrach. Die Metaphysik, die dem Denken das Instrumentarium liefert, hat damit aber ein zweites Mal ihr Fundament verloren, ohne doch an Wirksamkeit einzubüßen, nachdem ihr erstes, der Mythos der Griechen, schon der Antike obsolet wurde. Wo aber die Voraussetzungen der Metaphysik nicht mehr selbstverständlich sind, muß sich die Frage nach der Zeit immer wieder neu als die dringlichste stellen, weil sie sich zuletzt als die fundamentale Frage der Metaphysik schlechthin erweist. Metaphysik setzt, indem sie das wahre Sein im Wechsel des Seienden erfragt, die Antwort auf die Frage nach der Zeit bereits voraus. Um so bedeutsamer ist der Befund, daß Augustins Frage keine befriedigende Antwort gefunden hat. Die Gründe dafür, daß die Frage nach der Zeit, wie sie bei Augustin gestellt wird, keine Antwort finden kann, liegen wiederum in der Gestalt der Frage selbst, und es läßt sich zeigen, daß jede sachgemäße Suche nach einer Antwort die Frage hinter sich läßt[9].

Die bekannte Frage findet sich nicht am Anfang eines Gedankenganges, sondern markiert vielmehr ein Innehalten, einen dramatischen Wendepunkt der Argumentation des elften Buches der "Confessiones". Dieses Buch beginnt die Auslegung der ersten Verse der Genesis, in der Augustin den intellektuellen Ertrag seiner Einsicht nach der Bekehrung zur Sprache bringt, um die Einsicht seiner Leser hinzuführen zur Erkenntnis Gottes. Die Meditationen über die Zeit scheinen nun diese Auslegung zu unterbrechen, die explizit erst im zwölften Buch wieder aufgenommen wird. Dennoch bedeutet das Thema 'Zeit' keineswegs eine Störung des Gedankenganges; vielmehr ist der Gegensatz Zeit - Ewigkeit bei Augustin konstitutiv für die rechte Wahrnehmung des Schöpfers und der Schöpfung und damit für den christlichen Glauben schlechthin. Darum präludiert das elfte Buch sein Thema bereits im ersten Satz, indem es die Ewigkeit Gottes der Zeitlichkeit entgegensetzt. Damit ist der Gegensatz genannt, der Augustins Nachdenken über die Schöpfung im Fortgang bestimmt und nicht nur von theoretischem Interesse ist, sondern den Zielpunkt des gesamten Werks benennt: Das Herz der Menschen ist unruhig, bis es seine Ruhe in Gott findet (I,1); und diese Ruhe ist Anteil an der ewigen

---

[8] AUGUSTIN, Confessiones XI, 14; in der Übersetzung von W. THIMME: Augustin, Bekenntnisse, Stuttgart 1977, 333.

[9] Vgl. P. RICOEUR, Zeit und Erzählung. Bd.1: Zeit und historische Erzählung; München 1988, 17: "In gewisser Hinsicht weist Augustinus selbst den Weg zu einer solchen Lösung: die Verschmelzung von Argument und Hymne im ersten Teil des 11. Buches - ... - deutet schon darauf hin, daß nur eine dichterische Verwandlung nicht nur der Lösung, sondern auch der Frage selbst, die Aporie von der sie bedrohenden Sinnlosigkeit befreit."

Ruhe Gottes, die wiederum in der Zeitlosigkeit Gottes gründet (XIII,37)[10]. Durch ihre unlösbare Bindung an die Zeit ist die Schöpfung gänzlich unterschieden von ihrem Schöpfer, dem allein Ewigkeit zukommt. Darum geht der Frage nach dem Wesen der Zeit voraus, daß Augustin eindrücklich die Geschaffenheit der Zeit hervorhebt: Zeitlichkeit und Schöpfung sind ineinander verwoben[11]. Konsequent weist Augustin die Frage nach einem Vorher der Schöpfung ab; die Schöpfung ist mit der Zeit umgriffen von der Ewigkeit Gottes.

Mit dem Verweis auf die Ewigkeit Gottes benennt Augustin ein Jenseits des Denkens, bei dessen Konstatierung er es freilich nicht belassen will. Zwar würde er auf die Frage nach dem, was Gott tat, bevor er schuf, "lieber ... antworten: Was ich nicht weiß, weiß ich nicht, als daß ich den verspottete, der Geheimnisse ergründen will, und für die verkehrte Antwort mich loben ließe."[12] (XI, 12) Mit der jetzt einsetzenden Frage nach dem Wesen der Zeit nimmt aber die Argumentation Augustins eine folgenreiche Wendung. Indem nämlich nun Zeit als Gegenstand des Denkens isoliert wird und nicht länger aus dem Gegensatz zu Gottes Ewigkeit, wie sie im Schöpfungsglauben impliziert ist, verstanden wird, kommt die metaphysische Bestimmung des Denkens zum Durchbruch, die in der Wahrnehmung der Schöpfung Gottes hätte korrigiert werden können. Damit wird auch die Vorstellung von der Ewigkeit Gottes zum metaphysischen Axiom, indem sie nicht mehr dem biblischen Zeugnis folgend beschrieben, sondern vollends als Zeitlosigkeit bestimmt wird. Mit dieser Wendung, die bereits durch die Formulierung der Frage als einer Frage nach dem Wesen aufscheint, ist zugleich ihre Unbeantwortbarkeit, die Augustin selbst andeutet[13], gegeben, weil Zeit dabei zirkulär als Substanz gedacht wird.

Die weiteren Ausführungen Augustins zeigen die Aporetik, die in der Entscheidung begründet ist, Zeit als Substanz zu fassen. Dabei ist zunächst das logische Dilemma zu nennen, daß die Vorstellung einer Substanz selbst schon den Rekurs auf Zeit voraussetzt, da als Substanz eben das bestimmt wird, was im Wechsel der Akzidenzien in der Zeit mit sich selbst identisch bleibt. Diese Implikation des Rekurses auf Zeit in der Vorstellung der Zeit als Substanz ist jedoch nicht allein zirkulär, sondern enthält eine für das Denken über Zeit verhängnisvolle Antinomie. Es wurde bereits angedeutet, daß in der Frage nach dem Wesen der Zeit das metaphysische Axiom der Zeitlosigkeit der Wahrheit paradox bereits enthalten ist. Das Sein der Zeit, nach dem gefragt wird, ist somit letztlich ein Widerspruch in sich, da wahrhaftes Sein als das bestimmt wird, was

---

[10] AUGUSTIN, Bekenntnisse, 435: "Du aber, Herr, wirkest immer und ruhest immer, schauest nicht in der Zeit, bewegst dich nicht in der Zeit und ruhest nicht in der Zeit und wirkest dennoch zeitliches Schauen und die Zeit selbst und die Ruhe am Ende der Zeit."

[11] Vgl. dazu wie zur Zeitproblematik bei AUGUSTIN im Ganzen G. SAUTER, Zukunft und Verheißung. Das Problem der Zukunft in der gegenwärtigen theologischen und philosophischen Diskussion; 2.A. Zürich 1973, 20-27; vgl. auch P. RICOEUR, Zeit und Erzählung. Bd.1: Zeit und historische Erzählung; München 1988, 15-53

[12] AUGUSTIN, Bekenntnisse, 331.

[13] Es muß offenbleiben, ob AUGUSTINs Selbsterwiderung, daß man, was die Zeit sei, einem Fragenden nicht erklären könne, rhetorische Figur ist und durch die folgenden Erörterungen aufgelöst wird, oder ob sie trotz dieser Erörterungen in Kraft bleibt, also benennt, daß das Geheimnis der Zeit auch durch die angestellten Untersuchungen nicht zu ergründen ist.

von der Zeit nicht berührt wird, nicht veränderlich ist; das Sein der Zeit demnach eben das an der Zeit sei, was nicht von der Zeit tangiert ist.

Es ist also nicht vorrangig die Unklarheit der Ausgangsfrage, in der Augustin nicht zwischen Zeiten und Zeit unterscheidet, und auch nicht die Zweideutigkeit von Zeit und zeitlich Bestimmten[14], die zu den Schwierigkeiten führt, in die er sich verstrickt, sondern die Entscheidung, Zeit als Substanz auffassen zu wollen. Gerade in dieser Wendung ist aber die Zeitmeditation Augustins für die Reflexion auf Zeit bis in die Gegenwart vorbildlich geworden. Die in dieser Entscheidung enthaltene Widersprüchlichkeit ist nämlich auch damit nicht zu beseitigen, daß das Sein der Zeit nicht länger ontologisch als Sein an sich verstanden wird, sondern transzendental als an den Vollzug der Erkenntnis gebunden; diese Modifikation ist bei Augustin nicht nur nicht ausgeschlossen, sondern bereits vorgezeichnet, wenn er der memoria für die Analyse dessen, was die Zeit sei, die Schlüsselstellung zuschreibt. Kants Bestimmung der Zeit als reine Form der Erscheinung[15] bedeutet somit keinen grundsätzlichen Neuansatz gegenüber Augustin, sondern lediglich die transzendentale Fassung der Vorstellung von der Zeit als Substanz, die er mit Augustin teilt. Auch die reine Form der Anschauung ist das, was an der Zeit im Wandel der Zeiten und der Erscheinungen als das Gleichbleibende des Gegenstandes Zeit gedacht ist. Die Differenz besteht demgegenüber lediglich darin, daß dieser Gegenstand bei Kant als transzendentale Idealität definiert wird, während bei Augustin die Frage nach dem ontologischen Status der Zeit ungeklärt bleiben kann, weil dies für die Bedingungen und das Ziel seines Gedankenganges ohne Bedeutung ist.

Die Prämissen der Argumentation Augustins bestimmen darum auch die transzendentale Ästhetik Kants, die mit Augustin darin übereinstimmt, daß Zeit selbst unter Absehung all dessen, was in der Zeit erfahren wird, thematisch werden soll; sie bestimmen darüber hinaus die Versuche, einen physikalischen Begriff der Zeit zu gewinnen[16]. Diese Zeit, wie sie 'rein' bestimmt werden soll, ist als 'leere' Zeit zu bezeichnen, weil sie gleichsam das Gefäß abgeben soll für jede mögliche Erfahrung, selbst aber gedacht werden soll unter Absehung von jeder wirklichen Erfahrung.

Die leere Zeit

Sowie Zeit zu einem Gegenstand des Denkens wird, der abgesehen von dem, was als Zeit und in der Zeit erfahren wird, thematisiert werden soll, wird Zeit zur leeren Zeit. In der Zeitmeditation Augustins wird diese Konsequenz, die in seinen Überlegungen zur Flüchtigkeit der Zeit und zu dem nichtseienden Sein von Vergangenheit und Zukunft offenbar wird, noch begrenzt durch den Kontext des Gebets und der seelsorglich-didaktischen Absicht, in der das leibhaftige Leben gegenwärtig bleibt. Zielen

---

[14] Vgl. K. FLASCH, Augustin. Einführung in sein Denken; Stuttgart 1980, 269f.

[15] I. KANT, Prolegomena zu einer jeden künftigen Metaphysik, die als Wissenschaft wird auftreten können; hg.v. K. VORLÄNDER, durchgesehener Nachdruck der 6.A. Hamburg 1976, 84 = AA 324.

[16] Inwieweit die Zeitphilosophie der phänomenologischen Tradition hier andere Wege geht, sei dahingestellt; ich sehe bei HUSSERL eher die Kontinuität zum metaphysischen Verständnis der Zeit als Gegenständlichkeit, bei LÉVINAS z.B. eher den Versuch, Zeit ausgehend vom erlebten Augenblick zu verstehen.

die "Bekenntnisse" auf die Hinwendung der Seele zu Gott und das Einmünden der unstillbaren Sehnsucht in die Ruhe Gottes, so sind Lebenszeit und metaphysische Zeit noch beieinander gehalten; dies äußert sich vorrangig bereits darin, daß die Zeitmeditation am Abschluß der Erzählung von der Bekehrung Augustins zu stehen kommt. Wo dieser Rahmen zerbrochen wird, und wo die Synthese Augustins von Metaphysik und christlicher Mystik aufgegeben wird, wird seine Bestimmung der Zeit vollends zur theoretischen Konstitution der leeren Zeit. Dies aber ist die Situation des naturwissenschaftlichen Zeitbegriffs, der die modernen Wissenschaften als Erbe einer ihrer Fundierung beraubten Metaphysik erweist. Der Begriff der Zeit wird damit theoretisch im wörtlichen Sinn: Zeit erscheint als die Anschauung des auch vom eigenen Leben distanzierten Subjekts[17]. Die Definition der Zeit bei Kant zieht daraus die Konsequenz, die in der Intention der "Kritik der reinen Vernunft" ihre Berechtigung hat, indem sie die im Verfahren der neuzeitlichen Naturwissenschaften impliziten Voraussetzungen beschreibt. Die Zeit als Anschauungsform ist ein Abstraktionsbegriff und also leer. Im Zusammenhang der nachträglichen Reflexion auf die Bedingungen der Verfahren als erfolgreich beurteilter Wissenschaft ist dies kein Einwand gegen einen derart konstruierten Begriff der Zeit. Werden aber die Verfahren der Wissenschaften, wie es zahlreiche Formulierungen Kants nahelegen und wie Kant weithin wirksam wurde, mit den Bedingungen der Wirklichkeit identifiziert, verliert das Denken die Wahrnehmung der Wirklichkeit des Lebens und wird in seiner Anwendung auf eben das Leben, das es wahrzunehmen nicht mehr in der Lage ist, zerstörerisch.

Der Begriff der Zeit, wie ihn Kant als methodische Voraussetzung der Naturwissenschaften beschreibt, ist nicht mehr mit dem Leben zu vermitteln, sondern bleibt Operationalisierungsbegriff; auch dies ist bei Augustin vorgezeichnet, wenn er bei seinem Versuch der Klärung dessen, was die Zeit sei, auf das Messen als Weg der Erkenntnis von Zeit verweist. Die gemessene Zeit ist aber nicht die erlebte[18]. Darum müssen die Versuche, das Wesen der Zeit in physikalischen Begriffen zu beschreiben, an ihrem eigenen Anspruch scheitern, weil sie aus den Augen verlieren, was sie eigentlich zum Gegenstand haben wollen: Von der Vielfalt dessen, was als Zeit erfahren wird, läßt kaum etwas sich in naturwissenschaftlichen Termini erfassen, die eben von dem absehen,

---

[17] Theoretisch ist der naturwissenschaftliche Zeitbegriff auch in dem mythischen Sinn, der sich in der Bedeutung von $\vartheta\epsilon\omega\rho\iota\alpha$ als Schau der Gottheit abzeichnet; vgl. G. PICHT, Glauben und Wissen; mit einer Einführung von Ch. LINK hg.v. C. EISENBART in Zusammenarbeit mit E. RUDOLPH, Stuttgart 1991, 180f.: Es ist "nahezu unmöglich ... zu verhindern, daß sich uns Zeit und Raum fortwährend in mythische Wesenheiten verwandeln. ... Alle vermeintlich abstrakten Begriffe haben die Struktur von Personifikationen. Sie sind das Produkt einer mythischen Denkform. Das ist einer - aber auch nur einer der Gründe, weshalb ich ... behauptet habe, die Denkform der modernen Wissenschaft sei mythisch." Picht erbringt in zahlreichen Studien den Nachweis, daß die Metaphysik, die bis heute weithin unerkannt das Denken beherrscht - gerade dort, wo man meint, man hätte die Metaphysik endgültig hinter sich gelassen: im positivistischen und szientivistischen Denken -, nicht nur historisch in der mythischen Gottesschau griechischer Mysterien wurzelt; vielmehr kann Picht zeigen, daß diese Mythologie den Grundbegriffen gerade solchen Denkens nach wie vor inhäriert.

[18] Vgl. Ch. THIEL, Zeit in wissenschaftstheoretischer Sicht; in: Zeit. Fünf Vorträge, hg.v. H. KÖSSLER, Erlangen 1991, 11-25, hier: 19-21.

was das Erleben ausmacht[19]; was aber in diesen Termini beschrieben werden kann, wird nicht als Zeit des Lebens erfahren, sondern als Entfremdung. Die Vorstellung einer 'leeren' Zeit erweist sich zudem, gerade indem das Messen die Weise ist, in der sie ihres Gegenstandes habhaft werden will[20], als unfähig, Vergangenheit und Zukunft anders denn als abgeleitete Modi einer zeitlosen 'Gegenwart' wahrzunehmen. Damit bleibt auch hier die Aporie Augustins gegenwärtig: der scheinbare ontologische Vorrang der 'Gegenwart', wie er bei Augustin erscheint[21], basiert nicht nur innerhalb seiner eigenen Argumentation auf der Identifikation des Seins der Zeit mit der Verifikation dieses Seins, sondern haftet dem Begriff der Zeit als Ausdehnung oder Strahl, wie er durch das Messen suggeriert wird, überhaupt an. Zeit wird dabei zur Folge von unendlich kleinen Gegenwartspunkten; eine Vorstellung, die mit der Wahrnehmung von Zeit nicht zu vermitteln ist.

Wird die Vorstellung von der leeren Zeit die herrschende, so depraviert das Leben. Schon in den methodischen Konstitutionsbedingungen der Naturwissenschaften ist ein Zeitbegriff impliziert, der eine definierte Weise des Umgangs mit Zeit, ein Verfügen impliziert. Vermutlich bestimmt der an den Verfahren des Zeitmessens gewonnene Begriff der Zeit weithin die Selbstwahrnehmung des Lebens; Zeit erscheint dann als die leere Zeit, die nach bestimmten Plänen zu füllen ist. Die leere Zeit wird so zur Ressource; und der Satz, daß Zeit Geld sei, wird zynisch bewahrheitet, wie er schon bei Benjamin Franklin fast unschuldig gemeint war: Zeit ist zum Tauschwertäquivalent geworden, dem selber keine Qualität eignet als die seiner freien Verfügbarkeit und Disponierbarkeit. Zeit läßt sich verschwenden oder investieren; in jedem Falle wird sie zum Sein für ein anderes[22]. Damit aber wird Zeit zugleich zum Objekt und zum Instrument von Herrschaft: Ist Zeit leer, so kann sie gesetzt und definiert werden, und die Zeit des Lebens muß sich der Verfügung über die leere Zeit beugen[23]. Die Pragmatik des Messens, die mit der Vorstellung der leeren Zeit untrennbar verbunden ist, bleibt nur so lange zuträglich, wie sie nicht das ganze Leben bestimmt, sondern ihre Grenze in dem findet, was der planenden Verfügung sich entzieht.

---

[19] Darum sind für die hier untersuchten Zusammenhänge die in den Naturwissenschaften gegenwärtig geführten Diskussionen völlig unbedeutend, ob Zeit als (womöglich biologisch oder genetisch bedingte) Leistung des Gehirns zu verstehen ist oder als in irgend einer Weise Eigenschaft der Objektsphäre selbst. Diese Diskussionen reproduzieren den ungelösten und unlösbaren Streit zwischen Realismus und Nominalismus, ohne doch wahrzunehmen, daß in den Prämissen beider Seiten metaphysische Axiome das Denken beherrschen.

[20] Zeit wird zudem im Akt des Messens genaugenommen als Funktion des Raumes definiert. Dies drückt sich bereits in der Rede von den Zeiträumen aus und manifestiert sich in der Zeigeruhr, die Zeitspannen als gleich lang erklärt, wenn der Zeiger gleiche Strecken zurücklegt. Solche Uhren heißen signifikanterweise Analog-Uhren: Ihre Struktur soll der der Zeit analog sein. Doch auch die gewöhnlichen Digital- und die letztlich normierenden Atomuhren entgehen nicht der Bindung an den Raum: Indem sie die Häufigkeit von Schwingungen zählen, ist ihr Parameter die Geschwindigkeit, die wiederum eine Funktion des Raumes ist.

[21] Vgl. AUGUSTIN, Bekenntnisse, 340 (= XI,20).

[22] Freilich hat auch hier die Analogie ihre bezeichnende Grenze, die die Analogie zugleich als Täuschung erweist: Aufbewahren und Verzinsen läßt Zeit sich nicht.

[23] Wie sehr die Verfügung über den Kalender und die Uhrzeit Leben bestimmt, ist täglich von den Schalterstunden und Ladenöffnungszeiten bis zur staatlich verordneten Sommerzeit zu spüren.

Die gefüllte Zeit

Erweist sich der Versuch, Zeit als Gegenstand für das Denken unter Absehung der Bestimmtheit durch die jeweilige Erfahrung zu konstituieren, als in der Reflexion aporetisch und in seiner Anwendung für zumindest ambivalent, so legt sich der umgekehrte Weg nahe, von den mannigfaltigen Erfahrungen des Lebens, die in der Beziehung auf Zeit zur Sprache gebracht werden, auszugehen. Freilich wird sich dabei kein konsistenter Gegenstand 'Zeit' mehr identifizieren lassen, weil sogleich offenkundig wird, daß von Zeit in vielfältiger und heterogener Weise die Rede ist. Für diese Überlegung findet sich ebenfalls ein Anhalt bei Augustin, dessen Zeitmeditation ausgeht vom selbstverständlichen Reden über die Zeit und nach den Bestimmungen richtigen Sprechens von der Zeit fragt[24]. In dieser Ausrichtung könnte seine Selbsterwiderung so gefaßt werden, daß sie die Frage nach dem Sein der Zeit auflöst: Wir reden in zu vieler Hinsicht von der Zeit, um darüber eine klare Auskunft geben zu können. Augustin bleibt allerdings nicht bei dieser Reflexion auf das Sprechen von der Zeit und gerät darum in die skizzierten metaphysischen Aporien[25]. Der Einsatz bei den vielfältigen Weisen, in denen Zeit und Zeitliches zur Sprache kommt, läßt es demgegenüber zweifelhaft erscheinen, daß es überhaupt sinnvoll sein kann, die mannigfaltigen Phänomene, die Sprache mit Zeit konnotiert, unter einen synthetischen Begriff der Zeit zu bringen, weil dieser notwendig voller Äquivokationen wäre.

Die methodische Alternative zu einem synthetischen Begriff der Zeit, der auf die Vorstellung einer leeren Zeit hinauslaufen müßte, ist die genaue Beschreibung dessen, was als Zeit erlebt und erfahren wird. Solches Beschreiben wäre aber nicht nur grundsätzlich kritisch gegen einen einheitlichen Begriff der Zeit, sondern würde zugleich die Vorstellung der leeren Zeit ausschließen, weil diese die unmittelbarste Erfahrung, die als zeitlich angesprochen werden kann, die Erfahrungen des Vorher und Nachher, ignorieren muß. In einem physikalischen Begriff der Zeit erscheint die Gerichtetheit erst vermittelt über den zweiten Hauptsatz der Thermodynamik, der selbst wiederum kein Satz einer je möglichen Erfahrung ist. In der Wahrnehmung der Gerichtetheit, dem Bewußtsein für ein Vorher und Nachher, das sich verbindet mit der bestürzenden Erkenntnis, daß etwas zu spät sein kann, erweist sich die Abwegigkeit der Vorstellung der leeren Zeit und mit ihr des Versuchs, Zeit als eigenen Gegenstand des Denkens zu konstituieren. Dem widerspricht nicht, daß die leere Zeit als intersubjektiv verbindliche Chronologie in den Lebensvollzügen sich behauptet; Zeit erscheint dabei als Funktions-

---

[24] Bekenntnisse XI,14f lesen sich geradezu als die Suche nach Sprachregeln für das Sprechen von der Zeit.

[25] Auch WITTGENSTEIN scheint einem Begriff der Zeit gegenüber sehr skeptisch gewesen zu sein, wenn er die Frage AUGUSTINs in Zusammenhang mit der Verhexung durch Sprache anführt (L. WITTGENSTEIN, Philosophische Untersuchungen; 3.A. Frankfurt/M. 1975, 71 (= § 89) und 79 (= §109). Wenn auch in den "Philosophischen Untersuchungen" die Frage AUGUSTINs scheinbar nur als Beispiel für philosophische Fragen angeführt wird, ohne daß WITTGENSTEIN sich gerade für die Frage nach der *Zeit* interessierte, so halten sich die Ausführungen im "Blauen Buch" genau an den Duktus des Gedankenganges bei AUGUSTIN. Auch hier ist das Fazit dasselbe: "Philosophie, so wie wir das Wort gebrauchen, ist ein Kampf gegen die Faszination, die die Ausdrucksformen auf uns ausüben." (WITTGENSTEIN, Das Blaue Buch. Eine philosophische Betrachtung (Das Braune Buch), hg.v. R. Rhees, 1.A. Frankfurt 1980, 51). Eine der faszinierenden und zugleich irreführenden 'Ausdrucksformen' aber ist der Begriff 'Zeit', der ein Gemeinsames in vielen verschiedenen Erfahrungen und Handlungsweisen unterstellt.

moment einer Pragmatik, die allerdings weder natürlich noch der Rechtfertigung nicht bedürftig ist. Norbert Elias spricht in diesem Zusammenhang von der 'Zeit', wie sie über Kalender und Uhren verbindlich wird, als einer sozialen Institution und einer "Selbstzwangapparatur", die in der "zivilisatorische[n] Verwandlung des Fremdzwangs der sozialen Zeitinstitution" zur Ausprägung "einer Art von individuellen Zeitgewissen (die durchaus nicht immer glatt geht, die zum Beispiel auch im Zwang zur Unpünktlichkeit ihren Ausdruck finden kann)"[26] führt. Außerhalb dieser sozial verbindlichen und zur Erreichung bestimmter Ziele unumgänglichen Pragmatik, die von der Eigenart erlebter Zeit absieht um der Organisation gemeinsamen Handelns, seiner Synchronisation, willen, ist die Vorstellung der leeren Zeit und damit der Chronologie, die genauer Chronographie oder Chronometrie zu nennen wäre, unhaltbar, weil sie mit der Erfahrung von Zeit nicht zu vermitteln ist. Dies liegt nun nicht einmal vorrangig an dem bekannten Phänomen, daß die durch das Messen konstituierte Zeit unvereinbar ist mit dem psychologischen Zeiterleben: Zeiten, die dem Messen als gleich lang erscheinen, werden höchst unterschiedlich dauernd erlebt[27]. Vielmehr müßte ein realistischer Zeitbegriff den Bezug auf Aktivität und Rezeptivität des Lebens deutlich machen, im Gegensatz zu der Vorstellung von der leeren Zeit, die negiert, was mit dem Erleben von Zeit unlösbar verbunden ist: Geschichte.

Nun sind mit dem Begriff der Geschichte analoge Schwierigkeiten wie mit dem der Zeit verbunden, wenn 'Geschichte' zum metaphysischen Gegenstand gemacht wird. In einem einfachen Sinn ist der Begriff der 'Geschichte'[28] freilich unverzichtbar zur Beschreibung des Lebens und der Erfahrung der Zeit: Geschichte als das Geschehene, das sich nicht ungeschehen machen läßt. In dieser Hinsicht kann ohne Überlastung des Begriffs gesagt werden, daß alles Leben und Handeln geschichtlich ist, indem es Geschehen setzt und erleidet. Ein derartiger einfacher, auf Beschreibung statt Konstruktion basierender Begriff von Zeit und Geschichte kann nicht nur die Aporetik des metaphysischen vermeiden; er entspricht auch eher der biblischen Redeweise, die einen synthetischen Begriff der Zeit nicht kennt und statt dessen eine Mehrzahl von Ausdrücken gebraucht, die weder eindeutig in sich bestimmt sind noch auch klar gegeneinander abgegrenzt werden können. Vielmehr sperrt sich die biblische Rede der Subsumierung unter einen einheitlichen Begriff der Zeit und bringt die verschiedenen Erfahrungen mit Zeit zum Ausdruck; darum sind auch die Versuche problematisch, ein biblisches Verständnis der Zeit zu ermitteln, um es einem anderen Zeitbegriff zu kontrastieren. So ist etwa die häufig vorgenommene Entgegensetzung eines linearen Zeitverständnisses zu einem zyklischen kaum der Bibel angemessen, wie sich bereits am

---

[26] N. ELIAS, Über die Zeit. Arbeiten zur Wissenssoziologie II; hg.v. M. SCHRÖTER, 2.A. Frankfurt/M. 1985, XVIIIf.

[27] Hier liegt der Ausgangspunkt von BERGSONs Philosophie des Zeitbewußtseins, die aus der Inkompatibilität von verräumlichter, äußerer Zeit und erlebter Dauer zu einer Revision und Neufassung der Metaphysik und ihrer klassischen Probleme gelangen wollte.

[28] Ein Begriff der Geschichte, der die metaphysischen Aporien umgeht, scheint mir etwa in den Überlegungen zum story-Konzept, wie sie bei J. BARR, D. RITSCHL, J. WHARTON u.a. entwickelt werden, vorzuliegen; vgl. I. SCHOBERTH, Erinnerung als Praxis des Glaubens, Öffentliche Theologie 3, München 1992, bes. Teil I. Die hier beschriebene Praxis der Erinnerung ist für die theologische Reflexion auf Zeit von zentraler Bedeutung.

alttestamentlichen Festkalender und seiner jüdischen Praxis erkennen läßt. Die Feste des Jahreslaufes müßten als zyklisch und historisch-linear zugleich verstanden werden, weil sowohl die Verbindung zum Jahreskreis wie auch die Beziehung zu bestimmten Ereignissen der Geschichte des Volkes Gottes unlösbar mit diesen Festen verbunden ist. Dies ändert sich auch dann nicht, wenn im Versuch einer historischen Rekonstruktion die zyklischen und die heilsgeschichtlichen Elemente voneinander gelöst werden sollen, indem behauptet wird, ursprünglich bäuerliche Jahresfeste seien sekundär mit Heilsgeschehnissen verknüpft worden: Selbst wenn diese Vermutung historisch zutreffen sollte, bliebe für das biblische Verständnis und die jüdische Praxis doch das Beieinander beider Perspektiven entscheidend[29]. In der historischen Rekonstruktion erweist sich zudem selbst der vorausgesetzte chronologische Zeitbegriff als bestimmend, insofern impliziert ist, daß ein älteres mythisches und zyklisches Verständnis der Zeit[30] durch das historisch-lineare abgelöst werde; diese Identifikation des biblischen Verständnisses der Zeit mit dem linearen trägt in die Auslegung eine Logik des Fortschritts ein, die zu fragwürdigen theologischen Konsequenzen führt.

Mit der Abweisung der These, die Bibel weise einen linearen Zeitbegriff auf, sind freilich die Beobachtungen nicht negiert, die zu seiner Konstruktion geführt haben: Zweifellos bedeutet ein Leben aus der Erinnerung der Taten Gottes und seiner Verheißungen eine andere Erfahrung von Zeit als die Überzeugung von der zeitlosen Ewigkeit des Kosmos. In dem Konstrukt eines linearen Zeitbegriffs können aber gerade diese Beobachtungen nicht zur Geltung gebracht werden, weil ein solcher Begriff mit der Vorstellung einer Zeitgeraden operiert, die zwar ein Vorher und Nachher kennt und also der prinzipiell umkehrbaren Zeit der klassischen Mechanik[31] widersprechen muß,

---

[29] Das gilt übrigens analog auch für die christlichen Feste; der Konflikt zwischen der beharrlichen Verbindung dieser Feste mit dem vegetativen Jahreslauf und dem fast ebenso beharrlichen theologischen Widerstand gegen diese Verbindung dokumentiert die Unvereinbarkeit der Feste mit dem historisch-chronologisch dominierten Zeitverständnis auch der Theologie.

[30] Daß ein zyklisches Zeitverständnis im übrigen gar nicht mythisch-obsolet sein muß, sondern Anhalt an der Erfahrung hat, zeigt D. RITSCHL: "In unserer durch die oberflächliche Philosophie der Technologie bestimmten Zeit denkt man über die Zeit schlechthin linear. Man sieht sie an einem Punkt beginnen und zum nächsten oder übernächsten Punkt hineilen. Und doch stellt sich die Frage, ob wir im alltäglichen Leben die Zeit nicht doch viel eher wie einen Kreis erleben. Wir stehen morgens vom Bett auf und kehren abends in dieselbe Wohnung, in dasselbe Zimmer zurück." (RITSCHL, Nachdenken über das Sterben. Zur ethischen Frage der Sterbebegleitung; in: ders., Konzepte. Ökumene, Medizin, Ethik. Gesammelte Aufsätze, München 1986, 282-297, 293f).

[31] Vgl. A.M.K. MÜLLER, Die präparierte Zeit. Der Mensch in der Krise seiner eigenen Zielsetzungen; Stuttgart 1972, 283: "Die Naturgesetze der klassischen Mechanik und der klassischen Elektrodynamik behaupten nicht nur einen lückenlosen Determinismus, sondern noch mehr: einen *reversiblen* Determinismus. Damit ist gesagt, daß jeder Vorgang, der nach diesen Gesetzen abläuft, wenn er gefilmt und rückwärts abgespielt würde, wieder einen Vorgang liefert, der nach den gleichen Gesetzen möglich ist, aber anderen Ausgangsbedingungen gehorcht (alle Geschwindigkeiten weisen in die entgegengesetzte Richtung). Es ist also nichts in diesen Gesetzen, was eine Richtung der Zeit auszeichnet, und diese *Leugnung der Zeit als Zeitpfeil* ist wieder ein klarer Widerspruch zur Erfahrung der geschichtlichen Zeit." Daß die klassische Mechanik und mit ihr der 'reversible Determinismus' noch weitgehend das Bewußtsein bestimmt, hat offenkundig allergrößte ökologische Konsequenzen, neben denen die Bemühung um einen 'einfachen Lebensstil' als Epiphänomen erscheinen mag: Umweltpolitik z.B. verfährt weitgehend nach dem Muster, daß ökologische Schäden, die durch eine bestimmte, auf der klassischen Mechanik basierte Technik verursacht wurden, durch eben diese Technik beseitigt werden sollen, indem z.B. Schadstoffe in ihre Ausgangsprodukte umgewandelt werden sollen - so als ob sich die Schäden buchstäblich rückgängig machen ließen.

aber selbst indifferent gegen das gedacht wird, was sich auf ihr ereignet. Ein darin impliziertes chronologisches und also leeres Verständnis von Zeit ist der Bibel fremd; sie sperrt sich gegen die Vorstellung einer abstrahierbaren Zeitgeraden. Ohne daß hier den verschiedenen Ausdrücken, mit den die Erfahrung der Zeit in der Bibel benannt wird, nachgegangen werden könnte, ist doch festzuhalten, daß die biblische Rede von der Zeit gänzlich bestimmt ist durch die Begebenheiten, die zur Sprache gebracht werden[32]. Selbst die bloße Datierung von Ereignissen wird durch erinnerungsfähige Begebenheiten vollzogen, die der Erfahrung zugänglich sind, und nicht - wie etwa die Datierung von einem Nullpunkt aus, der Jahrhunderte zurückliegt - durch nur mathematisch nachvollziehbare Methoden[33].

Die Termini, die sich auf die Erfahrung von Zeit beziehen, sind so wenig von dem jeweils Berichteten zu lösen, daß nicht selten keine angemessene Übersetzung zur Verfügung steht. Deutlich wird die Schwierigkeit, die biblische Rede von Zeit in den gebräuchlichen Paradigmen zu rezipieren, an Jeremia 8,7: "Der Storch unter dem Himmel weiß seine Zeit, Turteltaube, Kranich und Schwalbe halten die Zeit ein, in der sie wiederkommen sollen; aber mein Volk will das Recht des Herrn nicht wissen." Nicht nur weisen מוֹעֵד und עֵת zahlreiche Bedeutungsnuancen auf, die allesamt kaum den Sinn des Abstraktums 'Zeit' haben; vor allem die Zielrichtung des Vergleichs auf die fehlende Kenntnis des מִשְׁפַּט יהוה zeigt, daß nicht allein auf die jahreszeitliche Stetigkeit der Rückkehr der Zugvögel angespielt ist, sondern daß sich in dieser Beständigkeit ein Wissen und Erkennen (ידע) um den Willen des Schöpfers zeigt, aus dem erst die Wahrnehmung dessen, was an der Zeit ist und also die Zeit ist, resultieren kann. Im Zusammenhang von Jeremia 8 wird zugleich deutlich, daß die Entgegensetzung von Schöpfung und Geschichte auf fragwürdigen Voraussetzungen beruht. Dieser verhängnisvolle Gegensatz erweist sich als Konsequenz des metaphysischen Zeitbegriffs, indem die Stetigkeit der Schöpfung als Zeitlosigkeit des Kosmos erscheint, Geschichte dagegen als chronologisches Fortschreiten auf die Zukunft Gottes hin verstanden werden muß. In diesem Rahmen kann weder die Verletzlichkeit geschöpflichen Lebens wahrgenommen werden, das jeden Tag des rettenden Handelns Gottes bedarf, noch die Gegenwart der Zukunft Gottes, die das Gutsein der Schöpfung leibhaftig erfahrbar werden läßt. Ein angemessenes Reden von Schöpfung wie von Eschatologie bedarf aber der Auflösung eines an der Chronologie gebildeten Begriffs der Zeit[34].

---

[32] Vgl. G.v. RAD, Theologie des Alten Testaments. Bd.2: Die Theologie der prophetischen Überlieferungen Israels, München 1965, 112; vgl. auch G. OBLAU, Gotteszeit und Menschenzeit. Eschatologie in der kirchlichen Dogmatik von Karl Barth, NBSTh 6, Neukirchen-Vluyn 1988, 65-67.

[33] Dies gilt für die christliche Zeitrechnung ebenso wie für die römische. In beiden steht übrigens die Zeit für die Zeitrechnung gewissermaßen still: Für die römische, weil mit der Gründung der Stadt die Gründung des auf Dauer bestehenden Kosmos identifiziert wird; für die christliche, weil nach der Erscheinung des Heilands keine Veränderung in der Welt geschehen kann, die wahrhaft Neues brächte.

[34] Wenn C. WESTERMANN das segnende und das rettende Handeln Gottes unterscheiden will, so steht dabei mit dem impliziten Gegensatz von Natur und Geschichte zugleich ein chronologischer Begriff der Zeit im Hintergrund; vgl. WESTERMANN, Der Segen in der Bibel und im Handeln der Kirche; Gütersloh 1981, 16: "Der rettende ist der kommende Gott, der segnende der gegenwärtige (oder wohnende oder thronende). Es ist nicht möglich, das Reden von Gott auf eine dieser beiden Seiten festzulegen." Die Schwierigkeit, die WESTERMANN lösen will, entsteht erst durch die Entgegensetzung von 'kommen' und 'gegenwärtig sein', die zwar einem chronologischen Zeitbegriff selbstverständlich, der Bibel aber fremd ist. Mit der Unterscheidung WESTERMANNs wird das Handeln Gottes in Schöpfung und Heilsgeschichte auseinandergerissen; sie erscheinen

Die erfüllte Zeit

Die bisherigen Überlegungen versuchten die Notwendigkeit einer Revision des Zeitbegriffs aufzuzeigen, der in metaphysischem Denken wurzelt und zugleich das Denken über Zeit und den Umgang mit Zeit weithin bestimmt. Dabei sollten zugleich die Konturen eines theologisch angemesseneren und damit zugleich realistischeren Denkens über Zeit deutlich werden. Die Theologie ist sich selbst und auch dem nichttheologischen Denken ein solchermaßen verändertes Verständnis der Zeit schuldig und sie ist dazu fähig, weil im Glauben dieses veränderte Verständnis der Zeit erfahrbar wird. Im Glauben ist die chronologische Zeit immer schon durchbrochen, indem der Glaube aus der Gegenwart Christi lebt und darin jene eigentümliche Koinzidenz der Zeiten nachvollzieht, die Joh 8,58 dezidiert temporal ausgesprochen ist: "Ehe denn Abraham ward, bin ich."[35]

Umgekehrt sind im chronologischen, leeren Begriff der Zeit die charakteristischen Dilemmata begründet, die sich der Theologie angesichts des neuzeitlichen Denkens stellen. Die aporetische Struktur dieser Probleme besteht darin, daß der chronologische Zeitbegriff, den die Theologie mit Wissenschaften und Philosophie teilt, verhindert, zentrale Glaubensgegenstände sachgemäß zur Sprache zu bringen. Unter der Herrschaft dieses Zeitbegriffs wird Eschatologie zur Ausrichtung auf Zukunft, Christologie zur Vergegenwärtigung des Vergangenen[36] und Schöpfungsglaube zum Deismus[37]. Auch die bekannte Formulierung Lessings vom garstig breiten Graben[38] ist nicht nur in ihrer zum Topos gewordenen Rezeption Ausdruck der Inkompatibilität des biblischen Glaubens mit dem chronologischen Zeitbegriff. Sei es die Frage nach dem historischen Abstand zwischen unserer Gegenwart und dem Auftreten Jesu, oder sei es die Differenz zwischen historischen Wahrheiten und notwendigen Vernunftwahrheiten: in beiden Fassungen ist der garstige Graben bedingt durch die Voraussetzung eines chronologischen Begriffs der Zeit, und den Gotteslohn, den Lessing vielleicht nicht nur rhetorisch in Aussicht stellt, kann nur verdienen, der diesen Zeitbegriff aufzulösen vermag. Das Problem Lessings ist das der persönlichen Verifikation: Was vernünftig und notwendig ist, kann ich selbst überprüfen mit den Mitteln der Vernunft, weil es zeitlos gegenwärtig ist; was ich erlebt habe, ist schon weniger überprüfbar, weil die Erinnerung trügen kann; und was längst

---

als zwei voneinander unabhängige Werke Gottes. Damit aber wird WESTERMANNs Intention, das Übergewicht der geschichtlichen Perspektive zu verringern, gerade durchkreuzt.

[35] Vgl. dazu F.-W. MARQUARDT, Das christliche Bekenntnis zu Jesus, dem Juden. Eine Christologie. Bd.2, München 1991, 301.

[36] Zum Unterschied von Erinnerung und Vergegenwärtigung vgl. I. SCHOBERTH, Erinnerung.

[37] Die Lehre von der conservatio und dem concursus kann als signifikant für die Problematik stehen, unter der Herrschaft eines linearen Zeitbegriffs unverzichtbare theologische Einsichten zu formulieren. Soll das Schöpfungswerk nicht deistisch verkürzt verstanden werden, muß, da die creatio als Geschehen im Anfang auf dem Zeitstrahl in unvorstellbare Fernen rückt, das Schöpferhandeln Gottes auf andere Weise ausgesprochen werden, um es der Gegenwart präsent zu halten. Doch wird auch mit dieser Lösung das Schöpfungswerk in verschiedene Akte aufgeteilt und vom Heilshandeln Gottes gelöst; Schöpfung kann dann allenfalls als dessen Bühne verstanden werden.

[38] G.E. LESSING, Über der Beweis des Geistes und der Kraft; in: ders., Die Erziehung des Menschengeschlechts und andere Schriften, Stuttgart 1987, 36.

vergangen oder von mir nicht erlebt ist, hängt an der Glaubwürdigkeit von Zeugen. Wenn Lessing auch diese Glaubwürdigkeit ohne weiteres konzedieren kann, weil das Problem, dem er nachgeht, davon unberührt bleibt, so insistiert er doch darauf, daß historische Wahrheiten vermittelt bleiben und anders als vernünftig einsichtige Wahrheiten eben nur geglaubt werden können. Der Glaube an historische Berichte kann es aber nicht tragen, daß man "auf diesen Glauben hin irgend etwas von großem dauerhaften Belange, dessen Verlust nicht zu ersetzen wäre"[39], wagte. Das Problem Lessings ist nur zu lösen und löst sich als Vexierfrage, wenn der metaphysische Zeitbegriff, wie er sich in der Vorstellung von historischen Wahrheiten und (zeitlosen) Vernunftwahrheiten niederschlägt, auch in seiner chronologischen Fassung aufgegeben wird zugunsten eines Verständnisses der Zeit, wie es angeleitet durch die Bibel auch die Aporien der Zeitphilosophie umgehen kann[40].

Die biblische Rede von der Zeit erweist sich als realistischer denn die Vorstellung der chronologischen, leeren Zeit, weil sie bei den Erfahrungen von Zeit bleibt. Die Zeit des Messens ist nicht die des Lebens; doch ist auch die in der unmittelbaren Erfahrung gegebene Zeit nicht die Zeit, aus der der Glaube lebt. Solche Zeit ist vielmehr bestimmt von der Fülle der Zeit: Von dieser Fülle kommt die Zeit des Glaubens her. Erst in der Wahrnehmung der Fülle der Zeit ist die Zeit des Glaubens angemessen zu beschreiben, und erst in dieser Wahrnehmung wird der Konflikt mit dem herrschenden Begriff der Zeit ganz erkennbar, der wiederum die Wahrnehmung der Fülle der Zeit a limine ausschließt. Denn daß die Fülle der Zeit in die Zeit gekommen sei, sprengt jeden Begriff der Zeit, den die Reflexion auf die Erfahrungen wie die Konstruktion der Erkenntnis bilden könnte. Die unaufhebbare Folge von Vergangenheit, Gegenwart und Zukunft wird in der Fülle der Zeit hinfällig: der Tag Jesu hat kein Vorher und Nachher.

'Die Zeit ist erfüllt', so beginnt das erste Wort Jesu, das Markus überliefert (1,15) und das die ganze Verkündigung Jesu in sich schließt; und das $\pi\lambda\acute{\eta}\rho\omega\mu\alpha$ der Zeit (Gal 4,4; Eph 1,10)[41] ist das Heilswerk Christi. Freilich kommt nun alles darauf an, wie dieses $\pi\lambda\acute{\eta}\rho\omega\mu\alpha$ in seinem Verhältnis zu den Zeiten des Denkens und Erfahrens zu verstehen ist. Wollte man im Auftreten Christi die Zeitenwende im Sinne einer Scheidung von Epochen sehen, so wäre die Zeit Christi in die Vorstellung der chronologischen Zeit eingetragen[42]. Aus diesem Verständnis müßten dann aber erneut die genannten theologischen Aporien resultieren; zudem würde der Glaube an die Vollendung des

---

[39] A.a.O., 35.

[40] Einige gerade auch für die theologische Reflexion bedeutende Studien zu einer philosophischen Revision des Zeitbegriffs hat M. THEUNISSEN vorgelegt: THEUNISSEN, Negative Theologie der Zeit, 1.A. Frankfurt/M. 1991. Das Nachdenken über die Zeit findet hier nicht nur ein bemerkenswertes Gesprächsangebot des Philosophen an die Theologie, sondern auch wichtige Einsichten formuliert, die für eine theologische Neufassung des Zeitverständnisses unverzichtbar sind.

[41] Gerade hier zeigt sich die Undurchführbarkeit einer strikten Unterscheidung von $\kappa\alpha\iota\rho\acute{o}\varsigma$ und $\chi\rho\acute{o}\nu o\varsigma$: Gal 4,4 hat $\pi\lambda\acute{\eta}\rho\omega\mu\alpha\ \tau o\tilde{\upsilon}\ \chi\rho\acute{o}\nu o\upsilon$, während Eph 1,10 von der $o\grave{\iota}\kappa o\nu o\mu\acute{\iota}\alpha\ \tau o\tilde{\upsilon}\ \pi\lambda\eta\rho\acute{\omega}\mu\alpha\tau o\varsigma\ \tau\tilde{\omega}\nu\ \kappa\alpha\iota\rho\tilde{\omega}\nu$ spricht.

[42] Aus diesem Grund halte ich auch CONZELMANNS Formulierung von der 'Mitte der Zeit' für zumindest mißverständlich: Allenfalls in dem Sinne kann sie aufrecht erhalten werden, daß in Christus an den Tag tritt, was Zeit überhaupt sei.

Heils in Christus dem Einwand nicht widerstehen können, daß die Weltgeschichte post Christum keineswegs als Zeit des Heils erfahren werden kann. Darum bedarf es der genauen theologischen Reflexion darüber, was die messianische Zeit sei, was es für die Wahrnehmung der Zeit und der Geschichte bedeutet, daß der Messias nicht als der Zukünftige, sondern als der Gekommene geglaubt wird.

Verlegt das Denken die messianische Zeit in die Zukunft, weil die Gegenwart so offenkundig die Male des Unheils trägt, so wird nicht nur das Heilsgeschehen in Christus zum bloßen Zeichen der noch ausstehenden Vollendung; es entsteht auch die fragwürdige Wahl zwischen einer Vorstellung der Geschichte als eines wie auch immer retardierenden Fortschritts zum Heil oder der Behauptung der völligen Dichotomie von Geschichte und Heil. Beide Seiten dieser Alternative sind unhaltbar, weil in beiden die Leiden der Geschichte verewigt würden, ob sie nun als Verbrauchsmaterial auf dem Weg zum zukünftigen Wohlergehen hingenommen oder in der apokalyptischen Ausrichtung auf die jenseitige Herrlichkeit mißachtet werden.

Gegen beide Seiten der Alternative protestiert Walter Benjamin, dessen Reflexionen zur Geschichtsphilosophie darum ein Prüfstein des theologischen Nachdenkens über die Zeit sind[43]. Benjamins Überlegungen sperren sich gegen jeden Versuch, sie in die gängigen Kategorien der Geschichtsphilosophie einzuordnen, weil in ihnen historischer Materialismus und Messianismus unlösbar verbunden sind, ohne daß doch, nach marxistischer Praxis, das Verheißungspotential des Messianismus für den Materialismus enteignet und einverleibt würde. Zahlreiche Interpretationen haben sich deshalb bemüht, die scheinbare Zwiespältigkeit der Reflexionen Benjamins aufzulösen in eine eindeutige Entscheidung, weil ihnen die Alternative 'Historischer Materialismus oder politischer Messianismus'[44] als eine ausschließliche erscheint. Die 'theologisierende Terminologie' der Thesen Benjamins erscheint dann als rhetorische Einkleidung eines materialistischen Interesses, das durch seine theologische Formulierung sich selbst aufzulösen drohe[45]. Dabei wird freilich verkannt, daß es Benjamin gerade um die dialektische Integration von Materialismus und Messianismus zu tun ist, die allein die Durchbrechung des Unheils, das nach seiner Überzeugung der Fortschritt der Geschichte perpetuiert, zu denken vermag. Die Metaphern des Messias wie die des Engels der Geschichte sind demnach keine rhetorischen; anders bliebe Geschichtsphilosophie mitschuldig an ihren Katastrophen. Geschichtsphilosophisch sind Benjamins Thesen, insofern sie alle konstruktive und spekulative Geschichtsphilosophie auflösen, indem sie deren

---

[43] Die beiden eindrücklichsten Texte zur Frage der Geschichte sind unter den nicht sicher von Benjamin autorisierten Titeln 'Theologisch-politisches Fragment' (in: W. BENJAMIN, Gesammelte Schriften II.1; unter Mitwirkung von Th.W. ADORNO und G. SCHOLEM herausgegeben von R. TIEDEMANN und H. SCHWEPPENHÄUSER, Frankfurt/M. 1980, 203f) und 'Über den Begriff der Geschichte' (in: Gesammelte Werke 1.2, 691-704) rezipiert. Über die philologischen Schwierigkeiten, die mit beiden Texten verbunden sind, berichten die Herausgeber in Gesammelte Werke II.3,946-949, bzw. 1.3,1223-1266.

[44] Vgl. R. TIEDEMANN, Historischer Materialismus oder politischer Messianismus? Politische Gehalte in der Geschichtsphilosophie Walter Benjamins; in: Materialien zu Benjamins Thesen 'Über den Begriff der Geschichte'. Beiträge und Interpretationen, hg.v. P. BULTHAUP, 1.A. Frankfurt/M. 1975, 77-121.

[45] So TIEDEMANN a.a.O., 110

Unwahrheit und Komplizenschaft mit den Siegern der Geschichte aufdecken[46]. Ihre theologische Gestalt ist ihnen nicht äußerlich, weil die innerste Dialektik des politischen Handelns nicht anders als theologisch zu denken ist: Würde die politische Utopie verwirklicht und gelänge auch die Herstellung der klassenlosen Gesellschaft, so würde diese doch das Skandalon der Geschichte, die ungezählten vernichteten Opfer, nicht aufzuheben vermögen; und weil sie das nicht vermag, trüge sie selbst Schuld an den Opfern der Vergangenheit. Darum kann erst "der Messias selbst ... alles historische Geschehen [vollenden], und zwar in dem Sinne, daß er dessen Beziehung auf das Messianische selbst erst erlöst, vollendet, schafft."[47]

Wenngleich die Reflexionen Benjamins konstitutiv auf ein Jenseits der Geschichte verweisen, so verweigern sie sich doch einer affirmativen Vereinnahmung, die das Gegebene verstärkt, indem sie die Geschichte und mit ihr die politische Veränderung für irrelevant erklärt. Benjamin zeigt zwar die Dialektik auch des befreienden politischen Handelns; er besteht gleichwohl auf diesem politischen Handeln, das gerade in seiner theologisch begründeten Transformation zu befreiendem Handeln werden kann. Die theologische Reflexion der Zeit kann eben von dieser Wendung der Überlegungen Benjamins lernen, indem hier das Problem der Beziehung der messianischen Zeit auf die Gegenwart reflektiert wird, ohne in Chronologie und apokalyptische Dichotomie der Zeiten zu verfallen. Die messianische Zeit kann kein Ziel politischen Handelns sein, weil dieses als Handeln in der Geschichte durch die messianische Zeit mitsamt der Geschichte beendet wird; darum hat politisches Handeln sich an einem anderen Ziel auszurichten: der Idee des Glücks[48]. Dennoch ist dieses profane Glück keineswegs irrelevant für die messianische Zeit: "Das Profane also ist zwar keine Kategorie des Reichs, aber eine Kategorie, und zwar der zutreffendsten eine, seines leisesten Nahens."[49] Dieses Nahen ist nun nicht wieder als Vorschein eines Zukünftigen zu verstehen, sondern als die Berührung der Gegenwart mit der messianischen Zeit. Benjamin entwirft darum "einen Begriff der Gegenwart als der 'Jetztzeit', in welcher Splitter der messianischen eingesprengt"[50] sind: solche 'Jetztzeit' leugnet nicht, daß sie von sich aus auf Messianisches nicht sich zu beziehen vermag; sie bleibt bei ihrer

---

[46] Vgl. auch R. KONERSMANN, Erstarrte Unruhe. Walter Benjamins Begriff der Geschichte, Frankfurt/M. 1991, 12: "Nicht die Frage, wie und als was Geschichte *überhaupt* zu begreifen sei, führt auf Benjamins Thema, sondern wie *hier* und *jetzt* ein Begriff von Geschichte beschaffen sein müsse, der sowohl die historische Erkenntnis zuläßt, als auch die politische Veränderung auszulösen vermag."

[47] BENJAMIN, Theologisch-politisches Fragment, 203.

[48] A.a.O., 202.

[49] A.a.O., 203. BENJAMIN fährt fort: "Denn im Glück erstrebt alles Irdische seinen Untergang, nur im Glück aber ist ihm der Untergang zu finden bestimmt." (Ebd.) Dies liest sich wie eine Inversion von NIETZSCHEs 'Alle Lust will Ewigkeit' (F. NIETZSCHE, Also sprach Zarathustra. Ein Buch für alle und keinen, München o.J. 263f. = Das trunkene Lied 10f.). Die Inversion löst freilich NIETZSCHEs trunkene Sehnsucht in der Erfahrung gelebten Lebens auf: Wo Glück ist, ist der erfüllte Augenblick, in dem die Ewigkeit wie brüchig immer gegenwärtig ist. NIETZSCHEs Satz dagegen dementiert sich selbst, indem er nicht bei der Erfahrung des Innehaltens der Zeit bleibt, sondern bereits in der Lust ihr Vergehen betrauert. Dies aber ist die Perspektive des reflektierenden Beobachters, nicht dessen, der Lust empfindet, weil für diesen die distanzierte Reflexion auf die Dauer der Empfindung unmöglich ist. BENJAMINs Inversion ließe sich also so paraphrasieren: Alle Lust ist Ewigkeit, als Gleichnis zwar, aber eines der zutreffendsten.

[50] BENJAMIN, Über den Begriff der Geschichte, 704.

eigenen Profanität. Aber in der Erfahrung des erfüllten Augenblicks ist zugleich ein Moment der messianischen Zeit gegenwärtig: Der Sturm der Geschichte hält inne und die chronologische Zeit löst sich auf[51].

Benjamins Thesen können nun nicht ohne weiteres in die theologische Reflexion, zumal die christliche, integriert werden, so sehr sie sich einer theologischen Rekonstruktion anbieten[52]: Der Messias der Thesen Benjamins ist nicht Christus[53]. Ein christliches Verständnis der Zeit wird aber nicht hinter Benjamins Einsichten zurückbleiben können, will es die Fülle der Zeit in Christus artikulieren können. Dabei muß festgehalten werden, daß die Fülle der Zeit selbst nicht historische Zeit ist, so sehr in Jesus Christus diese Fülle in der Geschichte erschien. Das Christusereignis ist darum kein vergangenes Geschehen, vielmehr sprengt die Erscheinung der Fülle der Zeit die Abgeschlossenheit von Vergangenheit, Gegenwart und Zukunft[54]. Nur in diesem Gegenüber der Zeit Gottes zu allen Zeiten[55] kann verstanden werden, wie das in Christus geschehene Heil gegenwärtig ist. Ein chronologisches Verständnis dagegen müßte die Versöhnung zu einem Vorgang machen, der allein in der Seele seinen Ort hätte[56]. Ist das πλήρωμα der

---

[51] Der Gedanke der 'Jetztzeit', daß der authentische Augenblick einer innovativen Gegenwart des Kontinuum der Geschichte unterbricht - und aus deren homogenen Verlauf ausbricht" (J. HABERMAS, Der philosophische Diskurs der Moderne. Zwölf Vorlesungen; 1.A. Frankfurt/M. 1985, 21) speist sich nicht allein, wie HABERMAS meint, aus den Quellen surrealistischer Ästhetik und jüdischer Mystik (ebd.), sondern ist die Erfahrung des leiblichen Lebens.

[52] Eine solche Rekonstruktion müßte zunächst das Verhältnis von Theologie und Materialismus bei BENJAMIN reflektieren, das dieser im Bilde des Mälzelschen Schachautomaten präsentiert (BENJAMIN, Über den Begriff der Geschichte, 694). Dazu ist hier nicht der Ort; es muß der Hinweis genügen, daß dieses Bild von BENJAMIN eigentümlich in Bewegung versetzt wird, indem zwar der Historische Materialismus die Theologie in den Dienst nehmen soll, sich aber doch als Puppe erweist, die gelenkt werden muß.

[53] Vgl. J. WOHLMUTH, Zur Bedeutung der 'Geschichtsthesen' Walter Benjamins für die christliche Theologie; in: EvTh 50/1990, 2-20: "Ganz anders demgegenüber der offene Messianismus von Benjamin, wonach der *erwartete* 'Messias' quer zum katastrophischen Verlauf der Geschichte durch die 'schmale Pforte' im eschatologischen Augenblick eintritt. Dieser Messias, der das Schicksal der Toten wenden soll, trägt nach Benjamin - und dies halte ich für die entscheidenste Differenz - kein individuelles 'Antlitz'." - Freilich kann Benjamin auch formulieren: "Der Messias kommt ja nicht nur als der Erlöser; er kommt als Überwinder des Antichrist." (Über den Begriff der Geschichte, 695) Diese Formulierung ist, erscheint sie doch an einer der Schlüsselstellen der Thesen, wohl kaum zufällig.

[54] So mit Recht MARQUARDT: "Insofern ist es theologisch notwendig, den Tod Jesu auszulegen auch als Brechung der Allmacht der Zeit; sie ist kein Heiland mehr, wie sich herausstellt, daß der wahre Heiland uns nicht hilft durch einen ewigen Lauf der Zeiten, sondern dadurch, daß es in seinem Tod wirklich zum Bruch mit dem ewigen Gleichlauf der Zeiten kommt, zum Aufsprengen des Kontinuums der Geschichte; nur so kann ja etwas qualitativ Anderes entstehen." (MARQUARDT, Das christliche Bekenntnis, 260f, mit Bezug auf Benjamin) Vgl. auch WEDER, Gegenwart und Gottesherrschaft. Überlegungen zum Zeitverständnis bei Jesus und im frühen Christentum; Neukirchen-Vluyn 1993, 54f.: "Die Alternative von Gegenwart und Zukunft ist bei Jesus insofern überwunden, als die Gottesherrschaft sich von der Zukunft bis in die Gegenwart hinein erstreckt. Damit wird die chronologischer Abfolge von Gegenwart und Zukunft sinnlos. Entscheidende Zeit ist eindeutig die Gegenwart, nicht die Zukunft, so sehr jene im Horizont von dieser allererst entscheidend wird."

[55] Dies ist das Wahrheitsmoment in L.v. RANKEs Diktum, daß jede Epoche unmittelbar zu Gott sei.

[56] Dieser Verlagerung des Versöhnungsgeschehens in die gläubige Seele entspricht die Spiritualisierung der Erlösung. G. SCHOLEM sieht hier die grundlegende Differenz zwischen Christentum und Judentum: "Das Judentum hat, in allen seinen Formen und Gestaltungen, stets an einem Begriff von Erlösung festgehalten, der sie als einen Vorgang auffaßte, welcher sich in der Öffentlichkeit vollzieht, auf dem Schauplatz der Geschichte und im Medium der Gemeinschaft, kurz, der sich entscheidend in der Welt des Sichtbaren

Zeit aber nicht Scheidelinie[57], sondern selbst unvergleichliche Zeit und als die Wahrheit über die Zeiten zu verstehen, so ist diese Zeit, die die chronologische Zeit aufhebt, die Gegenwart des Heils: In Christus ist kein neuer Äon begonnen, das Gottesreich nicht angebrochen, sondern da[58].

Die Fülle der Zeit ist wiederum weder der Inbegriff der Geschichte noch die Vorwegereignung ihres Endes, die die Zeiten, die nach dieser Vorwegereignung sind, entleeren müßte. Vielmehr ist das Christusgeschehen gerade darin den Zeiten gegenüber, daß es jeden Tag nicht vergegenwärtigt wird, sondern geschieht: Das paulinische νῦνι benennt darum kein chronologisch fixierbares Datum, sondern lenkt den Blick auf die Ankunft des Heils im Glauben. Als die Fülle der Zeit ist das Heil jeden Tag neu.

Mit der Wahrnehmung der neuen Zeit, die nicht eine neue Epoche, sondern die alles neu machende Zeit ist, ist zuletzt der Glaube selbst identisch. Darum kann Hans Joachim Iwand formulieren: "Der Unterschied zwischen Gesetz und Evangelium ist also kein inhaltlicher. Er ist ein Unterschied der *Zeiten*. Solange mein Leben von Christus durch die Zeit getrennt ist, also solange es heißen kann: 'Tu debes habere Christum', so lange redet das Gesetz. Aber wo Christus gegenwärtig verkündigt wird, da spricht das Evangelium, wo also meine Zeit und seine Zeit in *ein* Heute fallen!"[59] Das Gesetz behauptet, daß die Fülle der Zeit noch aussteht, daß der Tag Jesu nicht heute ist, zumindest für mich nicht heute ist, sondern erst noch zu erreichen wäre. 'Tu debes habere Christum' heißt darum: du hast ihn jetzt noch nicht. Das Evangelium dagegen weist auf die Gegenwart Christi, die vom Offenbarwerden seiner Herrlichkeit herkommt. Damit ist die Herrschaft der vergehenden Zeit gebrochen, die Gegenwart lebt aus der Zukunft Gottes. Die Gegenwart der Zukunft Gottes impliziert keineswegs, daß nichts

---

vollzieht und ohne solche Erscheinung im Sichtbaren nicht gedacht werden kann. Dem gegenüber steht im Christentum eine Auffassung, welche die Erlösung als einen Vorgang im 'geistlichen' Bereich und im Unsichtbaren ergreift, der sich in der Seele, in der Welt jedes einzelnen, abspielt, und der eine geheime Verwandlung bewirkt, der nichts Äußeres in der Welt entsprechen muß." (G. SCHOLEM, Zum Verständnis der messianischen Idee im Judentum; in: ders., Über einige Grundbegriffe des Judentums, 1.A. Frankfurt/M. 1970, 121-167) Wenn SCHOLEMs Feststellung auch für große Teile der Tradition christlicher Theologie zutrifft, so doch nicht für das Neue Testament. Eigener Reflexion bedarf allerdings die Frage nach der Art der 'Öffentlichkeit' der Erlösung, wenn diese nicht als immanentes Telos der Geschichte gedacht werden soll.

[57] J. BECKER (Der Brief an die Galater, NTD 8, 17.A. Göttingen 1990, 46) übersetzt πλήρωμα τοῦ χρόνου mit "Ende der Zeit" und gibt damit πλήρωμα ohne weitere Begründung eine Bedeutung, die es sonst nirgends hat. Hier ist wohl die dogmatische Absicht leitend, seine Behauptung von der "Überholtheit des Gesetzes" (a.a.O., 48) im Text wiederzufinden.

[58] H. WEDER wehrt sich in seiner Auslegung von Lk 11,20 par Mt 12,28 mit Recht gegen die Vorstellung, das Gottesreich sei in Jesus 'angebrochen': "Was kann es zum Beispiel bedeuten zu sagen, das wahre Leben sei im Anbruch? Diese Metapher integriert die Aussage Jesu unversehens in die chronologische Vorstellung von Zeit, nach welcher Gegenwart und Gottesherrschaft als einander folgende Phasen auf einer Zeitgerade gedacht werden ... ." (WEDER, Gegenwart und Gottesherrschaft, 31) WEDER zeigt dagegen, "daß die Austreibung der Dämonen gleichsam als Aufblitzen der Gottesherrschaft im Jetzt - als jeweiliges Ereignis ihres Heranreichens ans Jetzt - zu verstehen ist. Die zentrale Aussage lautet also, daß die Gottesherrschaft eine neue Ausdehnung gefunden hat. Aus dem Jenseits, wo sie vermutet, geahnt, gefürchtet wird, erstreckt sie sich bis ins Diesseits. Aus der Zukunft, von der sie erhofft und ersehnt wird, dehnt sie sich ins Jetzt." (A.a.O., 29).

[59] H.J. IWAND, Gesetz und Evangelium; hg.v. W. Kreck, Nachgelassene Werke 4, München 1964, 262.

über das gegenwärtig Bekannte hinaus mehr zu hoffen wäre; vielmehr weiß ein Leben aus dieser Gegenwart darum, daß Gottes Herrlichkeit mehr als das Mögliche und Denkbare bereithält. In Gottes Zukunft, die im Christusgeschehen gegenwärtig ist, ist das unwiderruflich Verlorene errettet und werden die Tränen abgewischt werden. Ein Leben aus dieser gegenwärtigen Zukunft lernt die Spuren des ewigen Lebens in der Schöpfung zu lesen und öffnet sich im Gebet der Gegenwart dessen, der alles neu macht. Mit der Befreiung aus der Herrschaft der Chronologie wird Leben frei zur Wahrnehmung seiner eigenen Gegenwart. "Wenn es die Herrschaft des Vergangenen ist, durch die der Mensch in die Ohnmacht des Nicht-handeln-Könnens versinkt, so erwacht er aus dieser Ohnmacht durch das befreiende Handeln Gottes. Sein Dasein in der Zeit, das die von Platon auf den Weg gebrachte Metaphysik unter dem negativen Gesichtspunkt des Veränderlichen betrachtet, nimmt die positive Gestalt des Veränder*baren* an."[60]

Die Gegenwart Christi befreit von dem Zwang zur Veränderung, der Herrschaft der Zukunft über die Gegenwart, wie von der Furcht vor der Veränderung und der Ohnmacht angesichts des Geschehen, der Herrschaft der Vergangenheit. Die Fülle der Zeit eröffnet damit die Wahrnehmung des Lebens der Ewigkeit im vergänglichen Augenblick; sie gewährt das Leben in der Zeit und verbürgt damit die Hoffnung auch für das Hoffnungslose.

---

[60] THEUNISSEN, Ὁ αἰτῶν λαμβάνει. Der Gebetsglaube Jesu und die Zeitlichkeit des Christseins; in: ders., Negative Theologie der Zeit, 321-377, 370f.

III.

Zur biblisch-dogmatischen Aufgabe

für das Reden von Gott

Dietrich Ritschl

Gotteserkenntnis durch Wiedererkennen

Unter dem Eindruck des Reichtums an Einsichten zur Gotteserkenntnis in den drei Bänden von Friedrich Mildenbergers "Biblischer Dogmatik" sind die folgenden Ausführungen aus dem Bedürfnis heraus entstanden, meine bislang eher skizzenhaft formulierten Vorstellungen zur Bedeutung des "Wiedererkennens" etwas präziser darzustellen. "Wiedererkennen" ist im Zusammenhang mit "Story" und "Anlässen" (occasions) zur Wiedererinnerung an stories so etwas wie ein unverzichtbarer terminus technicus geworden. Er ersetzt bzw. überhöht weitgehend die traditionelle Rede von "Offenbarung", sofern mit ihr das Ereignis des Relevantwerdens alter biblischer Texte für die heutige Situation gemeint war. Die folgende Darstellung steht in Verbindung zur gegenwärtig laufenden mehrsemestrigen Heidelberger Vorlesung "Reden von Gott", bei der F. Mildenberger sowie auch James Barr - mit dem ich in den sechziger Jahren das Story-Konzept zu entwickeln begann - als Gastredner anwesend waren. "Reden von Gott" sollte nicht eine Vorlesung sein, in der traditionelle theologische Inhalte für heutige Hörer relevant gemacht werden, sondern umgekehrt, eine Gelegenheit, heutiges Fragen, Reden und Reflektieren über Gott thematisch aufzunehmen und im Licht biblischer Texte sowie der Tradition der Kirche zu bedenken und zu klären. Das Konzept des "Wiedererkennens" ist der cantus firmus der Unternehmung.

Gotteserfahrung in der Sprache

Wer als Kind in hinreichender Nähe zum Sprachstrom der biblischen Tradition der Juden und Christen aufgewachsen ist und als Erwachsener Anlässe zur Überprüfung wenigstens einiger der Inhalte dieser Tradition hatte, ist einer bestimmten, wenn auch distinkt sprachlichen Form der Gotteserfahrung ausgesetzt gewesen. Freilich betrifft die Erfahrung das "Reden von Gott"[1], nicht oder noch nicht bzw. nicht mehr Gott selber. "Gott selber" erfahren ist wiederum vor allem sprachlich vermittelbar, wenn auch nicht gänzlich auf Sprache reduzierbar, eine Relation, die hier undiskutiert bleiben soll.

Den Zusammenhang zwischen dem Sprachstrom der biblischen Tradition und den einzelnen stories, die ihn z. T. ausmachen, habe ich vielfältig beschrieben. Ingrid Schoberth hat diese Beschreibungen umfassend analysiert und den Diskurs mit J. Barr und J.A. Wharton in die Darstellung mit einbezogen[2]. Es erübrigt sich hier eine erneute Zusammenfassung, zumal die Fragen nach der Funktion des "Wiedererkennens" nur indirekt im Zusammenhang mit den verschiedenen Ausprägungen von stories, den Summierungen, den Ableitungen, den autonom gewordenen Begriffen usw. stehen, die

---

[1] Vgl. Hans G. ULRICH, Regeln im Reden von Gott - ein Bericht. In: W. Huber / E. Petzold / Th. Sundermeier, Implizite Axiome. Tiefenstrukturen des Denkens und Handelns, München 1990, 151-174. - Zu "Erfahrung" s. die instruktiven Artikel I-V in TRE 10, 83-141, bes. II u. IV (E. HERMS) sowie III/2 (J. TRACK).

[2] Ingrid SCHOBERTH, Erinnerung als Praxis des Glaubens, München 1992, bes. 57-147, worauf auch F. MILDENBERGER Bezug nimmt, Biblische Dogmatik I, Stuttgart 1991, 171f.

mir allerdings für das Verständnis von Theologie als zentral wichtig erscheinen[3]. Wenn es nötig ist, werde ich im folgenden diese Ausprägungen von ursprünglich biblischen stories erwähnen, ohne sie weiter zu klären. Von Bedeutung ist hier einzig die These: niemand, der von Gott spricht, steht außerhalb des Kontextes, in dem von Gott bereits gesprochen wird. Vom engsten bis zum weitesten Zusammenhang bedeutet dies - in konzentrischen Kreisen vorstellbar -, daß es bereits innerhalb des biblischen Kanons eine Treue und eine ihr gemäße Logik des Nacherzählens gibt, sodann eine Reihe von distinkt verschiedenen Mustern der Rezeption von (biblischer) Tradition, danach die Verarbeitung und Expansion kirchlicher Tradition, bis hin zur immer neu entstehenden "einfachen Gottesrede", wie F. Mildenberger sie nennt, und zwar sowohl aus dem Mund gläubiger Menschen, die bewußt im Sprachstrom der Tradition stehen, als auch von Menschen, die solch zentrale Rede nur oberflächlich oder am Rande in ihre Sprache aufgenommen haben. Bei all diesen Übernahmen von Sprache (bzw. ganzen stories oder auch ihren koagulierten Kurzformen und -formeln) mag es nur selten um den Ausdruck der Perspektiven[4] echter Welterklärung im Licht der Rede von Gott gehen, vielmehr mag hundertmal nichts als bloße Repetition von früher Gesagtem geschehen sein. Das Kriterium, ob Nacherzählung bzw. Wiederholung geschehener Rede von Gott bloße Repetition bleibt oder zum Träger sinnerfüllter Perspektive der Gott- und Welterklärung wird, ist keineswegs mit der Treue zur Textvorlage oder mit der Beachtung bestimmter Regeln der Logik des Nacherzählens gegeben. Nur die verschiedenen Varianten des Fundamentalismus - vom biblischen Fundamentalismus bis zum konfessionellen bzw. theologisch-schulmäßigen - glauben, hier das Kriterium finden zu können[5].

Welterklärung in der Gott-Perspektive

Vorrangig geht es hier um die Frage, wie das Drinstehen im Sprachstrom derer, die von Gott reden, eine bestimmte Perspektive für die Interpretation des Lebens bzw. der Lebenswelt möglich und nötig macht. Unsere (biblischen und wohl auch nachbiblischen) stories sind die Träger der Perspektiven, in denen wir die Dinge sehen und die Situationen interpretieren, jedenfalls ist dies im Prinzip eine theologisch verantwortbare Aussage. Wir sehen die Dinge immer im Modus des "Sehens-als", aber gewiß nicht immer in der Gott-Perspektive. Zwar gibt es gewisse Grundaxiome, die uns so sehr zur Routine geworden sind, daß wir meinen möchten, wir hätten eine biblische oder christliche Sichtweise sozusagen als Habitus. Das mag in einiger Hinsicht stimmen, etwa in der routinemäßigen Empörung über Folterungen, krasse Diskriminierungen oder Vernichtung von menschlichen Siedlungen oder Menschenleben. Aber in vielen Bereichen und

---

[3] Vgl. meinen Artikel "Lehre" in TRE 20, 608-621; sowie: The Search for Implicit Axioms behind Doctrinal Texts, Gregorianum 74, 2 (1993) 207-221; auch "Welchen Sinn hat die Suche nach Strukturen hinter Texten?", in: BALLENTINE/BARTON (Eds.), Language, Theology, and the Bible. FS James Barr, Oxford 1994, 385-397.

[4] Eine aufschlußreiche Analyse des Begriffs und der Funktion von "Perspektive" bot mein 1985 verstorbener Mitarbeiter, der Neuseeländer Hugh O. JONES in seiner Mainzer Habilitationsschrift: Die Logik theologischer Perspektiven, Eine sprachanalytische Untersuchung, Göttingen 1985.

[5] Vgl. James BARR, Fundamentalism, London 1977 (dt. gekürzte Ausgabe München 1981), sowie Escaping from Fundamentalism, London 1984.

Problemsituationen, ja in den meisten, trägt die zur Routine gewordene Gott-Perspektive nicht und wird durch andere Perspektiven ersetzt. Immerhin ist es nicht ohne Sinn, die Kirche als eine Interpretationsgemeinschaft zu verstehen, in der sich seit langer Zeit Perspektiven-Bündel herausgebildet haben, die durch Menschen mit gemeinsamen stories und ähnlichen Lebenshaltungen formiert werden. In der Kirche geschieht dadurch eine in Annäherung gemeinsame Konstitution der sozialen Welt[6]. Freilich besteht die Gemeinsamkeit nur in Annäherung und wird immer wieder durchkreuzt. Die Probleme der Ökumene sind als Phänomene der historisch gewordenen und der immer wieder aufs neue geschehenen Durchkreuzungen der Perspektivenbündel beschreibbar.

Will Theologie den Grundstrukturen der Gott-Perspektive, den Gründen also für Entstehung, Funktion und Verirrung bzw. Entkräftung des Glaubens auf die Spur kommen, so ist eine Analyse der Tiefendimensionen des Glaubens in seiner "Matrix", der Interpretationsgemeinschaft vonnöten[7]. In dieser Analyse geht es nicht um eine psychologisch orientierte Glaubenslehre, wohl letztlich überhaupt nicht um eine Glaubenslehre, sondern um das Verständnis des Vorgangs der Welt-Interpretation und um sein theologisches Recht. Was wird eigentlich - und mit welchem Recht - von den Gläubigen interpretiert? Die gängige Antwort, besonders im Wirkungsbereich reformatorischer Theologie, lautet, die Gläubigen hätten vornehmlich die Hl. Schrift zu interpretieren und ihr Leben danach auszurichten. In zweiter Linie wird geantwortet, es sei auch die Lehre zu interpretieren, jedoch in ständiger kritischer Rückkoppelung an die Bibel.

Ich will es freilich nicht riskieren, diese traditionellen Antworten und Forderungen zu kritisieren oder durch andere zu ersetzen. Ich möchte sie aber sozusagen auf einen Sockel stellen. Obwohl es richtig ist zu sagen, daß die biblischen Schriften zumindest chronologische Priorität und Dignität gegenüber anderen Texten und späterem Reden von Gott haben, und obwohl die Beobachtung uneingeschränkt gültig bleibt, daß, wer von Gott redet, sich bereits im Kontext derer vorfindet, die das schon vor ihm getan haben, führt der Erkenntnisweg (für das Reden von Gott, für die Entstehung der Gott-Perspektive) nicht linear von den alten Texten zur heutigen Frage- und Glaubenssituation. Wer dies doch behauptet, vertritt einen - wie auch immer aufgeklärten und entideologisierten - Fundamentalismus. Vielmehr führt der Erkenntnisweg von der geglückten oder gescheiterten Interpretation der Lebenswelt der Gläubigen (in der Gott-Perspektive) durch Wiedererkennen zurück zu christlichen (jüdischen) Lehrinhalten und zur Bibel mit ihren stories, ihren Doxologien, zur Tora, zu ihren Paränesen. Hier geschieht "Offenbarung", nicht im 1. Jahrtausend v. Chr. oder im 1. Jahrhundert nach ihm. Und wenn "Offenbarung" im ersten Jahrtausend vor und im ersten Jahrhundert

---

[6] In den Kap. I C u. D. in: Zur Logik der Theologie, 2.A. München 1988, habe ich dies ausführlicher dargestellt, vgl. die Diskussion unter Bezug auf Alfred Schütz, Peter Berger und Thomas Luckmann bei I. SCHOBERTH, 151ff.

[7] Mein ehemaliger Kollege Edward FARLEY, früher in Pittsburgh, jetzt in Vanderbilt University, widmet sich seit drei Jahrzehnten dieser Aufgabe mit den Mitteln philosophischer Phänomenologie; vgl. Ecclesial Man. A Social Phenomenology of Faith and Reality, Philadelphia 1975 sowie Ecclesial Reflection. An Anatomy of Theological Method, Philadelphia 1982, sowie Good and Evil. Interpreting a Human Condition, Minneapolis 1990; s. dazu D. RITSCHL/ K. NEUMANN in VuF 38 (1/1993) 55-61.

nach Christus geschah, dann nach eben demselben Muster, nach dem sie heute geschieht: durch Wiedererkennen. (Die Entsprechung zur Christologie, die hier nicht ausgeführt werden soll, ist offenkundig: Der Erkenntnisweg führt nicht vom historischen Jesus über den auferstandenen zum Christus praesens, sondern von der Erfahrung der Gegenwart "des Vaters im Sohn durch den Hl. Geist", zum Lob Gottes in der Doxologie, wie es die klassische Formel in der griechischen Patristik tausendfach anzeigt. Die Verifikation geschieht im Gottesdienst).

Auf diesen "Sockel" gestellt möchte ich die reformatorische Forderung nach der Wichtigkeit biblischer Interpretation selbstverständlich bestehen lassen. Sie ist aber der zweite, der prüfende, nach Vergewisserung der Erfahrung des Wiedererkennens suchende Weg. Im Studium der Bibel geschieht nicht Offenbarung, sondern die Bestätigung der Erfahrung Gottes, die Überprüfung des Wiedererkennens, auch die Entprivatisierung der eigenen religiösen Erfahrung, freilich auch ihre Kritik und die Entlarvung vermeintlicher Gotteserfahrung und irrtümlichen Wiedererkennens.

Gott interpretiert und kritisiert die Geschichte

Vor einer weiteren Klärung des Begriffs "Wiedererkennen" muß die Benennung der Gründe für die soeben skizzierte Erkenntnisordnung erfolgen. Es sind vor allem zwei Gründe. Erstens kollidiert die Vorstellung, Gott habe sich vor allem im ersten Jahrtausend vor und im ersten Jahrhundert nach Christus offenbarend geäußert, und nun hätten die Gläubigen diese geoffenbarten Inhalte nur noch zu interpretieren und nachzusprechen, auf unerträgliche Weise mit den Grundaussagen einer jeden sinnvollen, biblisch orientierten Gotteslehre. Die Vorstellung ist letztlich deistisch, weil Gottes entscheidende Taten und Worte in ferner Vergangenheit liegen und jetzt nur noch interpretiert und - und sei es durch den Hl. Geist - verifiziert werden müssen.

Zweitens kommt als Grund für die genannte Erkenntnisordnung eine Entscheidung ins Spiel, die das Verhältnis Gottes zu dem, was wir Geschichte nennen, betrifft. Von den möglichen Optionen: Gott als Verursacher und Lenker der Geschichte; als Verursacher nur einiger geschichtlicher Ereignisse; als zielgerichteter Verursacher einer zusammenhängenden Kette von Ereignissen auf das endgültige Heil hin (Heilsgeschichte); Gott als Interpret und Kritiker der Geschichte, der dadurch indirekt, durch die Handlungen derer, die seine Interpretationen und Kritiken wahrnehmen, Ereignisse bewirkt bzw. verhindert - von diesen Optionen spricht am meisten für die letzte.

Wenn sowohl die strikt deterministische als auch die selektiv kausative bzw. die klassisch heilsgeschichtliche Fassung der Erklärung der Beziehung Gottes zur Geschichte entfällt - oder nur als doxologischer modus loquendi erhalten bleibt - so fällt alles Gewicht auf die interpretative und kritische Einwirkung Gottes auf die Geschichte[8]. Die primäre Interpretation ist eine das Leben erklärende und leitende, eine Weltinterpretation in Warnungen und Verheißungen und zwar in den Augen der Gläubigen und in der

---

[8] Eine erste Fassung dieser These findet sich in meinem kleinen Beitrag "Gottes Kritik an der Geschichte. Nachüberlegungen zu Jer. 31" zur hausinternen Heidelberger FS für Gerd Theißen, 1993.

Meinung der Tradenten der prophetischen Schriften, der Tora und der Weisheit: eine Interpretation durch Gott. Das primäre Reden von Gott ist somit die Widerspiegelung dessen, was als Rede Gottes über das Leben und die Welt, also über die Geschichte, verstanden wurde und wird.

Werden gegenwärtige Ereignisse (oder Entscheidungen) in der Gott-Perspektive durch die Gläubigen interpretiert, so geschieht dies im Wiedererkennen einer latent im Gedächtnis der Gläubigen, im korporativen Gedächtnis der Kirche (auch im Schatz liturgischer Texte) ruhenden Reihe von Mustern der Weise, in der Gott frühere Ereignisse interpretiert und kritisiert hat. Das ist für den Interpreten der Gegenwart ein Moment des Klarwerdens, der Einsicht in die Gott-Perspektive, d.h. in die Weise, in der Gott heute und jetzt in dieser Situation Gott sein will. Ian T. Ramsey nannte diesen Moment eine "disclosure situation", in der "the penny drops"[9]. Bei dieser "Enthüllung" geschehen simultan Unterscheidungen als auch persönliche Verpflichtungen; rationale und beschreibende Sprache hat noch ihren Platz, aber sie wird auch gesprengt.

Die Entschlüsselung des Verborgenen durch "Anlässe"

Provokativ formuliert ist für die Gläubigen das Verborgene nicht eigentlich Gott, sondern die Geschichte. Nur wer der Meinung anhängt, Gott bewirke oder leite die geschichtlichen Ereignisse als solche, muß angesichts des wirklichen Verlaufs der Geschichte von der Teilung Israels über das Exil, von den Pogromen bis Auschwitz, von den Vernichtungskriegen aller Jahrtausende bis zum Krieg in Bosnien, muß auch angesichts der historisch greifbaren Folgen von Lüge, Betrug und Kriminalität das Verborgene in Gott hinein verlagern. Wenn Gott jedoch als Interpret und Kritiker der Geschichte gesehen wird, so bietet die Weltinterpretation in der Gott-Perspektive, in der die Gläubigen Vergangenheit und Gegenwart interpretieren, ein riesiges Feld teils offener, teils verborgener Zusammenhänge, rätselhafter und erschreckender Wirkungen, auch klarer Visionen von sinnvollen und aus Gottes Verheißung geborenen Plänen und Aufgaben.

"Reden von Gott" bedeutet somit zunächst, daß davon geredet wird, wie die Dinge in seinem Licht, wie die Welt und was uns in ihr begegnet, interpretiert werden kann und freilich auch, wie dementsprechend zu handeln ist. Jedoch liegt die Vergewisserung, daß wir wirklich in Gottes Perspektive die Dinge sehen und unser Handeln an ihr ausrichten, nicht offen zutage. Sie geschieht nicht aus einem Prinzip heraus, weder einem exegetischen noch einem lehrmäßig-kirchlichen. Die Vergewisserung im Modus des Wiedererkennens bedarf der Erfahrung von "Anlässen". In den Jahren meines intensiven Kontaktes mit Paul Lehmann in New York sprachen wir von "occasions", wohl wissend, hier einen in der Philosophie A.N. Whiteheads wichtigen Begriff aufzunehmen. Er wurde jedoch neu und spezifisch theologisch gefaßt[10].

---

[9] Ian T. RAMSEY, Religious Language. An Empirical Placing of Theological Phrases, London 1957 (New York 1963). Unter den zahlreichen Arbeiten zu Ramsey nimmt Wim A. de PATER, Theologische Sprachlogik, München 1971, immer noch einen wichtigen Platz ein.

[10] Siehe meine Erläuterungen in: Zur Logik der Theologie, I E 4; dazu I. SCHOBERTH, 72-77. - L. WITTGENSTEINs

Es ist aus mehreren Gründen, die hier nicht expliziert werden können, sinnvoll, in Fragen des Glaubens, also des Lebens in der Gott-Perspektive, zwischen "bleibend Wichtigem" und "jetzt Dringlichem" zu unterscheiden[11]. Wer sich den jetzt dringlichen Aufgaben und Problemen nicht stellt, wird auch keinen Zugang zum bleibend Wichtigen haben, das im Gedächtnis der Tradition bzw. der Kirche ruht, und wird keine Gott-Perspektive erkennen; und umgekehrt, wer nur das jetzt Dringliche sieht und in ihm aufgeht, wer sich dem bleibend Wichtigen nicht stellt, sich an keiner Doxologie erfreut, wird auch in Wahrheit das jetzt Dringliche verkennen. Diese etwas formale Bestimmung läßt sich in vielen Bereichen konkretisieren. Die Unterscheidung ist hilfreich und notwendig, ebenso freilich das Erlernen der Erfahrung, beide konstruktiv miteinander in Verbindung zu halten. In ihr wird sich die Verbindung zwischen Gottes Interpretation der Geschichte und unserer Interpretation der Gegenwart (nebst der sie konstituierenden Vergangenheit) zeigen.

Diese konstruktive Verknüpfung unserer Interpretation des Gegenwärtigen (des Dringlichen) mit der wie immer gelagerten latenten Erinnerung an Gottes Interpretation der Geschichte geschieht, wie gesagt, durch "Anlässe", die das Wiedererkennen möglich machen bzw. auslösen. P. Lehmann nannte sie "Momente des Hl. Geistes", weil durch sie klar wird: so ist Gott! So müssen wir in der Gott-Perspektive die Situation sehen! So müssen wir in der Gott-Perspektive reden, warnen, handeln!

Ein "Anlaß" kann irgend etwas sein: eine Versöhnung zwischen Streitenden, der Tod einer jungen Mutter, der monatelange Beschuß von Sarajewo, ein unlösbares medizinethisches Problem, die Frage eines Kindes, ein Zitat oder ein Brief, ein Gottesdienst, eine schlechte Predigt, ein Bild oder eine symbolische Handlung. Bei den beiden Männern auf dem Weg nach Emmaus (Lk 24) war es das Brechen des Brotes. Im Wiedererkennen durch solche Anlässe wird plötzlich deutlich, was die Geschichte vom verlorenen Sohn besagt oder wie Deuterojesaja Kyros im Wiedererkennen der Exodustradition deutet; was die Geschichte von der Verleugnung durch Petrus aussagt; wie der Tod Jesu und unser Tod zusammenhängen; was die Hirten auf dem Feld bei Bethlehem hörten und wie der Sänger von Ps 42 sich an die früheren Gottesdienste erinnert. Freilich gibt es auch Anlässe e contrario und durch Vermissen. Eine klare logische Analogie zum Wiedererkannten muß nicht bestehen oder bewußt sein, wiewohl assoziativ wahrgenommene Analogate gewiß ausgemacht werden könnten, würde ein "Wiedererkennen" einer genaueren Analyse unterzogen.

Anlässe lösen solches Wiedererkennen nur aus, d.h. sie werden überhaupt nur als Anlässe wahrgenommen, wenn die Gott-Perspektive intendiert ist. Ich will hier nicht die leidige und überaus akademische Diskussion über "Anknüpfungspunkte" aufs neue eröff-

---

Klärungen des "Wiedererkennens" - z.T. in Abgrenzung gegen SCHLICKs These von der "Reidentifikation" - operieren nicht mit "Anlässen", sondern mit der eher flächigen Wahrnehmung des "Wohlbekannten" (Schreibtisch, Freund), vgl. Philosophische Untersuchungen, Frankfurt/M. 1984, § 601-604, sowie Philosophische Grammatik, Frankfurt/M. 1984, § 115-118. Theologische Nutzung dieser Klärungen bedarf jedoch der Kategorie der "Anlässe", die - oft überraschend - nicht nur das Gegenwärtige und nicht nur das Wohlbekannte enthüllt, sondern auch das Neue Gottes im Wiedererkennen des Alten.

[11] Zur Logik der Theologie I F 4.

nen, schon, weil ich gerne zugebe, daß jemand einen "Anlaß" zum Wiedererkennen biblischer Muster des Verhaltens und des Interpretierens Gottes sozusagen wider Willen verspüren und wahrnehmen kann. Aber zweifellos muß auch dann das, was wiedererkannt wird, latent schon vorhanden bzw. bekannt sein. Karl Barth hat in dieser Thematik eine prinzipielle theologische These verteidigen wollen und müssen. Aber ich riskiere die Äußerung, daß er wohl nie in seinem Leben mit einem Menschen gesprochen hat, dem die biblischen Geschichten, das Evangelium, vollständig unbekannt waren. Dies zu erfahren blieb der nächst jüngeren Generation vorbehalten, sei es in der eigenen Kultur oder vor allem auch im Kontakt mit Menschen in anderen Kontinenten mit anderen Kulturen und Religionen.

Gewiß sind, wie die genannten Beispiele zeigen, die "Anlässe" keineswegs notwendig religiöser Natur. Sie können es aber sein. Und dies gilt auch für Begegnungen mit anderen Religionen. Für mich jedenfalls sind Erfahrungen mit Tieropfern in Hindu-Tempeln, Begegnungen mit Buddhisten, die andachtsvoll ihre kleinen Schreine schmückten, auch medizin-ethische Diskussionen mit bewußt buddhistischen Medizinern oder mit muslimischen Gelehrten nicht selten zu "Anlässen" des Wiedererkennens des Evangeliums geworden, wenn auch zu Anlässen e contrario. Inwieweit die "Begegnung mit dem Anderen"[12] nicht nur das Eigene neu verstehen lehrt, sondern auch zum Verstehen fremder Religionen Anlaß gibt, ist hier nicht unser Thema. Fraglos würden aber auch dabei die Überlegungen zur Funktion von "Anlässen" eine wichtige Rolle spielen.

Offene Fragen und Folgerungen

Es muß noch erwähnt werden, was in diesen kurzen Ausführungen nur unvollständig geklärt werden konnte. Folgende offene Fragen erwachsen aus dem Thema und produzieren Folgeprobleme:

1. Die hier verwendeten Begriffe Geschichte, Gegenwart und Lebenswelt verlangen nach differenzierterer Beschreibung. Mein Verständnis von "meta-story" als der in deskriptiver Sprache schwer erfaßbaren verheißungsgeschichtlichen Dimension der Gottgewollten Zukunft, die Vergebung und Hoffnung konstituiert und die in der Doxologie in askriptiver Sprache gefeiert wird, müßte u.a. mit F. Mildenbergers Konzept von "Ökonomie" verglichen und geprüft werden. Daß H. Richard Niebuhrs Verständnis von innerer und äußerer Geschichte[13] mir vielleicht als die angemessenste Analyse des Geheimnisses der Geschichte erscheint und am ehesten auch "Anlässe" zum Wiedererkennen von Mustern göttlicher Interpretation und Kritik fordert, müßte im Detail dargelegt werden.

---

[12] So lautet der Titel des von Theo SUNDERMEIER hgg. Buches aus der Reihe: Studien zum Verstehen fremder Religionen, Gütersloh 1991. Vgl. auch die weitergehenden Verstehensbemühungen in den Beiträgen in Reinhold BERNHARDT (Hg.), Horizontüberschreitung. Die Pluralistische Theologie der Religionen, Gütersloh 1991.

[13] H. Richard NIEBUHR, The Meaning of Revelation (1941), New York 1962.

2. Das Problem der Differenz zwischen deduktivem und induktivem Gebrauch der Bibel verlangt angesichts der Thesen über "Wiedererkennen" nach einer eindeutigen Klärung. Zweifellos ist meine hier vorgetragene These gleichbedeutend mit einer Absage an das strikt deduktive Vorgehen bei der Herstellung von Verbindungen zwischen biblischen Einzeltexten und späteren theologischen Positionen. Diese Absage basiert auf der unbezweifelbaren Tatsache, daß verschiedene (auch sich widersprechende) Ableitungen für die Begründung theologischer (bzw. konfessioneller) Positionen aus der Bibel möglich sind. So ist es z.b. völlig unsachlich, wenn eine christliche Konfession der anderen vorwerfen wollte, sie habe ihre exegetischen Hausaufgaben nicht sorgfältig gemacht. Alle Konfessionen, müssen wir im Gegenzug sagen, haben ihre exegetischen Arbeiten durchaus sorgfältig ausgeführt und kommen trotzdem zu äußerst verschiedenen Ergebnissen. Aber - und hier liegt das Problem - das von mir vertretene induktive Vorgehen mittels des "Wiedererkennens" löst das soeben beschriebene Dilemma nicht vollständig. Vielmehr birgt auch dieses Vorgehen die Gefahr willkürlicher Selektion aus der Fülle der biblischen Schriften in sich. Das liegt zum Teil daran, daß induktive Schlüsse nie die Stärke der Beweiskraft von deduktiven haben. Deduktives Vorgehen hingegen ist im Hinblick auf die biblischen Schriften nicht nur aus den genannten und empirisch belegbaren Gründen fragwürdig, sondern vor allem darum, weil der direkte Schluß von biblischen stories (z.B. die Exodus-Erzählung, die Stillung des Sturmes, Maria und Marta) oder Verheißungen (z.B. an Abraham in Gen 12,1-3 oder die Heils- und Gerichtsworte in den großen Propheten) auf heutige, lebensweltliche oder glaubensmäßige Erfahrungen einfach ein "category mistake" (Gilbert Ryle) ist.

Trotzdem muß zugegeben werden, daß die Weise des Gotterkennens via Wiedererkennen der deduktiven Vorgehensweise gegenüber gewisse Nachteile hat, die am besten dadurch aufzufangen sind, daß dieser Weise auf der Ebene der Verifikation ihr distinkter Platz zugewiesen wird. Hier ersetzt sie wirklich die unberechtigten Offenbarungs-Ansprüche der deduktiven Methode des biblischen Zitierens. Letzteres mag einen gewissen Wert in der Erstellung von Lehre haben, insofern summierte biblische stories sowie Ableitungen von ihnen und auch summarische bzw. synoptische Fassungen thematischer Äußerungen in den biblischen Büchern gewiß Bausteine von Lehre geworden sind und auch werden durften[14].

3. Endlich ist die Frage zu bedenken, ob es Sinn machen könnte, von einer Erkenntnisordnung in Richtung auf das Reden von Gott in quasi-scholastischer Benennung von Stufen zu sprechen, etwa auf folgende Weise:

- Drinstehen in den story-haften Zusammenhängen der Tradition sowie zumindest die Erinnerung an den Gottesdienst (verstanden als die Kombination von nacherzählten biblischen stories mit Doxologie und Versuchen der Weltinterpretation),
- die Erinnerung daran sowie die Hoffnung darauf, daß Gott es ist, der die primäre Interpretation und Kritik der Welt und ihrer Geschichte leistet,
- die Intention, in Anbindung an andere Gläubige (Juden und Christen), die durch diese Teilhabe an der Tradition und Erinnerung an Gottes Interpretationskraft konstituierte Lebenswelt in der "Gott-Perspektive" zu sehen,

---

[14] Vgl. Anm. 3.

- die Begegnung mit "Anlässen", an denen - und sei es wider Willen - die Einsicht nicht nur in die letzte Verborgenheit der Geschichte aufbricht, sondern vor allem in die interpretative Kraft der Gegenwart Gottes im Wiedererkennen seiner früheren Interpretationen und Kritiken (bzw. Verheißungen und Gerichtsworten),
- solche Momente der "Offenbarung" ermöglichen den einzelnen Gläubigen und der Kirche (als der Matrix ihrer Gott-Perspektiven) das Reden von Mustern von Gottes Verhalten, so daß sie angesichts von Anlässen im Rückverweis auf biblische Texte sagen können: So ist Gott.

Eine solche Aufgliederung birgt freilich Probleme. Bevor man sich durch sie entmutigen läßt, wäre zu erwägen, ob nicht eine derartige oder ähnliche Aufgliederung für die Religionspädagogik durchaus nötig ist. Ihr hat sich die systematische Theologie über lange Zeit hin nur sehr zaghaft zugewendet, die biblisch-exegetische hingegen nur mit Thesen über die Art der geeignetsten Form der Präsentation oder Nacherzählung von biblischen Texten. Dabei ist es doch unbestritten, daß auch "einfach von Gott reden" gelernt sein will. Es fragt sich freilich, ob, was gelernt werden muß, auch gelehrt werden kann, ob also eine solche Stufenfolge im Interesse der Lehrbarkeit des christlichen Glaubens bzw. der Verstehbarkeit der Genese der Gott-Perspektive überhaupt sinnvoll ist[15]. Mit dieser skeptischen Frage wäre allerdings der Sinn von Theologie überhaupt in Frage gestellt.

---

[15] In der Zeitschrift "Glaube und Lernen" ist diese Problematik aufgenommen worden.

Oswald Bayer

Das Problem der natürlichen Theologie

Das Problem der natürlichen Theologie ist dem Christentum nicht einfach von außen aufgedrängt worden. Zwar ist die Frage nach der natürlichen Theologie als Frage nach dem wahren Wesen der Götter bzw. des einen Gottes - nach seiner "physis", seiner "natura" - in ihrer philosophisch-metaphysischen Fassung nicht innerhalb der christlichen Gemeinde aufgekommen, sondern stammt aus der Tradition der mythenkritischen griechischen Metaphysik. Doch ging das Christentum aus seiner innersten Mitte, dem Christusbekenntnis, heraus auf diese Frage ein (1.Kor 8,4-6; Gal 4,8). Mit ihr artikuliert sich die Universalität des Evangeliums, das nicht nur allen Menschen, sondern aller Kreatur (Mk 16,15) zu predigen ist. Jesus der Herr, ist der eine und einzige. "In keinem andern ist das Heil, ist auch kein anderer Name unter dem Himmel den Menschen gegeben, darin wir sollen selig werden" (Apg 4,12).

So scheint es sich nahezulegen, das Sein Jesu Christi als die Einheit der Wirklichkeit oder die Einheit der Wirklichkeit als das Sein Jesu Christi zu denken und dabei, was die Texte betrifft, vor allem die neutestamentlichen Christushymnen wie Kol 1,15-20, Hebr 1,1-4 und den Johannesprolog aufzunehmen. In diesem Sinne haben besonders Dietrich Bonhoeffer[1] und Karl Barth geurteilt: Jesus Christus ist das eine Wort Gottes[2]. Es gelte nicht von einem vorausgesetzten oder vorgreifenden - wenn auch noch so unbestimmten - Allgemeinbegriff auszugehen, sondern von dem Besonderen des Christusereignisses aus dessen Wahrheitsanspruch, dessen Anspruch auf universale theologische Geltung zu erweisen[3].

Gewiß kann anders als vom Besonderen des Christusereignisses aus die notwendigerweise kritische Bestimmung nicht getroffen werden. Doch fragt sich, in welchen Bezügen diese Bestimmung geschehen soll. Daß sie in solchen Bezügen und nicht von ihnen abgelöst geschehen muß, kann nicht gut bestritten werden. Denn ohne sie läßt sich nicht einmal der nötige Widerspruch artikulieren; 1.Kor 1,18-2,16, Röm 1,18-3,20 und Apg 17 belegen dies. Nur eine aus allen Lebens- und Leidenszusammenhängen herausspringende apriorische christologische Konstruktion könnte sich, weil sie alles aus sich herausspinnt und umgreift, eine splendid isolation leisten. Eine solche Konstruktion implizierte eine jedenfalls als Gedankenexperiment unternommene annihilatio mundi: Alles muß vernichtet und gottlos gemacht werden, damit alles neu, durch Jesus Christus als das eine Wort Gottes, rekonstruiert werden kann.

---

[1] Dietrich BONHOEFFER, Ethik (1949) 1963, 210: "Es gibt nicht zwei Wirklichkeiten, sondern nur eine Wirklichkeit, und das ist die in Christus offenbargewordene Gotteswirklichkeit in der Weltwirklichkeit." Dazu: Oswald BAYER, Christus als Mitte. Bonhoeffers Ethik im Banne der Religionsphilosophie Hegels?; in: ders., Leibliches Wort. Reformation und Neuzeit im Konflikt, Tübingen 1992, 245-264.

[2] Barmen I; KD IV/3,§ 69.

[3] Vgl. Eberhard JÜNGEL, Gott als Geheimnis der Welt. Zur Begründung der Theologie des Gekreuzigten im Streit zwischen Theismus und Atheismus, Tübingen (1977) 1992, X.

Blickt man auf die geschichtlich gegebenen Möglichkeiten, die sich zur Artikulation einer "rein" christologischen Argumentation anbieten, dann könnte sich eine solche nur der Religionsphilosophie Hegels anschließen - mit welchen Modifikationen auch immer. Wenn jedenfalls Karl Barth von seiner Bearbeitung des Problems der natürlichen Theologie im Bezug auf sein berühmtes gegen Emil Brunner 1934 gesprochenes "Nein"! 1961 urteilt: "Später holte ich dann die theologia naturalis via Christologie wieder herein"[4], dann ist es unumgänglich, die auf dem Wege der Christologie rehabilitierte natürliche Theologie auf ihren Zusammenhang mit der Religionsphilosophie Hegels hin zu untersuchen und zu prüfen, was sie theologisch leistet, aber auch: worin sie problematisch ist.

Die Bearbeitung des Problems der natürlichen Theologie hat bei Hegel, durch Lessing und Kant angebahnt, eine Wende genommen, die in ihrer Bedeutung nicht überschätzt werden kann. Vor dieser Wende hatte die natürliche Theologie zum Thema, was vor den Offenbarungswahrheiten - ihnen gleichsam voraus - lag: die Vernunftwahrheiten, klassisch dokumentiert in dem 1754 erschienenen Buch "Die vornehmsten Wahrheiten der natürlichen Religion" von Hartmann Samuel Reimarus (1694 - 1768). Diese Wahrheiten sind das "Dasein Gottes, die Abhängigkeit der Welt von Gott, die Manifestation der Eigenschaften Gottes in der Natur; de(r) Dualismus von Leib und Seele und die Bestimmung des Menschen zur höchsten Vollkommenheit, die einem vernünftigen Sinnenwesen möglich ist; die besondere Vorsehung Gottes für den Menschen und deren Verteidigung in einer Theodizee; die Unsterblichkeit als das Medium, das dem Tugendhaften den Aufstieg zu höherer Glückseligkeit erlaubt, als ihm in dieser Welt erreichbar ist"[5]. Von diesen Vernunftwahrheiten strikt gesondert sind "Sünde, Schuld, Gnade und Erlösung"; "sie gehören in die positive Religion"[6].

Eine solche Trennung hat, jedenfalls als Unterscheidung, ihre Entsprechung bei den Theologen. Eine lutherische Dogmatik wie die des David Hollaz kennt vor den reinen Glaubensartikeln die articuli mixti, die auch der Vernunft zugänglich sind: Es ist die Lehre von der Existenz, der Macht und Güte Gottes im Zusammenhang seiner Schöpfung, Erhaltung und Regierung der Welt[7]. Davon unterschieden sind jene Teile der christlichen Lehre, die von den göttlichen "Geheimnissen"[8] wie der Menschwerdung und des Sühnetodes, der Taufe und des Abendmahls handeln.

---

[4] Karl BARTH, Ein Gespräch in der Brüdergemeine. Protokoll des Gespräches zwischen Prof. Dr. Karl Barth und Vertretern der Brüdergemeinde; in: Civitas praesens, Nr. 13, Mai 1961 (Sondernummer), 7f.

[5] Günter GAWLICK, Hermann Samuel Reimarus; in: Die Aufklärung (Gestalten der Kirchengeschichte, hg.v. M. Greschat, Bd. 8), Stuttgart u.a. 1983, (299-311) 300.

[6] A.a.O., 302.

[7] Vgl. Friedrich MILDENBERGER, Der Glaube als Voraussetzung für ein wahres Denken Gottes. Zu Kant und dem Problem von Theologie und Ökonomie, NZSTh 32 (1990) 143-165,152, Anm. 40.

[8] A.a.O., 152 ("wobei man in Anlehnung an 1.Tim 3,16 und andere biblische Texte von den göttlichen Geheimnissen sprach, die die Vernunft nicht fassen kann"). "Articuli fidei puri sunt partes doctrinae Christianae de mysteriis divinis captu rationis humanae sibi relictae superioribus, divinitus tamen revelatis" (David Hollaz, Examen theologicum acroamaticum (1707), Nachdruck Darmstadt 1971, I, 57).

Die besagte Wende nun zeigt sich zunächst bei Lessing. In der Thesenreihe "Die Erziehung des Menschengeschlechts" (1789) heißt es im Bezug auf die Trinitätslehre (§73), die Lehre von der Erbsünde (§74) und die Satisfaktionslehre (§75): Die "Ausbildung geoffenbarter Wahrheiten in Vernunftwahrheiten ist schlechterdings notwendig" (§76). Die Offenbarungswahrheiten werden jetzt nicht mehr den Vernunftwahrheiten gegenübergestellt, sondern von der Vernunft so eingeholt, daß sie selbst zu Vernunftwahrheiten werden. Die Offenbarung wird durch die Vernunft erhellt (§36).

Seinen Nachfolger - wenn auch nicht in der materialen Bearbeitung im einzelnen, so doch in der Methode - hat Lessing in Kant. Dessen Schrift "Die Religion innerhalb der Grenzen der bloßen Vernunft" (1793) befaßt sich nicht etwa mit Gottes Existenz, der Kontingenz der Welt oder der Providenz, sondern mit der Sünde, der Christologie, Soteriologie, Ekklesiologie samt den Gnadenmitteln Gebet, Gottesdienst, Taufe und Abendmahl, "also gerade mit den Stücken der Dogmatik, die üblicherweise der Offenbarungstheologie vorbehalten"[9] waren. Die Vernunft stößt sich von der Geschichte nicht mehr ab - wie es in ganz entschiedener Weise Reimarus getan hatte[10]. Die Vernunft sucht vielmehr, sich der Geschichte zu bemächtigen, sie einzuholen, jedenfalls: sie in ihrer Vernünftigkeit zu erweisen, noch genauer: die in ihr steckende Vernunft herauszufinden und zu identifizieren.

Bei Hegel kommt der von Lessing und Kant eingeschlagene Weg zur Vollendung. Das Kreuz wird "vernünftig", indem der historische Karfreitag spekulativ erfaßt, zum spekulativen Karfreitag und die Auferstehung Jesu Christi zur negatio negationis wird[11]; die concreta des Seins Jesu Christi werden unter der Hand zu abstracta[12] - zu Allgemeinbestimmungen, die die Wirklichkeit als ganze und eine sagen.

In einer solchen natürlichen Kreuzestheologie - theologia crucis naturalis - ist das Problem der alten natürlichen Theologie, sofern es durch die konstitutive Unterscheidung oder gar Trennung von Vernunftwahrheiten und Offenbarungswahrheiten gekennzeichnet war, verschwunden. Die mit der alten natürlichen Theologie verbundene Intention auf Universalität aber ist durchaus bewahrt. Ja, sie ist in ganz neuer Weise zur Geltung gebracht - so, daß erreicht wurde, was allein das Denken befriedigen zu können scheint: Einheit und Stimmigkeit.

Der Charakter und die Leistung dieser neuen - nachchristlichen - natürlichen Theologie lassen sich auch im Bezug auf das Begriffspaar "theologia" und "oikonomia" bezeichnen. Seit dem 4. Jahrhundert, vor allem seit Euseb von Caesarea, gilt als "Theologie", unterschieden von der "Ökonomie", die Lehre von Gott selbst. "Ökonomie" dagegen meint die Ausführung von Gottes Heilsplan, sein Heilshandeln, konzentriert

---

[9] MILDENBERGER, a.a.O. (s.o. Anm. 7), 152.

[10] Vgl. Oswald BAYER, Autorität und Kritik. Zu Hermeneutik und Wissenschaftstheorie, Tübingen 1991, (117-124: Das Wort vom Kreuz) 119f (Anm. 10 und 11).

[11] A.a.O., 120, Anm. 13 und 14.

[12] Vgl. Martin LUTHER, De divinitate et humanitate Christi (1540): WA 39 II,93, 2-19. Vgl. Oswald BAYER, Leibliches Wort, a.a.O. (s.o. Anm. 1), (289-305: Tod Gottes und Herrenmahl) 303.

auf seine Menschwerdung und seinen Tod am Kreuz, also das, was in der Zeit der Aufklärung vor Lessing und Kant als "Geheimnisse"[13] und Offenbarungswahrheiten von den Vernunftwahrheiten der natürlichen Theologie unterschieden wurde.

Die neue Gestalt der natürlichen Theologie, wie sie sich nach Lessing und Kant bei Hegel vollendet, läßt sich nun so beschreiben, daß in ihr die alte Unterscheidung von Theologie und Ökonomie aufgehoben ist - aufgehoben in die eine Christuswirklichkeit. Ganz im Sinne der Hegelschen Religionsphilosophie urteilt Dietrich Bonhoeffer: "Es gibt (...) nur eine Wirklichkeit, und das ist die in Christus offenbargewordene Gotteswirklichkeit in der Weltwirklichkeit"[14]. Dem theologischen Typus nach dasselbe vertritt auch Karl Barth, indem er von Jesus Christus als dem einen Wort Gottes aus das in der Tradition der natürlichen Theologie bewahrte Problem vor allem in seiner "Lichterlehre" in KD IV/3 so beantwortet, daß er "die theologia naturalis via Christologie wieder hereinholt"[15].

Hegel und Barth haben mit aller Entschiedenheit und Konsequenz die Differenz von Theologie und Ökonomie, besser gesagt: von allgemeiner Gotteserfahrung und christlicher Heilserfahrung, aufzuheben versucht. Eine vergleichbare Aufhebung hat Schleiermacher geplant, sie aber nicht verwirklicht; die Zeit sei dazu, wie er an Lücke schreibt, noch nicht reif[16].

So verzichtet er auf eine christologische Rekonstruktion bzw. Konstruktion der gesamten Glaubenslehre und beläßt es bei der Zweiteilung, die der Leitsatz des § 29 der Glaubenslehre so bezeichnet: "Wir werden den Umfang der christlichen Lehre erschöpfen, wenn wir die Tatsachen des frommen Selbstbewußtseins betrachten zuerst so, wie der in dem Begriff der Erlösung ausgedrückte Gegensatz sie schon voraussetzt, dann aber auch so, wie sie durch denselben bestimmt sind". Dementsprechend bietet der Glaubenslehre erster Teil die "Entwicklung des frommen Selbstbewußtseins, wie es in jeder christlich frommen Gemütserregung immer schon vorausgesetzt wird, aber auch immer mit enthalten ist". Darin erhält Schleiermacher einen prominenten Nachfolger - in Rudolf Bultmann, der in seiner Darstellung der Theologie des Paulus mit der Thematisierung der (formal-ontologischen) anthropologischen Begriffe einsetzt[17].

Damit ist das Anliegen der alten natürlichen Theologie, freilich in sehr verwandelter Form, aufgenommen - ganz anders allerdings als bei Hegel und Barth. Ein Einheitsdenken herrscht auch bei Schleiermacher und Bultmann. Doch wird es nicht in einer spekulativen Ausweitung der Ökonomie gewonnen. Es geht ihnen nicht um eine fundamentalanthropologische Einheit, die bei Schleiermacher letztlich im schlechthin-

---

[13] Vgl. den neutestamentlichen Sprachgebrauch, vor allem Eph 3,9 (οἰκονομία τοῦ μυστηρίου), Eph 1,9f und IgnEph 18,2. s. weiter o. Anm. 8.

[14] Dietrich BONHOEFFER, 1963, 210 (DBW VI, 1992, 43).

[15] Vgl. o. Anm. 4.

[16] Friedrich SCHLEIERMACHER, Zweites Sendschreiben an Lücke, SW I/2, Berlin 1836, 605-653.

[17] Für den genauen Nachweis: Oswald BAYER, Entmythologisierung? Christliche Theologie zwischen Metaphysik und Mythologie im Blick auf Rudolf Bultmann, NZSTh 34 (1992) 109-124,122.

nigen Abhängigkeitsgefühl[18] liegt. Hatte der Deismus die natürliche Religion der alle Menschen betreffenden Vernunftwahrheiten auch historisch den konkreten positiven Religionen vorausliegend angenommen, so bewahren Schleiermacher und Bultmann die in solchem Konstrukt sich bekundende Intention auf Universalität so auf, daß sie nach einer - wenn auch nicht ontisch-faktischen, so doch formal-ontologisch notwendig zu denkenden - anthropologischen Einheit fragen, die den Übergang vom Unglauben zum Glauben bzw. vom Bewußtsein der Sünde zum Bewußtsein der Gnade verständlich macht. Das "Kerygma ist als Kerygma nur verständlich, wenn das durch es geweckte Selbstverständnis als eine Möglichkeit menschlichen Selbstverständnisses verstanden wird"[19].

Der Unterschied zwischen Schleiermacher und Barth mag noch so groß sein - im Einheitsdenken entsprechen sie sich[20]. Während Schleiermacher freilich die Einheit anthropologisch faßt - als die eine Grundbefindlichkeit -, faßt sie Barth christologisch: Jesus Christus ist das eine Wort Gottes.

Ist denn aber vom Bekenntnis zu Jesus als dem einen und einzigen Herrn her die Einheit Gottes nicht nur zu bekennen, sondern auch zu denken? Dies kann nur im Sinne von 1.Kor 8,4-6 geschehen und im Sinne des Gebetes der Jesaja-Apokalypse: "Es herrschen wohl andere Herren über uns als du, aber wir gedenken doch allein dein und deines Namens" (Jes 26,12). Der Rechtsstreit Jahwes mit anderen Göttern darf auch von der Systematischen Theologie nicht durch einen abstrakten Monismus überspielt werden. Es geht um die Geltung des ersten Gebotes: "Ich bin der Herr dein Gott, du sollst keine anderen Götter neben mir haben." Die anderen Götter haben gleichwohl ihre Realität in ihren Versprechungen und Verlockungen, als jeweiliges fascinosum und tremendum - als Macht, die ihnen vom *cor fingens* des Menschen gegeben ist.

Die im Bekenntnis angesprochene Einheit Gottes läßt sich nur glauben, sie läßt sich nicht denken - wenn dies hieße, die Einheit Gottes als eine Idee im Erinnerungs- und Hoffnungsschatz der Erkenntnis zu besitzen, um sie nach Belieben hervorholen zu können. Sie ist keine Information, die man abrufen kann. Die Frage ist, ob das, was geglaubt wird, allein geglaubt werden kann oder auch sich denken läßt - und, wenn ja, wie? Gottes Einheit ist jedenfalls nicht als Idee erinnerbar oder konstruierbar. Sie ist faktisch umstritten. Auch das Denken kann über diese Situation des Konfliktes und Kampfes des einen Gottes mit den vielen Göttern nicht hinausgehen. Diese Situation muß auch im Denken und in der Theologie und in der Gestalt einer Systematischen Theologie sichtbar sein und wahrgenommen werden. Die Unterscheidung von Gesetz

---

[18] Dies ist eine formal-ontologische Bestimmung, die immer nur in ontischen Konkretionen - konkret-geschichtlich ausgeformt - begegnet. Als fundamentalanthropologische Einheit aber muß sie nach Schleiermacher jedenfalls gedacht - "angenommen", "vorausgesetzt" - werden.

[19] Rudolf BULTMANN, Theologie des Neuen Testaments, 3.A. 1958, 589 (Epilegomena). Dazu: Entmythologisierung?, a.a.O. (s.o. Anm. 17), 121f.

[20] Schleiermacher ist freilich insofern vorsichtiger als Barth, als er für den Hauptteil seiner Glaubenslehre den Gegensatz des Bewußtseins der Sünde und der Gnade konstitutiv sein läßt, während Barth monistisch verfährt.

und Evangelium, um die es dabei geht, läßt sich nicht auf die Idee der Einheit von Evangelium und Gesetz hin überfliegen.

Redet man im Zusammenhang von Gesetz und Evangelium, Leben und Tod, Gericht und Gnade von einer "Einheit", dann muß deutlich sein, daß diese streng eschatologisch gemeint ist.

Der diakritische Punkt in der Behandlung des Problems der natürlichen Theologie ist die Frage nach der Unterscheidung von Gesetz und Evangelium bzw. nach der Einheit von Evangelium und Gesetz.

Gerhard Sauter

"Einfaches Reden von Gott" als Gegenstand der Dogmatik

Kürzlich fragte mich ein amerikanischer Kollege: "Wie kommt es, daß so viele Theologen heutzutage, in Europa und in den USA, von vornherein bestreiten, daß Menschen unbefangen einfach von Gott reden können? Unzählige Christen tun dies doch in aller Welt -haben sie keinen Grund, kein Recht dazu? Müssen sie sich erst einer Generalreinigung ihrer Vorstellungen unterziehen, um dann, vielleicht, wieder von Gott reden zu können?"

I.

Einfach von Gott reden: damit setzt *Friedrich Mildenberger* in seiner Dogmatik ein[1]. Die "einfache Gottesrede" findet er beispielsweise in der gottesdienstlichen Doxologie, im Gebet und beim Bibellesen vor. Was sich aus ihr und in ihrem Umkreis als Reden von Gott ergibt, will er vor drohender Unklarheit oder Unordnung bewahren und auf Gott selber ausrichten. Die einfache Gottesrede soll von wissenschaftlicher Theologie unterschieden und nicht aus ihr abgeleitet werden (14). Das trifft den Nerv alter und neuer theologischer Orthodoxie, die meint, Gott der "Welt" erst *einreden* zu müssen (vgl. 84). Theologie kann aber - so fährt Mildenberger fort - die Wahrheit des Redens von Gott auch nicht *vordenken* wollen, schon gar nicht, indem sie zu einer Argumentation überredet (und sei sie noch so kritisch), vor der es kein Entrinnen gibt (15).

Was kann eine Dogmatik leisten, die Glaubenswahrheit nicht reflektierend hervorbringt, sie auch nicht nur nachdenkt, sondern sich einem Geschehen stellt, das sie mit keinem Kunstgriff meistern kann? Sie setzt sich ihm aus, und zwar nicht im Interesse der oft beschworenen "Unverfügbarkeit" der "Sache der Theologie", sondern indem sie auf die Lebenszusammenhänge achtet, in denen sich die Wahrheit verwirklicht, der die Theologie verpflichtet ist (15). Die Frage nach der Wahrheit theologischen Redens darf von diesem alltäglichen Konnex nicht absehen.

Mildenberger sieht deshalb die Dogmatik auf ein "vielfältiges Kommunikationsgeschehen" (24) verwiesen: auf die pragmatische Dimension des christlichen Glaubens, den Sprachzusammenhang, in dem sich die Verständigung aus Glauben und auf Glauben hin vollzieht. Dazu rechnet Mildenberger das kirchliche Leben und hier an hervorragender Stelle die "Erfahrung mit der Schrift" im Bibellesen und den gottesdienstlichen Kontext solcher Erfahrung (67ff.). Im Blick darauf schreibt er eine "Biblische Theologie in dogmatischer Perspektive". Mit ihr will er die "Indirektheit" des theologischen Wahrheitsanspruches bedenken: "Nicht allein das Gelingen der theologischen Argumentation [n.b. die weit mehr als die vielgeschmähte 'theologische Richtigkeit' ist!] kann den theologischen Wahrheitsanspruch zur Geltung bringen. Nur wenn die einfache Gottesrede als das die Glaubensgemeinschaft stiftende und erhaltende Geschehen weitergeht, bleibt ihr der Gegenstand, auf den sie sich bezieht" (42).

---

[1] Friedrich MILDENBERGER, Biblische Dogmatik. Eine Biblische Theologie in dogmatischer Perspektive, I: Prolegomena. Verstehen und Geltung der Bibel, Stuttgart/Berlin/Köln 1991, Einführung. Die Seitenverweise im Text beziehen sich auf diesen Band.

Damit geht Friedrich Mildenberger zu seinem Kerngedanken über: der gelingenden Kommunikation als "Geistgeschehen". Dazu möchte ich später einige Überlegungen beisteuern. Zuvor aber sei das Stichwort "Indirektheit" aufgenommen und auf den Gegenstand der Dogmatik bezogen. Denn hier tritt Mildenberger m.E. in einen wichtigen Gesprächsgang neuerer evangelischer Theologie ein, den er mit seiner Unterscheidung von einfacher Gottesrede und wissenschaftlicher Theologie zu klären hilft.

II.

Die Frage nach dem Gegenstand der Dogmatik bzw. der Theologie als ganzer hat mit *Friedrich Schleiermacher* eine neue Wendung genommen - verglichen mit der Unbefangenheit, in der die mittelalterliche Theologie "subiectum" als Gegenstandsfeld verstand, über die zusammenhängende und -stimmende Aussagen möglich sind, oder gar gemessen daran, wie Martin Luther den Gegenstand der Theologie umschrieb: Gottes richtendes und rettendes Handeln, in dem Gott selber offenbart, wer er ist, indem er dem Menschen auf den Kopf zusagt, was er ist, um ihn nicht dabei zu belassen, sondern ihn in seine, Gottes, Gerechtigkeit hineinzuziehen[2]. Gegenstand der Theologie ist weder Gott an sich oder der Mensch abgesehen von Gottes Handeln, das an ihm geschieht und das ihn immer wieder von neuem bestimmt. Die Theologie hat also nicht ein Verhältnis zu Gott zu ihrem Gegenstand, oder eine Gottesbeziehung, auf die sie rekurrieren, an die sie appellieren oder von der sie als unbestreitbarer Voraussetzung ausgehen könnte.

Schleiermachers Glaubenslehre beruht dagegen auf einer "Vorgabe": der Frömmigkeit, die in ihrem religiösen Gegebensein ihren Bestand hat, nicht auf andere Gründe zurückzuführen und auch nicht in der Rekonstruktion ihre Ursprungs zu ergründen ist. Sie ist als gegeben anzunehmen, also weder aus einer religionsphilosophischen Reflexion noch aus einer wissenssoziologischen Erklärung (d.h. als Ausdruck eines Weltverhaltens) abzuleiten. Auf dieser Vorgabe ist die Glaubenslehre aufgebaut. Deren Konstitution berührt sich jedoch, im Unterschied zur religiösen Vorgabe, mit dem Gegenstand bzw. dem Gegenstandsfeld anderer, der Theologie benachbarter Wissenschaften. Was in einer Lehre, d.h. für eine Glaubensgemeinschaft gesagt werden soll, muß historisch, ethisch und religionsphilosophisch erfaßt werden. Nur so wird der Lehrbestand als empirische Voraussetzung der Dogmatik verständlich. Lehre läßt sich jedoch nicht einfach fortschreiben, allenfalls erweitert durch aktuelle Zusätze. Sie muß vielmehr von Grund auf entwickelt und das heißt: konstruktiv gewonnen werden. Überlieferte Begriffe und Aussagenkomplexe sind als Ausdrucksmaterial anzusehen, als solche sind sie hilfreich, um sich von neuem auszudrücken, aber sie vermitteln keine Lehr-Autorität[3]. Darum gilt es vorab zu erklären, was "christlicher Glaube" als greifbarer

---

[2] Martin LUTHER, Enarratio Psalmi LI (1538). WA 4O/II, 328,17-20: "Nam Theologiae proprium subiectum est homo peccati reus ac perditus et Deus iustificans ac salvator hominis peccatoris. Quicquid extra hoc subiectum in Theologia quaeritur aut disputatur, est error et venenum."

[3] Ähnlich verfahren heute nordamerikanische Theologen, die an einer "konstruktiven Theologie" arbeiten, z.B. der Autorenkreis von "Christian Theology: An Introduction to its Traditions and Tasks", hg.v. Peter C. Hodgson und Robert H. King, Philadelphia 2.A. 1985; vgl. dazu G. SAUTER und Caroline SCHRÖDER, Was bewegt die nordamerikanischen Theologie? Anstöße, Alternativen und Aufgaben theologischer Lehre in den USA: Verkündigung und Forschung 38 (1993/2) 35-55, hier 42ff.

Lehrgegenstand heißt, und die Methode der Glaubenslehre muß erläutert werden, bevor die "Entwicklung des frommen Selbstbewußtseins" und alles, was ihm zugrunde liegt, beschrieben werden kann.

Diese Beschreibung folgt einem organisierenden Prinzip: Die Äußerungen des frommen Selbstbewußtseins werden in Aussagen gefaßt, die - unter allem Vorbehalt der philosophischen Unbegreiflichkeit dessen, was im Glauben zu sagen ist - als Sätze über Gott, Mensch und Welt gelten können und so der Verständigung zwischen Menschen dienen[4]. Die kirchliche Lehrüberlieferung wird dafür nur soweit herangezogen, wie sie zu demonstrieren hilft, was der christliche Glaube nach unter kritischer Prüfung heute aussagen kann. Der Rückgriff auf die Überlieferung soll zugleich den einzelnen Glaubenden davor bewahren, sein frommes Selbstbewußtsein durch ein Gespräch bloß mit sich selber und seinen Zeitgenossen gewinnen zu wollen. Vielmehr bedarf der christliche Glaube des Wissens um seine weitläufigen geschichtlichen und sozialen Beziehungen, in denen er steht, und er bewährt sich darum in wissenschaftlicher Form, d.h. als Glaubens*lehre, im Medium öffentlicher Verständigung.*

Schleiermacher ist davon überzeugt, daß mittels einer methodisch geregelten Konstitution der Glaubenslehre deren Gegenstand in gewisser Hinsicht repräsentiert werden kann, ohne daß er durch Reflexion hervorzubringen oder durch irgendwelche Handlungen, sozusagen tätlich, herbeizuführen wäre.

Ein solcher Gegenstand kann freilich nicht Gott selber sein, sondern das Werden des Menschen im Zeichen der Erlösung. Die *religiöse Subjektivität* ist im Werden begriffen und bringt dieses Werden samt seinen Bedingungen zur Sprache. So wird sie zu dem *Phänomen*, auf das sich die Glaubenslehre beziehen kann. Diesen Gegenstand will Schleiermacher in den Aussagen über Gott, Welt und Mensch, die aus den Äußerungen des frommen Selbstbewußtseins gewonnen werden, vollständig abbilden[5]. Aufgabe der Dogmatik ist es, diese Aussagereihen bis zu dem ihnen zugrunde liegenden religiösen Selbstbewußtsein zurück zu verfolgen und sie von neuem zu entwickeln. Das Selbstbewußtsein soll also als Organ von Glaubensaussagen über Gott, Welt und Mensch erneut zu Worte kommen, und die Formulierung dieser Aussagen ist unter bestimmten logischen und methodischen Kriterien zu prüfen.

In der Beschreibung dieses Vorgehens wird nun auch die *Glaubenslehre* selber zum *beschreibbaren Gegenstand*, gleichsam als Bewegungsapparat des ausgesprochenen Glaubens. Durch die der Glaubenslehre vorangestellten "Lehnsätze" aus der Ethik, Religionsphilosophie und Apologetik kann die Dogmatik gleichsam von außen zur Anschauung gebracht werden, ohne daß der Standpunkt des Glaubens verlassen werden müßte. Zugleich will Schleiermacher mit diesem Außenaspekt zeigen, daß die Dogmatik nicht am Nullpunkt anfangen muß, um das, wovon sie redet, zuallererst einzuführen.

Die Bestimmungen der Dogmatik seit Schleiermacher sind in der Regel Umschrei-

---

[4] Friedrich SCHLEIERMACHER, Der christliche Glaube, 2.A. 1830, §§ 16.18.31.

[5] F. Schleiermacher, a.a.O., §§ 3.15.17.31.

bungen, die offenlassen bzw. geradezu offenhalten, inwiefern ein Gegenstand der Dogmatik in den Blick kommen kann und welcher Art dieser Gegenstand ist. Auf die Auffassungen von Thema, Aufgabe und Verfahrensweise der Dogmatik übt jedoch die Konstitutionsfrage, wie Schleiermacher sie aufgeworfen hat, einen bemerkenswerten Einfluß aus, wie auch die häufigen Bezugnahmen und Auseinandersetzungen mit seiner Glaubenslehre zeigen.

R. Rothe etwa denkt an das "evangelisch-christliche Bewußtsein, welches die evangelische Dogmatik zu analysiren und begrifflich darzustellen hat"[6]. A. Schweizer führt einen bei Schleiermacher angedeuteten Gesichtspunkt aus, indem er die Kirche als den Raum zur Verständigung über den Glauben auffaßt: "Die Glaubenslehre schöpft ihren Stoff aus dem von christlicher Erfahrung durchgebildeten frommen Selbstbewußtsein; denn zugegeben auch, daß die innerste Wurzel des Glaubens eine Bestimmtheit des unmittelbaren Selbstbewußtseins sei, kann doch jeder nur sein eigenes unmittelbar kennen, desjenige aller Andern aber welche mit ihm die Kirche bilden, nur mittelst der Äußerungen des Glaubens. Das ganze Gebiet der evangelisch christlichen Erfahrung in der Kirche muß daher angefragt und benutzt werden, soweit immer es die fromme Bestimmtheit des Selbstbewußtseins erregt und ihm als Ausdruck dient"[7]. Doch wie verhalten sich Glaubensäußerungen zu der Realität, auf die sich der ausgesprochene Glaube gründet? Der Erlanger F. H. R. Frank will mit dieser Frage die Grenzen des Christentums verdeutlichen und sie zugleich überschreiten: "Die christliche Wahrheit ist der Complex aller der Realitäten welche von dem Christen erkannt werden als auf die Herstellung einer Menschheit Gottes bezüglich, dieses Ziel als realisirtes inbegriffen, woraus denn zugleich sich entnehmen läßt, inwieweit die natürliche Wahrheit in das Gebiet der christlichen hineinfällt"[8]. R. Seeberg schreibt dementsprechend der Dogmatik die Aufgabe zu, den notwendigen Zusammenhang aller "überlieferten religiösen Ideen, Ideale und Urteile mit dem neuen Willensverhältnis" des religiösen Subjektes und seinem "Urgrund" aufzuweisen; derart soll der unvermittelte Charakter der Frömmigkeit durch die geschichtlichen Vermittlungen hindurch ergründet und der Inhalt der individuellen Frömmigkeit allgemeingültig dargelegt werden[9].

Von hier aus ist es nur ein Schritt zur Aufgliederung in einen äußeren und inneren Gegenstandsbereich, wie M. Kähler sie vornimmt: "Das Christentum ist der zunächst erkennbare Gegenstand der Theologie; es fordert eine besondre Wissenschaft, weil sein Verständnis durch seinen Besitz bedingt ist. Dasjenige aber im Christentume, was ohne persönliches Christentum nicht erfaßt werden kann und was den eigentlichen Gegenstand der Theologie ausmacht, ist die religiöse Erkenntnis des in Christo offenbaren Gottes aus seinen Taten und Wirkungen"[10]. Der "eigentliche" Gegenstand der Dogmatik ist nur indirekt zugänglich.

---

[6] Richard ROTHE, Dogmatik, hg.v. Daniel Schenkel, I, Heidelberg 1870, 1.

[7] Alexander SCHWEIZER, Die Christliche Glaubenslehre nach protestantischen Grundsätzen I, Leipzig 2.A. 1877, 39.

[8] Franz Hermann Reinhold FRANK, System der christlichen Wahrheit I, Erlangen 2.A. 1885, 44; vgl. 1.

[9] Reinhold SEEBERG, Christliche Dogmatik I, Erlangen/Leipzig 1923, 227f.

[10] Martin KÄHLER, Die Wissenschaft der christlichen Lehre, von dem evangelischen Grundartikel aus im Abrisse dargestellt, Leipzig 3.A. 1905 = Neukirchen 1966, 5.

Die gewundenen Formulierungen zeigen an, wie verfänglich die Frage nach dem Gegenstand der Dogmatik geworden ist - und damit auch die Frage nach dem Gegenstand der Theologie überhaupt, denn meistens sieht sich nur die Dogmatik vor diese Frage gestellt, während die anderen theologischen Disziplinen von der Reputation der historischen Wissenschaften zehren (heute wären die Sozialwissenschaften hinzunehmen). Kähler wagt es, von religiöser *Erkenntnis* zu reden, und dann wird die Frage nach dem Gegenstand dieser Erkenntnis unumgänglich; Kähler beantwortet sie im Blick auf Gottes Handeln, in dessen Bezeugung die Christen zu allen Orten und zu allen Zeiten zusammenstimmen. Die anderen genannten Theologen beschränken sich auf mehr oder minder vage Hinweise auf Geschichtlichkeit und Erfahrung - eine genauere Untersuchung des zeitgenössischen Sprachgebrauches würde zeigen, daß damit das Vermittlungsproblem anvisiert wird: Einerseits soll dem genuinen religiösen Erleben entscheidende Bedeutung zukommen - andererseits wird betont, daß solches ursprüngliches Erleben nie unvermittelt entstehen kann, sondern daß es aus der Christentumsgeschichte schöpft oder sich durch sie so anregen läßt, daß es wie eine Quelle von neuem sprudeln kann. Dies alles ist ein Hin und Her von Postulaten und Herkunftsansprüchen, ein teilweise verzweifelter oder doch zumindest angestrengter Versuch, Voraussetzungen namhaft zu machen, die zwar nicht allgemein anerkannt, so doch wenigstens plausibel sein mögen. Allenthalben wird die Sorge spürbar, die Dogmatik könne gegenstandslos werden, wenn sie keinen habhaften Gegenstand aufweisen kann - aber allzu greifbar darf dieser Gegenstand dann seinem "Wesen" nach doch wieder nicht sein!

III.

Karl Barth will die Verknotungen, die sich hier gebildet haben, mit einem Schlage beseitigen. In seiner ersten veröffentlichen Dogmatik, den Prolegomena zur christlichen Dogmatik (1927), zieht er kritische Bilanz aus den von ihm als typisch empfundenen Definitionen der Dogmatik seit Schleiermacher, von denen ich eben einige aufgeführt habe: "Die Gemeinsamkeit aller dieser Bestimmungen dürfte bei allen ihren Verschiedenheiten in der Mehrbetonung des subjektiven oder objektiven Momentes nicht zu verkennen sein. Das Faktum, auf das sich das Dogma und die Dogmatik nach ihnen allen bezieht, ist irgendwie die christliche *Sache* selbst, die Beziehung von Gott und Mensch, von der die christliche Rede redet."

Barth tritt statt dessen dafür ein, "eine scheinbar oder wirklich tiefere Ebene" aufzusuchen "und als jenes Faktum nur die christliche *Rede* als solche, die christliche Rede als kirchliche Verkündigung namhaft" zu machen[11].

Angriffspunkt ist also nicht etwa der Rekurs auf die religiöse Subjektivität, sondern die Annahme, die Dogmatik habe es mit der "christlichen Sache selbst" zu tun. (Wer mit dem damals zeitgenössischen Sprachgebrauch vertraut ist, wird unwillkürlich an die

---

[11] Karl BARTH, Die christliche Dogmatik im Entwurf I: Die Lehre vom Worte Gottes. Prolegomena zur christlichen Dogmatik, hg.v. G. Sauter, Zürich 1982, 48.

phänomenologische Losung "Zu den Sachen selbst!" denken, dem Kampfruf gegen alle Konstruktivität. Barth schließt sich jedenfalls hier dieser Parole nicht an.) Barth stellt diesem Rekurs auf die Sache - die Wirklichkeit, die den Glauben bewirkt - die christliche Rede in Gestalt der kirchlichen *Verkündigung* gegenüber. Auf sie trifft die Dogmatik. Indem die Dogmatik von der Verkündigung ausgeht (im Unterschied zu der ihr nur in diesem Medium zugänglichen, und zwar höchst eigentümlich begegnenden, "Sache"), erklärt sie die *Verkündigung* zu ihrem *Gegenstand*.

Dogmatik befragt die der Kirche aufgetragene Verkündigung auf das hin, was ihr zugrunde liegt, was ihr jedoch nicht als irgendein fernes Ziel, als eine Norm, als ein Ideal vorgegeben ist, sondern was in der Erfüllung der Predigtaufgabe als Geschehen der Offenbarung, als Kommen Gottes in unsere Welt in Erscheinung tritt. In der Predigt macht sich in unergründlicher Weise, im Aussprechen eines letzten Geheimnisses, Gott selber in seinem wirkenden Wort vernehmbar. Dies "zeigt" die christliche Rede als Predigt, darum ist sie ein "Phänomen", und nur als ein solches Phänomen kann sie Gegenstand der Dogmatik sein - nicht etwa Gott, der in der Predigt zu Wort kommen will, und nicht der Glaube, der durch diese Predigt erst entsteht und von ihr immer wieder neu aufgerichtet wird.

Wenn Barth diese Gegenstandbestimmung zu einer intentionalen Erklärung erweitert, wird vollends deutlich, daß der Inhalt der Dogmatik sich jeder Beschreibung zu entziehen droht: "Der Sinn und die Möglichkeit, der Gegenstand der Dogmatik, ist nicht der christliche Glaube, sondern das Wort Gottes"[12].

Theologischer Aussagen bedarf es wegen des Mitteilungscharakters der kirchlichen Verkündigung, nicht etwa um der Selbstverständigung des glaubenden Menschen und um seiner Verständigung mit anderen Glaubenden willen. Diese Verkündigung sagt aber nicht etwas aus, sondern sie spricht dem Menschen etwas zu: das Ja Gottes für den Menschen, der in der Ferne von Gott lebt. Darum schärft Barth ein, daß die Dogmatik nicht selbstverständlich zum Glaubensvollzug gehört; sie ist im Gegenteil ein Wagnis, weil sie es mit dem Unterfangen zu tun hat, von Gott zu reden - und das kann kein Mensch von sich aus unternehmen. Welch unmögliche und unerschöpfliche Aufgabe! Jede Arbeitsanweisung kann nur die Bereitschaft anzeigen, das faktische Reden von Gott daraufhin zu prüfen, ob es seiner Intention entspricht: "Dogmatik ist die kritische Frage nach dem Dogma, d.h. nach dem Worte Gottes in der kirchlichen Verkündigung oder konkret: nach der Übereinstimmung der von Menschen vollzogenen und zu vollziehenden kirchlichen Verkündigung mit der in der Schrift bezeugten Offenbarung"[13].

Die Unterscheidungen, die mit Hilfe der Dogmatik getroffen werden können, sollen also dazu dienen, die christliche Rede mit der Sache des Glaubens in Übereinstimmung zu bringen. Nach Schleiermachers Auffassung sind Äußerungen des frommen Selbstbewußtseins natürlich ebenfalls christliche Äußerungen und sofern der christliche Rede

---

[12] K. BARTH, a.a.O., 117.

[13] K. BARTH, Die Kirchliche Dogmatik I/1 (1932), Zürich 9.A. 1975, 216.

zugehörig. Aber diese Rede entsteht jeweils von neuem aus dem Mitteilungs- und Verständigungsbedürfnis des frommen Selbstbewußtseins. Ganz anders Karl Barth. Er versteht die christliche Rede als christliche Anrede an Christen, gemessen an ihrem Wahrheitsanspruch dieser Rede. Schleiermacher mißt die christliche Rede am frommen Selbstbewußtsein und seiner Struktur, Barth am biblischen Reden von Gott.

Weil diese Rede auf die Selbstoffenbarung Gottes verweist, setzt Barth bereits in der dogmatischen Prinzipienlehre mit der Trinitätslehre ein. In ihr ist die Theologie des Wortes Gottes begründet[14]. So mag der Eindruck entstehen, als wolle Barth in mehreren Stufen (gemäß seiner Konzeption der drei Gestalten des Wortes Gottes) dem Weg Gottes zu den Menschen nachgehen: bei Gottes Reden einsetzen, in dem Gott sich selber offenbart, sich dann der Bibel als der ursprünglichen Bezeugung dieses Redens zuwenden und schließlich zur der christlichen Verkündigung überzugehen, in der sich die biblisch bezeugte Gottesrede aktualisiert. Mildenberger denkt ebenfalls in dieser Richtung: Biblisches Reden von Gott wird im kirchlichen Reden von Gott fortgesetzt.

Die Frage nach der Wahrheit dieses Redens kann jedoch - so meint Barth - nur in der gegenläufigen Richtung verfolgt werden: Die christliche Rede ist auf ihre biblische Begründung hin zu untersuchen, und diese verweist auf Gottes Offenbarung selbst, und zwar nicht im Sinne einer Letztbegründung, eines unerschütterlichen Fundamentes, sondern im Blick darauf, daß allein Gott selber bewahrheiten will - und bewahrheiten kann! -, was in seinem Namen gesagt wird.

Damit scheint auch alles gesagt zu sein, was für die Methode der Dogmatik in Frage kommt. In Barths Dogmatik sind alle denkbaren und brauchbaren Ausführungsbestimmungen in der Formulierung der dogmatischen Aufgabe selbst aufgehoben. Es gibt keinen Weg zur Beschreibung der Dogmatik; alle methodologischen Erwägungen erscheinen gleichgültig gegenüber dem unaufhörlichen Hinweis auf Gottes Selbsterschließung in seinem Wort.

So demonstriert Barth, wie das Reden von Gott zum Leitfaden dogmatischen Denkens werden kann, freilich in einer charakteristischen Radikalität, die dieses Reden auf eine bestimmte Redeweise einschränkt. Seinen Gegensatz zu überkommenen Gegenstandsbestimmungen, besonders zu derjenigen Schleiermachers, bringt Barth dadurch zur Geltung, daß er die Grundlegung der Dogmatik an einem anderen Gegenstandsbereich gewinnt: an der Verkündigung - im Unterschied zum Zur-Sprache-Kommen des frommen Selbstbewußtseins und seiner Verständigung in öffentlicher Kommunikation. Barth hat mit diesem Beispiel Schule gemacht, vor allem durch die Konzentration der Dogmatik auf eine praktische Aufgabe, die Verkündigung des Wortes Gottes. Diese Konzentration ließ durchaus auch die Möglichkeit zu, die Stellung des Theologen zwischen Tradition und Gegenwart und die Aufgabe hermeneutischer Vermittlung stärker zu betonen, als es in Barths Absicht liegen konnte - so, wie etwa

---

[14] Vgl. dazu Ernstpeter MAURER, Sprachphilosophische Aspekte in Karl Barths "Prolegomena zur Kirchlichen Dogmatik" (EHS.T XXIII/357), Frankfurt/Bern/New York/Paris 1989, 60-83. - Ders., Biblisches Reden von Gott - ein Sprachspiel? Anmerkungen zu einem Vergleich von Karl Barth und Ludwig Wittgenstein: EvTh 50 (1990) 71-87.

Rudolf Bultmann und seine Schüler das Interesse an der "Sache der Theologie" bekundet haben, um den verfänglich gewordenen Gegenstandsbegriff zu vermeiden.

Barth will eine scheinbar oder wirklich tiefere Ebene aufsuchen, auf der *der indirekte Gegenstand der Dogmatik* zu finden ist. Damit verlagert er die Frage nach der Konstitution der Dogmatik. Sie kann, so argumentiert Barth, nur *im Hinweis auf Gottes eigenes Reden* beantwortet werden. Diese Frage ist dadurch gestellt, daß die kirchliche Verkündigung im Namen Gottes reden will - nicht etwa aus eigenem Gutdünken, sondern weil dies die ihr anvertraute Aufgabe ist.

IV.

Die Gegenstandsfrage, so wie sie bisher zu schildern war, hat die Dogmatik augenscheinlich in eine verwickelte Situation gebracht. Sei es, daß die "Sache" der Dogmatik von der "Sprache" abgehoben wird, die nur als Medium dieser "eigentlichen" Sache gelten kann, sei es, daß sie hinter der Überlieferung gesucht wird, auf welche die Dogmatik sich angewiesen sieht: übrig bleibt nur die Absicht, diese "Sache" nicht zu verfehlen - und eine solche Absicht kann ihr Ziel nur verfolgen, wenn sie es niemals wirklich erreicht. Die Folge ist ein oft unvermittelter Sprung aus der radikalen Befragung der Grundlagen in die "Inhalte" der Dogmatik, wie etwa bei Karl Barth.

Zur Darlegung dieser Inhalte wird dann eine traditionsreiche Sprache in Anspruch genommen, die auf überlieferte Grundbegriffe der Theologie zurückgreift und Sätze daraus abzuleiten sucht. Die Dogmatik findet Aussagen vor über Gott, Jesus Christus und den Geist, über Schöpfung, Versöhnung und Vollendung; diese Aussagen sind neu zu entfalten, in Auseinandersetzung mit dem überkommenen Sprachgebrauch und im Blick auf ein gegenwärtig verantwortbares Verständnis. Dies alles hat zur meist ungeklärten Voraussetzung, daß *Sachverhalte des Glaubens direkt ausgesagt* werden können. Die Begriffe und Sätze der Dogmatik gehörten dann zu einer eigentümlichen *Objektsprache*, wie sie im biblischen und gottesdienstlichen Reden, aber auch in den Bekenntnissen der Kirche vorliegt. Die selbstverständliche Entfaltung dieser objektsprachlichen Aussagen steht dann in einem oft methodisch ungeklärten Verhältnis zu den Anfangsfragen der Dogmatik: Ist nun der Gegenstand der Dogmatik noch die Verkündigung - im Unterschied zur "Sache der Theologie" -, oder sind es die verkündigten Sachverhalte selbst?

Die Frage nach dem Gegenstand der Dogmatik kann die eigentümliche theologische Objektsprache nicht ausblenden, weil biblisches und kirchliches Reden von Gott die Wahrheit des christlichen Glaubens auf spezifische Weise ausspricht: Sie sagt aus, was Menschen zu glauben mitgeteilt ist - und sie tut das, indem sie die Begriffe bildet und auslegt, die diese Mitteilung *als Geschehnis und als Verheißung* aufzunehmen erlauben. Die theologische Objektsprache geht davon aus, daß Gott sich selber mitgeteilt hat; indem die Dogmatik dessen eingedenk ist und auf die Verheißung in dieser Mitteilung blickt, ist sie ein *diskursives Reden*. Die christliche Dogmatik geht diskursiv vor, weil durch die endgültige Offenbarung Gottes in Jesus Christus und die Verheißung ihrer eschatologischen Vollkommenheit, Universalität und Evidenz (1.Kor 15,28) ein Zeit-Raum umrissen ist, den die Dogmatik nicht anders als durch eine Folge von Sätzen zur

Sprache bringen kann. Unbeschadet der geschichtlichen Offenheit, die ihr mit diesem Zeit-Raum gewährt wird, kann die Dogmatik nicht offenlassen, was sie zu sagen hat.

Dies führt allerdings dazu, daß die Begriffe der christlichen Dogmatik sich in ihrem sprachlichen Status der Unterscheidung von Objekt- und Metasprache nicht fügen (Objektsprache als Zusammenhang der Bezeichnungen dessen, was ist - Metasprache als Reden über diese Sprache). "Jesus Christus", "Gnade", "Glaube" und "Hoffnung": sie sind keine Reflexionsbegriffe, mit denen die Dogmatik Hypothesen "über" das Reden von Gott zu formulieren vermöchte. Diese Begriffe markieren (um nicht zu sagen: sie stellen fest), was sich zwischen Gott und der Menschheit verheißungsvoll ereignet, und sie umreißen somit - auf der Ebene der Objektsprache - die "Sache" der Dogmatik, ihren "eigentlichen" Gegenstand[15].

Dogmatik kann darum keine kritische Reflexion der Äußerungen christlichen Glaubens und auch keine Metasprache über eine elementare Glaubenssprache sein. Sie tritt vielmehr *neben andere Redeweisen* in Kirche und Frömmigkeit, die jedoch *nichts substantiell anderes aussagen*. Der entscheidende Unterschied liegt nicht in der "Sache". Das proprium dogmatischer Begriffe und Aussagen ist vielmehr in dem Umstand zu suchen, daß die Dogmatik *zugleich* die Bedingungen des Redens von Gott nennt, *ohne* reflexiv die Ebene der Objektsprache zu verlassen. Die Dogmatik formuliert den Grund des Redens von Gott, indem sie etwa Offenbarung als Verheißung kennzeichnet. Oder indem sie den Geist Gottes als Grund und Ursprung menschlicher Wahrheitserkenntnis hervorhebt, ohne sich auf Gottes Geist herauszureden, wenn sie zur Rechenschaft gefordert ist über das, was sie sagt. So formuliert die Dogmatik den Grund des Redens von Gott, *ohne dieses Reden selbst zu begründen und damit ihren Ursprung aufzuheben*. Daß sie sich auf Voraussetzungen einläßt, ohne sich damit einfach auf historisch Gegebenes zu verlassen, ist auch das charakteristische Merkmal ihrer Gebundenheit an die Bibel und an die Bekenntnisse der Kirche.

Die Dogmatik steht dabei nicht unverbunden neben anderen Redeweisen und Texten der Kirche. Sie ist pragmatisch in bestimmten Lebensakten und sprachlichen Handlungen verwurzelt, in denen die Konstitution des dogmatischen Denkens paradigmatisch deutlich wird. Die Dogmatik hat festzustellen, begrifflich zu präzisieren und systematisch (d.h. in ihrem eigenen Zusammenhang) zu entfalten, was in diesen sprachlichen Handlungen ausgesagt wird. Dabei stellen sich *Regeln für das Reden von Gott* heraus, die nicht allein das dogmatische Denken bestimmen, sondern ebenso das alltägliche und weitverzweigte einfache Reden von Gott leiten (nicht gängeln!). So kommt es *innerhalb* der Glaubenssprache zu *dogmatischen Aussagen als besonderer Sprachform*.

Dogmatische Aussagen sind bezogen - zwar nicht ausschließlich, aber doch vornehmlich - auf *paradigmatische Vollzüge der Glaubenssprache*: auf *Gebet*, kirchlichen *Consensus* und *Verkündigung*. Man kann sie als "Phänomenbereiche der Dogmatik" bezeichnen, sofern sich in ihnen zeigt, was der Dogmatik aufgegeben ist.

---

[15] Vgl. Gerhard SAUTER/Alex STOCK, Arbeitsweisen Systematischer Theologie, München 2.A. 1982, 151-154.

Die dogmatische Arbeit hat sich in ihrer Geschichte von diesen Referenzen nicht immer in der gleichen Weise leiten lassen. Für die reformatorische Theologie stand der Consensus als Einstimmung des Glaubens in Gottes Handeln, das zur Übereinstimmung von Christen führt (ohne sich darin zu erschöpfen), im Vordergrund. Unter dem Einfluß der Dialektischen Theologie lag der Ton auf der Verkündigung, durchaus nicht auf die Predigt beschränkt. Seit etwa drei Jahrzehnten tritt Verkündigung als Referenzrahmen für die Dogmatik und die theologische Arbeit als ganze in den Hintergrund - wohl eher, weil strittig geworden ist, was christliche Verkündigung "leisten" kann und soll.

Die Bedeutung der Verkündigung für die Dogmatik liegt m.E. nach wie vor darin, daß sie eine spezifische Situation schafft: die *Situation des Hörens*, des Aufmerkens, mit der theologisches Denken anfängt - immer wieder von neuem. Dies gilt nicht nur für die Predigt in ihren verschiedenen Formen, sondern ebenso etwa für das Bibellesen, nämlich als Wahrnehmung dessen, was dem Leser zugesprochen wird, oder für das Gebet als Antwort auf Gottes Wirklichkeit. Die Situation des Hörens impliziert ein Anfangen oder jede weitere Vorbedingung: "Sich als Hörer zu bekennen heißt, als Beginn des Spieles mit dem Vorsatz zu brechen, der manchem und vielleicht jedem Philosophen lieb ist - das Gespräch ohne Voraussetzungen zu beginnen. (Einfach müßte man sagen: mit dem Vorhaben zu brechen, überhaupt anzufangen. Denn es ist völlig dasselbe, ohne Voraussetzung zu denken und das Denken als solches anzufangen.) Nur unter einer ganz bestimmten Voraussetzung also halte ich mich in der Position eines Hörers der christlichen Verkündigung. Ich setze voraus, daß dieses Sprechen sinnvoll ist, daß es wert ist, untersucht zu werden, und daß seine Prüfung die Übertragung des Textes ins Leben, in welcher er sich umfassend bewähren wird, begleiten und führen kann"[16].

Dem *Gebet als Phänomen des Redens von Gott* kommt es in besonderer Weise zu, den Sprachraum für theologische Aussagen abzustecken, in dem sich das einfache Reden von Gott ebenso wie die Gotteslehre bewegen kann[17]. Denn im Gebet wird vor Gott zu Gott gesprochen, also Gott selbst angerufen. Und Gott wird nicht nur mit seinem Namen angerufen - Gott Abrahams, Isaaks und Jakobs, Vater Jesu Christi -, sondern Gott wird auch gekennzeichnet, es wird mit den Prädikaten von ihm gesprochen, die die Kenntnis von ihm und seinem Handeln überliefert haben. Er ist der Gott, der Israel aus Ägypten herausgeführt hat, der Gott, der Jesus von den Toten auferweckte, der Allmächtige, Allgegenwärtige, der Richter und Retter, der Gott, in dem Macht und Güte eins sind.

Dies alles kann jedoch nicht zugleich ausgesagt werden. So wird Gott nicht immer mit einem und demselben Prädikat angeredet, als sei das Handeln Gottes monoton und monnochrom. Den verschiedenen, irreduziblen Gottesprädikaten entspricht die Vielfalt

---

[16] Paul RICOEUR, Gott nennen, in: Gott nennen. Phänomenologische Zugänge, hg.v. Bernhard Casper, Freiburg/München 1981, 45-79, hier 45.

[17] Für Gerhard EBELING hat das Gebet ebenfalls eine elementare Bedeutung für die Dogmatik (vgl. Dogmatik des christlichen Glaubens I, Tübingen 1979, 208 u.ö.), jedoch eher im Interesse der Konstitution religiöser Rede, die auf einen Grundakt zurückgeführt wird, in dem das Gottesverhältnis erfahren wird - allerdings nicht im Gefühl, wie bei Schleiermacher.

der Gebetsformen. Es ist eine Vielfalt, die nicht auf einen religiösen Grundakt reduziert werden kann, der sich dann verschiedenartig und vielseitig auszuformen vermöchte. Zu Gott wird in Klage, Bitte, Dank und Lob geredet: darin zeigen sich Unterschiede in der Erfahrung und in der Erwartung Gottes[18]. So zeichnet sich bereits im einfachen Reden von Gott ab, daß die Unterscheidung von Inhalt und Form, von Objektsprache und Metasprache viel zu sehr vereinfachen würde, was hier vor sich geht. *Was* vor Gott zur Sprache kommt, und *wie* es zur Sprache kommen kann - diese beiden Hinsichten sind beim lebendigen Reden von Gott miteinander verwickelt. So wird in der Klage Gottes Güte gegen eine Erfahrung angerufen, in der man nur die Verborgenheit Gottes im Walten eines unergründlichen Schicksals wahrzunehmen meint. Gott wird als der angesprochen, dessen Selbsterweis man erwartet, weil die Verheißung Gottes solche Erwartung begründet. So zeigt sich in der Vielgestaltigkeit des Gebetes bereits die Grundstruktur für die Erstreckung der Dogmatik. Schon im Gebet vollzieht sich auf höchst eigentümliche Weise die Prüfung der Erfahrungen mit Gott, die Gottes Urteil unterstellt werden, wie es im Kommen Gottes kund werden soll. Diese Kund-Werden ist das Ziel des Gebetes.

Gerade wegen seiner Vielgestaltigkeit ist das Gebet auf den *Consensus* angewiesen: Indem das christliche Verständnis des Gottesdienstes das Gotteslob der versammelten Gemeinde in den Mittelpunkt stellt, sucht die Kirche all ihr Reden und Handeln aus dieser gemeinschaftlichen Zuwendung zu Gott zu verstehen und zu prüfen[19]. Indem sie auch alle theologischen Explikationen aus der Wahrnehmung der Gegenwart Gottes begründet, zeigt sie an, daß die Einzelnen in ihrer Klage, in ihrer Bitte, in ihrem Dank auf dem Wege zu diesem Lob sind und von ihm herkommen. Der Consensus ist der Versuch, den Wegen Gottes nachzugehen und von seiner Geschichte mit der Menschheit so zu sprechen, daß die Erwartung seines Kommens aufgrund seiner Verheißungen offengehalten wird. Keine Dogmatik kann dieses Kommen herbeiführen, sie kann auch diese Erwartung nicht sichern, aber sie kann ihre Vorgabe, Gottes Verheißungen, so auszulegen und so zu umreißen versuchen, daß gemessen an menschlicher Orientierung keine falschen Erwartungen aufgebaut und Hindernisse für die Hoffnung aus dem Wege geräumt werden können. "Wegbereitung" ist das höchste Ziel der Dogmatik - Wegbereitung für das Reden von Gott in der Gemeinschaft des Glaubens.

V.

Solche Wegbereitung setzt keinen endlosen Kommunikationsprozeß in Gang. Aber sie ist, wie Friedrich Mildenberger zu Recht hervorhebt, auf Kommunikation angewiesen - und zwar nicht nur deshalb, weil "Glaube" immer auch ein Sprachphänomen ist, sondern weil er aus dem Handeln Gottes hervorgeht, in dem Gott sich selber zu Gehör bringt.

---

[18] Siehe G. SAUTER, Das Gebet als Wurzel des Redens von Gott: Glaube und Lernen 1 (1986) 21-38.

[19] Vgl. Geoffrey WAINWRIGHT, Doxology: The Praise of God in Worship, Doctrine, and Life. A Systematic Theology, London/ New York 1980.

Mildenberger ist im Interesse der Dogmatik an Kommunikation besonders in zweifacher Hinsicht interessiert. Zum einen, weil Gemeinschaft auf Kommunikation beruht, und zwar sowohl menschliche Gemeinschaft wie diese in Gemeinschaft mit Gott. Für beides steht in der theologische Sprache das Wort "Geist". Er läßt Menschen übereinstimmen, weil und sofern sie in Gottes Handeln einstimmen. "Der Geist entspricht gelungener Kommunikation ..." (181); hier ist die Sequenz entscheidend, denn sie kann nicht umgekehrt werden. Gerade die Geschichte der Dogmatik zeigt ja, wie oft der Geist "gedämpft", wenn nicht sogar totgeschwiegen wurde, wenn eine auf irgendeine, vielleicht verführerische Weise gelungene Kommunkation ein Beweis des Geistes und der Kraft sein sollte. Zum anderen denkt Mildenberger an die eigentümliche Stellung des Theologen, die ihm spezielle, berufsspezifische Kommunikationsschwierigkeiten beschert: Er existiert in der Kirche - und er arbeitet im Hause der Wissenschaften, und zwar nicht das eine nur sonntags, das andere bloß werktags.

Dies ist eine spannungsvolle "Position", manchmal wie ein Hin und Her zwischen zwei verschiedenen Sprachräumen, das dazu verleitet, mit gespaltener Zunge zu sprechen. Um Kommunikationsstörungen, die sich dabei erfahrungsgemäß leicht einstellen, zu vermeiden, plädiert Mildenberger für Kompromisse, zum Beispiel zwischen dem historischen Denken und der Kirchlichkeit der Theologie: "Nicht nur der faktische Kompromiß sollte die Arbeit des wissenschaftlichen Theologen bestimmen, der seine kirchliche Bindung mit in sein wissenschaftliches Verstehen einbringt. Vielmehr sollte dieser Kompromiß anerkannt und auch methodisch zum Zuge gebracht werden" (97[20]). Das ist soweit sinnvoll, als es gilt, Bemächtigungstendenzen und verabsolutierten Perspektiven zu widerstehen. Allerdings scheint es mir - angesichts der bisherigen Methodenstreitigkeiten - schwierig zu sein, hier ein Arrangement treffen zu können.

Doch das "einfache Reden von Gott" erlaubt Theologinnen und Theologen, die Spannung zwischen Wissenschaftlichkeit und Kirchlichkeit der Dogmatik nicht bloß auszuhalten, sondern dank ihrer beweglich zu bleiben: als Glieder der Kirche dürfen sie *einfach* von Gott reden, die Dogmatik erlaubt ihnen, einfach *von Gott* zu reden - im ganzen Ausmaß und mit der vollen Tragweite dieses Redens. Das heißt: Sie vermögen zu sagen, womit sie anfangen können. Sie beherrschen die Grammatik des Glaubens, samt den Regeln, die in der theologischen Objektsprache enthalten sind. Dogmatisch argumentieren heißt nicht: kompliziert reden, im Unterschied zum einfachen Reden von Gott. Aber die Dogmatik kann davor schützen, das Reden von Gott einfacher machen zu wollen, als es ist. Einfach ist das Reden von Gott gerade deshalb, weil es nicht auf einen Nenner gebracht werden kann. Und das entspricht seinem Ort im Leben der Kirche.

Das gemeinschaftliche Reden von Gott wird offengehalten in der Gemeinschaft von Menschen, die in Klage, Bitte, Dank und Lob zu Gott reden[21]. Zwischen Klage und Dank gibt es keinen gemeinsamen Nenner, keinen "mittlere" Linie, keinen Kompromiß.

---

[20] Vgl. auch 114 und 171. Ähnlich hat MILDENBERGER sich bereits geäußert in: Theorie der Theologie. Enzyklopädie als Methodenlehre, Stuttgart 1972, 55-64.

[21] Siehe dazu F. MILDENBERGER, Das Gebet als Übung und Probe des Glaubens, Stuttgart 1968.

So wird das gemeinsame Reden von Gott offengehalten: durch das Insistieren auf der Innenspannung des Redens zu, von und vor Gott! Der Schritt von der Klage zum Lob ist nicht argumentativ vollziehbar, sondern dazwischen hat sich das Unvorhersehbare ereignet, was zum Lobpreis drängt (vgl. etwa Röm 7,24.25a). Daher wird die dogmatische Aussage hier nicht harmonisieren, sondern möglichst genau zu sagen versuchen, was im Rückblick wahrgenommen und worin vertrauensvoll eingestimmt werden kann.

Das einfache Reden von Gott kann durch die Dogmatik darin unterstützt werden, falsche Erwartungen abzubauen - etwa die Erwartung derer, die damit rechnen, endgültige Orientierung zu finden in einer allgemeinen Struktur von Mensch, Welt und Gott. Sofern die Metaphysik eine solche Struktur repräsentiert, vollbringt eine recht verstandene Dogmatik die Destruktion solcher Denkstrukturen[22] ganz nebenher.

Ihr eigentliches Ziel ist jedoch der Consensus als Einstimmung in Gottes Handeln in der Gemeinschaft des Glaubens.

---

[22] Wie MILDENBERGER sie in Biblische Dogmatik I, 273 Anm. 36 fordert.

Hans G. Ulrich

Was heißt: Von Gott reden lernen?
Zugleich Bemerkungen zur Beziehung von Dogmatik und Ethik

Dogmatik - im Sinne der "Biblischen Dogmatik"[1] - zeigt das Reden von Gott als eine Praxis, die zu beschreiben, explorativ weiterzuführen, zu entdecken, zu lernen ist. Was eine "Praxis"[2] zu nennen ist, will gelernt sein. Die Praxis des Redens von Gott beruht nicht auf einem "Wissen" davon, was von "Gott" gesagt werden kann oder was von Gott gesagt worden ist. Leider wird "Dogmatik" oft auf diese abstrakte Weise studiert. Wer aber von Gott redet, muß sich darauf verstehen von Gott zu reden, wer von Gott redet, muß die Praxis des Redens von Gott ausüben können. Daß diese Praxis Kenntnisse (Wissen) impliziert, die auch explizit dargelegt werden können, ist ein weiterer Schritt.

Wenn Christen von Gott, dem "Vater Jesu Christi", reden, so reden sie von Gottes bestimmten Präsent-sein bei den Menschen, von Gottes rettendem, schöpferischen, heilschaffenden und richtenden Handeln, von Gottes "Ökonomie". Nichts ist namhaft zu machen, was darüber hinaus von "Gott" zu wissen oder zu sagen wäre. In dieser den Menschen zugewandten Wirklichkeit "Gottes" ist alles präsent, was Menschen von diesem Gott zu widerfahren und zu erfahren nottut. "Gott" ist der Gott dieser bestimmten Zuwendung. Im Namen Jesu Christi ist diese Zuwendung beschlossen: "Also hat Gott die Welt geliebt, daß er seinen eingeborenen Sohn gab, auf daß alle, die an ihn glauben, nicht verloren gehen, sondern das ewige Leben haben." (Joh 3, 16)

In die Ökonomie Gottes, des Vaters Jesu Christi, gehört alles, was die Menschen betrifft. Was sollte davon ausgenommen sein? Was "auf diesen Gott hin zur Sprache zu bringen" ist, das gilt es zu zeigen. So formuliert die "Biblische Dogmatik" ihre Aufgabe. Was von Gott zu sagen ist, wird von dem her umgrenzt, was innerhalb seiner Ökonomie zu reden ist. Die Aufgabe der "Dogmatik" ist entsprechend: Gottes Präsent-sein von innen, innerhalb dessen, was das Reden von Gottes Ökonomie umfaßt, auszuschreiten und das Reden davon (diskursiv) zu entfalten[3]. Das heißt durchaus auch auszuloten, auszuschöpfen, was zu sagen ist. Das heißt auch, Redeweisen zu gewinnen, die die Grenzen des Redens verändern. Dieser explorative Vorgang ist nicht durch einen Vorgriff auf ein Wissen von Gott zu ersetzen. Das betrifft etwa "metaphysische" Aussagen, sofern sie dazu dienen, sich der Möglichkeiten des Redens von Gott in einer

---

[1] Friedrich MILDENBERGER: Biblische Dogmatik. Eine Biblische Theologie in dogmatischer Perspektive, Bd.I: Prolegomena: Verstehen und Geltung der Bibel, Stuttgart 1991; Bd. II: Ökonomie als Theologie, 1992; Bd.III: Theologie als Ökonomie, 1993.

[2] Der Begriff ist im Register der "Biblischen Dogmatik" nicht ausgewiesen. Im Vordergrund steht der Begriff "Handeln", der ihm hier aber weitgehend entspricht.

[3] Vgl. zur Aufgabenbestimmung der Dogmatik Gerhard SAUTER: Art. Dogmatik, TRE IX, Berlin 1982, 41-77; bes. 57 zur Erkenntnisaufgabe der Dogmatik. Zu den folgenden Überlegungen vgl. auch S. 50: "Sie (sc. die Dogmatik) tritt neben andere Redeweisen in Kirche und Frömmigkeit, die nichts substantiell anderes als sie aussagen, aber nicht auf die Bedingungen ihres Redens zu sprechen kommen. Die Dogmatik hingegen beginnt nicht unvermittelt, sondern nennt die Bedingungen ihres Redens (Offenbarung als Verheißung) und sie reflexiv einzuholen." Im übrigen suchen unsere Überlegungen fortzuführen, was in der Gegenstandsbestimmung Dogmatik als das "Reden von Gott", das nicht einfach identisch ist dem "christlichen" Reden, enthalten ist: vgl. dazu G. SAUTER, Art. Dogmatik, 49f und seinen Beitrag in diesem Band.

eigenen Sprache zu versichern. Ihre "Aussagen" wären selbst daraufhin zu beschreiben, inwiefern sie wiederum zu einer spezifischen Praxis gehören.

Wir schließen hier nicht aus, daß der Weg, das Reden von Gott durch "Denken" neu zu gewinnen, auch der Praxis des Redens von Gott dient - als ein weiteres Sprachspiel, das seine eigene Aufgabe hat[4]. In der "Biblischen Dogmatik" geht es darum, das Reden von Gott so zu beschreiben und zu reflektieren, daß Zugänge zu dieser Praxis kenntlich werden und Wege markiert werden, auf denen das Reden von Gott sich bewegt hat. Die Dogmatik nimmt so die Aufgabe wahr, das Lernen des Redens von Gott in Gang zu setzen und zu begleiten. Sie beschränkt sich nicht darauf, darzulegen, was als Reden von Gott "vorhanden" ist, damit Menschen es wissen oder nachreden.

Eine der Geschichten der Chassidim, die Martin Buber gesammelt hat, betrifft unser Thema:
"Als Levi Jizchak von seiner ersten Fahrt zu Rabbi Schmelke von Nikolsburg, die er gegen den Willen seines Schwiegervaters unternommen hatte, zu diesem heimkehrte, herrschte er ihn an: 'Nun, was hast du schon bei ihm erlernt?!' 'Ich habe erlernt', antwortete Levi Jizchak, 'daß es einen Schöpfer der Welt gibt.' Der Alte rief einen Diener herbei und fragte den: 'Ist es dir bekannt, daß es einen Schöpfer der Welt gibt?' 'Ja', sagte der Diener. 'Freilich', rief Levi Jizchak, 'alle sagen es, aber erlernen sie es auch?'"[5]

Das Reden von Gott dem Schöpfer will erlernt sein. Es genügt nicht, zu "sagen" wissen - was alle sagen - , daß es einen "Schöpfer der Welt" gibt; es genügt nicht zu wissen, daß man dies von Gott sagen kann. Von Gott etwas sagen oder gar nur etwas vom Hörensagen nachzureden, reicht nicht aus. Bemerken sollten wir, daß hier nicht vom "Lernen", sondern vom "Er-lernen" die Rede ist. Im Blick ist ein Lernen, das in "etwas" hineinführt, das im Vorgang des Lernens erschlossen, erfahren, erkundet, erobert wird. Lernen meint nicht einen Vorgang des In-Besitz-Nehmens oder Sich-Einverleibens. Lernen meint etwas "erlernen", was nicht in der Kenntnis von Wörtern, Sätzen oder Redeweisen besteht. Zu erlernen ist, daß sich jemand darauf versteht von Gott als dem Schöpfer zu reden. Dies zu können, so möchten wir versuchen es zu beschreiben, schließt eine "Praxis" ein.

I. Lernen im praktischen Kontext - Lernen und Lebensform

Das Reden von Gott umgreift eine "Praxis" des Redens, die mit einer Lebenspraxis verbunden ist. Wer sich darauf versteht von Gott dem Schöpfer zu reden, hat erlernt, als "Geschöpf" zu leben. Dies bringt Martin Luther im Kleinen Katechismus zur Sprache: Wer sagen kann "Ich glaube an Gott den Schöpfer des Himmels und der Erde", der

---

[4] Zu bedenken ist hier die Aufgabe, die Eberhard Jüngel zur Geltung gebracht und ausgeführt hat, nämlich das "Reden von Gott" durch "Denken" neu zu gewinnen: vgl. E. JÜNGEL: Gott als Geheimnis der Welt. Zur Begründung der Theologie des Gekreuzigten im Streit zwischen Theismus und Atheismus, Tübingen 1977. Vgl. das Gespräch, das Friedrich MILDENBERGER mit E. Jüngel hier aufnimmt: Biblische Dogmatik, Bd.II,47-51.

[5] Martin BUBER: Die Erzählungen der Chassidim, Zürich 1949, S.331f.

kann auch sagen: "Ich glaube, daß *mich* Gott geschaffen hat, samt allen Kreaturen..." Bei allem, was Menschen hervorbringen und tun, bleibt im Blick, was sie von ihrem "Schöpfer" empfangen. In dieser Unterscheidung leben sie, darin gewinnt ihre Lebensweise ihre Kontur. Was dagegen denen noch fehlt, die "wissen", "daß Gott der Schöpfer ist", ist die Praxis, zu der diese Rede gehört.

Damit zugleich kommt das "Sprachhandeln" in den Blick: was tun Menschen, die aussprechen, "daß Gott der Schöpfer ist"? Ist es ein Bekenntnis, ein Lobpreis, eine Erinnerung? Die sprachpragmatische Wahrnehmung zielt hier aber nicht nur auf das "performative" Reden, auf das Reden, in dem der Vollzug des Redens ein Handeln einschließt, das etwas bewirkt[6]. Vielmehr ist das Reden im Zusammenhang einer ganzen "Lebensform" zu beschreiben. Die Bedeutung einer Aussage zeigt sich darin, wie wir handeln und leben. Reden lernen heißt, dieses Handeln und Leben lernen, zu dem das Reden, selbst als Praxis verstanden, gehört. Diese Erkenntnis hat Ludwig Wittgenstein auf den Weg gebracht. Seine Philosophie (in den "Philosophischen Untersuchungen") ist der ausgeführte Kommentar zur Geschichte von Levi Jizchak.

1. Reden im Sprachspiel - in der Lebensform

Wir entnehmen der philosophischen Arbeit Wittgensteins die Aufforderung, den Zusammenhang von "Reden" und "Lebensform" im Blick zu behalten. Dieses Im-Blick--Behalten, kann nicht darin aufgelöst werden, Theorien über den Zusammenhang zu erörtern[7], sondern es erfordert die immer neue Beschreibung des Redens von Gott als eine Praxis, die zu einer Lebensform gehört. Wenn wir uns hier auf Wittgensteins philosophische Arbeit einlassen, dann kann dies nicht so geschehen, daß wir seine Analysen "anwenden"[8]. Wir müssen zu eigenen Beschreibungen finden[9].
(1) Wittgenstein folgend können wir das Reden von Gott als ein "Sprachspiel" bezeichnen und in den Blick fassen. "Sprachspiele" sind: "Ensembles von sprachlichen

---

[6] Die Rezeption der Sprachpragmatik in der theologischen Diskussion hat sich zum Teil darauf begrenzt (zumeist in der Rezeption von J. L. AUSTIN: How to do things with words; Oxford 1962). Es ist nötig, darüber hinauszugehen.

[7] Zum Problem der Theoriebildung in der Sprachphilosophie vgl. Hans J. SCHNEIDER: Phantasie und Kalkül. Über die Polarität von Handlung und Struktur in der Sprache, Frankfurt/M. 1992, bes. 521.

[8] Die Rezeption Wittgensteins ist in dieser Hinsicht mit guten Gründen strittig und von Wittgenstein selbst kritisch gesehen worden. Vgl. die Bemerkungen von Albrecht WELLMER: Ludwig Wittgenstein. Über die Schwierigkeiten einer Rezeption seiner Philosophie und ihre Stellung zur Philosophie Adornos, in: "Der Löwe spricht...und wir können ihn nicht verstehen". Ein Symposion an der Universität Frankfurt anläßlich des hundertsten Geburtstags von L. Wittgenstein, Frankfurt/M. 1991, 138-148.

[9] Viele neue Einsichten in die Philosophie Wittgensteins verdanke ich Hans J. SCHNEIDER, sowohl mehreren gemeinsamen Seminaren mit ihm (auch über Fergus KERR: Theology after Wittgenstein, Oxford 1986) als auch seinem Buch: Phantasie und Kalkül. Über die Polarität von Handlung und Struktur in der Sprache, Frankfurt/M. 1992. Die hier vorgetragenen Überlegungen bleiben freilich hinter der Dichte seiner Beschreibungen und Analysen weit zurück; unsere Skizze kann nur einen Einstieg markieren, um eine Brücke zu einigen theologischen Aufgaben zu schlagen. Vgl. zum Thema jetzt insbesondere auch Hans J. SCHNEIDER: Die Situiertheit des Denkens, Wissens und Sprechens im Handeln, Deutsche Zeitschrift für Philosophie 41 (1993) 727-739.

und nicht-sprachlichen Tätigkeiten, Institutionen, Praktiken und den mit ihnen 'verkörperten' Bedeutungen"[10]. Wittgenstein formuliert:

"Das Wort 'Sprachspiel' soll hier hervorheben, daß das Sprechen der Sprache ein Teil ist einer Tätigkeit, oder einer Lebensform. Führe dir die Mannigfaltigkeit der Sprachspiele an diesen Beispielen, und anderen vor Augen:
Befehlen, und nach Befehlen handeln -
Beschreiben eines Gegenstands nach dem Ansehen, oder nach Messungen -
Herstellen eines Gegenstands nach einer Beschreibung (Zeichnung) -
Berichten eines Hergangs -
Über den Hergang Vermutungen anstellen -
Eine Hypothese aufstellen und prüfen -
Darstellen der Ergebnisse eines Experiments durch Tabellen und Diagramme -
Eine Geschichte erfinden; und lesen -
Theater spielen -
Reigen singen -
Rätsel raten -
Einen Witz machen; erzählen -
Ein angewandtes Rechenexempel lösen -
Aus einer Sprache in die andere übersetzen -
Bitten, Danken, Fluchen, Grüßen, Beten."[11]

Die "Biblische Dogmatik" spricht von den möglichen "Gestalten der einfachen Gottesrede": "Bekennen, Bezeugen, Bitten, Danken, Trösten, Ermahnen, Zurechtweisen, Belehren; Loben, die Doxologie, und Erzählen haben dabei dann noch einmal ihren besonderen Rang. In allen diesen Gestalten der einfachen Gottesrede sind die Redenden als Betroffene mitbeteiligt."[12] Alle diese Formen des Redens von Gott sind, wenn wir Wittgensteins Bemerkung folgen, "Teil einer Lebensform".

In Bezug auf unser Beispiel gesagt: Gott, "den Schöpfer" loben heißt, sich in einer Lebensform zu bewegen, zu der dieses "Loben" gehört. Wir können dies die Lebensform der "Geschöpflichkeit" nennen. Wer "seinen" Schöpfer preist, zeigt sich als das Geschöpf dieses Schöpfers, zeigt sich als jemand, der als Geschöpf lebt, - mit allem, was zum geschöpflichen Leben hinzugehört: das Sich-Verwandeln-Lassen von Gottes Wort, das Beten, das Hoffen auf Gottes schöpferisches Handeln, und auch das Loben des Schöpfers. Und eben dies alles gilt es zu erlernen, wenn die Rede von Gott dem Schöpfer gelernt wird.

Zum Leben als Geschöpf gehört das Reden zu Gott und das Reden von Gott dem Schöpfer hinzu. Die Geschöpfe reden betend, bekennend, lobpreisend von ihrem Schöpfer. Wer anders lebt, wer vielleicht als jemand lebt, der sich nur auf sein eigenes Tun und Lassen beruft, wie weit auch immer dieses reicht, für den hat die lobpreisende

---

[10] A. WELLMER: Zur Dialektik von Moderne und Postmoderne. Vernunftkritik nach Adorno; Frankfurt/M. 1985, 79.

[11] Ludwig WITTGENSTEIN: Philosophische Untersuchungen (Frankfurt/M. 1960) I,23.

[12] Friedrich MILDENBERGER: Biblische Dogmatik, Bd.I,20.

Rede von Gott seinem Schöpfer, die ihm begegnet, keinen Ort. Am Ende hätte er sehr vieles anderes zu lernen, ja er hätte sein Leben geändert, wenn er zu sagen vermag "Ich glaube an Gott, den Vater, den Allmächtigen, den Schöpfer des Himmels und der Erde". Dasselbe gilt von dem, der bekennt "Ich glaube an Jesus Christus, seinen eingeborenen Sohn, unsern Herrn". Wer dies zu sagen unternimmt, ist dabei zu erlernen, mit diesem Christus zu leben. Zu diesem Leben gehört das Bekenntnis zu Christus als dem "Herrn". Anders ist von diesem Christus nicht zu reden, nicht in einer Feststellung darüber, wer Jesus "wirklich gewesen ist" oder was "man" von ihm sagen kann.

Von Gott reden meint also nicht, das Wort "Gott" in diesem oder jenem Satz verwenden (etwas anderes wäre es, Gottes Namen auszusprechen). Von Gott reden heißt vielmehr, eine Praxis des Redens ausüben, in der das zur Sprache kommt, was Menschen in ihrem Leben mit Gott erlernt haben oder dabei sind zu erlernen. In diesem Reden und innerhalb der Grenzen dieses Redens erfüllt sich das Reden von Gott. Was immer von Gott zu sagen ist, wird innerhalb dieser Praxis vollzogen, probiert. Auch wenn es ein Anrennen gegen "die Grenzen der Sprache" ist[13], wird es das jeweils bestimmte Reden nicht überschreiten. Woraufhin sollte diese Praxis überschritten werden - es wäre denn ein Weitersprechen, ein "Fortfahren"? Wer versteht im Sprachspiel "fortzufahren", hat verstanden. Verstehen heißt fortfahren können. Wer sagt: "Ich glaube an Jesus Christus" und fortfährt "ich glaube, daß Jesus Christus ... sei mein Herr"[14] hat verstanden.

Wer mitspielt und weiterspielt, folgt bestimmten "Regeln". Das heißt nicht: er "wendet" Regeln an und kommt dadurch zum Spielen. Die Regeln legen nicht fest, was die "Spielzüge" sind, die unternommen werden können[15]. In seinen Untersuchungen zur Sprachphilosophie des 20. Jahrhunderts hat Hans J. Schneider diesen Vorgang in den Blick gerückt, in dem Phantasie und Kalkül zusammentreffen. Er formuliert: "Den Bereich dessen, was man sprachlich 'meinen' kann, sich aufgrund von festen Regeln als abgeschlossen und gegenständlich vorliegend zu denken, erweist sich damit mit Bezug auf die natürliche Sprache als ... grundverkehrt. ... Was sinnvoll ist, liegt nicht in einem verborgenem oder vorhandenen Bereich fest, sondern erweist sich im kommunikativen Handeln. ... Die Aufklärung darüber, was der Sinn einer Äußerung war, ist eine Folge von Schritten in einem Prozeß der Verständigung, der stärker in die Zukunft gerichtet ist als in die Vergangenheit."[16]

Die Aufgabe der Dogmatik kann von daher beschrieben werden. Dazu nur in aller Kürze: Zu bedenken ist, in welcher Weise die Dogmatik dasjenige "Regelwissen" zum

---

[13] Vgl. dazu Ludwig WITTGENSTEIN: Vortrag über Ethik; in: ders.: Vortrag über Ethik und andere kleine Schriften, hg.v. Joachim Schulte, Frankfurt/M. 1989, 9-19.

[14] Martin LUTHER: Kleiner Katechismus, Das zweite Hauptstück.

[15] Vgl. zur Fragestellung auch: Hans G. ULRICH: Regeln im Reden von Gott. Ein Bericht; in: Implizite Axiome. Tiefenstrukturen des Denkens und Handelns, hg.v. Wolfgang Huber, Ernst Petzold, Theo Sundermeier, München 1990, 151-174. Gerade dieser Beschreibungsvorschlag war nicht darauf gerichtet, die "Regeln" sozusagen "lehrhaft" zu fixieren, sondern im Gegenteil den pragmatischen Zusammenhang des Redens von Gott als "Dogmatik" in den Blick zu rücken.

[16] Hans J. SCHNEIDER: Phantasie und Kalkül (s. Anm. 9) 548.

Gegenstand hat und haben kann, das in der Praxis des Redens von Gott enthalten ist. Das aber heißt nicht, daß die Dogmatik das Reden von Gott "von außen" zu "regeln" hat (dies wäre eine anderes Verständnis von "Regeln"), oder nur die vorhandenen "Regeln" feststellen soll, denen das Spiel (faktisch) folgt. Vielmehr wäre die "Dogmatik" zu verstehen als ein bestimmtes Mitreden, das - selbst zum Spiel gehörig - dazu einen spezifischen Beitrag leistet. Dieser kann darin bestehen, daß die "Dogmatik" das Reden von Gott immer wieder an die "Lebensform" kritisch erinnert, der es zugehört, sofern sich das Reden von Gott immer wieder auch (im Zusammenhang dieser oder jener Funktionen) verselbständigt. Diese Erinnerung an die "Grammatik" aber geschieht nicht im Rückgang "hinter" das Reden von Gott, sondern im Hinhören und Sicheinlassen auf dieses Reden und die damit verbundene Lebenswirklichkeit, die aus dem Blick geraten ist. Daß auch an diesem Punkt gerade das biblische Reden kritische Erinnerung (nicht im Sinne der rückwärtsgewandten Erinnerung) ist, führt die "Biblische Dogmatik" vor.

So viel können wir auf Wittgenstein zurückgreifend (freilich noch eher theoretisch andeutend) für die Beschreibung des Redens von Gott und die dogmatische Aufgabe festhalten. Auch das Reden von Gott will gelernt sein. Das heißt nicht etwa, zuerst gewußt und dann irgendwie "angewandt", sondern mit dem Reden wird die Verwendung gelernt. Fragen wir also: Teil welcher Lebensform ist das Reden von Gott? Welche "menschliche" Lebensform kann das sein? Verändert sich vielleicht die Beschreibungsgrundlage, weil wir es mit dem Reden von Gott zu tun haben? Diesen Fragen werden wir uns schrittweise anzunähern versuchen.

2. Vom Gegebensein einer "Lebensform"

Die "Lebensform", das Sprachspiel, in dem Menschen sich bewegen oder in das sie sich einspielen, erscheint hier als etwas, das sozusagen "gut" geht. So gibt es beispielsweise Schulunterricht, der mit gutem Grund "Schulunterricht" genannt werden kann, was nicht heißt, daß dieser Unterricht "Erfolg" haben muß. Doch es kommt darauf an, daß diese Veranstaltung "Schulunterricht" ist und nicht die Grenze zu etwas anderem, vielleicht zu einer Unterhaltungsshow, überschritten hat. Wir unterscheiden dies, wir unterscheiden Sprachspiele. Irgendwann ist der Punkt erreicht, an dem ein Gottesdienst keiner mehr ist oder es den Beteiligten unklar ist, was vor sich geht. Wer am Gottesdienst teilnimmt und sich darauf versteht mitzuspielen, mitzureden, folgt diesem Spiel so gut er es gelernt hat - und er sollte es so weit gelernt haben, daß er mitspielen kann, was wiederum nichts damit zu tun hat, daß er mit diesem oder jenem "Erfolg" mitspielt. Entscheidend ist, daß er versteht, was gespielt wird, und daß er seine "Spielzüge" den Regeln entsprechend ausführen kann. Spielen heißt aber durchaus nicht, sich der "Regeln" ständig vergewissern oder das Einhalten der Regeln einzufordern zu müssen. Die "Regeln" explizieren überdies nur einen Teil dessen, was die "Grammatik" des Spiels ist[17]. Die "Lebensform" ist gegeben wie eine Grammatik[18].

---

[17] Zur Unterscheidung von "Grammatik" und "Regeln" vgl. Viggo ROSSVAER: Transzendentalpragmatik, 193: "Die Grammatik des Spiels geht über die Spielregeln hinaus, und nur weil man imstande ist, die Grammatik des Spiels zu beherrschen, kann man die Regeln anwenden." "Nach Wittgensteins Auffassung ist die Basis jeder Regel und jedes Begriffs unserer Sprache durch die komplexe Grammtik unserer Lebensform als ganzer gegeben. Die Methode der Beschreibung von Sprachspielen kann nur in der Angabe von Beispielen bestehen." (195) Zur weiteren Klärung vgl. Hans J. SCHNEIDER: Phantasie und Kalkül (s.o. Anm. 9), bes. zur

Dabei sind *spezifische Fragen* wie die nach dem "Begründetsein" von Lebensformen zunächst ausgeklammert. So ist gegenüber Wittgenstein von einem "Naturalismus" die Rede gewesen. Das meint, daß er einen kommunikativen Lebensvollzug als "natürlich" gegeben voraussetze[19]. Doch ist hier Vorsicht geboten, weil eine solche Sichtweise schon ein Problem einträgt, das nicht notwendigerweise mit dieser Beschreibung verbunden ist: das Problem der unversalen, jedem zugänglichen "Begründung" in der Verständigung, wie es auch in der Diskussion um die "Transzendentalpragmatik" zur Geltung gebracht worden ist[20]. Diese Diskussion soll hier nicht aufgenommen werden. Für das Verständnis Wittgensteins dürfte die Auffassung hilfreich sein, die Albrecht Wellmer vorgetragen hat: "Versteht man Wittgensteins Sprachphilosophie auf dem Hintergrund traditioneller philosophischer Alternativen, so läßt sie sich verstehen als Versuch einer Aufhebung des Gegensatzes zwischen transzendentalem Idealismus und Naturalismus; nicht durch eine Naturalisierung des Erkenntnissubjekts, sondern durch die Analyse der sprachlichen Verfaßtheit seiner Lebenswelt. Es handelt sich um eine 'Transzendentalphilosophie' ohne Letztbegründungsansprüche, ja ohne das Geländer systematischer Rekonstruktionen."[21]

Im Zusammenhang welcher Sprachspiele reden Menschen von Gott? In welcher Weise sind diese "gegeben"? Was ist ihr Umriß? Hier setzen in der theologischen Arbeit eine Reihe von Fragen ein, die aber in ihrer Eigenart gehört werden müssen. Denn sie zielen auf sehr verschiedene Problemstellungen, wie auch das Problem, "Letztbegründungen" namhaft zu machen, ein spezifisches ist. Der Zusammenhang von "Reden von Gott" und "Lebensform" sollte hier in den Blick kommen, ohne diesen zugleich auf das Letztbegründungsproblem zu fixieren. Vielmehr geht es darum, einen Ansatzpunkt dafür zu finden, wie das "Reden von Gott" zu beschreiben ist, um daraufhin dann solche Probleme überhaupt erörtern zu können.

Greifen wir beispielsweise eine signifikante Problemstellung aus der theologischen Arbeit auf: Gerhard Ebeling hat von der hermeneutischen Funktion "des Ethischen"

Frage, was der "grammatische Sinn" genannt werden kann.

[18] Vgl. in der Biblischen Dogmatik bes. Bd.I, § 8: Sprache und Sprechen. Die "Biblische Dogmatik" nimmt auch den Beschreibungsvorschlag des "cultural-linguistic approach" von George A. LINDBECK auf (The Nature of Doctrine. Religion and Theology in a Postliberal Age, Philadelphia 1984; dt.: Christliche Lehre als Grammatik des Glaubens. Religion und Theologie im postliberalen Zeitalter, eingel. u. hg.v. Hans G. Ulrich, Reinhard Hütter, Gütersloh 1994). Dabei geht die "Biblische Dogmatik" terminologisch ihren eigenen Weg. F. MILDENBERGER bemerkt: "Statt von 'Regeln' rede ich freilich lieber von kirchlichen 'Grundentscheidungen', die beim je neuen Verstehen der Bibel beachtet werden müssen." (Biblische Dogmatik, Bd.I,269)

[19] Vgl. Sabina LOVIBOND: Realism and Imagination in Ethics, Oxford 1983; und dazu: Charles TAYLOR: Lichtung oder Lebensform. Parallelen zwischen Wittgenstein und Heidegger; in: Brian McGuinness u.a.: "Der Löwe spricht...und wir können ihn nicht verstehen". Ein Symposon an der Universität Frankfurt anläßlich des hundertsten Geburtstags von L. Wittgenstein, Frankfurt/M. 1991, 94-120, hier: 120.

[20] Vgl. zur Diskussion: Die pragmatische Wende. Sprachspielpragmatik oder Transzendentalpragmatik?; hg.v. Dietrich BÖHLER, Tore NORDENSTAM, Gunnar SKIRBEKK, Frankfurt/M. 1986.

[21] A. WELLMER: Ludwig Wittgenstein. Über die Schwierigkeiten einer Rezeption seiner Philosophie und ihre Stellung zur Philosophie Adornos; in: MacGuinness u.a.: "Der Löwe spricht...", 138-148, hier: 147f.

gesprochen²². Das "Ethische" meint hier die alltägliche Wirklichkeit, in der Menschen zusammenleben und miteinander zurecht kommen. Was in dieser Koexistenz "verstanden" wird, stellt den Hintergrund (die Grammatik) für das Verstehen des Redens von Gott dar. Das Reden von Gott wird - nach G. Ebelings Aufassung - auf diesem vertrauten Hintergrund verstehbar. Dies ist eine spezifische Fragestellung: sie rechnet mit der Vertrautheit und allgemein-menschlichen Zugänglichkeit dieses "Hintergrunds". Was aber "ist" dieses "Ethische"? Entspricht es dem, was Wittgenstein "Lebensform" meint? Jedenfalls ist darin zu beachten, daß diese "Lebensform" nicht losgelöst vom Reden selbst, als "Hintergrund" festgestellt oder beschrieben werden kann. Eine Lebensform "zeigen" ist außerdem etwas anderes als von ihr affirmativ zu reden. Der "positive" Hinweis auf die gegebene gute Lebenswirklichkeit führt immer rasch auch zur Gegenfrage, ob diese denn überhaupt noch "gegeben" ist. In der Rede von der "Krise" der Moral wird diese Rückfrage laut²³. Doch die Aufmerksamkeit darauf, wie Menschen miteinander leben und zurechtkommen, kann weder in der "positiven" (vielleicht theoretischen) Vergewisserung noch in ihrer Bestreitung aufgehen. Es wird immer neu zu entdecken und zu zeigen sein, wie Menschen sich verständigen. So geht es nicht um die Behauptung oder Bestreitung einer "Krise der Moral", sondern um die kritische Betrachtung im Blick auf ein (anderes) Leben, das mit dem Reden von Gott gegeben ist.

3. Von Gott reden in einer "neuen" Lebensform

An dieser Stelle ist auf eine andere weitreichende Rückfrage einzugehen: Ist mit dem Reden von Gott nicht eine "neue" Lebensform verbunden - ja eine gänzlich neue Lebensform, weil Gottes Präsent-sein in der menschlichen Lebensweise nicht Platz greifen kann²⁴? Im Römerbrief ist zu lesen: "welche der Geist Gottes treibt, die sind Gottes Kinder. Denn ihr habt nicht einen knechtischen Geist empfangen, daß ihr euch abermals fürchten müßtet; sondern ihr habt einen kindlichen Geist empfangen, durch den wir rufen: Abba, lieber Vater!" (Röm 8, 14f.) Diejenigen, die "lieber Vater" sagen können, befinden sich in der Lebensform der Kinder Gottes. Sie führen kein von Furcht getriebenes, knechtisches Leben mehr. Sie haben auch die Rechte von Kindern.

Diese Lebensform erscheint als "neu" gegenüber der bisherigen "alten": "Denn *in Christo* ist gegenüber *allen* Zusammenhängen, in denen Wörter sonst gebraucht werden, ein eschatologisch neuer Zusammenhang gegeben, der allen in *diesem* Zusammenhang

---

²² Vgl. Gerhard EBELING: Die Evidenz des Ethischen und die Theologie (1960); in: ders.: Wort und Glaube, Bd.II: Beiträge zur Fundamentaltheologie und zur Lehre von Gott; Tübingen 1969, 1-41, hier: 11.

²³ Wolfhart PANNENBERG hat sie in die Formel von der "Krise des Ethischen" gefaßt und gesagt: "daß aus der Situation, auch aus der mitmenschlichen Situation, keine allgemeingültige Evidenz des Ethischen zu gewinnen ist....Darum kann die Relativität der ethischen Gehalte nur von umfassenderen Ansätzen her überwunden werden...Verbindlichkeit gewinnt das Ethos nur aus dem Ganzen des Daseinsverständnisses..." (Die Krise des Ethischen und die Theologie (1962); in: ders.: Ethik und Ekklesiologie, Göttingen 1977, 41-54, hier: 50f.) Die Konsequenz daraus war denn auch eine universale systematische Theologie zu entwickeln.

²⁴ Vgl. Karl BARTHs Auslegung von Röm 12 (Der Römerbrief (1922), 11.A. Zürich 1976) unter der Überschrift "Die große Störung". Das hier aufgefundene Reden von Gott zielt auf eine "Kritik alles Ethos" (413).

gebrauchten Wörtern notwendig eine neue Bedeutung gibt."²⁵ Wie ist von "alt" und "neu" zu reden? Diese Frage betrifft alles, was - nun wiederum in einem bestimmten Sprachspiel - von Gottes neuschaffendem Handeln zu sagen ist, es betrifft die Beziehung von "eschatologischem" Reden und ethischer Rechenschaft. Das muß hier offenbleiben. Entscheidend ist, daß hier verschiedene Sprachspiele im Blick sind, die unterschieden bleiben. Das auf Gottes neuschaffende Handeln bezogene Reden "über" "alt" und "neu" gehört selbst schon in ein neues Sprachspiel. Darin können diejenigen sich bewegen, denen gesagt werden kann: "Ist jemand in Christus, so ist er eine neue Kreatur; das Alte ist vergangen, siehe, Neues ist geworden." (2.Kor 5,17).

Entscheidend ist zugleich, daß das Eintreten in das Reden von Gottes rettendem und neuschaffendem Handeln nicht heißt, daß nun die Welt der "menschlichen" Sprache verlassen wird. Es tritt vielmehr eine Rede der anderen gegenüber. So ist mit Paulus zu sagen: "stellt euch nicht dieser Welt gleich, sondern laßt euch eure Form verändern durch die (eschatologische) Erneuerung eurer Wahrnehmung und eures Denkens"²⁶. Im Reden von Gott wird die Grenze "der" menschlichen Sprache nicht als abstraktes Jenseits der Sprache, sondern als die Grenze zwischen "altem" und "neuem" Reden kenntlich, aber sie wird an der Differenz zwischen diesem und jenem Reden kenntlich. In den biblischen Texten treffen differente Sprachspiele aufeinander, paradigmatisch in Jesu Auslegung der Schrift. Wenn Jesus spricht "Ich aber sage euch..." wird damit die neue Lebensform in der gegenwärtigen Welt präsent. Der Überschritt in diese neue Lebensform ist Menschen durch Jesus Christus vermittelt.

Von hier aus kann bedacht werden, inwiefern in dem "neuen" Sprachspiel die Grenze der menschlichen Sprache auf andere Weise präsent ist, als in dem alten. Die Beziehung und die Differenz zwischen verschiedenen Sprachspielen wird in der menschlichen Sprache vollzogen oder verhandelt. Hier ist etwa davon zu handeln, welche Aufgabe dem metaphorischen Reden zukommt: sind Metaphern die Brücken im Reden, die davor bewahren, unterschiedliche Sprachspiele aufzulösen? Ebenso ist davon zu handeln, was "Gleichnisse" sind: haben die Gleichnisse die Aufgabe, einen Einblick in neuer Weise zu reden, wird an ihnen im besonderen kenntlich, daß damit ein neues Leben mit Gott verbunden ist.

Dies alles zeigt, daß es nicht darum geht, "die" Grenze der menschlichen Sprache zu überschreiten, sondern die Unterschiedenheit der Sprachspiele selbst zur Sprache zu bringen und darin die Möglichkeit zu bewahren, das Reden von Gott nicht in Übersetzungskünsten verschwinden zu lassen. Die verschiedenen Sprachspiele stehen in einer dialogisch-dialektischen Beziehung und müssen sich nicht in "einer" alles in sich

---

[25] Eberhard JÜNGEL: Metaphorische Wahrheit. Erwägungen zur theologischen Relevanz der Metapher als Beitrag zur Hermeneutik einer narrativen Theologie, in: Paul RICOEUR, Eberhard JÜNGEL: Metapher. Zur Hermeneutik religiöser Sprache, EvTh Sonderheft, München 1974, 71-122, hier: 77.

[26] Zur weiteren Auslegung von Röm 12 vgl. Biblische Dogmatik, Bd.III,225-230.

versöhnenden oder vermittelnden Sprache vermischen[27], in der ein Überschritt von dem einen in das andere Sprachspiel nicht nötig ist und alles ineinander transformiert werden kann.

Betrachten wir es noch einmal aus dieser Perspektive: Was heißt es für den *Einzelnen*, sich in ein Sprachspiel "einzuüben"[28]? Wer von Gott reden lernt, begibt sich in ein neues Sprachspiel, sein Leben ändert sich. Es gibt keinen anderen Zugang, etwa den des In-Besitz-Nehmens von Wissen oder von rhetorischen Fertigkeiten. "So gibt es nun keine Verdammnis für die, die in Christus Jesus sind. Denn das Gesetz des Geistes, der lebendig macht in Christus Jesus, hat dich frei gemacht von dem Gesetz der Sünde und des Todes... welche der Geist Gottes treibt, die sind Gottes Kinder. Denn ihr habt nicht einen knechtischen Geist empfangen, daß ihr euch abermals fürchten müßtet; sondern ihr habt einen kindlichen Geist empfangen, durch den wir rufen: Abba, lieber Vater!" (Röm 8,1f.,14f.) Wer "lieber Vater" ruft, ist in das Leben mit Gott eingetreten; sein Leben ist verwandelt worden. Die Rede "lieber Vater" gehört zu diesem neuen Leben, das als ein Leben von Freien erscheint, nicht von Knechten. Wer das Reden der Kinder Gottes nachsprechen kann, findet sich in einem neuen Leben vor.

Der neue Wandel im Geist wird von Paulus als das "Gesetz des Geistes" gekennzeichnet. Wir können "Gesetz" mit "Lebensform" übersetzen. Das "Gesetz des Geistes" prägt eine Lebensform wie das "Gesetz", das in die Unfreiheit führt[29]. Von der neuen Lebensform spricht Paulus tröstend, erinnernd. Diese Lebensform also ist nicht affirmativ in den Blick zu rücken (seht das Gute, das euch gegeben ist!), noch ist sie einzufordern. Vielmehr ist die neue Lebensform mit dem Glauben und dem ihm entsprechenden Reden von Gott verbunden und so kann davon nur erinnernd und tröstend geredet werden. Dies ist in sprachpragmatischer Hinsicht zu bemerken. Hier hat die paränetisch-parakletische Form der Rede von Gott ihren Ort (vgl. Röm 12,1). Wer sein Leben in diese neue Lebensform verwandeln läßt, lernt auch ein neues Reden von Gott - und umgekehrt.

Der "Glaube" ist hier an einem spezifischen Punkt in die Betrachtung einbezogen: dort nämlich, wo es gilt, in ein "neues" Sprachspiel einzutreten. "Wiedergeburt", "neue Kreatur" kennzeichnet diesen Überschritt gleichermaßen. Doch zum Glauben Kommen ist kein abstrakter Neuanfang[30]. Hier finden wir "einfache" Gottesrede[31]. Wer sagen kann

---

[27] Darauf zielt Oswald BAYER in manchen seiner theologischen Arbeiten (vgl. auch seinen Beitrag in diesem Band). Daraus folgt für die Ethik u.a. die Aufgabe, Kontroverswissenschaft zu sein. Vgl. dazu Albrecht WELLMERs Vergleich zwischen Wittgenstein und Adorno: Zur Dialektik von Moderne und Postmoderne: Vernunftkritik nach Adorno; in: ders.: Zur Dialektik von Moderne und Postmoderne. Vernunftkritik nach Adorno, Frankfurt/M. 1985, 48-114, hier 87f.

[28] Vgl. Friedrich MILDENBERGER: Biblische Dogmatik, Bd.II,79, in Bezug auf das Nachsprechen von Psalm 73. S. dazu u.

[29] Deshalb ist vom "Gesetz" nicht im Sinne einer unversalen Gegebenheit zu reden. Darauf zielt durchgängig kritisch die "Biblische Dogmatik". Von hier aus erst ist wieder zu bedenken, wie das Gesetz zu "lernen" ist. Vgl. Biblische Dogmatik, Bd.III,211-223.

[30] In diesem Sinne ist die "fides, qua creditur" von der "fides, quae creditur" nicht zu trennen: vgl. dazu die weitreichenden Überlegungen in Bezug auf Bultmanns theologische Arbeit bei Eberhard JÜNGEL: Glauben und Verstehen. Zum Theologiebegriff Rudolf Bultmanns; in: ders.: Wertlose Wahrheit. Zur Identität und

"Ich glaube, daß Jesus 'der Christus' ist", hat alles Notwendige gesagt. Er sagt damit zugleich "Jesus Christus sei mein Herr" (vgl. den Kleinen Katechismus Martin Luthers). Der Einstieg ist schon Teil eines neuen Lebens, nicht ein angewandtes Wissen von dem, was "man" über das schon Bekannte hinaus sagen kann[32]. Mit dieser einfachen Gottesrede nehmen Menschen am neuen Sprachspiel teil, auch wenn sie nichts darüberhinaus sagen. Sie sind wirklich - ohne jede Einschränkung - in das neue "Sprachspiel" eingetreten. Jetzt ist es ihnen möglich, von Jesus Christus zu reden. So läßt sich durchaus auch derjenige auf ein neues Sprachspiel ein, der von "Gott, dem Schöpfer" zu reden beginnt. Wenn es denn wirklich der Eintritt in die Lebensform der Geschöpflichkeit ist, zeigt sich schon jetzt, ob er von Gott zu reden versteht, auch wenn noch lange nicht die Spielzüge getan sind, die sich von hier aus eröffnen.

4. Von Gott reden lernen - Beten als Paradigma

Dem entspricht, wie Jesus seine Jünger das Beten gelehrt hat (Luk 11). Dies ist zugleich das Modell, wie die Bibel zu lesen ist, um dabei von Gott reden zu lernen. Jesus belehrt seine Jünger nicht über das Beten, sondern er "zeigt" ihnen, was Beten heißt, durch ein Gebet. Er läßt sie mit dem "Vaterunser" an seinem eigenen Beten teilhaben. Die Jünger lernen beten durch Beten. Sie lernen beten dadurch, daß sie sich im Nachbeten in das Reden zu Gott und das Reden von Gott hineinbeten[33]. So lernen Menschen beten: indem sie sich hineinsprechen, indem sie sich hineinspielen in eine Redeform. So hat die "Biblische Dogmatik" gezeigt, wie mit den Psalmen das Reden von Gott von Gott gelernt werden kann. Die "Biblische Dogmatik" hat Psalmen beschrieben als "Formulare", durch deren Gebrauch das Beten und mit dem Beten das Reden erlernt wird[34]. Sie zeigt, wie die Psalmen selbst als ein Reden von Gott begegnen, in das Leser, Hörer sich hineinreden, sich hineinleben können, um dann mit ihrem eigenen Reden fortzufahren. Der Kommentar zu Ps 73,15 mag dies vorführen:

"'Hätte ich gedacht: Ich will reden wie sie, siehe, dann hätte ich das Geschlecht deiner Kinder verleugnet.'" Hier ist davon die Rede, was solche Anfechtung durch das Glück der Gottlosen bestehen läßt: Es ist jenes Sprechen, jene Wahrnehmung der Wirklichkeit, wie sie bei den Kindern Gottes eingeübt ist. Es läßt sich noch nicht einmal sagen, daß der Psalmist sich dafür entschieden habe, bei solchem Sprechen, bei solcher Wahrnehmung zu bleiben. So sehr es ihn beißt, ihn affektiv aufwühlt: Er kann gar nicht anders, als dabei zu bleiben und also Welt gerade in dieser Weise wahrzunehmen, die

---

Relevanz des christlichen Glaubens. Theologische Erörterungen III, München 1990, 16-77.

[31] Dazu vgl. Friedrich MILDENBERGER: Biblische Dogmatik, Bd.I, bes.18-21.

[32] Die Frage, wie im Reden Sprache weitergeführt wird, und wie dies als alltäglicher Vorgang des Redens zu verstehen ist, ist wiederum zentraler Bestandteil der sprachphilosophischen Diskussion: vgl. Hans J. SCHNEIDER, Phantasie und Kalkül (s. Anm. 9), insbesondere zum Vorgang der "Projektion".

[33] Vgl. zur weiteren Entfaltung: Hans G. ULRICH: Kennwort "Gebet"; in: Glaube und Lernen 1 (1986) 13-21.

[34] Vgl. Biblische Dogmatik, Bd.II,260-272. Dort ist dies am Beispiel des Ps 22 entfaltet.

nun einmal die Weise der Rechtschaffenen ist, derer, die reines Herzens sind und die darum hier als die Kinder Gottes bezeichnet werden"[35].

Hier wird auf den "Sprach- und Sprechzusammenhang der Kinder Gottes" verwiesen, "zu dem jene Weltwahrnehmung der Gottlosen nun gerade keine Alternative ist". Spiel und Gegenspiel sind präsent. Die dogmatische Aufgabe ist es, in das Spiel des Redens von Gott einzuweisen, was keineswegs heißt, die Spielzüge zu lehren, die damit im einzelnen zu unternehmen sind. Aber es kann von innen her, im laufenden Spiel ausgelotet werden, was die Kinder Gottes reden - und was sie nicht reden. Eben dieses Ausloten geschieht hier im Psalm. Wir können ihm nachgehen, um dann unsere eigenen Spielzüge zu versuchen. Gewiß: hier beginnt die Aufgabe der Beschreibung erst. Doch wird auf diese Weise der Zugang zu einer Beschreibung gewonnen, die deshalb "Dogmatik" genannt werden kann, weil sie im Zeigen und Lehren auf das *Lernen* ausgerichtet ist. Sofern die Dogmatik in verbindlicher Form zeigt, was zum Reden von Gott gehört, kann sie eine "deskriptive Dogmatik" genannt werden. Die beschreibende Aufgabe schließt aber die Frage, was von Gott "wahrhaft" gesagt werden kann, nicht aus, sondern ein[36]. Gerade bei dieser Aufgabe nimmt die "Dogmatik" die biblische Exegese in Anspruch[37].

Zu zeigen ist - mit Hilfe der Exegese, die so zur "Sprachhilfe des Glaubens"[38] wird - die "einfache Gottesrede": das heißt diejenige Gottesrede, mit der sich entscheidet, in welchem "Spiel" wir sind. Wie überschaubar oder kompliziert alles weitere Reden auch sein wird, wie weit die Spielzüge auch immer reichen werden, zunächst kommt es darauf an, daß wir nicht in einem anderen Spiel sind. Der erste Zug schon - im Vergleich mit dem Schachspiel gesagt - kann erkennen lassen, daß wir nicht Schach spielen. Wer aber sich darauf versteht mit dem Psalm 73 zu sagen "Ja, gut ist Gott dem Rechtschaffenen"[39] (73, 1), der gibt kund, daß er zu denen gehört, die Kinder Gottes genannt werden, was auch immer in seinem Leben noch zu "spielen" sein wird.

Bleiben wir bei dieser Beschreibung, dann verzichten wir auf den Versuch, Erklärungen darüber zu gewinnen, "wie" es zu diesem Reden von Gott gekommen ist: keine Genealogie also des Redens von Gott. Vielmehr ist davon wiederum nur im Sprachspiel selbst zu reden. Mit dem Psalm 73 wäre zu sagen: "Du hältst mich bei meiner rechten Hand, du leitest mich nach deinem Rat..." Auch dies mögen wir aussprechen können: ob wir es aber erlernt haben, dem Rat Gottes zu folgen, das gilt es auf die Probe zu stellen.

---

[35] Biblische Dogmatik, Bd.II,79.

[36] Zum Ineinander von beschreibender Aufgabe und Wahrheitsfrage vgl. Dietrich RITSCHL: Art. Lehre, in: TRE Bd.XX,608-621.

[37] Vgl. hierzu auch die Ausführungen von Hans-Christoph SCHMITT, der darauf verweist, daß die Exegese die Aufgabe hat, die "Sprachgestalt" biblischen Redens zu zeigen.

[38] Vgl. dazu die Ausführungen von Jürgen ROLOFF in diesem Band.

[39] Vgl. Biblische Dogmatik, Bd.II,37, Anm. 22: Die Übersetzung folgt einer Abweichung vom masoretischen Text, im Unterschied zur Übersetzung Luthers: "Gott ist dennoch Israels Trost".

5. Reden von Gott in der Gemeinde

Zum Spielen gehören hier mehrere. Das Reden von Gott, das Bekennen, Beten, Loben, Erzählen findet zusammen mit anderen statt, die mitreden, die hören oder antworten. Eben darin "besteht" die Gemeinschaft, die hier zusammenfindet. Das ist der Kernpunkt derjenigen Lehre von der "Kirche", die nicht nach anderen Voraussetzungen oder nach einem anderen "Grund" sucht als den des lebendigen Gottes, aus dem diese bestimmte Praxis lebt und in dieser Praxis die Gemeinde. So kennzeichnet ihre mit dem Reden von Gott vermittelte (gottesdienstliche) Lebensform und ist nicht nur eine Feststellung über ihre Begründung. Die Wahrnehmung der "Kirche" als unfaßbares "Ereignis" ist dann ebenso unangemessen, wie die Bestimmung der "Kirche" als eine Organisationsform religiöser Kommunikation. Wie sich ein Sprachspiel in keine solche Organisation fassen läßt ("Wie organsiere ich ein Fußballspiel?"), so auch die Kirche[40].

Das Reden von Gott, in dem die Gemeinde "besteht", wird von ihr nicht hervorgebracht. Die Gemeinde findet darin vielmehr ihre Auferbauung und ihren Bestand. Hier ist an die Lehre von der "Inspiration" zu erinnern[41]: Sie handelt von der Begabung mit dem "Geist Gottes". Damit ist gesagt, daß im Reden von Gott Sprache, Wörter und Buchstaben in ein neues Reden verwandelt werden, das Teil einer neuen Lebensform ist. Die Lehre vom Geist Gottes schützt davor, eine Theorie von der Sprache und ihrer Reichweite zu bilden, die vom lebendigen Gebrauch, von der wirklichen Rede von Gott und damit von der Kirche absieht[42]. Die Lehre vom Geist Gottes sagt auch, daß das Reden von Gott dem, was wir sagen "können", voraus ist und daß wir diejenigen sind, die auf dem Wege des Erlernens dessen sind, was wir aussprechen.

II. Lernen mit der Schrift - Leben mit der Schrift

Das Reden von Gott finden wir vor, es ist uns voraus, nicht im "historischen" Sinne, sondern indem es über das hinausreicht, was wir zu reden verstehen. Es "gibt" auch Regeln, denen schon mehr als einmal gefolgt wurde. Sonst wären es keine Regeln und es gäbe kein Spiel, das weitergespielt werden kann, sondern ein unbestimmtes Redeereignis. Es finden sich zahlreiche Spielzüge, die wir nachspielen können und die wir in neuer Weise weiterführen können. Dies kennzeichnet das "Einfach-von-Gott-Reden". Wer von Gott zu reden beginnt, setzt damit ein. Wie aber ist das Reden von Gott zu lernen? Zeigen läßt sich dies am Lesen der Bibel. Dort findet das Lernen des Redens von Gott seinen paradigmatischen Ort.

---

[40] Das heißt aber nicht, etwa von der "Institution" Kirche nicht mehr reden zu können. Dies bedarf einer eigenen Prüfung. Der "institutionelle" Charakter von Sprachspielen ist dabei zu bedenken.

[41] Siehe dazu Biblische Dogmatik, Bd.I,20f.

[42] Vgl. die Entfaltung der biblischen Ekklesiologie bei Jürgen ROLOFF: Die Kirche im Neuen Testament; (Grundrisse zum Neuen Testament) Göttingen 1993, zur Erläuterung bes. 10f.

1. Lesen der Bibel - Leben mit der Bibel

Das Studieren der Bibel ist für das Erlernen des Redens von Gott paradigmatisch, sofern das in der Bibel begegnende Reden von Gott im Lesen und Hören zu einem Teil des gegenwärtigen Lebens wird. Leser und Hörer "gebrauchen"[43] nicht mehr nur die Bibel, sondern leben mit ihr als "Leser und Hörer". Sie üben nicht mehr und nicht weniger als die Kunst des Bibellesens aus[44]. Nicht ein begrenztes "Interesse" an diesem Buch oder andere Bedingungen, sondern ihr alltägliches Leben mit der Bibel, das im Lesen und Hören besteht, ist der Ausgangspunkt dieser Beschreibung. Es geht um das Lernen derjenigen "Beteiligten", für die nicht offen ist, was der Ort ihres Lernens ist[45]. Die Schrift und ihre Leser sind in ihrer Zusammengehörigkeit zu betrachten. Die Schrift und ihre Leser gehören in dem Sprachspiel zusammen, in das sich die Leser hineinspielen. Sie reden mit, spielen mit und lernen so von Gott zu reden. Das heißt nicht, daß sie die Bibel "zitieren" oder Redeweisen der Bibel "benutzen", das heißt auch nicht, daß sie dasselbe sagen. Sie beginnen vielmehr ihre eigenen Spielzüge zu unternehmen. Sie beginnen zu lernen, nach den "Regeln der Kunst" zu spielen. Dabei geht es nicht um das Zusammenspiel von "individueller Freiheit" und regelorientierter Verbindlichkeit. Auf ein solches abstraktes Sozialisationsschema läßt sich dieser Lernvorgang nicht bringen. Die Praxis des Lernens ist weder durch die Phantasie des Einzelnen noch durch die Erfahrungsbestände der Gemeinde umgrenzt. Mit der Gemeinde erkundet jeder Einzelne das Verstehen biblischen Redens von Gott in die bestimmte Zukunft dieses Redens hinein[46]. Das auf ein verständnisvoll fortfahrendes Reden gerichtete Verstehen gründet in der Hoffnung auf den Geist, der es leiten wird, und schreibt deshalb nicht "seine" eigene Geschichte fort. Dieses explorative Bibellesen entspricht der Chrarakterisierung des Schriftgelehrten, wie sie Gershom Scholem nachzeichnet. Der Schriftgelehrte ist derjenige, von dem gesagt wird: "Er kann lernen"[47].

In diesem Sprachspiel finden sich die zusammen, die von Gott reden. Sie lesen und hören auf diese Weise (und nicht als diese oder jene scientific community) gemeinsam die Bibel. Nicht ihre "Übereinkunft" entscheidet, was von Gott zu sagen ist, sondern ihr gemeinsames Lesen und Hören, in das sie das biblische Reden hineinfinden läßt.

2. Probleme der Hermeneutik?

Wenn wir nun aber Sprachspiele mit Lebensformen vermittelt sehen, wird dann nicht diejenige hermeneutische Frage verschärft, die uns die "Fremdheit" biblischer Sprach"welten" vor Augen stellt? Deshalb ist man immer wieder versucht, die Sache

---

[43] An diesem Punkt ist auch die Lehre von den "usus" des Gesetzes oder dem "Schriftgebrauch" kritisch zu überdenken.

[44] Vgl. dazu Gerhard SAUTER: Die Kunst des Bibellesens; in: EvTh 52 (1992) 347-359.

[45] Friedrich MILDENBERGER spricht von den Lesern und Hörern als den "Betroffenen": vgl. Biblische Dogmatik, Bd.I,23.

[46] Vgl. dazu den Beitrag von Wolfgang SCHOBERTH in diesem Band.

[47] Gershom SCHOLEM: Drei Typen jüdischer Frömmigkeit; in: ders.: Judaica 4, Frankfurt/M. 1984, 262-286, hier: 268.

umzukehren, und doch von "unserer" Praxis auszugehen und zu fragen, wie biblisches Reden darin "Bedeutung" gewinnen kann. Aber dann sind wir schon dabei, biblisches Reden auf unseren Lebens"kontext" hin zu transformieren[48]. Diese hermeneutische Bewegungsrichtung würde jener anderen entgegenlaufen, in der wir etwas zu "er-lernen" haben. Im biblischen Reden selbst steht dies zur Verhandlung. Das biblische Reden zeigt eine Lebensform, in die Menschen hineingeschaffen werden; es bietet nicht umgekehrt etwa Redeweisen oder "Lebensregeln" an, mit denen wir in "unserem" Leben zu leben unternehmen. In die Lebensform, zu der das biblische Reden gehört, werden Menschen hineinverwandelt, die die Praxis des Bibel-Lesens ausüben. Sie gewinnen ein neues Leben, ohne daß dieses Neu-Werden zu bewirken oder zu bewerkstelligen wäre.

Die Arbeit an der biblischen Hermeneutik hat hier freilich verschiedene Problemstellungen hervorgebracht und Bedingungen des Verstehens thematisiert. Eine generelle Linie besteht vor allem darin, universale Verstehensbedingungen namhaft zu machen, die nicht auf der Ebene einer "Praxis" zu suchen sind, die das biblische Reden und unser Reden verbindet, sondern auf einem Verstehens"hintergrund", der "hinter" der Sprachpraxis liegt. Das gilt für manche Auffassungen von der existentialen Interpretation[49] ebenso wie für andere universalhermeneutische Unternehmungen[50]. Sie unterscheiden sich von der hier angezeigten "Kunst des Bibellesens" dadurch, daß dem Verstehenszusammenhang vorgegriffen wird. Doch das Bibellesen, wie das Hören geschieht explorativ und sukzessiv. Bibelleser werden sich nicht nur vor jedem Schritt vergewissernd fragen, "kann ich den *noch* gehen, kann ich *so* fortfahren?", sondern sie werden im Ausprobieren zu entdecken suchen, wie sie Zug um Zug hineingezogen, mitgenommen und verwandelt werden.

3. Geistliche Schriftlesung

So beruht das Lesen der Schrift und ihre Auslegung nicht auf solchen Fertigkeiten oder Bedingungen, die jenseits der Praxis des Lesens und Hörens gegeben sind, sondern der Bibelleser ist eingefügt in einen Zusammenhang des Redens von Gott, in den er sich immer neu hineinliest, hineininterpretiert. An dieser Stelle ist von dem "Geist Gottes" zu reden, der Menschen zu anderen werden läßt, wenn sie die Schrift lesen. Sie dürfen sich als diejenigen entdecken, die in das Reden von Gott einstimmen können und es lernen können. An dieser Stelle ist auch von der "Schriftinspiration"[51] zu reden: damit ist nicht gemeint, daß das Reden von Gott auf eine "Legitimation" oder "Genealogie" hin zu betrachten ist. Im Gegenteil: diese Lehre tritt solchen Vergewisserungsstrategien

---

[48] Vgl. dazu die kritischen Bemerkungen von Dietrich RITSCHL: Gotteserkenntnis durch Wiedererkennen (in diesem Band). Vgl. auch die Überlegungen von Johannes FISCHER zur einer "praktischen Hermeneutik": Glaube als Erkenntnis. Zum Wahrnehmungscharakter des christlichen Glaubens; München 1989, bes. 31-37.

[49] Bultmann ist, wie die Interpretation von Eberhard JÜNGEL zeigt, hier differenziert zu sehen: Glauben und Verstehen. Zum Theologiebegriff Rudolf Bultmanns; in: ders.: Wertlose Wahrheit. Zur Identität und Relevanz des christlichen Glaubens. Theologische Erörterungen III, München 1990, 16-77.

[50] Vgl. die Diskussion über Sprachspielpragmatik und Transzendentalpragmatik: Die pragmatische Wende. Sprachspielpragmatik oder Transzendentalpragmatik?; hg.v. Dietrich BÖHLER, Tore NORDENSTAM, Gunnar SKIRBEKK, Frankfurt/M. 1986.

[51] Vgl. hierzu den Beitrag von Peter STUHLMACHER in diesem Band.

kritisch gegenüber und läßt die Schrift als die gute Gabe Gottes gelten, mit der Menschen das Reden von Gott lernen. Die Lehre von der "Schriftinspiration" verweist auf die von Letztbegründungsaufgaben entlastete Pragmatik solchen Lernens. Wer liest und hört, muß sich des Geistes nicht vergewissern, und er kann sich des Geistes nicht vergewissern wollen unabhängig von dem Wort, das er vernimmt. Er kann sich aber auch des Wortes nicht vergewissern wollen, ohne sich ihm auszusetzen. Dies ist auch die Voraussetzung für die Freiheit zum Lernen. Die Lehre von dem Zusammenhang von Wort und Geist verweist auf diese Sprachpragmatik[52].

Der Zusammenhang des Redens von Gott, in den sich Menschen hinein-lernen, ist durch den Geist mit der Gemeinde derer gegeben, die sich von Gottes Wort erschaffen und tragen lassen. Die Lehre von der "Schriftinspiration" meint nicht das vom Geist "legitimierte" Wort, sondern dasjenige geistgewirkte Wort, das nicht Buchstabe bleibt, sofern es als lebendiges Wort die Gemeinde erschafft und trägt. Mit dem Reden von Gott aus dem Geist Gottes ist die Gemeinde gegeben, die aus Gottes Wort lebt. Die Gemeinde kann paradigmatisch eine "Sprachgemeinschaft" genannt werden, sofern sie ausdrücklich als diejenige erscheint, die auf nichts anderem beruht als darauf, aus Gottes Wort zu leben und es zu erlernen.

4. Das Reden von Gott und Gottes Reden

Hier müssen wir nun fragen, ob wir mit unseren Überlegungen nicht den entscheidenden Punkt übergangen haben, der das Lesen der Bibel als "Gottes Wort" betrifft: Wir begegnen in der Bibel einem Reden von Gott, das als "Rede Gottes" erscheint. Dieses "So spricht Jahwe..." gehört offensichtlich zu einem Sprachspiel, in dem nun ausdrücklich gegenüber dem menschlichen Reden von Gott Gottes eigenes Reden laut wird, freilich im Munde von Menschen. Der Prophet spricht im Namen Gottes, er spricht als der von Gott Berufene. "Prophet sein" kann *nicht* erlernt werden[53]. Es kann niemanden geben, der sich auf Prophetie "versteht". Der Prophet wird berufen, ihm wird Gottes Wort immer neu in den Mund gelegt.

Hier treffen wir auf einen spezifischen Teil des Sprachspiels, aber er betrifft *alles* Reden von Gott: das prophetische Reden ist diejenige Praxis im Reden von Gott, mit der der dialogisch-dialektische Chrarakter allen Redens von Gott in seiner heilsamen Weise zum Vollzug kommt und neu zur Geltung gebracht wird. In der prophetischen Rede wird der Widerspruch gegen das menschliche Reden und Leben laut, das Gott nicht entspricht: in menschlicher Rede, aber doch als Gegenrede. Die Gegenrede kann niemand - vielleicht als selbst gemachten Einwand - ergreifen. Der "Prophet" wird von ihr ergriffen ("Der Löwe brüllt, wer sollte sich nicht fürchten? Gott der Herr redet, wer sollte nicht Prophet werden?" Am 3,8). Der Prophet wird über diese Grenze gezogen. Indem in der Bibel menschliches Reden und Gottes Gegenrede beisammen sind, zeigt

---

[52] Dies entspricht einer Theologie "nach Wittgenstein": vgl. Fergus KERR: Theology after Wittgenstein (s. Anm. 9). Vgl. dazu insbesondere Ernst Peter MAURER: Biblisches Reden von Gott - Ein Sprachspiel?, EvTh 50 (1990) 71-82.

[53] Siehe dazu: Gershom SCHOLEM: Drei Typen jüdischer Frömmigkeit; in: ders.: Judaica 4, Frankfurt/M. 1984, 262-286, hier: 264f.

sich die Bibel als Gottes Wort. Nicht weil Menschen, wie Paulus, in glaubender Überzeugung von Gott reden, sondern weil ihr "Glaube" aus derjenigen Predigt kommt, in der Rede und Gegenrede zusammentreffen.

III. Dogmatik und Ethik - einige Folgerungen

Wenn Sprechen ein Handeln ist und wenn "Sprachspiele" als Teil von Lebensformen zu beschreiben sind, dann ist das "Reden von Gott" Gegenstand der Ethik. Ethik kann dann verstanden werden als die Beschreibung derjenigen Lebensform, die mit dem Reden Gott gegeben ist. In das Reden von Gott ist die "neue" Lebensform eingeschlossen, die mit dem Reden von Gottes Handeln in Jesus Christus begegnet.

Damit ist die ausdrückliche Klärung und Entfaltung des Redens von Gott keineswegs in eine davon losgelöste Ethik zurückgenommen. Im Gegenteil: die Lebensform, die die Ethik zu erkunden hat, ist am expliziten Sprachspiel des Redens von Gott zu zeigen und umgekehrt. Die Ethik kann nicht von der "Freiheit eines Christenmenschen" reden, ohne zugleich zu beachten, wie von dieser "Freiheit" als der von Gott geschenkten Freiheit zu reden ist - wenn denn dieser Christenmensch als ein solcher bestimmt ist, daß er aus Gottes Wort lebt und daß er zu Gott und von Gott redet. Die Freiheit eines Christenmenschen vollzieht sich in seinem Reden: er darf als das "Gotteskind" gesehen werden, dem es entspricht zu sagen: "lieber Vater"; dem Christenmenschen entspricht es zu sagen: "Jesus Christus sei mein Herr". Darin zeigt sich, daß dieser Christenmensch nicht in einer Loyalität oder Sorge lebt, die ihn so nicht reden läßt. An dieser einfachen Gottesrede entscheidet sich, in welchem "Spiel" der Christenmensch sich befindet. Es könnte ja doch eine andere Freiheit sein. Die Freiheit zu "erlernen", zu der es gehört, "lieber Vater" zu sagen, kann freilich ein weiter Weg sein. Dieser Weg führt jedoch in eine andere Richtung, als wenn nicht gesagt werden könnte "Zur Freiheit hat uns Christus befreit", oder wenn nicht gebetet werden könnte: "Und vergib uns unsere Schuld", oder wenn nicht gefragt werden könnte: "Was ist die Not meines Nächsten?"

Diese Bemerkungen möchten die Aufgabe andeuten, christliche Ethik zu verstehen als die Beschreibung derjenigen Lebensform, die mit dem Reden von Gott und dem Reden zu Gott verbunden ist. Wie sieht das Leben eines Menschen aus, der sagen kann "vergib uns unsere Schuld"? Wie sieht das Leben eines Menschen aus, der nachsprechen kann "zur Freiheit hat uns Christus befreit"? Wie sieht das Leben eines Menschen aus, der beten kann "Dein Wille geschehe"? Dieses Reden ist Teil einer Lebensform.

Dies mag die Frage aufwerfen, ob nicht eine christliche Lebensform gegeben sein kann, ohne daß sie in einem expliziten Reden von Gott auch "laut" wird. In aller Kürze gesagt: Sofern gefordert wird, vom Leben und Handeln ausdrücklich "Rechenschaft" zu geben, wird dies in einer Sprache geschehen, mit der sich auch "zeigen" wird, wie denn darin und damit zugleich von "Gott" die Rede ist[54]. Wenn dies aber der Fall ist, dann ist wiederum die Rechenschaft von diesem Reden gleichermaßen fällig: also die Dogmatik. Dies um so mehr, als eben damit auf dem Spiele steht, was dem Leben seinen Umriß gibt.

Aufgaben für diese "dogmatische" Klärung in der Ethik gibt es in allen Bereichen: wie wird beispielsweise im Zusammenhang der Wirtschaftsethik von dem geredet, was Menschen von Gott empfangen und sich nicht erarbeiten oder "erwirtschaften"? Wie wird von der Ruhe geredet, in der Menschen an Gottes Ruhe Anteil haben, im Unterscheid zur Arbeit und zur Freizeit? Wie trifft die Rede von "Gottes Ökonomie" auf die Anschauungen vom menschlichen Wirtschaften?[55] Wie ist dabei "im Spiel", daß Menschen (implizit) sagen "Ich glaube, daß mich Gott geschaffen hat, samt allen Kreaturen...?" An vielen solchen Punkten setzt die dogmatische Aufgabe ein, das Reden von Gott zu klären. Eine Unterscheidung zwischen "Dogmatik" und "Ethik", wonach die Dogmatik sich etwa mit dem zu befassen hätte, was Menschen von Gott lehrförmig "sagen" können, und Ethik zu zeigen hätte, wie sie dem entsprechend "handeln", ist gegenstandslos. Eine solche Trennung geht an der Gegenständlichkeit des Redens von Gott wie an der Wirklichkeit einer Lebensform vorbei.

Von Gott reden lernen aber heißt, mit dem Reden von Gott das Leben mit Gott lernen. Und es heißt "erlernen", was der einfachen Gottesrede, mit der es immer wieder beginnt, im guten Sinne folgen kann.

---

[54] Das gilt auch für die Ebene der Theoriebildung, vgl. als durchgeführtes Beispiel: Hans G. ULRICH: Eschatologie und Ethik. Die theologische Theorie der Ethik in ihrer Beziehung auf die Rede von Gott seit Friedrich Schleiermacher, München 1988.

[55] Vgl. dazu Hans G. ULRICH: Die Ökonomie Gottes und das menschliche Wirtschaften. Zur theologischen Perspektive der Wirtschaftsethik; in: Theologie und Ökonomie. Symposion zum 100. Geburtstag von Emil Brunner, hg.v. Hans Ruh, Zürich 1992, 80-117.

Klaus Schwarzwäller

"Nun hat mein Auge dich gesehen"
Leiden als Grundproblem der Theologie

"Suffering poses the fundamental test for theology in our time"[1], bemerken Paul Ramsey und William F. May in ihrem Vorwort zur Neuauflage der Studie über das Leiden von Arthur C. McGill, der mit klarem Blick für die Wirklichkeit dem Problem des Leidens von vornherein in *theologischem* Zugriff sich stellt[2]. Wie recht sie haben mit ihrer Behauptung, lehrt die Entwicklung der letzten Jahrzehnte. Ihr signum sind Programme[3]. Deren Vielzahl läßt auf eine tiefgehende Verlegenheit schließen: Offensichtlich erscheint die Theologie als festgefahren und von der Wirklichkeit abgehängt[4], so daß man im entschlossenen Vorgreifen mit neuen Modellintuitionen und korrespondierenden Methoden wieder Bewegung und damit die Höhe der Zeit zu gewin-

---

[1] Arthur C. McGILL, Suffering: A Test of Theological Method., 2.A. Philadelphia 1982, 7. Ähnlich sieht es Carl-Friedrich GEYER, Leid und Böses in philosophischen Deutungen. Freiburg/München 1983, 194ff, für die Philosophie.

[2] Hier wird also von vornherein die Spannung zwischen Glaubensbekenntnis und Wirklichkeitserfahrung als *theologische* Aufgabe begriffen; so auch von Wilfried JOEST, Die Allmacht Gottes und das Leiden der Menschen, in: ders., Gott will zum Menschen kommen. Göttingen 1977, 140-155, der ähnlich wie McGILL christozentrisch bei Gottes Selbstoffenbarung ansetzt. Ulrich HEDINGER, Wider die Versöhnung Gottes mit dem Elend. BSHST 20 Zürich 1972 und Hans-Georg FRITZSCHE, Schuld und Übel. Zum Theodizeeproblem, hg.v. Karl-Heinz BIERITZ und Martin SEILS, Berlin 1987 (= ... und erlöse uns von dem Übel. Philosophie und Theologie zur "Rechtfertigung Gottes". Calw 1987) hingegen versuchen, beide Frageweisen zu vermitteln, ähnlich auch Walter KASPER, Negativität und Böses, Teile II-V, in: Christlicher Glaube und moderne Gesellschaft Bd. 9., Freiburg u.a. 1981, 176-201; sie verzichten also auf den Versuch, die philosophische Frage theologisch zu überholen. So oder so jedoch werden die proponierten Lösungen nur in dem Maße überzeugen, wie man sich auf die verschiedenen, Credo wie Schrift verkürzenden Interpretationen einzulassen vermag.

[3] Beginnend mit "Offenbarung als Geschichte" durch Wolfhart PANNENBERG, Rolf RENDTORFF, Ulrich WILCKENS und Trutz RENDTORFF (1963) über etwa die "Theologie der Hoffnung" durch Jürgen MOLTMANN (1964), die "Theologie der Frage" durch Hans-Dieter BASTIAN (1969) und die "Offene[n] Fragen der Formgeschichte des Evangeliums" durch Erhardt GÜTTGEMANNS (1970), über Theologie der Befreiung und der Revolution und kontextuelle Theologie bis hin etwa zu feministischer Theologie einerseits und zu ökumenischer Theologie andererseits sowie Ansätzen zur Symbiose mit relevanten Gegenwartsströmungen in einer Theorie neuzeitlichen Christentums; um es denn anzudeuten. Ein wenig erinnert die Abfolge von Programmen und Entwürfen an jenes "Und jetzt ...", das Neil POSTMAN (Wir amüsieren uns zu Tode. Fischer TB 4285, Frankfurt/M. 1991, 123) als für das Fernsehen symptomatisch herausstellt (das sich freilich bereits bei Walther VON DER VOGELWEIDE findet: "... der iu mære bringet, daz bin ich./ Allez daz ir habt vernomen,/ daz ist gar ein wint: nû frâget mich."). Denn auch angesichts intensiver vorausgehender Forschung ist diesen Programmen doch dies gemeinsam, daß sie am Anfang stehen und initiieren wollen, nicht jedoch herangereifte Früchte darstellen, die Errungenes bündeln und darum mit bezwingender Kraft Wege vorzuzeichnen vermöchten; symptomatisch insoweit, daß Bastian bereits im Vorwort seines Programms ankündigt, "mehr Fragen zu stellen, als der Autor zu beantworten imstande ist"(a.a.O., 8), oder daß Güttgemanns eine erste größere Ausführung seines Programms *Dan Otto Via* (Die Gleichnisse Jesu. BEvTh 57, München 1970) überließ. D.h. man setzte auf die Programme selbst und damit auf die Suggestivkraft einer Grundintuition und auf die Produktivität der korrespondierenden Methode. So bereits - darin hat Friedrich Wilhelm KANTZENBACH (Programme der Theologie. München 1978) sicher richtig gesehen - seit Schleiermacher, also in deutlicher Parallelität zur wirtschaftlich-technischen Entwicklung, bei der inzwischen zunehmend am Beginn das Produkt steht und die Erprobung erst durch den Gebrauch geschieht.

[4] Dem korrespondiert, daß "die augenblickliche theologische Ausbildung längst dysfunktional zur religiösen Praxis auch des Christentums in unserer Welt geworden ist", wie Walter SPARN feststellt: Dem Christentum einen Spiegel. Walter SPARN und Herwig WAGNER über das Zusammenleben der Religionen, in: LuM 31, 1992, 108-110.111.

nen trachtet. Parallel hierzu begegnet eine Fülle von Vorschlägen und Konzepten zur Kirchenreform und insbesondere zur Erneuerung des Gottesdienstes[5]; kirchlich wird also ein vergleichbares Ungenügen empfunden.

In der Tat ist eine eigentümliche Diskrepanz zu beobachten: Das explosionsartige Anschwellen des theologischen Wissens, nur mühsam gebändigt durch immer mehr Reihen, Handbücher, Lexika und "Einführungen" sowie ausufernde Anmerkungsapparate[6], steht in deutlichem Kontrast zu dessen Bedeutsamkeit für den Alltag und seine Gestaltung, und zwar sowohl in der Kirche als auch in der "Welt". Da springen kaum noch Funken über, "das hinreißende Pathos"[7] früherer Generationen ist erloschen, und das gewonnene "Neuland der Theologie"[8] erweist sich beim Näherkommen eher als Atoll.

Es fehlt also nicht an Versuchen, diese Diskrepanz zu überwinden[9]; doch be-

---

[5] Pars pro toto seien hier genannt einerseits Gerhard SCHNATH Hg., Fantasie für Gott. Stuttgart u.a. 1965, und andererseits die Erneuerte Agende I. Hannover u.a. 1990.

[6] "Die Anhäufung und Ausbreitung von eitlem Wissen, die Überfülle von Worten und Wiederholungen eigener sowie fremder Gedanken, die rhetorische Stützung unbegründeter Sätze in vielen theologischen Schriften und Vorträgen sind nur äußere Zeichen für eine selbstbezogene und lieblose Einstellung vieler professioneller Theologen gegenüber ihren Lesern und Hörern." Dietrich RITSCHL, Zur Logik der Theologie. München 1984, 340. Das stimmt gewiß in vielen Fällen, ist jedoch nicht die volle Wirklichkeit, als deren signum wie stigma ich vielmehr dies erkenne, daß theologische Forscher primär, zuweilen, wie's scheint, ausschließlich das Gespräch mit den Fachkollegen führen (was natürlich *auch* Recht und - um des Kommunikationszusammenhanges willen - Notwendigkeit hat!), also - gut platonisch - die Welt der Wissenschaft über die des Lebens stellen, die allenfalls in Form der Theorie eines für die Wirklichkeit zuständigen Forschers zur Kenntnis genommen wird. Unmittelbarer Wirklichkeitsbezug (wie bei McGILL) ist leider durchaus nicht die Regel.

[7] Ernst KÄSEMANN, Exegetische Versuche und Besinnungen 1. Göttingen 1970, 7 (Vorwort).

[8] Vgl. die von James M. ROBINSON und John B. COBB Jr. seit 1964 herausgegebene Reihe, die zwar die neuen Versuche und Programme aufgriff und diskutierte, doch m.W. über einen dritten Band nicht hinausgelangte.

[9] Es sei hier nur erinnert einerseits an eine hermeneutische Theologie, der es in Aufnahme des späten Heidegger darum zu tun ist, den Glauben zur Sprache zu bringen (Heinrich OTT) oder eine Sprache des Glaubens zu gewinnen (Gerhard EBELING), ein Vorhaben, das, streng genommen, den Anspruch enthält, daß derartige theologische Sätze per se Wirklichkeitsbezug haben; andererseits an das Dringen auf Praktikabilität nicht nur theologischer Aussagen, sondern gar der Wahrheit (Jürgen MOLTMANN in: EvKomm 1, 1968, 13-20 und 565-571, aufgegriffen z.B. von Hans-Joachim KRAUS in: EvKomm 6, 1973, 530-533; vgl. das bereits 1964 in Aufnahme einer von Brecht überlieferten Bemerkung Lenins erhobene Postulat von Dorothee SÖLLE, die Wahrheit sei "konkret"); weiter an Politische Theologie bzw. Politische Hermeneutik (vgl. die Überblicke bei Helmut PEUKERT Hg., Diskussion zur "politischen Theologie". Mainz und München 1969, und bei Siegfried WIEDENHOFER, Politische Theologie. Stuttgart u.a. 1976 [eine informative Auflistung 15-19]), also das Bestreben, die theologische Arbeit unmittelbar politisch auszumünzen; ferner an das Programm einer theologischen Ästhetik (vgl. Rudolf BOHREN, Daß Gott schön werde. München 1985), die den Gottesbezug der ganzen Welt und allen Geschehens herauszustellen bemüht ist und auch eine Fußballweltmeisterschaft mit Jesus Christus wil in Verbindung gebracht wissen (ebd. 153); nicht zuletzt auch an pneumatisch-charismatische Ansätze - von Heribert MÜHLEN (bes. Die Erneuerung des christlichen Glaubens. Charisma - Geist - Befreiung. München 1974) bis Ernst BENZ ("Mancherlei Gaben, ein Geist": Zur Wiedererkennung der Charismata, in: ErJb 45, 1976, 315-361, vgl. *ders.*, Norm und Heiliger Geist in der Geschichte des Christentums, in: ErJb 43, 1974, 137-182). Das ganze *Pleroma* der hier und o. A. 3 andeutend genannten Entwürfe und Konzeptionen blieb letztlich eigentümlich wirkungslos.

zeichnend für die Situation ist das Geschick des Büchleins von Bischof Robinson[10]: Theologisch umstritten, konnte es auch die so bewußt angesprochene Gegenwart nicht beeindrucken[11]. Am Ende war nur wenig bewegt. Spürbare Impulse blieben aus.

Das ist zutiefst beunruhigend. Gilt denn: "Theologische Theorie hat ihren Grund und Ausgangspunkt in gegebener, geschehener Wirklichkeit, der mors Christi und der Begegnung der Glaubenden mit ihr, und sie hat ihr Ziel in künftigem Geschehen und kommender Wirklichkeit, der wachsenden und gestärkten fides fidelium. Solche Theorie aber trägt Verantwortung vor der geschehenen und vor der künftigen Praxis"[12]; gilt also dies, so kann die Theologie sich mit Programmen nicht länger zufrieden geben, auch nicht mit einem, "durch das sie wissenschaftliche Arbeit an der geschichtlichen Gesamt-erscheinung des Christentums und zugleich Rückhalt einer lebendigen religiösen Predigt sein kann"[13] und darstellen soll. Dann ist der in beiden Zitaten ausgedrückte, für sie essentielle doppelte Wirklichkeitsbezug in grundlegend neuer Form zu finden und zu gestalten. Das gilt - formelhaft ausgedrückt - sowohl für seine "geistliche" wie für seine "weltliche" Seite.

Nach der "geistlichen" Seite läßt die geradezu inflationäre theologische wie kirchliche Rede von "Solidarität" mit der Welt und ihren Nöten stutzen: Das klingt, als vermeinte man, in anderer, grundsätzlich entnommener Position sich zu befinden, den betreffenden Nöten also nicht oder zumindest nicht unmittelbar ausgesetzt zu sein[14]. Es kann jetzt nicht aufgewiesen werden, daß dieser Klang nicht trügt, man vielmehr tatsächlich weithin redet und handelt, als lebte man "auf den glückseligen Inseln": Man wähnt, das Evangelium zu *haben*[15] und es nur noch jeweilen neu oder anders beziehen und explizieren zu müssen. Daß "der Geist weht, wo er will", und insbesondere Jeremias "Fanden sich Worte von dir, so verschlang ich sie"[16] - aufgenommen in den 20er Jahren durch die strapazierte Rede von der "Unverfügbarkeit" -, ist für das Geschäft der Theologie zu Rhetorik heruntergekommen - und *mußte* das in der Tat: denn auf so "unverfügbarem" Boden läßt sich keine Wissenschaft begründen. Basis wurde stattdessen durchgängig die ("die"!) "Offenbarung" bzw. "Selbstoffenbarung", die - da sie ja alles im Himmel und auf Erden umschließt - per se beides mit sich zu bringen scheint: gesicherte theologische Einsicht und unmittelbare Relevanz für Welt und Wirklichkeit.

---

[10] John A.T. ROBINSON, Gott ist anders. München 1963.

[11] Karl BARTH, Rudolf Bultmann - Ein Versuch, ihn zu verstehen / Christus und Adam nach Röm. 5. 2./3.A. Zürich 1964, 5 (Vorbemerkung), tadelte es als "Plattfußtheologie"; Max HORKHEIMER, Zur Kritik der instrumentellen Vernunft. Frankfurt/M. 1985, FW 7355, 226f, kritisierte es als "naiv" und "salbungsvoll".

[12] Klaus-Peter HERTZSCH, Die kritische Funktion der Praktischen Theologie, in: Tragende Tradition, FS Martin Seils. Frankfurt/M. u.a. 1992, 81-89, 88.

[13] Ernst TROELTSCH, Gesammelte Schriften 2.A. Tübingen 1922, 222.

[14] HEDINGER, a.a.O., 74f, weist scharfsinnig nach, daß hinter der Rede von der Solidarität eine grundsätzliche Versöhntheit mit dem Elend stehe.

[15] Nur täusche man sich nicht: Als Habe, als gehabt, ist das Evangelium depositum fidei und bedarf der Verwaltung, wobei es zwar einen erheblichen, doch (trotz DS 3074 und CIC 749,1) keinen grundsätzlichen Unterschied macht, ob diese durch ein papales oder ein professorales Lehramt geschieht.

[16] Jer 15,16 in der Übersetzung von Gerhard VON RAD, Theologie des Alten Testament II, München 1960, 213.

Das münzt sich entsprechend aus nach der "weltlichen" Seite, nicht nur in christlichem Bescheidwissen[17], sondern und vor allem in Verhältnislosigkeit zur Realität. Statt eines Aufweises von Erfahrungsdefiziten oder Praxisferne, die als solche überdies nicht signifikant sein müßten, seien zwei Phänomene genannt, die einander unmittelbar entsprechen: "objektive" Arbeit und Mangel an Unmittelbarkeit. Ich meine damit die durchgängige Methode, die jeweiligen Gegenstände in eine abgezogene Zone der reinen Theorie zu verlagern, in die die uns umgebende Wirklichkeit somit ebenfalls nur in Gestalt einer Theorie eingeführt werden kann - bis hin dazu, daß etwa Erfahrung zur Geltung kommt in Gestalt von Erfahrungs*theorien*.

Abstrakt zusammengefaßt: Die Theologie hat sich aus dem allgemeinen Kommunikationszusammenhang zurückgezogen und ihren eigenen etabliert, doch in der Weise, daß *dem Anspruch nach* dieser auf jenen bezogen ist, ja ihn umschließt. Aber dieser Anspruch kann nur mehr so eingelöst werden, daß man auf der Basis des internen den allgemeinen Kommunikationszusammenhang - wahrnehmend, deutend, konstruierend, dekretierend - zu bestimmen trachtet, - soweit dies gelingt.

Aporie wie Aufgabe der Situation erhellen am Problem des Leidens. Das Leiden ist ja - Gemeinplatz in der Literatur - nicht theoretisierbar, d.h. nicht ohne Verlust des Gegenstandes in Theorie zu überführen; gleichwohl ist es in theologischer Reflexion zu erfassen. Damit ist es in der Tat Testfall theologischer Arbeit als Probe aufs Exempel ihrer Wirklichkeitsbezüge wie deren Art. Offenkundig erheischt nämlich seine unverstellte Wahrnehmung, daß man sich auf es einlasse, daß es also nicht in eine Theorie verdampft oder zum bloßen Apropos für eine solche genommen werde; genauer noch: Das Eingehen auf das Leiden *zwingt* zum direkten Eingehen auf die Realität und damit zugleich zum Wahrnehmen wie Ertragen der Tatsache, daß theologisch relevante Worte "sich finden" *nur* ubi et quando visum est Deo - aufgefangen durch keine Theorie (der Offenbarung, des Bundes, der rechten Lehre pp.). Das Leiden - wenn wir uns ihm *tatsächlich* stellen - *zwingt* also in eine grundlegend andere Art des genannten doppelten Wirklichkeitsbezugs und damit zu einer Weise theologischer Arbeit, die über die Sackgassen des herkömmlichen und dann in Programmen endenden procedere hinausführen mag.

So sei im folgenden dem Leiden nachgefragt. Und da liegt das Ausgehen von dem Buch nahe, das das Leiden exemplarisch behandelt: vom Buche Hiob.

---

[17] Um es wenigstens anzudeuten: Während des Golfkrieges wußte man vielerorts: "Gott ist gegen den Krieg!" Anderwärts weiß man: "Gott ist gegen Homosexualität!" Da liest man: "Gott ist ein Freund des Lebens". Da erfährt man: "Gott will seine Schöpfung erhalten!" etc. etc. Was in armen, Richtigkeiten ausbeutenden Schlagworten sich ausdrückt, hat durchaus tiefe und weitverzweigte Wurzeln, ist also nicht ohne Signifikanz.

I.

Die Freunde im Buch Hiob[18] haben in der Literatur regelmäßig schlechte Presse. Doch man dürfte oftmals zu rasch und zu leicht mit ihnen fertiggeworden sein. Denn nimmt man das gesamte Buch, wie es seine Endgestalt gefunden hat und als Einheit verstanden werden will, so ergibt sich nach dem "Prolog im Himmel" (der nach szenischer Darstellung geradezu ruft[19]) und den korrespondierenden Schicksalsschlägen, die Hiob an seine Grenzen bringen, zunächst dies, daß die Freunde den Geschlagenen in seinem Elend nicht allein lassen, sondern sich aufmachen und ihn besuchen. Und sie nehmen sich Zeit; eine ganze Woche harren sie in Trauergestus schweigend neben Hiob aus. D.h. sie respektieren Hiob und sein Leiden und überlassen es ihm, das Schweigen zu brechen[20].

Hiob beginnt monologisch und macht seinem Herzen rundherum Luft (Kap. 3). Als erster antwortet ihm *Eliphas*; er redet zu Hiob als Mann zu einem Mann: Sonst habe *er* andere aufgerichtet und getröstet; wo nun, da es ihn getroffen hat, sein Vertrauen in die Unsträflichkeit seiner Wege vor Gott bleibe? Im übrigen wird Hiob von Eliphas weder zum "Klienten" herabgewürdigt noch mit "Positivem" verhöhnt; (gut oder therapeutisch gemeinte) Bemächtigungsversuche fehlen ebenso wie aufmunternder Optimismus. Umgekehrt, *weil* Hiob so geschlagen ist, *darum* wird nicht beschwichtigt, sondern zugemutet. Kurzum, Eliphas erweist sich als wahrer Freund, der dem Freund die Realität nicht erspart und ihn auch im Elend als ernsthaftes Gegenüber nimmt. Er stellt ihm die Frage, wer er überhaupt vor Gott sei; zugleich warnt er ihn davor, sich im Eifer zu verrennen (5,1-7). Unglück und Leiden gehören ins menschliche Leben; die Konsequenz jedoch sei nicht Kampf, sondern Appell an Gott (5,8-16). Den Abschluß (5,17-27) bildet eine umfassende Sinndeutung: Gott richtet und erzieht uns Menschen durch die Not, doch er führt auch durch alles hindurch und gewährt denen, die sich führen lassen, ein erfülltes Leben. Dabei legitimiert Eliphas sich inhaltlich durch persönlichen Wortempfang (4,12-16).

Hiobs Antwort (Kap. 6f) ist wie eine Explosion. In sechsfachem Neueinsetzen[21] schleudert er Schmerz und Qual heraus; schroff und bitter umkreist er sein Leiden; für Trost ist er nicht zugänglich. Statt des erlösenden Wortes fühlt er sich mit Richtigkeiten

---

[18] Auf die überbordende Literatur zu Hiob kann nur fallweise Bezug genommen werden.

[19] Im Blick auf das Verständnis des ganzes Buches als Drama s. Helmut SCHORLEMMER, Hiob auf der Bühne: die dramatischen und theatralischen Elemente des alttestamentlichen Buches Hiob. (Phil.Diss.) München 1985.

[20] Vgl. Paul TOURNIER. Im Angesicht des Leidens. Sinnerfahrung in dunkler Stunde. Herderbücherei 1003, Freiburg u.a. 1983, 86f.

[21] Ich folge in der Gliederung Friedrich HORST, Hiob. BKAT XVI/1, Neukirchen 1968, z.St. Sinngemäß ließe sich vom zweiten Einsetzen an (6,8) jedesmal ein Tucholskysches "Und überhaupt ... " an den Anfang stellen; Hiob steigert sich in seinen Schmerz und Zorn immer tiefer hinein, bis hin zu einem bitteren Schluß von der Art "Wer Schnaps trinkt, frißt auch kleine Kinder": 6,24f,26f!

abgespeist[22]. Dabei ist zu sehen: Für die Freunde, die den "Prolog im Himmel" nicht kennen, leidet Hiob ersichtlich unter Obsessionen: Gott selbst sei sein Feind (6,4); sich selber hingegen hält er für in jeder Hinsicht fehl- und schuldlos (6,10.30). Gott falle also völlig willkürlich über ihn her. Das ist mehr als nur blasphemisch oder ungeheuerlich; das ist ein Angriff auf den überlieferten und von den Freunden explizierten Glauben an Gott überhaupt. Gottes Treue und Gerechtigkeit nämlich läßt sich mit dem von Hiob Herausgestoßenen schlechterdings nicht vermitteln.

Die Einzelheiten der Antwort können übergangen werden; von Interesse ist nun, was *Bildad* sagt (Kap. 8). Er muß ein wirklich treuer Freund Hiobs sein, daß er nach diesem Ausbruch überhaupt noch sprechen mag, und er wählt seine Worte mit Bedacht. Dies gibt er Hiob zu bedenken: Gott ist seinem Wesen nach gerecht und niemals des Unrechts fähig. Gottes richterliches Handeln ist anzunehmen, um dadurch in den Raum neuer Hoffnung gebracht zu werden. Zum einzelnen ist zu bemerken, daß Bildad mit dem von ihm Vorgebrachten Weisheit und Erfahrung seiner Zeit bündelt (8,8ff); also, modern geredet: Er ist auf dem neuesten Stand der Wissenschaft und macht diesen geltend. Sich dem zu verschließen, wäre offenkundig dumm. Damit gibt er Hiob die Hilfe zwingender Gründe, sich aus seiner - vermeintlichen - Verranntheit zu lösen.

Im übrigen aber beginnt hier etwas deutlich zu werden, was zunehmend das Buch durchzieht, in anderer Form das Johannesevangelium kennzeichnet und dann als Gestaltungsmittel in unserem Jahrhundert ins Drama kam, nämlich die objektive Absurdität eines Dialogs, der - für die Redenden nicht erkennbar - auf asymptotischen Ebenen geführt wird. Konkret: Hiob ist woanders; was die Freunde sagen, erreicht ihn nicht mehr; ihrer Sprache ist er entwachsen; und was er verstehen kann, erscheint ihm wie Hohn und Spott. Dieser Diskrepanz ist noch genauer nachzugehen.

Bildad hat ja theologisch alles Recht auf seiner Seite, und auch anthropologisch ist sein Verhalten angemessen, insofern Leiden nur bestanden oder bewältigt werden kann, indem der leidende Mensch sich bewegt[23]. Er mußte also reden wie geschehen. Hiob jedoch reagiert aus der unmittelbaren Erfahrung eines Gotteshandelns, das alles bisherige Wissen und Bekennen sprengt. Seine "Drangsalshitze" zwingt es geradezu aus ihm heraus, daß er sich mit dem ihm angebotenen Zeitwissen *nicht* zufriedengeben und entsprechend auch *nicht* in der von diesem vorgezeichneten Richtung bewegen *kann*. Hier beginnt sich auch abzuzeichnen, was dann zunehmend deutlicher wird: *Hiob ist*

---

[22] HORST, a.a.O., 123, bemerkt zwar zu Recht: "Begehrt wird von ihm eine 'Belehrung', eine 'Richtigstellung', ein Aufweisen konkreter Sachverhalte, die der vorgebrachten Klage den Grund entziehen müßten, und abgelehnt wird darum das Eindämmen der Klage, indem man ihr durch Subsumierung des 'Falles' unter eine allzu allgemein gefaßte Generalklausel und durch Einreihung in ein oft erprobtes Normalschema das Recht streitig macht." Doch welch ein Anspruch, um nicht zu sagen: Anmaßung, nun zu erwarten, die Freunde, die immerhin bereits acht Tage und Nächte schweigend bei Hiob ausgeharrt haben, hätten ganz selbstverständlich *das* lösende Wort zur Hand! "Im Eigensinn seiner Not erhebt der Betroffene maßlose Ansprüche." Traugott KOCH, Mit Gott leben. Eine Besinnung auf den Glauben. Tübingen 1989, 273.

[23] Viktor Emil FRANKL, Homo patiens. Wien 1950, 64, weist darauf hin, daß das Leiden zu *leisten* sei. Er realisiert damit die wichtige Differenz, die Peter KOSLOWSKI, Der leidende Gott, in: Leiden, hg.v. Willi OELMÜLLER. Kolloquium Religion und Philosophie 3, Paderborn u.a. 1986, 51-57, 51(f), zwischen dem Erleiden als Passivität und dem Leiden als Krankheit, Schmerz etc. ausdrücklich und wider einen äquivoken Mißbrauch betont hat.

buchstäblich nicht zu helfen. Er klagt und argumentiert in Zusammenhängen, die die bestehende Welt aufsprengen. Für seine Freunde gibt es nicht nur keinen Grund, ihm zu folgen, sondern umgekehrt alle Gründe dieser Welt und zumal der Religion, ihm zu widerstehen. Müßte Hiob nicht so extrem leiden, so würde er vielleicht die Möglichkeit haben, das Widerfahrene im Rahmen des Überkommenen wahrzunehmen und entsprechend sich zu verhalten. Es ist der Leidensdruck, der ihm diesen Weg abschneidet. Hier zeichnet sich also ein Riß ab zwischen Zeitwissen und Erleben, zwischen Wissenschaft und Erfahrung, zwischen Tradition und unmittelbarer Wahrnehmung. Nicht, daß sie nichts mehr miteinander zu tun hätten; doch ganz offenkundig geht das Leben über das Gewußte, die Wissenschaft und die Tradition hinaus; und es ist das Leiden, das diesen Überschuß ins Bewußtsein zwingt.

Mit der Auffassung des ganzen Buches als einer Einheit ist Hiobs nächste Rede (Kap. 9f) als Antwort zu verstehen. Er reagiert überraschend milde. Es ist, als hätte Bildad ihm das Stichwort geliefert; so sinnt er der Differenz zwischen Gott und Mensch, zwischen Gottes Gerechtikeit und der menschlichen Ungerechtigkeit nach. Doch von Anfang an ist deutlich, wie die Ebenen divergieren, wie Wörter hüben und drüben Verschiedenes sagen, wie Ausdruck und Bildern innerhalb eines vorgegebenen Rahmens drüben nun solche in der unverständlichen, provokanten Nacktheit des Rahmenlosen hüben entgegentreten. Damit aber ist das auf der jeweils einen Seite Gesagte auf der anderen sinnlos; der Kommunikationszusammenhang ist abgerissen[24]. - Was Hiob vorträgt, liest sich auf Strecken wie eine doppelbödige Paraphrase von Jes 55,8f. Gemäß der buchstäblich in sein Fleisch gegrabenen Erfahrung reißt er die Differenz zwischen Gott und Mensch in einer Weise auf, die an die nominalistische potentia dei absoluta denken läßt. Es ist ein jenseitiger, ein in distanzierter Erhabenheit über seiner Kreatur waltender und mit ihr nach Belieben verfahrender Gott, auf den Bildad ihn hat aufmerksam werden lassen; so wird in ironischer Wörtlichkeit hier aufgenommen, daß Gott gerecht und wir Menschen ungerecht seien[25]. Damit ist zugleich die Dimension der

---

[24] Reinhard SLENCZKA, Kirchliche Entscheidung in theologischer Verantwortung. Grundlagen - Kriterien - Grenzen. Göttingen 1991, bemerkt im Blick auf Versuche, die Wirkung einer Predigt zu erfassen: "Die Frage nach der Wirkung der Predigt ist überflüssig, wenn man die Wirkung des Wortes Gottes kennt. Die rechte Predigt wirbt daher auch nicht um Zustimmung im Verstehen, sie erhebt vielmehr den Anspruch auf Glaubensgehorsam (Röm 1,5), weil es dem dreieinigen Gott um Umkehr und Rettung des Menschen geht. Dem zum Hören aufgerufenen Menschen wird durch das Wort Gottes aufgedeckt, wie es um ihn steht." (181) Völlig korrekt. Nur: woher weiß der Prediger, daß er seine Hörer tatsächlich erreichte, wenn es ihm verwehrt sein soll, der Wirkung seiner Predigt nachzufragen? Diese legitime Vergewisserung sollte man nicht dem abusus durch Pädagogen und Psychologen überlassen. Es geht um mehr als theologische Korrektheit; diese muß sich damit verbinden, daß sie in die Welt der Hörer hineingetragen, daß ein gemeinsamer Kommunikationszusammenhang gefunden werde: Und das ist kein "technisches", auch kein hermeneutisches, es ist ein *fundamentales theologisches* Problem und hat nach der einen Seite zu tun mit dem von Rudolf BOHREN (Lehre und Praxis der Kirchen in der industriellen Gesellschaft, in: Theologie - was ist das? hg.v. Georg PICHT, Stuttgart u.a. 1977, 415-433, 425) herausgestellten fatalen *simul* von Schleudersitz und Betonsockel, darauf der theologische Lehrer sich befindet, und nach der anderen mit der Verwechselung von Theologie und Verkündigung, insofern eben das "Fleischwerden" auch des Wortes unserer Verkündigung abstrakt aufgefaßt wird.

[25] Vgl. Kemper FULLERTON, On Job 9 and 10, in: JBL 53, 1934, 321-349, 329ff. - Es ist weit mehr als nur ein "autoritärer" (und "heute" nicht mehr hinzunehmender), es ist ein abgründiger, ein dämonischer Gott, den Hiob hier aus seiner Erfahrung heraus vor Augen malt, dessen Gerechtigkeit destruktiv ist und vom Zorn diktiert; da ist kein Prinzip der Logik oder des Bundes, das da vermittelte, geschweige denn irgend erträglich machte. Und neben Gott ist auch kein Anderer noch irgendwelche Mittler wie Erzengel, Engel, die Mutter

Blasphemie in seither kaum wieder erreichter Abgründigkeit aufgetan[26].

Im einzelnen tritt gerade in dieser Rede juridische Terminologie in den Vordergrund[27]. In seiner Not setzt Hiob alles daran, ja möchte es schier erzwingen, objektiv bestätigt zu bekommen: Du bist recht; dir widerfährt Unrecht. Daß Gott sich dem - schweigend - verweigert, schneidet ihm nicht nur den Weg ab in Märtyrerhaltung und Selbstgefälligkeit; es zwingt ihn vielmehr, in Bewegung zu bleiben, freilich anders, als seine Freunde es ihm anraten. Im übrigen fällt in der Rede die Ausmalung von Gottes Zorn auf. Hiob hat es mit einem Gott zu tun, dessen Aufmerksamkeit tötet, dessen Zuwendung niederwalzt, dessen Wirken das von ihm Geschaffene zerstört. Sowohl diese Rede wie auch das ganze Buch Hiob verwehrt eine "moralische Rettung" Gottes[28], und

---

Gottes oder Heilige, den Hiobs Geschick jammerte wie etwa die Götter das des Odysseus (vgl. HOMER, Odyssee I, 19f). Hiob ist in die Nacht der tentatio getaucht und erfährt die Teufelsfratze des in seiner majestätischen Abskondität verharrenden Gottes, eines Gottes, vor dem einem graut. Nur selten hat man dem theologisch standgehalten, hat vielmehr Leiden immer schon als "Unglück" im Sinne von Simone WEIL (vgl. Zeugnis für das Gute. Traktate - Briefe - Aufzeichnungen. Olten u.a. 1976, 15ff) aufgefaßt, das die Sprache verschlägt. Der mit alledem aufgerissenen Differenz zwischen Gott und uns hat Luther sich nicht nur mit der resignatio ad infernum seiner früheren theologia crucis, sondern auch später gestellt, vgl. etwa: "Also mus Gottes trew und warheit auch ymer dar zuvor eine grosse luge werden, ehe sie zur warheit wird. Denn fur der wellt heist sie luge und Ketzerey. So dunckt uns auch selbs ymer dar, Gott wolle uns lassen und sein wort nicht halten und fehet an ynn unserem hertzen ein lugener zu werden. Und summa, Got kan nicht Got sein, Er mus zuvor ein Teufel werden, und wir konnen nicht gen himel komen, wir mussen vorhin ynn die helle faren, konnen nicht Gottes kinder werden, wir werden denn zuvor als Teufels kinder. denn alles was Gott redet und thut, das mus der Teufel geredt und gethan haben. Und unser fleisch hellts selbs auch dafur ... " WA 31 I, 249, 23ff. Vgl. Hellmut BANDT, Luthers Lehre vom verborgenen Gott. Berlin 1958, bes. 54ff. Otto Hermann PESCH notiert zu Recht: "In diesem Gedanken von dem 'unter dem Gegensatz verborgenen Gott' besteht Martin Luthers wichtigster Beitrag zur heutigen Glaubensreflexion." Dogmatik im Fragment. Gesammelte Studien. Mainz 1987, 82 A. 69.

[26] Doch vgl. immerhin den folgenden aus dem Leiden erwachsenen Fluch: "Ich habe ... darauf hingewiesen, daß man, selbst wenn man von der Hypothese ausgeht, daß es Gott nicht gibt, ihn geradezu erfinden müßte, bloß um ihm eins in die Fresse zu hauen. ... Ich glaube, die gequälte Seele empfindet die Notwendigkeit der Existenz Gottes. Er ist die Adresse, an die man seine Anklage richten und wo diese Anklage ankommen *muß*. Er ist die Person, zu der man beim Letzten Gericht ... sagen muß, daß man hungrig ... gewesen und nicht gespeist ... worden sei. ... Ich verstehe es, daß die gequälte Menschheit Gott ununterbrochen ans Kreuz schlägt, und ich weiß auch, warum: aus Wut über das, was Gott der Welt angetan hat ... Mein Motiv habe ich als einen flammenden Haß erkannt, Gottes Motiv aber eher als ein dumpfes böses Ressentiment. Bei mir habe ich die absolute Notwendigkeit erkannt, den Gegner mitten ins Herz zu treffen, bei Gott aber eher eine gewisse schläfrige und amorphe Bösartigkeit, mich im Rahmen eines allgemeinen Zerquetschungsprogramms auch gerade noch mitzuzerquetschen. In dieser letzten Vorstellung erschien mir Gott am ehesten wie ein riesengroßes böses Tier, wie eine ekelhafte Qualle, die mich zu ersticken und zu vergiften sucht, oder wie ein Krake mit tausend Fangarmen, die mich von allen Seiten umschlingen." Fritz ZORN, Mars. München 1977, 218f.

[27] Vgl. Heinz RICHTER, Studien zu Hiob. Der Aufbau des Hiobbuches, dargestellt an den Gattungen des Rechtslebens. Berlin 1959. Unabhängig von seiner These - die Rechtsverhandlung als Matrix des Buches - gilt in der Tat: Hiob kämpft um sein Recht, das er innerhalb des Bestehenden nicht findet.

[28] Deren Unmöglichkeit hat inzwischen Gerhard STREMINGER, Gottes Güte und die Übel der Welt. Das Theodizeeproblem. Tübingen 1992, abermals deutlich herausgestellt. Erreicht Streminger im Blick auf die Theodizee auch nicht das Reflexionsniveau von Hans-Gerd JANßEN, Gott - Freiheit - Leid. Das Theodizeeproblem in der Philosophie der Neuzeit. Darmstadt 1989, so erkennt er das Aporetische, ja Inkonzinne doch schärfer und demonstriert zugleich, auf welche Weide und in welcherart Gesellschaft man sich begibt, sucht man Gott vor dem Forum von Vernunft und Moral doch noch soz. passabel zu machen; vgl. Klaus SCHWARZWÄLLER, Vom Übel der Rationalisierung der Güte Gottes, in: ThR 58, 1993, 196-204. Der einschlägige Freispruch Gottes, teils wegen erwiesener Unschuld (im Blick auf durch Menschen verursachtes Leiden), teils aus Mangel an Beweisen (im Blick auf naturbedingte Übel), den Ludger OEING-HANHOFF (in: Leiden, hg.v.

der bekannte Schluß des Buches schärft ausdrücklich ein, daß man dergleichen nicht versuchen darf - es wäre vor Gott doch nur Unrecht. Der von Hiob erlittene, angeredete, angeklagte Gott, er ist wie die Ausgeburt eines bösen Traumes. Zur Theologie der Freunde hat er keinen Bezug mehr; er paßt in *keinerlei* theologisches oder philosophisches Schema. Unter ihm kann man - allenfalls - gerade noch überleben[29].

Zophar (Kap. 11) hat offenbar mit zunehmender Unruhe zugehört und kann nun nicht mehr an sich halten: Hiob solle einmal zuhören und andere ausreden lassen; im übrigen möge er endlich von seiner verstiegenen Höhe herunterkommen! Nun - und fortan - wirkt sich die Differenz der Ebenen verletzend aus. Aus demselben Grunde verstärkt sich Hiobs Einsamkeit gerade *aufgrund* des Beistandes und Trostes seiner Freunde.

Was Zophar inhaltlich vorträgt, läßt Grundzüge einer theologia crucis erkennen: Hiob solle Gott mehr recht geben als sich selber und seinem Empfinden; er solle anerkennen, daß Gott keine Fehler mache, daß er im Gegensatz zu uns durch und durch gerecht sei, wohingegen wir unsere eigene Ungerechtigkeit nicht durchschauten; er solle Gottes Urteil sich beugen und die ihm selbst verborgene eigene Ungerechtigkeit anerkennen. Luthers Bemerkung aus dem Römerbrief paßte hierher: "Etsi nos nullum peccatum in nobis agnoscamus, Credere tamen oportet, quod sumus peccatores. Vnde Apostolus:>Nihil mihi conscius sum, Sed non in hoc Iustificatus sum.< Quia sicut per fidem Iustitia Dei viuit in nobis, Ita per eandem et peccatum viuit in nobis, i.e. sola fide credendum est nos esse peccatores, Quia non est nobis manifestum, immo sepius non videmur nobis conscii."[30] Exakt *das* wird Hiob hier zugemutet, und zwar in traditionellen Worten.

Oelmüller. a.a.O., 218ff) vollzieht, läßt zwar an die beiläufige Bemerkung von Ernst TROELTSCH denken: "Da wird sich der liebe Gott aber gefreut haben", vor allem aber bestätigt er in den grundlegenden logischen Äquilibristik - Freiheit impliziert eben das Risiko von Mißbrauch - auch die ausdrückliche Feststellung von Hermann LÜBBE, das Theodizeeproblem gehöre "als Stoff zur Erprobung und Einübung analytischer Kompetenzen" ins Philosophische Seminar (ebd. 240f).

[29] Etwas von Hiobs jeder Theodizee spottender Erfahrung findet seinen Nachhall im Beginn der Ersten Duineser Elegie von Rainer Maria RILKE (ungefähr gleichzeitig wurde es methodisiert als "Urerlebnis" und ins Ästhetische verdampft als "numen tremendum et fascinosum"). - Wenn nach Karl BARTH *dieser* Gott keine Fehler begeht und deutlich zu Hiob steht (KD IV/3, 445), sein Verhältnis zu ihm durch - Willkür ausschließende - Freiheit charakterisiert ist und das Geschehen verläuft im Rahmen eines "unaufhebbaren Bundes zwischen Gott und ihm (sc. Hiob)" (ebd. 466), dann ist mit diesem überblickenden, alles auf die rechte Linie bringenden und im Stichwort ("Bund", auch "Freiheit") gleichsam verankerten Bescheidwissen den Freunden auf der ganzen Linie faktisch recht gegeben. Damit jedoch wird die Realität unaufhellbaren Dunkels entweder geleugnet oder aber Gott als hierfür nicht zuständig, es mithin so oder so für letztlich Schein erklärt. Das mag vielleicht mit Hiob 1,9 in Übereinstimmung gebracht werden können, doch ignoriert es den blutigen Ernst jenes "Haut für Haut" (Hiob 2,4) in seiner existentiellen Unhintergehbarkeit. Zur Problematik, ja Fatalität von Barths Sichtweise s. Ernst SAXER, Vorschung und Verheißung Gottes. SDGSTh 34, Zürich 1980, bes. 82f, 86. Eine Konsequenz findet man z.B. in der Bemerkung von Ulrich EIBACH, die Anklage Gottes "darf ... ein Durchgangsstadium des Gebets sein" (Der leidende Mensch vor Gott. Krankheit und Behinderung als Herausforderung unseres Bildes von Gott und dem Menschen. Neukirchen 1991, 100), wo also diese existentielle Unhintergehbarkeit pädagogisierend und unter den Ernst des Geschehens bestreitenden Vorbehalten im Grunde gönnerhaft verrechnet wird. Vgl. dagegen TOURNIER, a.a.O., 91ff, der dem aus dem Leiden erwachsenden *Zorn* ausdrücklich Rechnung trägt.

[30] WA 56, 231,6ff.

Daß bei alledem etwas nicht stimmt, weht den Leser atmosphärisch an. Bei Hiob ist es offenkundig: Was er sagt und für sich in Anspruch nimmt, sprengt Menschenmaß ebenso wie Erfahrung und Einsicht; und wäre der Leser nicht durch den Prolog belehrt, er könnte nur noch Hybris konstatieren. Das deutlich Falsche in den Reden der Freunde hingegen läßt sich noch nicht eindeutig festmachen, und das um so weniger, als sie theologisch auf der ganzen Linie recht haben. *Darum also geht es in diesem Buch, Votanten vorzuführen, die recht, die nur zu recht haben, indem sie sich gegen Hiob wenden;* dasselbe umgekehrt: *darum, daß, was hier an Hiob geschieht, den bestehenden Rahmen von Einsicht, Erfahrung und Wissenschaft ignoriert und aufsprengt*[31].

Die folgenden Reden sowohl der Freunde als auch Hiobs können summarisch behandelt werden. In seiner zweiten und dritten Rede wirft Eliphas (Kap. 15; 22) Hiob verrannte Überheblichkeit vor, preist Gottes Gnade gegenüber denen, die sich zu ihm bekehren, schildert das Unglück der Gottlosen, gibt Hiob seine Fehlsamkeit zu bedenken, beschuldigt ihn am Ende schweren Unrechts und beschwört ihn, vor Gott Buße zu tun. Die zweite und dritte Rede Bildads (Kap. 18; 25) verlaufen etwas anders: Finster malt er das Unglück des Frevlers, eindrucksvoll die Macht Gottes; zu tun ist's ihm darum, Hiob in die Schranken zu weisen und ihm das Unheil vor Augen zu stellen, dem er nur durch Umkehr zu Gott entgehen könne. Von Zophar liegt nur noch eine zweite Rede vor (Kap. 20); sie ist wie eine Bußtagspredigt alten Stils: Düster und dramatisch stellt er die verderblichen Taten und das Unheil des Gottlosen vor Augen, ehe er abschließend noch einmal das himmlische Urteil beschwört. Tenor: Verstockter Hiob, erkenne dich und - erschrecke!

Von Beginn an haben die Freunde Hiob dazu bringen wollen, sich zu bewegen[32]. Er hat es in der Tat getan, nur daß sie es nicht wahrnehmen. Oder vielmehr, was sie insoweit erkennen, erscheint ihnen als indiskutabel, als vermessen, als für Hiob selber zuhöchst bedrohlich. Hiobs Insistieren auf seinem Recht und seiner Unschuld ist ihnen

---

[31] Insofern lassen sich durchaus Vergleiche ziehen mit den aufbrechenden *neuen Erfahrungen*, wie sie Ausdruck finden etwa Gen 22 - Gottes Verzicht auf den Erstgeborenen - , 1.Kön 19,11f - der Gott Israels entzieht sich der religiösen Phänomenologie - , in den Threni - Gott selbst gibt sein Eigentumsvolk und seinen Wohnsitz preis und bleibt doch seines Volkes machtvoller Gott - , oder Ps 51,18f - die Ersetzung des Opfers durch das, was es symbolisiert, nämlich die eigene Hingabe; Erfahrungen, die bestehende Einsicht und Weisheit negierten und die sich weder Mutwillen noch bloßem theologischem raisonnement verdankten, sondern die durch Gottes Walten und zumindest unter Anfechtung - man wird wohl sagen müssen: auferlegt wurden. Anders Gerhard VON RAD, Weisheit in Israel. Neukirchen 1970, 271, der bei Hiob einen "grandiosen Ausbruch" erkennt.

[32] Daß es gerade der Leidende ist, der sich bewegen muß, findet sich merkwürdigerweise in der Literatur so gut wie nicht beachtet, obschon es allgemeine Erfahrung ist und feste Ausdrücke mit sich gebracht hat wie etwa "Trauerarbeit" oder das "Mitmachen" eines Patienten oder auch die "Bewältigung" erlittenen Leids oder Unrechts etc. Daß und wie angenommenes, wenn auch weder geliebtes noch eingesehenes Leiden in Bewegung bringt, ist literarisch besonders gut erkennbar an den Klageliedern des Einzelnen in den Psalmen in der hier sich ausprägenden Dramatik (unabhängig davon, ob das von Joachim Begrich erschlossene "priesterliche Heilsorakel" nun erging oder nicht); selbst die Beter der Pss 69,88 und 109 verharren nicht passiv auf der Stelle, sondern mit aller Energie ihrer Seelen suchen sie in Klage und Bitte zu Gott und Fluch und Beschimpfung gegen ihre Feinde Befreiung und gleichsam neues Land.

nurmehr Anlaß nachzuhaken, dahinterzustochern[33], immer mehr Verdacht zu schöpfen und diesen Verdacht dann als Wirklichkeit zu nehmen[34]. Ihre Worte, als Trost und Hilfe für Hiob gemeint, verselbständigen sich gemäß der Logik des Inhaltes; sie werden darüber zu Allgemeinheiten, die an dem leidenden Freund naturgemäß vorübergehen. Doch das widerlegt sie nicht. Und daß sie nur noch richtig, nicht jedoch wahr sind, ist immanent nicht plausibel zu machen. Mehr noch, um die Sphäre der bloßen Richtigkeit zu verlassen und Hiob tatsächlich etwas zu *sagen*, hätten die Freunde Hiobs Bewegung erkennen und *darüber hinaus* sich auf diese einlassen, sie mitvollziehen müssen; doch woraufhin? *Für* Hiobs Haltung und Worte gab es nicht nur keine Argumente, sondern alle Einsicht und Erfahrung sprachen *gegen* sie; und die Freunde wären Hiob, sich selber wie auch Gott - so wie sie ihn glaubten und bekannten - untreu geworden, hätten sie nicht insistiert. Mit anderen Worten geredet, Kommunikation ist objektiv unmöglich geworden; sie wäre nur noch um den Preis erreichbar gewesen, daß man hüben oder drüben sich selber aufgegeben hätte[35].

Denn auch Hiob kann seinen Weg nicht verlassen; einen in sich unmöglichen Weg, leidet er doch daran, daß Gott ihn heimsucht, so daß er vergehen muß; aber andererseits kann er ohne die Zuwendung ebendieses Gottes nicht leben und muß er überdies an diesen Gott, obschon sein Feind, als seinen Retter appellieren. Das spottet jeder Rationalität und paßt in keine Theologie, ist vielmehr der schiere Aberwitz eines offensichtlich *über seine Kräfte* Beladenen[36]. Auch seine Auffassung hat ihre Logik, wie

---

[33] Dergleichen ist ja nicht nur signum eines gewissen Pietismus. Mancher dogmatische Paragraph über "Erkenntnis der Sünde" ist die Grundlegung der Möglichkeit, Menschen gegen den besseren Schein als - "letztlich doch" - sündig überführen und daraufhin das Evangelium nachgerade demonstrieren zu können. Damit aber wird zu einer Mischung aus intellektueller Einsicht, theologischem Bescheidwissen und angewandter Psychologie, was seine Wahrheit hat allein in persönlicher Betroffenheit - wie etwa bei jenem: "Du bist der Mann!" "Ich habe wider den Herrn gesündigt."

[34] Vgl. die hübsche Bemerkung von Nikolaus GOGOL, Die toten Seelen. detebe Klassiker 20384, Zürich 1977, 267f (Kap. 9, etwa in der Mitte): "Daß beide Damen zuletzt, was sie im Anfang nur als Muthmaßung aufstellten, als entschiedene Thatsache betrachteten, liegt ganz in der Natur der Sache. Wir sogenannten Weisen gehen eben so zu Werke, und unsere gelehrten Raisonnements sind die besten Beweise dafür. Der Gelehrte verfährt im Anfang wie ein ächter Spitzbube; schüchtern ... beginnt er mit der demüthigen Frage: Ob's nicht vielleicht von da käme? ... Er citiert ungesäumt diese und jene alten Classiker ... spricht mit den alten Classikern; er hat schon längst vergessen, daß es im Anfang nur eine schüchterne Muthmaßung gewesen; er scheint es nun recht klar zu sehen - und der Schluß ist gemacht: so und nicht anders muß es sein ... Dann wird's vom Katheder herab bekannt gemacht, und die neuentdeckte Wahrheit geht durch die Welt ... ".

[35] Im Johannesevangelium sind es dann "die Juden", die da Abraham zu *haben* vermeinen und darum Jesus nicht verstehen können; im 16. Jahrhundert etwa stand die römische Kirche in entsprechender Haltung gegen Luther; vor siebzig Jahren verhinderte der Besitzstand der Wissenschaftlichkeit die wirkliche Wahrnehmung des Neuen (HARNACK vs. Barth); es ist zu besorgen, unsere Theologie heute möchte wie Harnack - doch ohne dessen kultivierte Weite - theologisch u.U. recht unbeholfen sich mitteilenden geistlichen Erfahrungen der Kirche in anderen Weltregionen gegenüber auf ihre Wissenschaftlichkeit pochen und sich weigern, geistlich arm nicht nur zu sein, sondern das auch einzugestehen, und zwar nicht zum letzten gegenüber anderen (und andersartig) Armen. Vor diesem Hintergrund ist die Warnung Lessings vor dem (vermeintlichen) Besitz der Wahrheit, der da "ruhig, träge, stolz" mache (Eine Duplik, I), wohl zu bedenken.

[36] Allem theologischen Bemühen um einen vom Schmutz des Leidens unberührten Gott zum Trotz ist es für die Psalmenbeter ebenso selbstverständlich wie offenkundig ohne logische Probleme, daß gerade Gott es ist, der sie z.B. "in den Todesstaub stößt" (Ps 22,16) oder "hinunter in die Grube legt" (Ps 88,7) etc. *und* an den sie um Hilfe und Rettung sich mit Klage und Bitte wenden. Das macht, die tiefere *Logik des Glaubens* realisiert beides, daß nämlich mein Leiden in Gottes Hand ist und daß gerade deswegen die Bitte um

sie insbesondere (27,1ff) in Hiobs kategorischer Weigerung deutlich wird, den Freunden irgend recht zu geben: Das hieße Gott lästern, hieße ihn nach menschlichem Bild und Maß konstruieren. In der Tat, faktisch haben die Freunde Gott längst in einen metaphysischen Käfig gesperrt: Sie gehen vor mit Deduktion, Schluß und Rückschluß und erheben dabei den Anspruch auf Gültigkeit und Wahrheit. Für Hiob ist das Gottesbemächtigung; für die Freunde ist es - noch - Aussage und Bekenntnis des Glaubens. Darin sind sie nicht minder authentisch als Hiob[37]. *Was* präzis also macht die Differenz aus?

Die Differenz liegt in Hiobs Leiden und hier allein: Es ist das Leiden, das ihm eine neue, eine alles bisher Bekannte, Gültige und Verantwortbare sprengende "Erfahrung der Wirklichkeit Gottes" *aufzwingt*[38]; diese Erfahrung und Einsicht also ist an sein Leiden gebunden, durch das insoweit eine neue, eine - im Bisherigen - nicht verrechenbare theologische Dimension aufgetan wird. Und damit ist es verständlich, daß die Redeebenen sich absurd voneinander abheben. Die Freunde haben nicht nur keine gedankliche oder theoretische Möglichkeit, diese neue Erfahrung überhaupt sich vorzustellen; vor und über allem teilen sie deren Grundvoraussetzung nicht. Nein, sie *können* Hiob nicht verstehen - es wäre denn, sie hätten ihm zugegeben, daß er sie zu einer *neuen* Einsicht führe. Doch woraufhin hätten sie das tun sollen? Hiobs ebenso befremdliche wie verwegene Behauptung, seine Erfahrung werde sich erweisen, ist auf der Waage von Wissen, Wissenschaft, Erfahrung und überliefertem Bekenntnis bloße Tara, Hülle ohne Gehalt. Hier tut sich eine Aporie auf[39], brechen *erlittene* Wirklichkeit

---

Erlösung an ebendiesen Gott möglich und gewiesen ist.

[37] Gegen die die Literatur in Variationen durchziehende Auffassung, es sei zwischen Hiob und seinen Freunden a) um das Dogma vom Tun-Ergehen-Zusammenhang und b) um den Umkehrschluß hieraus gegangen. Das Buch Hiob traktiert kein abstraktes Schreibtischproblem modernen Rationalismus', der die in jenem "Dogma" und Umkehrschluß enthaltene Lebenserfahrung übersieht und den eigenen platten Umgang mit dieser Problematik in den Text projiziert; hier herrscht vielmehr Ernst: Geistliche Einsicht und Lebenserfahrung werden *in ihrer tradierten Gestalt* und *in ihrem tradierten Wahrheitsanspruch* neu an geistlicher Einsicht und unmittelbarer Erfahrung gemessen. Natürlich hatten die Freunde recht. Recht hatten auch die Schriftgelehrten Mk 2,6f, hatten die Athener Apg 17,32; recht hatten auch Karl BARTH mit seinem vielfachen "Nein!" und Rudolf Bultmann mit seinem wiederholten "erledigt ... "; allein, Gott ist weder Gegenstand noch "Sache" der Theologie. Sondern er - handelt! Was aber das inkriminierte Dogma betrifft, so mag man, wenn man's denn nicht mit der Bibel hat, seinen Gehalt studieren etwa an der Orestie des Aischylos oder an den Monologen Richards III. (V/3) und Macbeths (I/7) bei Shakespeare oder auch an Fallbeispielen der psychosomatischen Medizin, nicht zu reden von der deutschen Geschichte im 20. Jahrhundert.

[38] V. RAD, Weisheit, a.a.O., 280. - Wenn Albert KNAPP von "Leidensgnade" spricht (EKG 305,8), so wird, was als biographische Aussage authentisch und als persönlich bewährtes Bekenntnis höchst respektabel ist, ins Allgemeine verrechnet und in abstracto verklärt, mit beidem aber in seiner jeder Verrechenbarkeit spottenden brutalen Realität übergangen. Vor dem Hintergrund einer derartigen Tradition (vgl. EKG 274,2: "... denn durch Trübsal hier / geht der Weg zu dir", oder 252,2: "Lasset uns mit Jesu leiden ... / nach dem Leiden folgen Freuden,/ Armut hier macht dorten reich ... " etc.) ist es verständlich, wenn theologische Arbeiten zum Leiden so energisch auf dessen Sinnlosigkeit und auf die Überwindung seiner Ursachen abstellen.

[39] Eine moderne Form dieser Aporie findet Ausdruck in der Frage nach der Möglichkeit von Theologie nach Auschwitz.

und tradierte Einsicht irreparabel auseinander[40].

II.

Der in Glück und Wohlstand lebende Hiob hat und hätte keinerlei Probleme verursacht; es ist *das Leiden*, das in die Krise treibt: den Betroffenen wie auch bestehende Einsicht, Erfahrung und Wissenschaft. Der Leidende gerät *aus theologischen Gründen* ins Abseits, in Verdacht und an den Rand der Anathematisierung. Zugleich wird dabei das Einsicht, Erfahrung und Wissenschaft aufnehmende Bekenntnis des Glaubens zum Gemeinplatz, zu leerlaufender Bescheidwissenschaft. Damit ist das Leiden selbst thematisch.

Insbesondere in den 70er Jahren fand das Leiden intensive literarische Aufmerksamkeit[41]. Der Ertrag der theologischen Arbeit ist dabei weithin dürftig[42]: Gott ist gegen das Leiden bzw. will das Leiden nicht[43]; Gottes Allmacht ist nicht für das Leiden, sondern für dessen Überwindung zuständig[44]; Jesu Heilungs- und Speisungswunder

---

[40] "Wird der Lebensbezug der Theologie unklar, so wird die Theologie schnell zu einem tötenden Geschäft." Gerhard EBELING, Der Lebensbezug des Glaubens. Über die verworrene Lage der Theologie, in: EvKomm 9, 1976, 517-522, 518A. K.-P. HERTZSCH schärft das weiter zu: "Als Theologe stehe ich immer mit auf dem Spiel. Ich kann nicht nur zur Kenntnis nehmen, ich muß zustimmen oder ablehnen ... ", a.a.O., 89. Das bleibt Postulat, wenn allgemeiner und interner (theologischer oder kirchlicher) Kommunikationszusammenhang sich voneinander lösen.

[41] Ich nenne hier noch: Alfred de QUERVAIN, Die Heiligung. Ethik. Zollikon 2.A. 1946 (bes. 119ff; 151ff); Hans KÜNG, Gott und das Leid. Einsiedeln u.a. 1967 (7.A. 1980); Dorothee SÖLLE, Leiden. Stuttgart 1973; Hans SCHULZE Hg., Der leidende Mensch. Beiträge zu einem unbewältigten Thema. Neukirchen 1974; Wilhelm DANTINE, Hoffen - Handeln - Leiden. Christliche Lebensperspektiven. Göttingen 1976; Erhard GERSTENBERGER/Wolfgang SCHRAGE, Leiden. Stuttgart 1977, Kohlhammer TB 1004; Gisbert GRESHAKE, Der Preis der Liebe. Besinnung über das Leid. Freiburg u.a. 1978; Elizabeth R. MOBERLY, Suffering, Innocent And Guilty. London 1978; Hermann DEMBOWSKI, Menschliches Leiden und der dreieinige Gott. Fribourg o.J. (1979); ferner die Themahefte in: EvTh 34, 1974, 116-195, und in: Concilium 12, 1976, 545-613; Kazo KITAMORI, Theologie des Schmerzes Gottes. Göttingen 1972; Edward SCHILLEBEECKX, Christus und die Christen. Die Geschichte einer neuen Lebenspraxis, Freiburg u.a. 1977; s. jetzt auch insbesondere "Leiden IV" von Walter SPARN, in: TRE s.v. (20, 688-707).

[42] Natürlich im einzelnen unterschiedlich. Die Monographien etwa von DEMBOWSKI und MOBERLY oder auch von Max KELLER-HÜSCHEMENGER, Die Kirche und das Leiden. München 1954, sind besonnen und differenzieren. Doch weithin hat man sich fixieren lassen durch das Ziel einer moralischen "Rettung" Gottes und den Anspruch des mitteleuropäischen neuzeitlichen Subjekts oder auch, negativ, durch eine traditionelle, seine Härte übergehende und das Leiden fromm verrechnende fatale christliche Tradition, wie sie z.B. noch deutlich wird bei Paul BLAU, Das Problem des Leidens. Gütersloh 1927, Studien des Apologetischen Seminars H.20, 7f, 17, 19, 41, 42f, 56f. Doch eine nicht geringe Rolle dürften auch in der theologischen Arbeit die moderne "obsessive Angst vor dem Leiden" und die "panische Flucht" vor ihm spielen; s. Leszek KOLAKOWSKI, Die Gegenwärtigkeit des Mythos. Serie Piper 49, München 1973, 116.

[43] So KELLER-HÜSCHEMENGER, a.a.O., 41; SCHULZE, bei SCHULZE, a.a.O., 13; SCHRAGE, a.a.O., 119; vgl. SÖLLE, a.a.O., 37; DEMBOWSKI, a.a.O., 70; HEDINGER spricht von der "Unversöhnlichkeit zwischen Gott und dem Elend", a.a.O., 87. Die Selbstverständlichkeit der Annahme, daß Gott, der uns in pathischen Strukturen und patibel geschaffen hat, so ohne jede Einschränkung gegen das Leiden sei, verblüfft.

[44] Z.B. GRESHAKE, a.a.O., 51; SCHILLEBEECKX, a.a.O., 651,708; EIBACH, a.a.O., 28f,34,92; nachdrücklich auch JOEST, a.a.O., 147ff, bes. 151f, und McGILL, a.a.O., 53ff,84ff. Es erstaunt, wie selbstverständlich man an den vielen biblischen Aussagen vorbeikommt, die Gott eindeutig als Urheber von Leiden feststellen. Erkennbar sind hier Erster und Dritter Artikel reduziert, und entsprechend wird die Scheinalternative zugrunde gelegt: entweder metaphysisch und statisch aufgefaßte oder aber soteriologisch reduziert verstandene Allmacht. Wie auch immer: Mit Abstrichen an ihr unterminiert man die Gewißheit: "Siehe, ich mache alles neu."(Apk 21,5)

erweisen einerseits "zeichenhaft" den aufs Heil zielenden Gotteswillen[45] und sind andererseits zusammen mit dem gesamten Leben und Sterben Jesu Ausdruck seiner "Solidarisierung" bzw. "Solidarität" mit den Leidenden[46]; den Christen ist die Solidarität mit allen Leidenden und der unbedingte Widerstand gegen alle Leidensursachen, wo nicht gegen das Leiden selber, aufgegeben[47]; in der Solidarisierung mit den Leidenden und im Kampf gegen das Leiden ist eigenes Leiden in Kauf zu nehmen und zu akzeptieren[48]. Kurzum, das Leiden gilt als negativ, und der Christenmensch ist mit Gott und Jesus Christus gegen es und übt Solidarität[49]. Durchgängig also erweist man sich als

---

Daß man sich dabei in uralten, ausgeschlagenen Gleisen bewegt, die nicht zum Ziel führen, zeigt GEYER, a.a.O., 166f.

[45] Vgl. etwa KÜNG, a.a.O., 61; EIBACH, a.a.O., 115. Was Jesus tut, "steht" nicht für sich selbst, es gilt als signum für etwas Höheres, das darüber zu einem abstractum wird, dem Jesus dient. In Abbreviatur geredet: Zu EST kann man sich nicht verstehen; konfessionsunabhängig bleibt man - letztlich doketisch - bei *significat*. Doch damit wird Lk 11,20 übergangen. Das ist auch im Blick auf den Versuch, die Spannung zwischen der Gegenwart in Jesus und dem noch Ausstehenden zu überbrücken, von Jürgen MOLTMANN, Der Weg Jesu Christi. Christologie in messianischen Dimensionen. München 1989, 117(f), festzustellen, der die Gottesherrschaft von Jesus so isoliert (trotz a.a.O., 126,170,227f), daß am Ende mit der Differenz zwischen ihm und dem Reich Gottes abermals, hier nun im modus einer Art repraesentatio, eine zeichenhafte Bedeutung resultiert.

[46] U.a. SCHILLEBEECKX, a.a.O., 242; GRESHAKE, a.a.O., 53; HENGEL, bei SCHULZE, a.a.O., 86. Die Figur findet sich bereits bei Albrecht RITSCHL, wenn auch in charakteristisch anderem Bezug: "Die solidarische Einheit mit Gott, welche Jesus demgemäß von sich behauptet, bezieht sich auf den ganzen Umfang seines Wirkens in seinem Beruf, und besteht deshalb in der Wechselwirkung der Liebe Gottes und des Berufsgehorsams Jesu." Unterricht in der christlichen Religion, 2.A. § 22. Nun aber ist's Jesu uneingeschränkte Solidarität mit "den" Menschen, und die kann man dem neutestamentlichen Zeugnis zum Trotz - vgl. z.B. Mk 1,32-39 (bes. V.37f!) - auch behaupten, nachdem man mit der Kategorie des "Zeichenhaften" die unkontrollierte Verallgemeinerung einführte. Diese Kategorie macht zudem ersichtlich kritikimmun.

[47] So DANTINE, a.a.O., 230ff; SCHRAGE, a.a.O., 219ff; vgl. SÖLLE, a.a.O., 162,193. Auch KOCH, der die Problematik der Solidaritäts-Forderung sehr wohl durchschaut (a.a.O., 268,398) und zugleich weiß, daß echte "Solidarität" aus *gemeinsamem* Leiden erwächst (313), sieht den unbedingten Kampf gegen alle Ursachen des Leidens, bis hin zu dessen Abschaffung, als gewiesene Aufgabe; denn "Leiden soll grundsätzlich nicht sein" (a.a.O., 266; doch vgl. seine erhellenden Ausführungen zu Beistand und Trost a.a.O., 297ff). Niemandem kommt bei, daß diese Postulate, ins Reale transponiert, nicht nur die Medizin in eine Glücks-Industrie verkehren, sondern sie wie alle Helfer in fürchterliche Aporien stürzen, insofern die kategorischen Forderung nach Beseitigung des Leidens das Faktum sich entgegenstellt, daß das immer wieder nur um den Preis neuen Leidens möglich ist; vgl. Robert SPAEMANN, Einsprüche. Christliche Reden. Einsiedeln 1977, 118f. Man kann es an In-vitro-Zeugungen bei Kinderlosen oder auch an der "non-involuntary euthanasia" (Marvin KOHL) durchrechnen; ein erschütterndes Beispiel schildert Marianne SCHMIDT, Sterben als Erlösung. Zürich 1973. Ebensowenig wird bedacht, worauf Walter MOSTERT, Gott und das Böse, in: ZThK 77, 1980, 453-478, 471f, den Finger legt, daß der Kampf "*gegen*" einen Mißstand gar zu leicht personalisiert und zu Fanatismus führt.

[48] Vgl. insbesondere Leonardo BOFF, Das Leiden, das aus dem Kampf gegen das Leiden erwächst, in: Concilium 12, 1976, 547-553; SÖLLE, a.a.O., bes. 149ff (Kap.V), 191ff; Jürgen MOLTMANN/Johann Baptist METZ, Leidensgeschichte. Zwei Meditationen zu Mk 8,31-38. Freiburg u.a. 1974, bes. 14,33,53f.

[49] Neutestamentliche Einsicht - von Käsemann bis Güttgemanns - wurde ignoriert. Zu den theologischen Autoren, die kritisch Distanz nehmen zum Zeitgeist, gehören insbesondere Christof GESTRICH (Homo peccator und homo patiens. Das Verhältnis von Sünde und Leiden als Problem der theologischen Anthropologie und Gotteslehre, in: ZThK 72, 1975, 240-268), Gerhard SAUTER ("Leiden" und "Handeln", in: EvTh 45, 1985, 235-258) und Walter SPARN (a.a.O.). GESTRICH durchschaut Plattheit und Irrealität der Forderung nach Leidensbekämpfung; in der eschatologischen Ausrichtung auf Gott und in der Bezogenheit auf sein Reich lasse sich die Gemeinde vielmehr Leidensübertragung gefallen und wende *aus dieser Situation heraus* sich dann auch wider das Leiden in der Welt (bes. 268). SAUTER erkennt im Ausgehen von LUTHER das Leiden sub cruce als Gottes Unterbrechen unserer vita activa hin auf die iustitia passiva; seine Ausführungen sind allerdings dadurch etwas belastet, daß mit dem promiscue-Gebrauch von Leid, Leiden und Erleiden es zu faktischen Äquivokationen kommt, womit die Möglichkeit eingeschränkt ist, das massenhafte namenlose

bestimmt durch eine aus der Aufklärung stammende, im Grunde spießbürgerliche "Guckkastenmetaphysik" (W.Adorno), derzufolge alles, was Rationalität und Glückseligkeit stört, gar in Frage stellt, als negativ erfaßt, entsprechend *Leiden wie Böses als "malum" zusammengenommen* und als Gegenstand von Ablehnung und Bekämpfung gesehen wird. Niemandem kommt die implizierte, in ihrer Perversität nicht zu steigernde Logik bei, daß somit Übeltäter wie leidendes Opfer, also Pilatus und Christus, Eichmann und die vergasten Juden, auf *einen* Nenner nebeneinander gestellt, unter *einem* Begriff subsumiert werden - als ob das möglich, gar selbstverständlich wäre[50]!

Bei diesem Stand der Dinge verwundert es nicht, daß der Zusammenhang von Leben und Leiden, von Wirklichkeit und Leiden, damit auch von Theologie und Leiden allenfalls marginal und auch dann bereits im voraus verrechnet in den Blick kommt. Und dabei kann man überall nachlesen, daß und wie sehr gerade das Leiden die Horizonte erschüttere, ins Fragen treibe, in Krisen führe. Wären diese Feststellungen allseits ernst genommen und auf Implikationen und Konsequenzen hin verfolgt worden, die Einsicht wäre Gemeingut, daß das Leiden, und zwar das reale, das (um es so zu sagen) erlittene Leiden, für die Theologie unverzichtbare, ja geradezu konstitutive Bedeutung hat[51]. Es

---

Leiden unserer Zeit, auf das insbesondere KÜNG und METZ verwiesen, deutlich in die Erwägungen einzubeziehen. SPARN nimmt das Leiden wahr im Horizont geschichtlicher Auffassungen als anthropologisch wie theologisch konstitutiv für unser Leben und stellt - in einer gewissen Nähe zu SAUTERs grundlegender Frage nach dem Recht der Leidenden - die Kommunikation mit Menschen im Leiden und mit dieser die Differenz zwischen Handeln und Leiden *als Aufgabe* (nicht Faktum!) besonders heraus. Völlig andere Linien verfolgt MOBERLY (a.a.O.), indem sie das Leiden als Epiphänomen der Sünde, näherhin des Verlustes der - trinitarisch ausgelegten - Gottebenbildlichkeit als der grundlegenden anthropologischen Bestimmung durch den Fall und also als Auswirkung gestörter bzw. zerrütteter Relationen zu Gott, Mitmenschen und Welt erfaßt und gerade somit den Tun-Ergehen-Zusammenhang einleuchtend aufbricht, so daß sie schuldiges wie unschuldiges Leiden innerhalb der Sünden-Verflechtung plausibel machen und alles in Gottes Ökonomie einzeichnen kann. Gänzlich anders Daniel Liderbach SJ, Why Do We Suffer? New Ways of Understanding. New York u.a. o.J.(1992), der dem analytischen, hier unzulänglichen Rationalismus das rationale des Mythos als Wahrnehmung und Erklärung der anderweitig nicht zugänglichen transzendenten Lebensbezüge entgegensetzt, in denen wir auf Gott bezogen und durch ihn berührt und geleitet sind; gerade das Leiden stimuliere die mythische Erklärung und lasse dadurch völlig neue Lebensqualität erkennen.

[50] Vgl. z.B. die frappierende Selbstverständlichkeit, mit der GEYER, a.a.O., pass., Leiden und Böses zusammennimmt und s.v. "Dysteleologie" und "Kontingenz" abhandelt, als ginge es um Spielmarken von *einer* Sorte; entsprechend kann er in entlarvender Offenheit "Böses" und "Leiden" als "Abstrakta" (a.a.O., 192) kennzeichnen. Doch am grünen Holz steht's nicht besser, vgl. MOSTERT, a.a.O., 461, der sans phrase Leiden, Krankheit und Tod mit dem Bösen zusammenstellt und dann hintergründig Böses und Leiden auf der Basis der Sünde miteinander verquickt, a.a.O., 475. Die in alledem waltende Gedankenlosigkeit ist ebenso beklemmend wie die darin erkennbare Weigerung, das tatsächliche Böse und das faktische Leiden wahrzunehmen. Deren abstrakte, gemeinsame Verrechnung ist objektiv zynisch.

[51] Sauter bemerkt, a.a.O., 456 (von ihm selber hervorgehoben): "*Leidenssitutationen können jedoch allein 'Entdeckungszusammenhänge' sein.*" Das ist, aus dem Methodologischen rückübersetzt: "Zufällige Geschichtswahrheiten können der Beweis von notwendigen Vernunftwahrheiten nie werden." Damit ist installiert, was ich oben als "objektive" Arbeit bezeichnete, also die systematische Trennung von Denk- und Lebensakt. Daß diese Trennung "entlastet" und damit den Gefahren von Ideologisierung und Totalitarismus vorbaut, ist unbestritten; aber damit ist das Problem nicht erledigt, und zwar deswegen nicht, weil es eben formal bzw. methodologisch nur gelöst werden kann bei Rückzug aus dem allgemeinen Kommunikationszusammenhang. Doch figura zeigt: Es ist *inhaltlich* zu bewältigen. Und dem ist notwendig so, wenn anders nicht das Wort Fleisch wurde und Gott nicht, statt in "der" (Selbst-)Offenbarung sich für unsere Einsicht zu enthüllen, "auf vielerlei Weise" und je und je neu innerhalb kontingenter Geschehnisse, Zusammenhänge und Personen zu uns redete und an uns handelte. Dann aber kann nur das Kontingente nicht *als bloß* kontingent, eben als "Entdeckungszusammenhang", vom eigentlichen Gehalt, der allein Grund zu gewähren vermag, abgehoben werden, gehört es vielmehr zum Inhalt selbst. Abermals

wäre damit in eins die Theologie in *ernstzunehmender* Weise auf Wirklichkeit hin geöffnet und bezogen. Und die Sätze von Klaus-Peter Hertzsch wären nicht länger Postulat: "Es ist keine Frage, daß die Praktische Theologie einen deutlichen Wirklichkeitsbezug besitzt. Trotzdem wäre dieser Satz falsch, wenn mit ihm gleichzeitig gesagt werden soll: die anderen Disziplinen haben diesen Wirklichkeitsbezug nicht. Denn dieser Behauptung läge die falsche Vorstellung zugrunde, das Wort, die Verkündigung, das Evangelium sei keine Realität, keine Wirklichkeit, sondern eine Theorie, die erst zur Wirklichkeit wird, wenn sie in Praxis umgesetzt ist. Tatsächlich aber beschreibt das Wort des Evangliums nicht nur Wirklichkeit, sondern es ist selbst eine Wirklichkeit ... "[52].

Es könnte durchaus anders sein. Bereits 1950 hat Viktor Emil Frankl gelehrt, das Leiden als Frage an den Menschen aufzufassen, dem es auferlegt ist[53]; er hat das Recht auf den eigenen Schmerz geltend gemacht; er setzt dem Lustprinzip die Preisgabe entgegen; insgesamt stellt er das Leiden als ein Geschehen heraus, in dem wir zu uns selber, zu Lebenssinn und insbesondere zu einem angemessenen Verhältnis zur Wirklichkeit finden. In seiner 1956 erschienenen "Pathosophie" entwickelt Viktor von Weizsäcker[54] eine ganze Anthropologie aus dem Faktum von Leidensfähigkeit und Leiden und weist dabei nach, daß und wie Leiden *auch* eine Form *menschlicher* Lebensgestaltung und -bewältigung darstellt. 1975 zeigt Willi Oelmüller eindringlich, wie Auffassung und Empfinden von Leiden historisch relativ sei und wie in der Gegenwart Deutesysteme und allgemeine Aussagen über das Leiden sich immer wieder als unzureichend erweisen; doch das nicht angemessen aufgenommene und ausgesprochene Leiden verliere die Zusammenhänge und brutalisiere in seiner Beziehungslosigkeit[55]. Der Physiker A.M. Klaus Müller geht 1982 auf das Leiden ein als ein Widerfahrnis, das dem eingelebten Trott entreiße und in ein Wirklichkeitsverhältnis zwinge, bei dem nicht länger - (spieß)bürgerlich - der einzelne Mensch von sich und seinen Wünschen her die

---

also EST versus *significat*. Insofern ist Luthers vielzitiertes "Vivendo, immo moriendo et damnando fit theologus non intelligendo, legendo aut speculando" (WA 5, 163, 28f) von grundsätzlicher Bedeutung und treibt ein "Und jetzt ... " jeglicher Art von vornherein aus. Sauters Bemerkung vom Kreuz als "Denkform der Theologie" (a.a.O., 455) scheint in ebendiese Richtung zu weisen.

[52] A.a.O., 85.

[53] A.a.O., bes. 115, aufgenommen nur von KOCH, a.a.O., 281, in gewisser Weise auch von Liderbach, pass. Darin findet die mit dem Leiden unausweichlich aufbrechende Sinnfrage nach Frankl ihre Antwort. Dann aber kann es nicht zureichen, mit Gerhard SAUTER, Was heißt: Nach Sinn fragen? Kaiser Traktate 53, München 1982, die Sinnfrage theologisch abzuweisen und dem Sinn den *Gehorsam* entgegenzustellen. SAUTERs Argumentation ist zwar stringent, doch mit FRANKLs Umkehrung und Neufassung kann und muß die Sinnfrage nun auch theologisch unmittelbar aufgenommen werden; hier könnte man zudem bei SAUTER ansetzen. Dabei ist zugleich die Frage nach dem *Sinnempfang* akut, auf die MÜHLEN, a.a.O., 143ff, verweist.

[54] Viktor von WEIZSÄCKER, Pathosophie, 2.A. Göttingen 1967, vgl. *ders.*, Der kranke Mensch. Stuttgart: 1951. Die in diesen beiden Werken ausgearbeitete pathische Anthropologie läßt im Gegenbild besonders krass die Sterilität theologischen Bemühens vor Augen kommen, Menschsein und Leiden aus theologischen Prämissen normativ zu deduzieren und daraufhin das Leiden zu denunzieren. Von einer "in der Krankheit verborgene[n] positive[n] Kraft" kann - im Anschluß an v. WEIZSÄCKER - aufgrund eines Fallbeispiels Wilhelm KÜTEMEYER, Die Krankheit in ihrer Menschlichkeit. Göttingen 1963, 93, vgl. 57, sprechen. Bei einer grundsätzlich negativen Sicht von Leiden ist dergleichen nicht einmal als Möglichkeit vorgesehen!

[55] Willi OELMÜLLER, Zur Deutung gegenwärtiger Erfahrungen des Leidens und des Bösen, in: Concilium 11, 1975, 198-207. Vgl. SCHULZE, a.a.O., 64: "Stummes nicht begriffenes Leiden ist steril."

Welt entwirft⁵⁶. Und ein gewichtiges philosophisches Symposion erfaßt 1986 das Leiden als nachgerade *das* Medium *humaner* Lebens- und Wirklichkeitsbewältigung⁵⁷. Kurzum, es fehlt nicht an umfänglichem Wissen, mit dessen tatsächlicher Kenntnisnahme dem platten Gerede über das Leiden und dem gebetsmühlenhaften Beschwören von Solidarität⁵⁸ der Boden entzogen worden wäre zugunsten angemessener Aussagen und insbesondere der Einsicht, daß leidende Menschen uns den Spiegel vorhalten: Tat twam asi⁵⁹. Freilich, diesem Spiegel standzuhalten, geht bis an die Grenzen der Kraft, ja immer wieder - jene lauten, leeren Litaneien unterstreichen's - über sie hinaus.

Historischer Sinn sollte überdies dazu geführt haben, daß man die klassische griechische Tragödie nicht übergangen hätte, und zwar nicht allein wegen der - gelegentlich in der Literatur aufgenommen - Bemerkung des Aischylos vom Lernen im Leiden bzw. durch es⁶⁰, sondern weil das Leiden hier in eindringlicher Weise als zum

---

⁵⁶ A.M. Klaus MÜLLER, Leid - Glaube - Vernunft. Stuttgart 1982; vgl. *ders.*, Der Sturz des Dogmas vom Täter, LuM 13, 1974, 468-474. "Erst als Kranker weiß ich, wer ich bin", bemerkt Dietrich RÖSSLER, Vom Sinn der Krankheit, in: Vernunft des Glaubens. FS Wolfhart PANNENBERG. Göttingen 1988, 196-209, 200, und er fügt hinzu: "Nicht also der Sinn solcher Krankheit steht zur Diskussion - sondern der Sinn im Leben eines Menschen, der von dieser Krankheit und Auswegslosigkeit bedroht ist.", a.a.O., 202.

⁵⁷ OELMÜLLER Hg., a.a.O., Abermals kommt hier freilich zu kurz, worauf FRANKL den Finger legte und was durch Gegensatzpaare wie "Schaffen/Erleiden", "vita activa/vita passiva" etc. verdeckt wird, daß nämlich das Leiden zu *leisten* ist. Man wird hierüber hinausgehend festzustellen haben: Es gibt nichts, was derart *alle* unsere Kräfte fordert und *alle* Möglichkeiten unseres Selbst in Anspruch nimmt wie das Leiden - ob unter der Folter, in einem Todeslager, auf dem Sterbebett, ob unter Verfolgung und Entrechtung oder was immer es sei; immer wieder - man denke etwa an amyotrophe Lateralsklerose - ohne eine Möglichkeit von Resignation oder irgendeiner Form des "Aussteigens". "Aber was wir hier tun müssen, bis zum Wahnsinn zu leiden, mit zusammengebissenen Zähnen stillhalten, auszuhalten, immer noch mitzumachen ... " Harald HENRY in einem Brief vom 21.10.1941 von der Front vor Moskau, zit. nach: *Die Stimme des Menschen*. Briefe und Aufzeichnungen aus der ganzen Welt. München 1966, 109. Wo Menschen - unfreiwillig - dann doch "ausstiegen", da erloschen sie zu Schemen wie die sog. "Muselmänner" in Konzentrationslagern.

⁵⁸ Es macht einen kategorialen und also qualitativen Unterschied, wenn statt dessen Fritz HARTMANN, Ärztliche Anthropologie, Bremen 1973, 128, als die angemessene Reaktion die *compassio* mit dem jeweils leidenden Menschen erkennt als ein kommunikatives Geschehen aufgrund unserer pathischen Verfaßtheit: Die compassio impliziert, daß ich mich einlasse. In der christlichen Rede über das Leiden steckt viel - ungewollter - Hochmut, wie er seinen faktischen Ausdruck fand in der Bemerkung von Eberhard JÜNGEL (Der Gott entsprechende Mensch. Bemerkungen zur Gottebenbildlichkeit des Menschen als Grundfigur theologischer Anthropologie, in: Neue Anthropologie, hg.v. Hans-Georg GADAMER und Paul VOGLER. Band 6: Philosophische Anthropologie. Erster Teil. Stuttgart 1975, 342-372, dort 360), der aufrechte Gang erlaube es "dem" Menschen, sich zu jemandem herabzubeugen, um zu dienen; doch "er hört dabei nicht auf, ein Herr zu sein ... " Man vergleiche dagegen: "Der einzige Dienst, den ich anerkennen kann, ist der Dienst dessen, der sich arm weiß, der also dienen muß, um sich aufzustocken, um mehr zu werden, als er bisher gewesen ist. Es ist eine harte Frage, wie kann denn in einer reichen, allzu reichen Gesellschaft ... ein Mensch heute noch so sichtlich arm werden, daß er geliebt werde für den Dienst, den er tut ... " Eugen ROSENSTOCK-HUESSY, Dienst auf dem Planeten. Kurzweil und Langeweile im Dritten Jahrtausend. Stuttgart u.a. 1965, 56.

⁵⁹ Gewiß unbestritten, gleichwohl rar ist das Bewußtsein: "*Er*, der so Leidende, ist nichts als ein Mensch, ein Mensch in seiner Würde. *Das* sind wir Menschen." KOCH, a.a.O., 274. Die Sprache, in der Solidarität gepredigt und behauptet wird, Gott sei gegen das Leiden etc., ist weithin - mit einer feinen Bemerkung Heimito v. DODERERs - eine "feile Sprache": Sie kann für schier alles benutzt werden. Wie anders dagegen dieser *eine* Satz, mit dem - nach Bericht eines medizinischen Kollegen - "der alte Bodelschwingh" den Widerstand des baumlangen jungen Mannes dagegen überwand, sich von diesem alten Herrn in den Mantel helfen zu lassen: "Lieber Bruder NN, auch Sie müssen lernen, sich helfen zu lassen." Sprach's heiter und halb.

⁶⁰ AISCHYLOS, Agamemnon, 176ff; zit. z.B. von SÖLLE, a.a.O., 222 A.2; doch daß Dike Erfahrungen gerade den Leidenden zuteil werden lasse, ebd. 249f, daß also, anders geredet, Leiden eine besondere Qualität von Wahrnehmung und Verarbeitung mit sich bringt, wird weithin übergangen.

humanum gehörend vor Augen gestellt wird. Ob Agamemnon, Ödipus oder Krëusa: Auf die Bühne gebracht werden Personen, die das Leiden läutert und zu ihrer wahren Menschlichkeit bringt *und* die damit für sich selbst wie auch für ihre jeweilige pólis Segen und Frieden erwerben. Gewiß, die spezifischen Weisen modernen Leidens haben eine unvergleichlich andere Qualität. Doch das legitimiert nicht, die von den großen Tragikern gestaltete Erfahrung einfach zu ignorieren[61]. Zumal vor dem Horizont beider Testamente der Bibel wäre es schon des Nachdenkens wert, daß Segen und Frieden gerade durch Leiden zugewendet werden[62], daß entsprechend der theologisch eingebleute Kampf *gegen* das Leiden von der tatsächlich uns aufgetragenen Aufgabe ablenkt, *für* den Nächsten dazusein, sein Wohl und Heil zu fördern und um seinetwillen auch zu leiden; und das ist eben etwas qualitativ völlig anderes als lediglich die positive Kehrseite jenes Kampfes[63].

Überhaupt ist zu bedauern, daß allgemeines wie Zeitwissen nur selten fruchtbar gemacht wird. Die Namen *Buddha* und *Epikur* etwa rufen unmittelbar Erfahrung der pathischen Grundstruktur menschlichen Daseins auf; doch selbst, wo Forscher auf sie eingehen[64], werden die naheliegenden Fragen nicht gestellt, die sich ergebenden Schlüsse nicht gezogen. Der Name *Hans Driesch* steht mit der Suche nach einem Vitalprinzip für das Erstaunen ob des aus den kosmischen Zusammenhängen gerade nicht ableitbaren Lebens; und inzwischen ist's ein populärer Gemeinplatz, daß das Leben und zumal das menschliche - wie auch die es ermöglichenden Formen und Ordnungen - aufgrund der thermodynamischen Gesetzmäßigkeiten unwahrscheinlich, also *nicht*-selbstverständlich ist; es ist somit a priori riskiert und mithin grundsätzlich pathisch. Der Name *Sigmund Freud* markiert - auch - den "Todestrieb", näherhin sowohl das Wissen, daß zum Leben und in es hinein der Tod gehört, als auch die Einsicht, daß das Leben der Strukturen bedarf *und zugleich* chaotisch ist und daß, wo Struktur oder Chaos dominiert, es Schaden nimmt - bis hin zum Tod. Unser Leben befindet sich m.a.W. in einem diffizilen Fließgleichgewicht zwischen Form und Chaos, zwischen Vitalität und Tod: abermals ebenso Kennzeichnung wie Umschreibung einer grundlegend pathischen Konstitution. *Eine* Erfahrung des Dritten Reiches in Deutschland, durch Mord und Verruchtheit uns eingegraben, ist die, daß der Staat der Gesunden barbarisch und daß eine Gesellschaft, die das Leiden - etwa durch Eugenik und Euthanasie; heute ist die Palette der Möglichkeiten reicher - ausschließen will, unmenschlich ist: Der Schluß liegt auf der

---

[61] Erstaunlich, daß auch GEYER bei seinem geschichtlichen Überblick auf sie nicht eingeht; ihre Deutung des Leidens ist aller Aufmerksamkeit wert: Es erwächst durch das - von Spruch, folgenschwerer Tat oder Konstellation heraufbeschworene - Verhängnis aus dem - unvermeidlichen - Zusammenprall einander entgegenstehender, uns bestimmender Gesetze - der verschiedenen Epochen, die sich schneiden (Aischylos), bis hin zu denen von Subjekt und Lebenswelt (Euripides). Diese Deutung läßt zugleich plausibel werden, daß Leiden Versöhnung wirkt *und* daß es umgekehrt des Leidens *bedarf*, sollen denn die verschiedenen Gesetze versöhnt, das Verhängnis gelöst und damit Friede errungen werden.

[62] Und zwar nicht dank der passio Christi oder einer Teilhabe an ihr, vielmehr kraft der Preisgabe, in die das Leiden die betreffenden Menschen zwang und durch die faktische Forderungen - des Lebens, der Gesellschaft, der Gesetze etc. - gestillt wurden.

[63] Ebenso beiläufig wie präzis markiert Leo N. TOLSTOI diese Differenz: "Es handelte sich hier durchaus nicht um das Leben von Iwan Iljitsch, sondern um Wanderniere oder Blinddarm." Der Tod des Iwan Iljitsch. it 864, Frankfurt/M. 1985, 54.

[64] Z.B. SCHILLEBEECKX, a.a.O., 652ff, und FRITZSCHE, a.a.O., 9ff.

Hand. Ich schweige von der Menschheitserfahrung, daß jedes Leben stets schuldig wird und also unausweichlich Leiden verursacht; von dem Wissen um das allgegenwärtige Potential an Inhumanität, das durch die globalen Thesen von *Helmut Schoeck* oder *Arno Plack*, doch auch durch die Untersuchungen und Ergebnisse von *Stanley Milgram* und *Konrad Lorenz* eher vernebelt wird, weil sie die gleichzeitige stete Faktizität und Diabolik dieses Potentials überspielen - doch zur Geltung bringt es sich allemal; von der Einsicht - nachgerade ein literarischer topos! - ins Reifen und ins Gewinnen der Menschlichkeit zumal - und erst - durch das Leiden[65]; - die Reihe ließe sich fortsetzen[66].

Last not least ist auch an theologisches Wissen zu erinnern. Max Keller-Hüschemenger verweist 1954 - gerade im Rückblick auf den Weltkrieg - mit Nachdruck auf Am 3,6b und hebt heraus, daß im Leiden Gottes Gericht über die sarkische Welt ergehe und daß das christliche Leiden als Zeugnis des Gekreuzigten "eine *Kraft Gottes in Jesus Christus*" sei[67]. 1963 schärft Georg F. Vicedom mit weitem ökumenischem Blick ein, "daß das Leiden zum Wesen des Evangeliums gehöre"[68]. Für Luther ist das Leiden bekanntlich eines der signa der wahren Kirche und zugleich Charakteristikum christlichen Lebens[69]. Das Neue Testament lehrt uns, daß wir "durch viel Trübsal in das Reich Gottes eingehen" müssen (Act 14,22), und zwar von Gottes wegen. Im Alten Testament ist es insbesondere der Psalter, in dem ganz selbstverständlich zu Gott um Hilfe in der Not des Leidens gerufen wird, gerade *weil* er als dessen Urheber geglaubt wird. Es ist nicht nur verwunderlich, wie wenig sich das ins Bewußtsein eingeprägt und in der

---

[65] Bemerkenswert ist auch die fast vollständige Ausblendung religionsgeschichtlichen Wissens, etwa daß die rites de passage durch ihre Quälereien in Krisen und durch deren Bestehen zu Reifung und Lebensgewinnung führen sollen; vgl. Gerardus van DER LEEUW, Phänomenologie der Religion. 2.A. Tübingen 1956, 212ff. Auf dieses Wissen greift zurück KOLAKOWSKI, a.a.O., 112f.

[66] "Ihr wollt womöglich - und es gibt kein tolleres 'womöglich' - *das Leiden abschaffen*: und wir? - es scheint gerade, *wir* wollen es lieber noch höher und schlimmer haben, als es je war! Wohlbefinden, wie ihr es versteht - das ist ja kein Ziel, das scheint uns ein *Ende*! Ein Zustand, welcher den Menschen alsbald lächerlich und verächtlich macht - der seinen Untergang *wünschen* macht! Die Zucht des Leidens, des *großen Leidens* - wißt ihr nicht, daß nur *diese* Zucht alle Erhöhungen des Menschen bisher geschaffen hat? Jene Spannung der Seele im Unglück, welche ihr die Stärke anzüchtet, ihre Schauer im Anblick des großen Zugrundegehens, ihre Empfindsamkeit und Tapferkeit im Tragen, Ausharren, Ausdeuten, Ausnützen des Unglücks, und was ihr nur je von Tiefe, Geheimnis, Maske, Geist, List, Größe geschenkt worden ist - ist es nicht unter Leiden, unter der Zucht des großen Leidens geschenkt worden? Im Menschen ist *Geschöpf* und *Schöpfer* vereint; im Menschen ist Stoff, Bruchstück, Überfluß, Lehm, Kot, Unsinn, Chaos; aber im Menschen ist auch Schöpfer, Bildner, Hammer-Härte, Zuschauer-Göttlichkeit und siebenter Tag - versteht ihr diesen Gegensatz? Und daß *euer* Mitleid dem Geschöpf im Menschen gilt, dem, was geformt, gebrochen, geschmiedet, gerissen, gebrannt, geglüht, geläutert werden muß - dem, was notwendig *leiden* muß und leiden *soll*?" Friedrich NIETZSCHE, Jenseits von Gut und Böse, 225; WW (ed. Schlechta) II, 689f. In einer Zeit entsetzlicher Kriege und Greuel liest sich das nur unter Sträuben. Doch die Lebenserfahrung hat auch gelehrt: Humanität wird nicht durch Glück erzeugt; und wo jemand ein *Gesicht* erwarb und den Ehrennamen "Mensch" trägt: Im Leiden und durch es wurde es erworben.

[67] A.a.O., 103, vgl. 61, 81. Allerdings kommt es dann doch zu einer das Leiden letztlich leugnenden verkappten Theodizee, vgl. 54.

[68] Georg F. VICEDOM, Das Geheimnis des Leidens der Kirche. ThEx NF 111, München 1963, 33. Vgl. Karl BARTH, KD III/4, 88. Daß darum der Christ das Leiden geradezu willkommen heiße, wird man freilich nicht in statischer Allgemeinheit sagen können; gegen Paul ALTHAUS, Art. Leiden IV, in: RGG 3.A. (IV, 300).

[69] Besonders schroff formuliert in der Ermahnung zum Frieden ... , 1525: "Leyden/leyden/Creutz creutz ist der Christen recht des vnd keyn anders." BoA 3, 56,37f. Wilhelm MICHAELIS hebt mit Blick auf Paulus hervor, daß das Leiden der Christen eine "Gnadengabe" und "etwas Normales" sei; ThW V, 931,14; 933,18.

theologischen Arbeit Ausdruck gefunden hat; vor allem bestürzt, was somit Leidenden vorenthalten wurde: einmal der Trost, daß selbst in der Hölle wir in der Rechten des Allmächtigen sind und also der Gekreuzigte unseren Weg bestimmt[70]; sodann die Möglichkeit, im Ringen und Hadern mit Gott als dem Verursacher unseres Leidens zur Annahme seines Willens zu finden; schließlich die Gewißheit eines Adressaten für Schrei und Weinen, Klage und Aufbegehren, der da nicht nur hört, sondern alles "in Händen" hat und darum "alles wenden" kann, "wie nur heißen mag die Not". Kein Wunder, daß die einschlägige Sprache uns abhanden kam[71] und das Recht der Klage neuerlich eigens eingefordert werden mußte[72].

In summa: Unsere pathische Verfaßtheit ist so offenkundig und durch die Geschichte wie in der Gegenwart bekannt, alles Träumen von einer Welt ohne Leiden ist füglich irreal und in so augenfälligem Gegensatz zur condition humaine, daß ihr Übergehen nicht nur erstaunt, sondern auch Realitätsverlust anzeigt. Nun nicht das allein. Es ist zu fragen, wie auf die Länge menschliches Leben auch in Beschädigung oder Entstellung durch Leiden als fraglos selbstverständlich *menschlisches* Leben, von Gott bejaht und mit allen Rechten begabt, soll ausgesagt und behauptet werden - können - , wenn Leiden negativ aufgefaßt und als von Gott gerade nicht gewollt erklärt, wenn also unsere pathische Konstitution verleugnet wird. Leidende Menschen stehen damit spezifisch unter dem Vorzeichen des von Gott Bekämpften: Das entnimmt sie der Normalität menschlichen Lebens, grenzt sie grundsätzlich aus und erstickt zugleich die Einsicht, daß "der Leidende ... in seiner Notlage der nach Menschlichkeit Größere" ist[73]. Daß damit beiläufig die Ideologie der Vitalität und ein selbstverständlich gewordener Hedonismus stabilisiert werden, scheint ebenfalls selten genug bedacht zu sein[74].

---

[70] Der Trost, den das genus maiestaticum theologisch festhält.

[71] Von EIBACH, a.a.O., 13ff, mit Recht als folgenschwerer Verlust beklagt. Zur Bedeutung der Sprache in diesem Zusammenhang vgl. bes. SÖLLE, a.a.O., 88ff, und KOCH, a.a.O., 293,303. Die Kehrseite dieses Sprachverlustes ist das Tabuschweigen, bedrückend dargestellt von Ilse van HEYST, Das Schlimmste war die Angst. Fischer TB 3902, Frankfurt/M. 1982. Mit dem Erlöschen der Sprache werden die Leidenden unmündig und dominiert bei denen, die helfen, die aufs Technische reduzierte reine Sachlichkeit; vgl. Rudolf KAUTZKY Hg., Sterben im Krankenhaus. Herderbücherei 561, Freiburg 1976.

[72] S. HEDINGER, a.a.O., 17ff,87ff; Friedrich MILDENBERGER, Theologie des Heiligen Geistes. Als Mskr. gedruckt. Erlangen 1981, 348f; Oswald BAYER, Erhörte Klage, in: NZSTh 13, 1983, 259-272; vgl. auch KOCH, a.a.O., 290ff.

[73] KOCH, a.a.O., 305. Die Erfahrung bestätigt, daß, wer einem Leidenden sich zuwendet, empfängt! Vgl. dazu auch Erika SCHUCHARDT, Warum gerade ich? Leiden und Glaube, Göttingen 7.A. 1993, 103ff. - In "Forum 4" des NDR - 4. Programm - am 15.2.1993 berichtete eine blinde Frau, wie angesichts ihrer Behinderung ein Jugendlicher lauthals seinen Ekel bekundet und zu seinem Kumpanen gemeint habe, Blinde sollte man vergasen. Wurde das Leiden erst zu etwas erklärt, was nicht sein soll, so ist's nicht ohne Logik, daß eine Behinderung als schier obszön erscheint. "Die Kranken werden geschlachtet / die Welt wird gesund", Erich FRIED, Die Maßnahmen. Auf einen anderen Aspekt dieser verkehrten Welt hat Karen ANÉR mit Blick auf pränatale Diagnostik und deren Zielsetzung, nämlich die Abtreibung kranker Föten, aufmerksam gemacht: "Welche Gruppe schädigt ihre Umwelt während ihrer Lebenszeit mehr - mongoloide Kinder oder ein Jahrgang Harvard-Absolventen?" in: Charles BIRCH/Paul ABRECHT Hg., The Quality of Life. Potts Point u.a. 1975, 66. Weitere Belege zur grassierenden Unmenschlichkeit gegenwärtigen Humanismus' bei: Klaus SCHWARZWÄLLER, Literatur zum Thema 'Verantwortung', in: ThR 57, 1992, 141-179, 159f.

[74] Doch vgl. z.B. Johann Baptist METZ, Erinnerung des Leidens als Kritik eines teleologisch-technologischen Zeitbegriffs, in: EvTh 32, 1972, 338-352, der vehement Politik aus der memoria passionis fordert (bes. 343), d.h. gegen die glatte Funktionalität die Bindung durch Rückbesinnung auf vergangenes Leiden als

Das Thema "Leiden" ist also weiterhin aufgegeben. Dabei werden wir uns auch dem zu stellen haben, daß es nicht "das Leiden", sondern nur jeweils das bestimmte Leiden bestimmter Menschen oder Gruppen gibt, "das Leiden" also, wie eingangs erwähnt, nicht theoretisch bewältigt werden kann. Das bedeutet, daß *ernsthaftes* Eingehen auf "das Leiden" nicht länger auf eine Gesamtschau der Wirklichkeit oder Theorie der Realität bezogen sein kann; es ist vielmehr bei dem anzusetzen, was jeweils "der Fall ist", und das auf die Gefahr hin, daß darüber auch beste Tradition gehaltlos und überkommenes Bekenntnis klanglos wird. Daß dem ohnehin so ist, belegen die Programme[75].

Deren insgesamt geringe Wirksamkeit läßt sich nun plausibel machen. Sie erwuchsen durchgängig nicht aus einem uns ins Fragen zwingenden, an Gott und der Welt irremachenden, in die Nichtigkeit der Verzweiflung stoßenden Leiden. Sie sind vielmehr durchgängig Produkte der Abarbeitung am Vorgegebenen und intensiver Reflexion des Möglichen und Notwendigen, angetrieben oft genug durch schmerzhaftes Sich-Reiben am Bestehenden. Insoweit sind sie honorig, recht und gut und allen Respektes wert. Doch damit fehlt ihnen, daß hier Einsicht erwuchs aus Qual und Not. Eine derartige Einsicht aber ist unhintergehbar eben als die exakt jeweils gerade *dieses* Leidens, dessen Druck und Pein dafür sorgen, daß der Realität weder ausgewichen noch sie in Theorien oder Bilder hinein vermittelt werden kann[76]. Die Not des Leidens ist es, die uns unentrinnbar an das "Kreuz der Wirklichkeit" (Rosenstock-Huessy) festnagelt und den Zwang auferlegt, aus dieser Erfahrung heraus (NB: *nicht als* Erfahrung!) Theologie zu treiben, zu bekennen und zu loben, statt aus Lob, Bekenntnis und Theologie heraus Erfahrung vorzuschreiben.

Aus alledem ergeben sich zwei Konsequenzen: *Einmal*, daß in der Theologie an die Stelle des Redens von der Solidarität und der (metaphysischen, wo nicht ideologischen) Behauptung von Gottes Anti-Haltung dem Leiden gegenüber dessen Kenntnisnahme im Horizont von Zeitwissen wie geschichtlicher Erfahrungen treten muß, wollen wir

---

Durchstoßung des "Kanon(s) der herrschenden Selbstverständlichkeiten" (347) setzt. Aber auch er ist nicht frei von einer Unterscheidung, durch die Leidende letztlich doch zu einer besonderen Klasse Menschen zu werden drohen.

[75] Daß der christliche "Glaubensinhalt als 'Stoff' an die Hörer gebracht" werde, daß es "um Substanzerhaltung" gehe und "der Tod der Blutzeugen ... im Bekenntnis verwaltet" werde, moniert z.B. MÜLLER, Leid - Glaube - Vernunft, 34; hinzuzunehmen wären die Ergebnisse der verschiedenen Umfragen der letzten Jahrzehnte.

[76] Vgl. (aus umgekehrter Perspektive) KOCH, a.a.O., 119: "Harmlos scheinen solche Sätze zu sein, hat man sie nur aus dem Zusammenhang, aus dem Prozeß, gelöst, in dem sie einzig zur Erfahrung kommen - und dies nicht, ohne auch erlitten zu sein." - Es verwundert, daß ein Forscher wie Gerhard EBELING, der den Erfahrungs- und Wirklichkeitsbezug von Theologie und Glauben immer wieder neu bedacht hat, auf diese Zusammenhänge nicht aufmerksam ist. Gewiß: "Die Theologie kann den Lebensbezug des Glaubens nur dann zur Geltung bringen und ihre Aufgabe erfüllen, wenn sie die Gegenwart des ewigen Lebens in der Offenheit der Begegnung mit allen wesentlichen Erscheinungsweisen dieses Lebens zur Sprache bringt." In der Tat: "Das nächstliegende Objekt dieses kritischen Vorgangs ist das eigene Leben des Theologen ... " Und es ist wahr: "Gebet, Gottesdienst und christliche Lebensgemeinschaft wird ... notwendige Bedingung einer Theologie, die den Lebensbezug des christlichen Glaubens zur Geltung bringen soll." (a.a.O., 520) Doch vom Leiden ist bei alledem nicht die Rede.

leidende Menschen nicht sprachlos oder mit frommen Phrasen allein lassen[77]; *zum anderen*, daß die Theologie sich im Grundlegenden der Erfahrung realen ("konkreten") Leidens aussetzen muß, soll nicht der Realitätsbezug zu Anspruch bzw. Wunsch verkommen[78].

Beide Konsequenzen freilich bringen ein Problem mit sich: Was hält Leiden und Erfahrung von Leiden einerseits und Theologie andererseits so zusammen, daß ein umfassender Kommunikationszusammenhang gewährleistet ist, daß also die Theologie in dem durch das Leiden vermittelten Wirklichkeitsbezug nicht atomisiert, so daß, umgekehrt, die Theologie nicht die Möglichkeit einbüßt, die im Leiden erschlossene Wirklichkeit wie das jeweilige Leiden selbst in die Zusammenhänge des Glaubens und seiner Sprache hineinzugewinnen und sie so davor zu bewahren, zu verstreuten sprachlosen bruta facta, zu unvermittelten bloßen Tatsachen zu werden[79]?

III.

Zur Antwort sei auf das Buch Hiob zurückgelenkt. Am Ende tritt Gott mit großen Reden hervor und nimmt Hiobs Herausforderung an (Kap. 38-42,6). Sie geben allerdings nicht die ersehnte Erklärung, sie häufen vielmehr Fragen, wie nur Gott sie aufwerfen und wie kein Mensch sie beantworten kann. Die ganze Kalokagathia der damaligen Zeit ist in diese Fragen hineingearbeitet worden (und zugleich die Lust an Bild und Bildwort). Ein Kaleidoskop der Schöpfung wird entfaltet, endend mit der Aufforderung an Hiob, sich nun seinerseits zu äußern (40,1f). Dem verbleibt nur, seine Unfähigkeit zur Antwort einzugestehen und zugleich beschämt zu versichern, nicht wieder reden zu wollen (40,3-5). Dafür redet Gott ein zweites Mal (40,6.41) und macht Hiob mit weiteren unbeantwortbaren Fragen regelrecht nieder, tobt also seine göttliche Macht vor seinem elenden Geschöpf und gegen dieses aus. Es ist ein autoritärer, ein um Recht und

---

[77] Habe ich ihn richtig verstanden, so gehen SAUTERs Erwägungen ("Leiden" und "Handeln") in ähnliche Richtung. Zu Gefahr und Problematik der *unmittelbaren* Anwendung von Theologumena und theologischen Einsichten (ebd. 437) vgl. auch Johannes WIRSCHING, Zum dogmatischen Ort der Christologie. Ein fundamentaltheologischer Versuch, in: ThViat. XIII, 1975/76, 309-346, bes. 323, 327, 330ff.

[78] Und zwar auch nach seiner "geistlichen" Seite hin. Die Erinnerung tut not - bei allem Befremdlichen in ihr: "Unser Leib steht durch den Mitvollzug der heiligen Messe, noch mehr durch den Empfang der Sakramente, zumal der Sakramente der Salbung und durch die Berührung mit dem eucharistischen Opferleib und Opferblut Christi in wunderbarer Beziehung und Nähe zum Opfer Christi und der Kirche. Religiös-sittlich muß sich dieser Opferdienst des Leiblichen auswirken durch Gleichgestaltung mit dem gekreuzigten Christus, durch den in Opfergesinnung ertragenen Schmerz, die Krankheit und den Tod, durch die Durchformung und Durchseelung des Leibes in allem Guten als Lobpreis für Gott, durch den auch im Leib sich mehr und mehr abzeichnenden Glanz der Gnade als Angeld der Auferstehung mit Christus." Bernhard HÄRING, Das Gesetz Christi. Moraltheologie. Freiburg 1954, 996, vgl. Karl RAHNER, Eucharistie und Leiden, in: Schriften zur Theologie III. Einsiedeln 6.A. 1964, 191-202, bes. 200f. In protestantischer Nüchternheit: "Leiden ist also nicht der Auftrag des Christen, zu dem er sich wohl oder übel überwinden muß, sondern es ist für ihn eine Gegebenheit. Indem der Christ von der Taufe herkommt, gehört Leiden zur sakramentalen Wirklichkeit seiner Existenz." GESTRICH, a.a.O., 249.

[79] Wobei in Aufnahme einer der zitierten Bemerkungen EBELINGs (o.A. 76) festzustellen ist, daß die Theologie hier auf wackeligem Posten sich befindet, wenn keine Vorgabe allgemeiner gottesdienstlicher Texte (Bibel, Gesangbuch, Agende), doch a) in heutiger und vor allem b) in *Sprache* da ist. Zur Erläuterung von b) verweise ich auf die Analyse von Jes 40,31 nach der ökumenischen Einheitsübersetzung von *Klaus Schwarzwäller*, Gottesdienst jenseits von Entertainment, in: DtPfBl 91, 1991, 453-459, 458f.

Unrecht offenbar nicht besorgter - ein *unsympathischer* Gott, der hier redet, der zudem über Hiobs Leiden hinweggeht, als gäbe es das gar nicht. Wer ist schon Hiob? Siehe, nun kommt Gott! Iwan Karamasoffs Auflehnung erhält reichlich Grund. Es ist wirklich zum Abgewöhnen[80]!

Und Hiob? In seiner zweiten Antwort (42,1-6) bekennt er sich als Gott gegenüber ohne Einsicht, spricht er sich schuldig und tut Buße. Als Leser kann man sich über diesen widerlichen Gott nur ärgern und nur zutiefst bedauern, daß Hiob offenbar nicht mehr die Kraft hatte, dem himmlischen Despoten ins Angesicht hinein abzusagen, wie es ihm eingangs seine Frau in gesundem Realismus geraten hatte. Doch zweierlei hält am Buche fest. Das ist zum einen die Tatsache, daß sehr intensiv an ihm gearbeitet worden ist, bis es am Ende dann diese so provozierende Gestalt hatte, die wirklich *jede* Frömmigkeit und *jedes* noch funktionierende Rechtsempfinden beleidigt. Und das ist zum anderen der Satz Hiobs: "Ich hatte von dir nur vom Hörensagen vernommen; aber nun hat meine Auge dich gesehen" (42,5)[81]. Beides entschärft nichts, doch bringt ins Denken. Es ist zu konstatieren: Hier ist weder etwas gelöst noch beantwortet. Eine Erklärung bleibt aus. Gott geht auf Hiobs Leiden nicht ein. Er protzt vielmehr mit seiner Macht - wie ein Potentat mit seinen Raketen. Das düpiert, das provoziert. Und es gibt nichts, keinen Anhalt, den Ärger über diesen Gott und seine Haltung zur Ruhe zu bringen, abzuschließen. Und wie, wenn *exakt das* es ist, worauf dieses Buch zielt? Darauf also, *daß Gott anstößig ist und bleibt und uns darüber zu keiner Ruhe kommen läßt*[82]?

In seinem Leiden wurde Hiob zu einer alles Bisherige aufsprengenden neuen Gotteserfahrung gebracht, die nicht theoretisierbar ist, sondern nur erlitten werden kann[83], der Erfahrung von Gottes Abgründigkeit und Unberechenbarkeit und

---

[80] Das hat Ernst BLOCH in seiner insgesamt wenig seriösen Hiob-Deutung zutreffend erfaßt: Atheismus im Christentum. Frankfurt/M. 1968, 148ff.

[81] "Rede, daß ich dich sehe!" schreibt Johann Georg HAMANN wiederholt (Schriften, ed. Nadler II,198, III, 16,237 u.ö.) und bemerkt mit dem ihm eigenen Hintersinn, daß "unser Auge von Natur taub, unser Ohr blind ist"(III,238). Dem vom Fernsehen mit einer unsinnigen Bilderflut übergossenen Heutigen unmittelbar verständlich: Das Gezeigte lebt aus der Rede.

[82] "Das im Prolog gestellte Problem" ist damit "nicht nur" nicht "gelöst", sondern erst recht nicht "überwunden": Gegen Hans MÖLLER, Sinn und Aufbau des Buches Hiob. Berlin 1955, 119. Es ist die theologische Figur des Deus in maiestate absconditus, die es offenhält und die der christliche Bescheidwissenschaft begründenden "Selbstoffenbarung" kontradiktorisch gegenübersteht, indem sie mit Gottes Anstößigkeit zugleich festhält, daß er immer wieder *neu* sein wird, indem er sich erweisen wird als der, der bleibend der ist, der sich für uns gab (genus maiestaticum).

[83] "Ich bin mit allem zufrieden. Eine 'Scientia Crucis' kann man nur gewinnen, wenn man das Kreuz gründlich zu spüren bekommt." Edith STEIN in einem Brief Anfang August 1942, zit. nach: Die Stimme des Menschen, 248. Von hier aus wären noch einmal die legendär-tendenziös gestalteten Märyrerakten zu bedenken, deren bei allem ja deutliche Kernaussage die ist, daß in den beschriebenen Extremsituationen - und nur dann - entsprechende unvergleichliche und unausdenkbare Erfahrungen von Christi Gegenwart und Hilfe gemacht werden. Vor den Schilderungen z.B. von Leben und Situation Paul Schneiders im Konzentrationslager Buchenwald, etwa bei Eugen KOGON, Der SS-Staat. Das System der deutschen Konzentrationslager. 5.A. Frankfurt/M. (o.J.) 206f, und Werner OEHME, Märtyrer der evangelischen Christenheit 1933-1945. Neunundzwanzig Lebensbilder. 2.A. Berlin 1980, 43, liest sich in jenen Zeugnissen manches anders. Hierauf gehen Karlmann BEYSCHLAG und Werner WEISMANN, Das Problem des Leidens in der frühen Christenheit, in: SCHULZE, a.a.O., 95-113, leider nicht ein.

insbesondere von seiner Weisheit, daß also man in seiner Hand *zugleich* lebt *und* leidet, gehalten ist *und* fallengelassen, geborgen *und* preisgegeben, gerettet *und* ausgeliefert, doch in alledem des Herrn, an den allein man darum appellieren kann und muß, der seinerseits sein Handeln nicht reaktiv abhängig macht von menschlicher Schuld oder Unschuld und der in seinem Wirken und Walten sich jeder vernünftigen Einsicht entzieht[84]. Und daß Gott nun erscheint, *wie* es geschah, unterstreicht das. Denn gerade, indem er Hiob hat "leerlaufen" lassen durch seine Reden, hat er sich in der Tat als ein Gott erzeigt, der in keinem Schema unterzubringen ist, der in Erfahrung und Bekenntnis der Väter nicht aufgeht. Es ist diese nichts erklärende Machtdemonstration, die, paradox genug, Hiob gerade bestätigt; denn Gott erweist sich genau als der, als den Hiob ihn aufgrund seines Leidens erfaßt und ausgesagt hatte[85].

Damit bekommt Hiobs eben zitierte Bemerkung Leuchtkraft: Er hat begriffen. Er hat Gott gesehen - welche Gnade! Und indem er ihn sah, ist deutlich, daß er zwar recht hatte, doch nur auf der Ebene menschlichen Begreifens. Gott selbst gegenüber waren seine Worte vorwitzig; insofern kann er nur Buße tun. Denn indem Gott Hiob bestätigt, reißt er die Dimension dessen auf, was das bis dahin Behauptete enthält. Darüber aber wird es läppisch und kann nur noch zurückgenommen werden - wie überhaupt jede Rede von Gott dort, wo er selber sie bestätigt, dadurch so beschämt wird, daß es uns ängstet und demütigt. So ist Hiobs Buße nicht feiges Zukreuzkriechen, vielmehr die existentielle Realisierung seiner Rede von Gott als dessen, der uns und unserem Begreifen sich entzieht[86].

Der Epilog (Kap. 42,7ff), in dem sowohl die infame Wette als auch Hiobs Leiden übergangen werden[87], enthält Gottes Tadel an die Freunde: Sie hätten nicht recht von

---

[84] Die Klagepsalmen malen das nachgerade vors Auge, und in ihrem leidenschaftlichen Ringen und Hadern mit Gott sind sie zugleich beredte Erläuterung dessen, was es bedeutet, "dem Herrn seinen Weg" zu "befehlen".

[85] Einen informativen Überblick über die Deutung der Gottesreden und Jahwes Übergehen der Not und Fragen Hiobs gibt Othmar KEEL, Jahwes Entgegnung in Ijob. Eine Deutung von Ijob 38-41 vor dem Hintergrund der zeitgenössischen Bildkunst. Göttingen 1978, 44-51. Am ehesten scheinen mir dem Duktus und den Aussagen des Buches die Erklärungen von Eberhard RUPRECHT, Leiden und Gerechtigkeit bei Hiob, in: ZThK 73, 1976, 424-445, 443, und Alfred JEPSEN, Das Buch Hiob und seine Deutung. Stuttgart 1963, 23, zu entsprechen, *daß* nämlich Gott zu Hiob redet. Das paßt auch am besten zu 42,5.

[86] Vgl. Ex 3,6b, Jes 6,5, Lk 5,8, auch Joh 20,28. Die Theophanie erschreckt; eine spezifische Reaktionsform ist die Exhomologese.

[87] Das argumentum e silentio ist vieldeutig; entsprechend vielfältig sind die Meinungen in der Forschung. - Stringenz kann nach Lage der Dinge nicht erwartet werden. Doch daß die Figur des Satans kompositorisch bzw. dramatisch nicht mehr gebraucht werde - so z.B. Georg FOHRER, Das Buch Hiob. KAT XVI., Gütersloh 1963, 537, und Artur WEISER, Das Buch Hiob. ATD 13, 2.A. Göttingen 1980, 266 - oder auch "der Satan mit Gott für den Menschen überwindbar" sei - so Heinrich GROß, Ijob. Echterbibel (Lfg. 13). Würzburg 1986, 145ff - , erscheint als vordergründig. Am nächsten kommt man den Dingen beim gedanklichen Durchspielen einer nochmaligen Erwähnung des Satans hier: Damit wäre Hiobs Leiden am Ende metaphysisch eingebettet und hätte einen *Grund* bekommen. Das aber würde das ganze Buch nachträglich zur Stilübung entwerten. Denn jene Wette ist ebenso grundlos wie abgründig: Und Grundlosigkeit wie Abgründigkeit von Hiobs Leiden macht gerade "das Hiobproblem" aus. Was dies Leiden verursachte: Als der erklärende, sinnstiftende Grund läßt es sich am Ende gerade nicht ausmachen. - Ist das richtig erfaßt, so ist das uns befremdende Übergehen von Hiobs Leiden plausibel: Auch in Gottes Hand lebend, müssen wir mit Leiden rechnen und es ertragen, vgl. Ps 34,20, und zwar grundlos, "einfach so", ohne erkennbaren Sinn, allein in der Zuversicht,

ihm geredet wie sein Knecht Hiob. Schwerlich ist das auf die einzelnen Aussageninhalte zu beziehen; es gilt von den Reden insgesamt. Mit ihnen hatten die Freunde Bescheid gewußt über Gott und aus diesem Bescheidwissen heraus ihm *faktisch* aberkannt, Subjekt und damit frei zu sein zu *neuem* Handeln, zu unvordenklichen Verhaltensweisen. Sie besaßen ein Gottesbild und hatten Gott mit diesem verwechselt[88]. Hiob hingegen war unter dem Druck seines Leidens dahin geführt worden, von Gott in buchstäblich *un*erhörter Weise zu sprechen und sich auf Gott in seiner ganzen Abgründigkeit einzulassen - in Frömmigkeit und Anklage, in Demut und Empörung, in Ergebung und Widerstand[89]. Aus dieser Geworfenheit auf Gott[90] und geführt auf einen Weg fürchterlicher Erfahrung war Hiob zu seinen herausfordernden, ja teilweise blasphemischen Aussagen gekommen.

Hier stehen nicht einfach richtige und falsche Theologie, korrekte oder anfechtbare Aussagen von oder über Gott widereinander[91]; hier geht es deutlich um Anderes. Es geht um die *Rede als Rede der jeweils sprechenden Person*; und da mag die dogmatische Richtigkeit vor Gott "nicht recht" sein und seinen Zorn heraufbeschwören und die ungeheuerliche und dogmatisch fragwürdige Aussage vor ihm durchaus "recht". Das ist sofort einsichtig, wenn wir uns von der akademischen Obsession frei machen, es ginge um Worte und deren Korrektheit[92]. Nein, es geht *um Worte als Aussage dessen, wer uns Gott ist und wie wir uns vor ihm erkennen*, konkret: um Worte als Linien eines Got-

---

daß Gott uns aus alledem auch wieder heraushelfen werde. Wenn man so will: *darin* liegt - wenn denn - die "Prüfung", nämlich sich dem Leiden zu stellen, es durchzuhalten und selbst, wenn man darüber an Gott irre wird, doch an ihn sich zu klammern.

[88] Wenn allerdings H. GROß, a.a.O., z.B. 97f, den Freunden leeres Lehrgerede vorhält und SPAEMANN, a.a.O., 118, von "ihren theoretischen Antworten" spricht, so nähert sich das der Karikatur und erinnert fatal an das Abtun der altprotestantischen Väter mit dem Schlagwort von der "toten Orthodoxie". Nachdenkenswert hingegen Hans Wilhelm HERTZBERG, Das Buch Hiob. Stuttgart 1949, 104: "Wer erkennte in diesen 'Freunden'... nicht ein Stück seiner selbst wieder? Im Grunde aber ist das alles ohne Ehrfurcht vor dem freien Willen Gottes gesagt." Die Tradition, für uns freien Willen zu reklamieren, Gottes Willen hingegen an die Kette von Logik, Einsichtigkeit, Ontologie oder vordergründigen Wünschen zu legen, ist offenkundig alt. Ebendarum müssen wir ihn immer wieder - und nun bewußt in der Doppeldeutigkeit des Wortes - *erleiden*, wie es SAUTER im Anschluß an LUTHER so betont hat.

[89] "Bruchlinie, Abgrund, Bruch ... ", das kann man hier kat'exochen sagen; doch es sind nicht - dramatisch - "eschatologische Linien und Geschehnisse, die hier bezeichnet werden", wie dies Rudolf LANDAU ("Bruchlinien" - Beobachtungen zum Aufbruch einer Theologie, in: EvTh 45, 1985, 139-158, 148) im - subtilen und erhellenden - Nachzeichnen theologischer Linien Eduard THURNEYSENs feststellt. Hier fehlen Spannung und Aufbruchstimmung. Hier geht es ganz einfach um das Leben eines Menschen vor Gott, den er aus seinem freien Willen segnete und dann in Leiden fallen ließ. Das ist so irdisch wie möglich, kennt keinen eschatologischen Hintergrund und *sprengt gerade darin* alle Dimensionen.

[90] Der wahrlich "in gärend Drachengift" ihm "die Milch der frommen Denkart ... verwandelt" hat. Doch er ist nicht - nihilistisch - ins bloße Dasein, sondern, wie es Ps 22 ausdrückt, *auf Gott geworfen* und würde darum sich und sein "Dasein" aufgegeben haben, hätte er ihn losgelassen.

[91] Oder, anders geredet: Hier bricht jene Aporie auf, wie sie Dietrich RITSCHL, a.a.O., 340ff, doppelt kennzeichnet: irenische versus positionelle Theologie, geistlich bedingter Progressismus versus entsprechenden Konservatismus. D.h. was zwischen Hiob und seinen Freunden strittig ist, ist weder formal noch sachlich, weder diskursiv noch durch Entscheid, es ist überhaupt nicht lösbar. Es kann nur durch Gott überwunden werden.

[92] Natürlich geht es auch um Worte, doch nicht um diese selbst; sie kann man auch in Gebetsmühlen speichern oder in Lehrbüchern konservieren. Es geht darum, daß die Worte dem freien Willen und Walten Gottes folgen, d.h. darum, ob Gottes Handeln sie hervorruft oder ob wir sie setzen.

tesbildes *oder* als die Weisen, ihn als Gott zu bezeugen, indem wir vor und über allem ehrlich (nicht fromm oder theologisch gefiltert!) nach ihm fragen und angefochten und mit leeren Händen alles auf ihn setzen und von ihm erwarten.

Es ist nur folgerichtig, daß Hiob beim Opfer der Freunde für diese Fürbitte tun soll und dabei von Gott erhört werden wird. Denn Hiob ist in den Dialogen faktisch Mittler gewesen, indem er in die von den Freunden gleichsam in Erz gegossene und unbedingt festgehaltene theologische (Schein-)Wirklichkeit die Wirklichkeit Gottes selbst hineintrug. Mit der befohlenen Fürbitte ist er nun auch ausdrücklich als Mittler eingesetzt. Dabei meldet sich die Frage hervor, ob Rede von Gott zu anderen oder Fürbitte für andere legitimiert und bevollmächtigt sein könne, sie wäre denn erwachsen aus einer analogen Situation, daraus also, daß jemand von Gottes Führen so hingerissen und auch ein Stück ins Bodenlose gestoßen wurde, daß er/sie von Gott neu, anders, damit auf jeden Fall anstößig und sogar theologisch "falsch" reden MUSS? Und wäre es - wie bei Hiob ja auch - innerhalb des Rahmens überlieferter Sprache und Anschauungen.

Hiob wird erhört; den Freunden wird Versöhnung zuteil. Das macht: Gott ist *derselbe*, derselbe *geblieben*[93]. Er ist ja *auch* der, den *sie* bekannt haben. Doch er ist *bei weitem nicht nur* der, als welchen sie ihn aussagten. Mit der von Gott geordneten und angenommenen Versöhnung sind alte und neue Weise des Redens *von ihm selber* miteinander vermittelt, ist also in dem jedes Verstehen ausschließenden Bruch von Gott selber Geschichte gesetzt, Tradition gestiftet[94]. Hiob gründet keine Sekte, und die Freunde verbleiben nicht maulend im Abseits. Eben, hier hat nicht jemand eine neue Theorie kreiert oder ein neues Programm ins staunende Publikum geworfen; hier hat einer unter der Last schwersten Leidens die Gemeinde Gottes mit neuer Gotteserkenntnis bereichert.

Auffällig ist, daß erst mit der Fürbitte Hiobs Geschick gewendet wird. Wie nach der einen Seite die Freunde - demütigend genug! - auf die Fürbitte dessen angewiesen sind, der so lästerlich und dogmatisch falsch von Gott geredet hatte, so hat nach der anderen

---

[93] Vor dem Hintergrund dieses theologischen Bruchs im Hiobbuch, der Unruhe und Unbeständigkeit von Mensch und Menschlichem in Erfahrung und Sicht AUGUSTINs wie auch unserer selbst in einer "schnellebigen Zeit" sollte die traditionelle Rede von Gottes Ewigkeit und Unveränderlichkeit nicht nur genügend Leuchtkraft, sondern auch Eindeutigkeit haben - eben als Ausdruck des gegründeten Vertrauens, daß einerseits er kurzatmigem Gestrudel wie langfristigen Veränderungen als deren Herr gegenübersteht und daß er andererseits auch morgen noch der ist, als der er gestern wirkte und sich uns versprach.

[94] Wie das auf dem Boden "der" "Selbstoffenbarung" Gottes soll erfaßt werden können, vermag ich nicht zu sehen; auf ihm kann es bei und von Gott eigentlich nichts Neues mehr geben, sondern allenfalls Entwicklung oder Interpretation, nachdem er einmal so sich enthüllte, daß er ganz und gar und selbst in seinem Wesen uns soll offenbar sein. Hier bricht die - trotz des reichen Monumentalwerks von Karl BARTH - letztlich in Tautologien, Analogien und Konstruktionen sich selbst offenbarende Armut einer rationalistischen, um die Kategorie der "Offenbarung" organisierten Theologie auf: Von Gott kommt allenfalls noch *akzidentiell* Neues, und die "Zerreißung von Begriff und Erfahrung" in "zwei getrennte Welten" (Hans SCHMIDT, Verheißung und Schrecken der Freiheit. Stuttgart u.a. 1964, 31) sucht man begrifflich, und wäre es "in leise erhöhtem Ton" (als ob ein kairós sich perpetuieren ließe!), bzw. durch institutionelle Stabilisierungsarbeit zu überwinden. Das alles geht am Leiden zu Bruch. D.h. das Einlassen auf das Leiden erzwänge eine grundlegende Revision. Indirekt hat darauf längst Walter SPARN verwiesen: Leiden - Erfahrung und Denken. Materialien zum Theodizeeproblem. ThB 67, München 1980, 266f.

Seite Hiob erst seinen dogmatisch so schrecklich richtig redenden Freunden sich zu widmen, ehe er neuen Segen empfängt. Sie und er werden aufeinander verwiesen und bleiben aufeinander verwiesen, und zwar von Gottes wegen; *als seine Zeugen gehören sie zusammen*. Gott ist der Gott Hiobs UND Eliphas' und Bildads und Zophars und *nicht* der des einen *oder* der anderen. Ein neuer Kommunikationszusammenhang wurde gewährt. Das ist beiderseits anzuerkennen und als Anerkenntnis zu vollziehen. Erst danach und daraufhin geht es weiter.

Zu zahlreichen Einzelzügen finden sich Parallelen im Alten Testament, besonders deutlich im Psalter: Menschen fallen in vielfältiges Leiden, das ganze Volk erlebt Not oder Katastrophen; man wendet sich schreiend und klagend, bettelnd und fluchend, aufbegehrend und sich demütigend an Gott und gibt der Erfahrung mit Gott, der erfahrenen Hilfe und der zuteilgewordenen Einsicht Ausdruck im "Danklied", im "neuen Lied", das ja daraus sich speist, daß er "Großtaten" vollführt[95]. So erwächst Theologie: im Leiden, also in Not, Elend, Schmerz, Verfolgung oder Gottesferne werden Gott und Welt neu kennengelernt, werden neue Einsichten gewonnen; im Rahmen der vorgegebenen Bekenntnisse und deren Sprache wird das Erlebte zu Erfahrung verarbeitet und im Lob vor der Gemeinde und mit ihr zu Gott getragen.

Das "funktioniert" und hält zusammen daraufhin, daß Gott von Ewigkeit zu Ewigkeit derselbe ist und als *dieser identische* immer wieder Neues schafft, zu dessen Wahrnehmung er uns ins Leiden und durch dieses zwingt. Zusammenhang und Einheit liegen nur *sekundär* in Bekenntnissen, Sätzen oder Tradition überhaupt[96] (können mithin aus diesen niemals gewonnen werden). Begründet sind sie oder vielmehr gestiftet werden sie von Gott selbst - oder bleiben entzogen. Doch daß wir sie empfangen, hat den Preis, daß wir unter Schmerzen aus dem (bewährten) Bisherigen ins Unabsehbare geführt werden und gerade im Einlassen auf Befremdliches und Neues die Selbigkeit Gottes erfahrungsgesättigt aussagen können[97].

IV.

Wissenschaft lebt und schreitet fort heraus aus der Kontinuität ihrer Arbeit[98]. Es ist dieser processus methodischer Forschung und Reflexion, der Sir Karl Raimund Popper

---

[95] Ps 98,1.

[96] Vgl. die Ausführungen von Friedrich MILDENBERGER, Biblische Dogmatik. Band 1. Stuttgart u.a. 1991, 11ff, bes. 15, 26, über die "einfache Gottesrede" als für alle spezifisch theologische Rede unumkehrbar grundlegend.

[97] "Legte Gott uns eine Prüfung auf, in der wir Menschen uns bewähren könnten, - es bliebe dem Menschen sehr viel Stolz. Aber der sich bewährt, ist Gott. Er zeigt, wer er ist, und was die Menschen sind, man selbst und die anderen." Jochen KLEPPER, Unter dem Schatten deiner Flügel. Aus den Tagebüchern 1932-1942. dtv 1207, München 1976, 282 (7.9.1935). So seit Hiob. Das ist grundlegend Anderes und mehr als ein Gotteserweis, "wo er im Einbruch des Sinnlosen von uns durchgehalten wird und sich so als Übermacht des Guten bewahrheiten kann"; KOCH, a.a.O., 86, auch 289 (Überschrift!), doch vgl. 117, 132, bes. 361.

[98] Das gilt selbst für Paul K. FEYERABEND, vgl. z.B. Wider den Methodenzwang. stw 597. 3.A. Frankfurt/M. 1991. FEYERABENDs "Paradebeispiel" ist Galileo Galilei.

zu Intuition und Postulat einer "Logik der Forschung"[99] verführte. Daß hier Wunsch Vater des Gedankens war, bedarf keines Aufweises mehr; doch das ist hier nicht alles. In der Suggestivkraft dieser Konzeption macht sich die Erfahrung geordneter Stetigkeit geltend, in und aus der Wissenschaft Identität und Physiognomie gewinnt. Das war selbstverständlich und unbedenklich, solange - mit Parmenides und der idealistischen Tradition - die Einheit von Denken und Sein vorausgesetzt werden konnte.

Längst ist diese Einheit zerbrochen, kann also nicht mehr davon ausgegangen werden, daß Forschungsergebnisse in der tatsächlichen Lebenswelt Korrelate haben und daß entsprechend Resultate theologischer Arbeit tatsächlich in jenem oben erwähnten doppelten Wirklichkeitsbezug stehen und innerhalb des allgemeinen Kommunikationszusammenhangs unterzubringen sind. Umgekehrt gibt es vielfältigen Anlaß zu dem Verdacht, kirchliche Verkündigung und theologische Arbeit seien längst in der Situation von Hiobs Freunden, die ihren Freund an seinem Ort nicht mehr erreichten. Ihre Worte entleerten darüber zu Gerede und bedurften neuer Füllung durch die Hiob mit seinem Leiden aufgezwungene Erfahrung.

Viel und vielfältiges Leiden ist in der Welt; eine Theologie, die von dem wahrgenommenen jeweiligen Leiden sich leiten lassen wollte, würde bereits durch die Frage paralysiert, mit welchem Argument sie auf welches Leiden zuerst oder grundlegend sich einlassen wolle. Diese Frage ist unausweichlich aus methodologischen Gründen, und sie drängt sich zumal auf angesichts zahlreicher fragwürdiger Modeströmungen in den letzten zwei Jahrzehnten. Dennoch unterliegt ihre Berechtigung Zweifeln.

Denn zum einen kann man der neueren theologischen Arbeit nicht nachsagen (Ausnahmen bestätigen die Regel), sie hätte sich dem Leiden in ernstzunehmender Weise gestellt. Von Paul Blau über Hans Küng bis hin zu Ulrich Eibach erweist man sich vielmehr als durch die eigenen Präokkupationen fixiert und begegnet dem Leiden bescheidwissend, bereits sortiert habend, rasch im fertigen Urteil und immer wieder unfähig, sich einzulassen, die Zentrumsposition des Spießbürgers aufzugeben und die Verwirrung der eigenen Kreise zu riskieren. Nicht einmal in der geschützten Ruhe akademischen Arbeitens hat man diese Erfahrungen des Leidens wirklich an sich herangelassen und die Einsicht riskiert: "Gott hat mich beim Wort genommen und aufs Äußerste gestellt. ... auch das Elend ist Kommen Gottes, Begegnung, Entscheidung und auch Tröstung und Segnung."[100] Vielmehr hat man das Leiden theologisch festgestellt und es als Elend, als Unsegen und als Gegenstand von Gottes Kampf behauptet oder aber es fromm vereinnahmt. Selbst im Gedankenexperiment wurde die Einsicht Frankls nicht aufgenommen, daß das Leiden die Frage nach uns selber ist, auf die wir mit unserem Leben zu antworten haben, nicht zu reden von der Delps, daß es *Gottes* Frage

---

[99] Sir Karl Raimund POPPER, Logik der Forschung. Tübingen 1934, 7.A. 1982.
[100] Alfred DELP, Kassiber. Aus der Haftanstalt Berlin-Tegel. Frankfurt/M. 1987, 16f (Kassiber 7, v. 22.11.1944).

an uns ist. "Immer verstört das Leiden", bemerkt Traugott Koch[101]. Der vorliegenden theologischen Literatur ist das kaum anzumerken; ihr ist nur selten zu entnehmen, daß man irgendwo dem Leiden sich so weit geöffnet hätte, daß darüber die mitgebrachte Bescheidwissenschaft zerbrach. Das Leiden wurde vielmehr verrechnet.

Zweitens ist sie abstrakt, d.h. abseits wahrgenommener Zeugnisse des Leidens. Dabei ist deren Fülle unabsehbar, vom Psalter bis Hiob, von antiken Totenklagen bis zu den Tragödien, von den Selbstzeugnissen des Paulus bis zu den Märtyrerakten und dann weiter durch die Geschichte in Tagebuch und Brief, in Drama und Roman, in Gedicht und Lied, in Kassiber und vergrabenen Aufzeichnungen, in Berichten und Dokumentationen aus Konzentrationslagern und Folterkellern, bis hin zu der nachgerade epischen Darstellung der Welt des Archipel Gulag; und daneben tönen die vielfältigen Stimmen in der weiten Ökumene, die das Widerfahrnis von Leiden im Lebenszusammenhang des christlichen Glaubens beschreiben - in Liedern, in Kleinliteratur, nicht zum letzten auch in Bildern. Es geht nicht um Häufigkeit und Länge von Zitaten, sondern ums ernsthafte Zuhören, das nicht ohne Folgen geblieben, das vielmehr in neuer Einsicht und Sprache merklich geworden wäre. Angesichts massenhaften Leidens in unserer Gegenwart könnte es, ginge es mit rechten Dingen zu, in einer Theologie mit auch nur etwas Wirklichkeitsbezug und mit auch nur etwas Aufmerksamkeit auf die, die unter die Räuber gefallen sind, gar nicht anders sein, als daß Stimme und Erfahrung des Leidens und zumal der Gotteserfahrung im Leiden ihre Physiognomie bestimmten[102]: Und siehe, wir arbeiten unsere eigene Forschungsgeschichte auf und entwerfen Programme, sezernieren Solidaritätsäußerungen und schreiben über Befreiung.

Drittens aber nimmt dieser Frage den Ernst, daß sie so deutlich emporsteigt aus einer Haltung, da man im Leiden etwas erblickt, das es zwar gibt, doch in der eigenen Welt keine Prägekraft hat. *So* fragte man eben nicht unter Leidensdruck, wenn "ein fremdes Leiden" uns wahrhaft "kümmert" oder gar "eigner Schmerz" uns in die Wahrnehmung der Wirklichkeit und der pathischen Struktur unseres Daseins zwänge. Solange das Leiden theoretisches, außerordentliches oder von vornherein verneintes und bekämpftes Phänomen ist, schwingt in dieser Frage unweigerlich mit die Müßigkeit von akademischem Luxus.

Nochmals, diese Frage ist unausweichlich und notwendig. Doch Legitimität und damit Kraft hätte sie erst, wo sie merklich gestellt wäre aus jener doppelten *Erfahrung* des Leidens: daß Gott uns durch sie "von allen Postamenten herunter[holt]"[103] und daß

---

[101] KOCH, a.a.O., 271. Im Blick auf die Theologie dürfte auch Geltung haben: "Wer das Scheitern nicht riskiert, der wird nicht trösten können, der wird wohl erst gar nicht trösten wollen." a.a.O., 304f. Wer Zugang hat zu Gottes Selbstoffenbarung, ist gegen dieses Scheitern und dessen Risiko a priori gefeit.

[102] Daß "Leiden ... ein grundlegender Zug des Menschseins" ist - so SCHULZE, a.a.O., 10 - , daß "Leiden ... zur Existenz des Menschen" gehört - so Ernst KUTSCH, Von Grund und Sinn des Leidens nach dem Alten Testament, bei SCHULZE, a.a.O., 73-84,73 -, findet in theologischen Anthropologien und Ethiken keine Resonanz, so daß man zu zweifeln Anlaß hat, ob es überhaupt gewußt wird.

[103] DELP, a.a.O., 24 (Kassiber 11, v. 1.12.1944). Man vergleiche seine Skizze zu einem jesuitischen Menschenbild (in: *ders.*, Kirche in Menschenhänden. Frankfurt/M. 1985, 15ff, bes. 21f, 26, 33), und man erhält einen Eindruck dessen, was an diesem Manne geschah.

das "sich findende Wort" des Glaubens uns immer wieder versagt ist und wir in der Not unseres Leidens nurmehr zu fragen, zu zweifeln, zu hadern, zu protestieren und zu fluchen vermögen. Würde das Leiden und seine Erfahrung theologisch auch nur in vergleichbarer Weise ernstgenommen wie die eigene Forschungstradition, jene Frage wäre dank der faktischen theologischen Arbeit bloße nachklappende Vergewisserung. Natürlich wäre es ein abwegiger Gedanke, sich jeweils fallweise auf begegnendes Leiden zu stürzen und es auf seinen Gewinn für die theologische Aussage hin zu überprüfen. Das erbrächte nicht nur kurzatmigen Aktualismus; vor allem methodisierte es das Leiden und ließe die leidenden *Menschen* zu bloßen Trägern abstrakter theologischer Bedeutsamkeit werden. Es geht um anderes und mehr. Es geht darum, daß wir - mit Hamann und Rosenstock-Huessy - "unreine Denker" werden[104], indem wir statt aus ihrer Logik heraus so primär unsere Forschung treiben, daß wir uns auf das Leiden einlassen, daß wir also nicht die Wirklichkeit mit theologischen Feststellungen und Schlüssen - und allenfalls unter beiläufiger Wahrnehmung des Leidens - zu erfassen vermeinen, vielmehr arbeiten in der *Angefochtenheit*, die aus dem *Leiden* erwächst. "Der angefochtene Glaube" (C.H. Ratschow) ist gewiß keine Methode (und von Ratschow auch so nicht gemeint); allein, es geht hier nicht um Methode, sondern um den diese tragenden Grund.

Zur Frage steht mithin, ob wir dem Leiden - eigenem wie fremdem - uns so öffnen, daß es *uns* und zugleich unsere theologischen Grundlagen erschüttert, so daß uns die Augen aufgehen für Neues, für Unvordenkliches; ob wir also bereit sind, lebendige Menschen, denen Gott Leiden auferlegt, und ihr Zeugnis ernster zu nehmen als unsere Überlieferungen, unsere Kategorien und selbst die Formulierungen unserer Bekenntnisse. Zur Frage steht damit insbesondere, ob wir uns der Schimäre der Selbstoffenbarung entschlagen, dank derer Gott und Wirklichkeit grundsätzlich - und mit letztem Anspruch - stets bereits ausgerechnet *sind*, so daß wir in der Position des Subjekts bleiben, das mit theologischer Sicherheit zu sortieren vermag und ad hoc "solidarisch" wird - und im Glauben irre, wo die Fakten sich sperren, mit der Folge, daß man sie umdeutet oder umgeht[105]. Und zur Frage steht in eins damit, ob wir bereit sind, im Vertrauen auf die Selbigkeit Gottes die Integrität unserer Tradition im Eingehen auf bestehendes Leiden nötigenfalls zu opfern[106], m.a.W. also mit unserer Arbeit selbst zu

---

[104] Daß wir es ohnehin sind, haben z.B. Michael POLANYI, Leszek KOLAKOWSKI, Paul K. FEYERABEND sowie etwa Positivismus- und Historikerstreit demonstriert; doch es geht um mehr: um die "Unreinheit" nämlich, zu realisieren, wo und wann weder abstrahiert noch generalisiert werden darf, wir uns vielmehr auf das Faktische einlassen müssen, wollen wir Menschen bleiben und soll Wissenschaft nicht zu gelehrter Bürokratie pervertieren.

[105] So findet sich theologisch das sog. "Übel", also das durch natürliche Ereignisse entstandene Leiden, weithin ausgeblendet, und der Tod ist vielfach im voraus so "verschlungen in den Sieg", daß nicht nur seine Härte verdrängt, sondern auch sein Trost verleugnet wird: daß nämlich Gott *alles neu* machen will, also nicht an Vorhandenes anknüpfen. - AUGUSTIN rang noch darum, ob er um seine gestorbene Mutter weinen dürfe; heute wird der Schmerz theologisch einfach überblendet oder zugedeckt - oder zum Apropos seiner Abschaffung oder der Solidarität. Indem somit weder standgehalten wird noch etwas ausgetragen, ist zugleich der Freude der Wurzelgrund entzogen; vgl. auch KOCH, a.a.O., 277f.

[106] "Viel eher sollten wir mit neugieriger Offenheit in die Kirchen Asiens und vor allem Afrikas blicken." Meint Dietrich RITSCHL (a.a.O., 345) das auch in anderem Zusammenhang, so besteht gleichwohl genügend Anlaß, es auch auf den vorliegenden zu beziehen. Und die - mancherorts - ebenso modische wie durchsichtige Konzentration auf Kirche und Theologie in Lateinamerika sollte nicht verdecken (noch als Alibi

vollziehen, was wir bei ihrer Durchführung verbal zugestehen, daß nämlich die tatsächliche Einheit von Tradition und gegenwärtiger Erfahrung von Gott allein gestiftet wird.

Die Gegenwart ist erfüllt von Leiden, das in Art und Ausmaß jede Vorstellung sprengt; dabei herrscht eine spezifische Form vor, wie sie seit der Mitte unseres Jahrhunderts sich immer weiter ausbreitet: Bestialität ist wissenschaftlich organisiert; Ärzte helfen beim Foltern; Vernichtungssysteme ersetzen Waffen. Die Namen Auschwitz, Hiroshima und Sahel-Zone brennen uns diese neue Qualität ins Bewußtsein: überindividuelles Leiden, technisch, bürokratisch oder in industrieller und wirtschaftlicher Gedankenlosigkeit verursacht und pflichtgemäß oder auch nur beiläufig exekutiert in und aus der "Banalität des Bösen" (Hannah Arendt), wo ein eigenes Leiden - vom "eigenen Tod" nicht zu reden - nicht mehr gewährt und damit das Menschsein selber negiert wird; das Leiden also, das Menschen massenhaft widerfährt, einfach weil sie Menschen und als solche entweder im Weg sind oder nicht im Blick. George Orwells "vaporisieren" ("1984") kennzeichnet die herrschende Brutalität und buchstäbliche Un-Menschlichkeit[107].

Bereits *ein* Gang durch eine Stadt läßt auf das Leiden aufmerken: Bettelnde Arbeitslose und zerlumpte Obdachlose, Kliniken und Beerdigungsinstitute, Rollstuhl und Martinshorn machen vielfältiges tägliches Leiden sinnenfällig. Ungenügen an der Kirche und Frustration von Pfarrern und Pfarrerinnen, Enttäuschung über die Theologie und tiefes Unbehagen ob der Arbeit kirchlicher Leitungsgremien indizieren zumindest Leid. Karl Barths beeindruckendes "... als wäre nichts geschehen" mag 1933 *die* Antwort gewesen sein; als Programm und zumal angesichts des vielen und entsetzlichen Leidens blockiert es *für uns* den doppelten Wirklichkeitsbezug und verhindert es insbesondere, geistliche Erfahrung und theologische Erkenntnis dadurch zu gewinnen, daß wir den Leidenden lauschen und durch sie tatsächlich in "Neuland der Theologie" uns führen lassen. Erst so kann die eigentliche theologische Aufgabe gemäß dem Schluß des Hiobbuches tatsächlich angepackt werden: die Tadition aus der Leidenserfahrung heraus fortzuführen, zu erweitern, aufzubrechen, und umgekehrt das den leidenden Menschen aufgezwungene und abgerungene Neue in das Geflecht von Erfahrung und Erkenntnis des Glaubens der ganzen Kirche hineinzugewinnen, also einen *allgemeinen* Kommunikationszusammenhang zu finden. Die Frage ist letztlich, was für uns mehr zählt, ob wissenschaftstheoretische Unanfechtbarkeit oder die Wahrnehmung der Wege Gottes in unserer Wirklichkeit mit der daraus resultierenden "Unreinheit" des Denkens und des

---

dienen), daß die Glaubenserfahrung des Leidens dort uns viel zu sagen hat, - so wir zuhören.

[107] "Dem Affen gleich im Spielen seiner Triebe,/ dem Tiger gleich an mörderischer Kraft,/ so hat der Mensch Gewalt an sich gerafft,/ und wird zum Teufel, mangelt ihm die Liebe./ So wachsen Mord und Brand und Quälerei,/ mit stolzem Wissen immer neu verbunden, - / von Menschen ganz allein wird so geschunden. - " Albrecht HAUSHOFER, Moabiter Sonette. dtv sr 5440, München 1976, 22 (Sonett XIV), vgl. Sonett VII: "So preisen wir vergangne Barbarei./ In unsrer Zeit sind all die Schädel gleich./ An Masse sind wir ja so schädelreich." ebd.15. Ganz ähnlich Eduard KUSNEZOW, Lagertagebuch. Aufzeichnungen aus dem Archipel des Grauens. München 1974: "Die Tscheka ist heute bei weitem nicht mehr das, was sie früher war. ... selbst vor zehn Jahren gab es nicht diesen Zynismus unserer Tage ... ", 173. Dazu paßt, daß ein Joseph KLEHR, der in Auschwitz Häftlinge zu Tode spritzte (Phenolinjektionen direkt ins Herz), dies ernstlich für "nicht so grausam" hielt wie das Vergasen; s. H.G. ADLER u.a. Hg., Auschwitz. Zeugnisse und Berichte. 4.A. Frankfurt/M. 1988, 80.

theologischen Arbeitens, dessen Schulgerechtheit und methodologische Akkuratesse wir damit ja nicht "aufheben", vielmehr auf neuer Basis und in neuem Zusammenhang gerade "aufrichten".

Das alles ist im übrigen weder neu noch irreal, zehrt doch der abendländische Traditionsstrom - freilich in sehr unterschiedlicher Weise - vom Wirken eines (für seine Zeit zuhöchst!) "unreinen Denkers", dessen Theologie durch den Druck von Leiden hervorgetrieben wurde: Martin Luthers. In seinen "Klosterkämpfen" durchlitt er in besonderer Tiefe und Schwere die niederschmetternden Ängste und Anfechtungen der zu seiner Zeit allgemein quälenden Ungewißheit hinsichtlich des Seelenheils, deren Last uns Darstellungen des Jüngsten Gerichts heute noch empfinden lassen; und seine Pein wurde dadurch noch gesteigert, daß die Kirche insgesamt weniger Trost als Drohung, weniger Erleichterung als weitere Bürden ihm zu bieten vermochte. In alledem war er jedoch nicht mit seiner Zeit "solidarisch"; darin *teilte* er vielmehr die Nöte der Menschen, mit und unter denen er lebte. Dies ist der Lebenszusammenhang, aus dem heraus der "reformatorische Durchbruch" erfolgte; d.h. aus der durch dieses Leiden auferlegten und gewährten (beides!) neuen Erfahrung vom Evangelium als der Gottesrede, dank und kraft deren sein Auge Gott sehen, Gottes Herz erkennen konnte, erwuchs hier eine neuartige Theologie, die Alltagswirklichkeit und Evangelium unmittelbar zum Schnitt brachte, also "Bodenhaftung" hatte[108]. Zum Bruch hingegen kam es auf theologischer Seite. Die neuen Kategorien waren fremd, die neuen Methoden suspekt, die neuen Aussagen wurden nicht verstanden - teilweise bis heute nicht. Es kam nicht zur Versöhnung zwischen Tradition und Neuem; die Exponenten der Tradition

---

[108] Das sagt nicht, daß dem so bleiben mußte; und es blieb notorisch nicht so. Dies feststellen heißt überhaupt nicht, an dem damals Entdeckten und seither vielfältig Ausgearbeiteten irgend Abstriche zu machen; die reformatorische Einsicht von der iustificatio impii sola gratia war gerade *kein* Modephänomen. Aber sie hatte *ihre* Zeit, *ihren* kairós. Insoweit sie sich hiervon wie von dem Leiden, dem sie entwuchs und das sie tröstete, löste und verselbständigte, löste sie sich von unserer Wirklichkeit. Das hat jüngst Jörg BAUR, Zur Vermittelbarkeit der reformatorischen Rechtfertigungslehre. Noch einmal: Helsinki 1963 und die Folgen, in: FS Martin SEILS, a.a.O., 9-24, *faktisch* unterstrichen, einfach indem er in weitem, energischem Ausholen dartut, was Not und Verlegenheit unserer Epoche ausmacht *und* wie wir gerade in alledem der reformatorischen Rechtfertigungsbotschaft bedürftig sind. Diese Demonstration ist stringent, und die so konzentrierte Explikation der reformatorischen Rechtfertigungslehre im Blick auf unsere Zeit ist glänzend. Nur - eben, es muß eigens demonstriert werden; die Evidenz ist vergangen. Doch "Sinne und Leidenschaften reden und verstehen nichts als Bilder" (J.G. HAMANN, Schriften II, 197): Mit dem Ausbleiben des Bildes und dessen unmittelbarer Evidenz bleiben Sinne und Leidenschaften leer, und nur der Intellekt ist noch angeredet; d.h. der Glaube verkopft. - In derartigen Demonstrationen aber stecken zudem drei Probleme. Zunächst drücken sie eine Distanz zur eigenen Zeit aus; d.h. ein Verstehen bedarf der Vermittlung. Weiter implizieren sie den Anspruch besseren, tieferen Wissens; damit aber gerät man in jene Situation und Haltung, aus der heraus so vielfältig die Solidarität beschworen und auch versucht wird; m.a.W., man ist hier reich, nicht arm. Und schließlich sehe ich nicht, wie man dabei auf die Länge Bemühungen und Argumentation analog zu jenen entgehen könnte, die wir sattsam aus den pietistischen Versuchen kennen, Menschen ihre Sünden nachzuweisen, um den lieben Herrn Jesus anbringen zu können. - Nochmals, BAUR hat recht, und es geht hier um Elementares, schlechthin Unverzichtbares. Nur ist ganz nüchtern zu sehen: Es bedarf einer anderen, einer neuen Gestalt, soll es nicht zu Traditionsstück, Theologumenon oder Anspruch absinken. Diese neue Gestalt aber *machen* wir nicht - nicht durch Forschung, nicht durch getreues Weiterführen des Anvertrauten, erst recht nicht durch Programme und Entwürfe und schon gar nicht durch Zeitgemäßheit und Adaptation an das, was man für das jeweilige "Heute" hält; diese neue Gestalt wird uns gewährt, geschenkt; und wo das geschieht, da wurde Gott erlitten. Ist's aber geschehen, so wird das auch an uns Zumutungen und Ärgerlichkeiten herantragen, vergleichbar denen, die Hiob seinen Freunden und LUTHER etwa einem Johann ECK bereitete.

verweigerten sich und wiesen energisch die Mittlerschaft dessen zurück, der das Neue zu erfahren und sagen beauftragt war.

Beiläufig sei hier bemerkt, daß inzwischen die Vermittlung zwischen dem Gewesenen und jenem Neuen mit Nachdruck betrieben wird, nur freilich, daß man sie *machen* statt durch Gott stiften zu lassen, daß man sie *ohne Leiden*, nämlich so erreichen will, daß die (vermeintliche) geistliche Habe von vornherein jeder möglichen Gefährdung entzogen wird[109]. Also auch hier Programme, die insgesamt die - ihnen enteilende - weithin durch Leiden geprägte ökumenische Wirklichkeit kaum erreichen. Wie auch immer im einzelnen, jedenfalls zeigt das Paradigma der Reformation, wie im Leiden und durch es neue geistliche Einsicht und Wirklichkeitsbezug gefunden werden. Zwar, darüber ist es zu Brüchen gekommen; doch diese waren anderer Art, als sie wissenschaftstheoretisch und methodologisch zu befürchten waren, und das um so weniger, als sie, wissenschafts*geschichtlich* gesehen, durchaus als normal angesehen werden können.

V.

Friedrich Mildenberger hat einmal bemerkt: "Eine Welt, in der es Leiden gibt, ist ohne Sinn und ohne Ordnung. Dieser Welt wird der Gott genommen, auf den sie rechnet und rechnen kann, und gerade der Anspruch, den sie auf Gott erheben will, erweist sie als eine von Gott getrennte Welt, als Welt der Sünde. Daß sich Leiden nicht als sinnvoll in ein bestehendes Weltganzes integrieren läßt, das zeigt sich hier, wo Jesus nun an seinem Gegensatz zu dieser Welt leidet, die auch das Leiden in ihren Sinn einbeziehen möchte."[110] Es kann in der Tat nicht darum gehen, das Leiden in ein Sinnganzes hinein aufzuheben, auch nicht dadurch, daß man es als etwas Negatives hinstellt, das es gemeinsam mit Gott und dem Herrn Jesus "solidarisch" zu bekämpfen gälte.

Mildenbergers Bemerkung läßt vielmehr eine Spannung erkennen, die dergleichen von vornherein ausschließt. Diese Spannung besteht näherhin darin, daß unser Leben *von Gottes wegen* unter *verschiedenen* Bestimmungen *zugleich* steht: unter denen von Am 3,6 und Röm 8,29 einerseits und denen von Ps 139,5 und Mt 10,29ff andererseits. Diese Bestimmungen schließen einander wechselseitig aus und drücken erst in ihrer - widersprüchlichen - Gemeinsamkeit die Wahrheit unseres Lebens aus; - eine Wahrheit, die somit offensichtlich nicht begrifflich erfaßt oder theoretisch festgemacht werden kann, sondern "im Leben, vielmehr in Sterben und Verdammnis" gefunden und - *erlitten* wird. Indem sie jedoch erlitten wird, fallen Fixiertheiten und Programme ab und wird der Blick frei für die Realität. Es ist die widersprüchliche Realität, daß wir pathisch konstituiert und zur compassio bestimmt, daß wir begrenzt und sterblich sind und daß

---

[109] Heribert MÜHLEN, Einübung in die christliche Grunderfahrung I, Topos TB 40, Mainz 1976, 18, hingegen spricht von einem "Ausleiden der Spaltung"; vgl. dazu das "ökumenische Fasten", berichtet von Christian MÖLLER, Gottesdienst als Gemeindeaufbau. Ein Werkstattbericht. Göttingen 1988, 24ff. Doch dergleichen blieb bisher leider marginal. Umgekehrt läßt sich vielmehr zeigen, daß man in zahlreichen Fällen - zumindest auf lutherischer Seite - sich bereits der Härte des Anspruchs der *eigenen* Tradition entzieht und, statt "auszuleiden", es billig, nämlich durch dissimulatio, haben will.

[110] Friedrich MILDENBERGER, Das Leiden Christi und das Leiden des Christen, bei Schulze, a.a.O., 115-127,125.

wir existential stets an Tod und Chaos partizipieren - *und* daß wir zum Leben berufen sind, daß das Leben wie seine notwendigen Strukturen und Institutionen durch Gottes Gebot geschützt sind, kurz, daß Gott das Leben *will*. Die Mildenberger so wichtige Übersetzung Luthers von Jes 28,19c: "Denn alleine die Anfechtung leret auffs wort mercken" hält etwas von dieser Spannung gnomisch fest.

Entsprechend sind "Widerstand und Ergebung", beide, das angemessene Verhalten: *Widerstand* gegen Formen von Ungerechtigkeit, die da Leiden verursachen, und Widerstand - Dembowskis besonderes Anliegen - gegen Mutlosigkeit und Resignation, Widerstand aber auch gegen Strukturen und Planungen, die uns als patibiles et patientes negieren - z.B. im Städtebau, in einer Arbeitswelt nur der Leistungsfähigen, in bestimmten medizinisch-technischen Verfahren etc. Und *Ergebung:* in das Faktum des Leidens als unserer anthropologischen Grundstruktur gemäß, Ergebung in die theologische Notwendigkeit des Leidens der Kirche und der Christen um ihres Christseins willen, Ergebung in unsere Kreatürlichkeit, zumal wenn deren Grenzen offenkundig erreicht wurden.

Das klingt wenig präzis, und es fehlt in der Tat die suggestive Eindeutigkeit der Schlagworte vom Kampf gegen das Leiden, von der Solidarität etc. Denn hier geht nichts auf, kann demgemäß nichts formalisiert werden. Nicht nur, daß Widerstand gegen das Leiden weder selbstverständlich ist noch sein darf; überdies ist, worauf etwa Müller, Altner und Schulze[111] eindringlich hinwiesen, für das Leiden und dessen Möglichkeit zuweilen geradezu zu kämpfen: nämlich gegen das Abspeisen mit dem "kleinen Glück"[112], gegen die Beseitigung von Leiden *um jeden Preis*, gegen Sozialstrukturen, die Leidende und mit ihnen das Leiden selbst aus der gesellschaftlichen Normalität verdrängen. Und umgekehrt kann und darf auch die Ergebung keine Selbstverständlichkeit sein, zumal dann nicht, wenn das eigene Leiden noch nicht als die Frage vernommen wurde, auf die ich mit meinem Leben zu antworten habe, oder wenn unabwendbares Leiden anderer oder dessen Folgen diesen ihre Menschlichkeit rauben. Kurzum, gerade das Leiden erweist, daß die Realität in ihrer Fülle und Vielfalt jedes Bildes spottet und nur von Gott selbst umfaßt werden kann - und in der Tat umfaßt wird.

Wir hingegen nehmen eine unentwirrbare Gemengelage wahr, wo sich pathische Konstitution, menschliches Unrecht und sich verselbständigende Tatfolgen undurchdringlich miteinander verschlingen, wo Gottes Zuschlagen und sein Bewahren, wo sein Töten und Lebendigmachen uns bis zur Glaubenskrise verwirren, wo Ordnung und Chaos, Sinn und Sinnlosigkeit, Gestaltung und Auflösung ohne erkennbare Regel ineinandergreifen. Daß "Gott sitzt im Regimente und führt alles wohl", wird allein erkannt "per passionem et crucem" durch den und in der Nachfolge dessen, der "keine Gestalt noch Schöne" hatte, durch dessen "Wunden wir geheilt" sind und dessen Kreuz das Paradox festhält und augenfällig macht, daß die aus den Fugen gehende Welt fest in Gottes Hand ist.

---

[111] Günter ALTNER, Naturwissenschaft und Theologie - Konfliktpartner im Angesicht des Todes, in: Picht Hg., Theologie - was ist das?, a.a.O., 449-466; *ders.*, Die Trennung der Liebenden, in: EvTh 37, 1977, 69-83. Zu MÜLLER und SCHULZE s.o. A.56 und 41.

[112] Vgl. SCHULZE, a.a.O., 68 u.ö.

Das aber wird verstanden erst im Lebensvollzug selber. Indem wir die Gegebenheiten erfassen und also unsere pathische Grundstruktur akzeptieren; indem wir dem Schmerz des Leidens und seiner Sinnlosigkeit standhalten; indem wir dem leidenden Nächsten uns zuwenden und ihm darin die grundlegende Ehre als Mitmenschen geben, daß wir als erstes ihn reden lassen, ihm (auch in seinen "maßlosen Ansprüchen") zuhören[113]; indem wir ihm daraufhin zur Seite stehen, es sei im Widerstand gegen das Leiden oder in der Ergebung in es; indem wir also dem Leiden uns öffnen und uns in es hineinziehen lassen: Darin mag es dann geschehen, daß ein *neues* Wort Gottes in *neuer* Sprache und mit *neuem* Inhalt "sich findet". Und das nicht, weil wir's erstrebten, beabsichtigten, herbeizuführen trachteten, methodisch zu gewährleisten suchten oder auch dank "der Offenbarung" oder unseres Habens ohnehin meinten, voraussetzen zu können, und erst recht nicht ohne Irritationen, Anfechtungen oder Bestürzung. Sondern "sich findet", weil Gott mit dem auferlegten Leiden und durch es neue Einsicht gewährt "denen, die da Leid tragen", und durch sie - *sie* sind die Mittler - ganz unversehens auch uns, sofern wir denn nichts, auch keine neue Erkenntnis, für uns suchten, sondern ihnen zu Nächsten wurden, bei ihnen ausharrten und ihnen Erfahrung und Sprache des Evangeliums darboten.

Entsprechend wird Theologie dort, wo sie sich vom Leiden nicht unmittelbar betroffen weiß, sowohl nach den Zeugnissen des Leidens in der Ökumene als auch nach den Stimmen der Bedrängten in der unmittelbaren Nähe zu fragen haben, ist es ihr denn um jene doppelte Rückbindung oder vielmehr darum zu tun, die Gehalte ihrer eigenen Tradition und Arbeit ernstzunehmen. Das aber wird nicht möglich sein, wo und solange das Leiden bereits im Akt der Wahrnehmung mit frommen Richtigkeiten, theologischem Bescheidwissen und Negativprojektionen der bürgerlichen Existenz gedeutet, reduziert, einsortiert und dabei mehr oder minder verdrängt wird, wo und solange die Klage (auch liturgisch!) keinen Raum hat, wo und solange die Not der Verborgenheit Gottes im voraus theologisch abgefangen und damit überspielt ist. Da droht das Versinken in bloßer theologischer Richtigkeit samt korrespondierender nichtssagender Sprache, das

---

[113] Eine der Folgen von Bescheidwissenschaft und Verdrängung des Leidens ist das selbstverständliche Wähnen, wir wüßten stets schon, was Leiden sei, z.B. Erfahrung von Gleichgültigkeit (KOLAKOWSKI, a.a.O., 89ff), und woran Menschen jeweils leiden, z.B. der Abwesenheit von Sinn und der Unerkennbarkeit Gottes (KOCH, a.a.O., 275,282). Das ist realitätsfern und überheblich in einem. Woran leiden denn und was macht ihr Leiden aus - etwa: Psalmenbeter, Paulus, die Scilitanischen Märtyrer; etwa der Ödipus des Sophokles oder der Ion des Euripides - man könnte lange fortfahren: Sieht man genau hin, so ist's gerade Anderes, als man spontan zu erkennen, aufgrund der Situation bereits zu erfassen oder aus theologischer Einsicht zu wissen vermeint. Was *wissen* wir Deutschen des Jahres 1993 von den Leiden der systematisch geschändeten bosnischen Frauen? Gewiß, Vergewaltigung ist Vergewaltigung, Mißhandlung Mißhandlung. Doch wenn in einem Fernsehinterview ein Sprecher der bosnischen Volksgruppe ernsthaft davon redet, man werde diesen Frauen sicherlich "verzeihen können", dann tun sich Abgründe auf, und es wird offenkundig, daß der vom Leiden getroffene Mensch *zuvor muß gesprochen haben*, damit sein Leiden und nicht unser Bild von diesem wahrgenommen werde. Im Sinne dieses Hörens verstehe ich KOCHs Hinweis auf das Schweigen, aus dem allererst Worte des Trostes möglich werden, a.a.O., 300f; er betont zu Recht, wie schwer es auch dann bleibt, den Leidenden überhaupt zu erreichen. "Einst war ich überzeugt, daß jede menschliche Erfahrung von den anderen mitgefühlt werden kann ... Heute bin ich mir darüber klar, daß der, der leidet, allein ist, und daß die anderen sich in ihn nicht hineinversetzen können." Falco MARIN, Brief v. 14.7.1943, in: Die Stimme des Menschen, 338. Ähnlich schon Fjodor M. DOSTOJEWSKIJ, Aufzeichnungen aus einem Totenhaus: "Mir kamen diese Eindrücke besonders merkwürdig vor, aber ich bin überzeugt, daß viele sie gar nicht verstehen werden. Über gewisse Dinge kann man nicht urteilen, wenn man sie selbst nicht erprobt und empfunden hat." (Teil I Kap. 4, gegen Ende; zit. nach der Ausgabe rk 122-124, Reinbeck 1963, 75).

Abgleiten in die Esoterik eines geschlossenen internen Kommunikationszusammenhangs.

"Einfach von Gott reden": Dem geht viel voraus, Arbeit zumal. Doch nicht das allein. Es genügt nicht, daß Gott gesprochen hat und daß sein Evangelium erschalle - und wir hätten's nur aufzunehmen, zu übersetzen, zu aktualisieren. Gott erwählte Israel; das Wort ward Fleisch; der Geist wurde zu einer bestimmten Stunde auf die Apostel ausgegossen: Seine Rede hat den *Kontext seines Wirkens* und kann von diesem nicht gelöst werden ohne Verkürzung und Verzerrung. Zuvor mußte Hiob leiden und hadern, dann erst sprach Gott aus der Wolke. Zuvor mußte Christus leiden und sterben, dann erst geschah Ostern und wurde das Evangelium geschenkt. Zuvor müssen wir ins Leiden *und damit in die Wirklichkeit von Kreuzesnachfolge uns eingelassen und im Ecce Homo*[114] *die Wahrheit unseres menschlichen Lebens erkannt und angenommen haben*[115], dann erst mag neue Gottesrede uns erreichen, so daß es uns gegeben ist, Neues zu sagen. Und dann mögen wir auch ganz *"einfach* von Gott reden" können: Denn nun hat unser Auge Gott gesehen.

---

[114] NB: in dem Ecce homo in seinem ganzen, durch keine Deutung und Vermittlung gedämpften oder abgeschwächten schrecklichen Leiden und dessen Brutalität, dem es - wie zuvor Hiob - aus Gott Hand und Willen zukam; gegen MOLTMANN, Der Weg Jesu Christi, 199, der diese Auffassung für blasphemisch hält.

[115] In ähnliche Richtung deutet auch MÜHLEN, a.a.O., 98, 155 u.ö. - Daß zuvor zu leiden sei, ist weder methodistisch noch exklusiv gemeint; natürlich hat Gott andere Wege, uns zu neuer Einsicht zu führen. Doch wir haben die Bedeutung des Leidens in diesem Zusammenhang weithin vergessen. "Für die heilsame Öffnung unsrer Augen sorgt das Leiden", bemerkt Karl BARTH, Der Römerbrief. 5.A. Zollikon 1954, 302; zudem hält allein der Weg des Leidens uns in der Wirklichkeit fest und schneidet die Flucht aus ihr ab (vgl. o. A.1). Die Beschreibung dieses Weges aber wird *pneumatologisch* zu geschehen haben. Und wie - gerade in diesem Zusammenhang - das Ernstnehmen des Dritten Artikels das der beiden anderen mit sich bringt, beweist Michael WELKER, Gottes Geist. Theologie des Heiligen Geistes. Neukirchen 1992, 191, 196f, vgl. 202ff.

Wilfried Joest

Hoffnung für die Welt?
Überlegungen zur Sache und Sprache universaler Eschatologie

Was können wir noch hoffen für diese Welt? So fragen viele heute angesichts der globalen Gefahren, die die Zukunft einer bis zur Möglichkeit ihrer Selbstvernichtung fortgeschrittenen Menschheit bedrohen. Der atomare Holocaust - niemand kann ihn wollen, aber die Waffen, durch die er ausgelöst werden könnte, sind erfunden und in den Händen von Menschen. Die voranschreitende Zerstörung unserer irdischen Lebenswelt durch unsere technische Zivilisation - das Problem ist ins Bewußtsein gedrungen, aber eine wirklich durchgreifende Umsteuerung dieses auf Katastrophe zusteuernden "Fortschritts" ist bisher nicht in Sicht. Die ungeheure Kluft zwischen dem Besitzstand der Industrienationen und dem Massenelend im weitaus größeren Teil der Menschheit - gewiß will man sie überbrücken, aber die Vorstellung, daß Sicherung und weiteres Wachstum des Wohlstands auf der einen Seite schließlich auch zur Überwindung des Elends auf der andern Seite führen werden, erweist sich immer mehr als Illusion, die Kluft wächst weiter. Global sind diese Gefährdungen zu nennen, weil sie zum ersten Mal in der uns bekannten Geschichte nicht nur einzelne Gruppen und Völker, sondern das Leben und die Zukunft der gesamten Menschheit bedrohen. Global sind sie auch insofern, als ihnen durch Maßnahmen im einzelstaatlich begrenzten Rahmen nicht mehr wirksam begegnet werden kann; nur in der gemeinsamen Anstrengung einer kooperativen Weltpolitik könnte das geschehen. Statt dessen erleben wir im selben Augenblick, in dem durch das Erlöschen des Ost-West-Gegensatzes ein wenig Hoffnung in dieser Richtung sich aufzutun schien, ein wildes Aufflammen nationaler Gegensätze an allen möglichen Ecken und Enden. Was also kann man noch hoffen für diese Welt?

Haben Christen, die im Glauben auf das Kommen des Reiches Gottes hoffen, eine Antwort auf diese Frage? Kann theologische Eschatologie diese Antwort in klare Worte fassen?

Manche Christen sagen: Schon die Frage ist falsch gestellt. Diese Welt ist die "gefallene Welt", der Macht des Bösen verfallen. Das Kommen des Reiches Gottes bedeutet ihr Ende, ihre Vernichtung. Für sie ist darum in der Tat nichts mehr zu hoffen. Menschen können auch nichts dazu tun, sie vor diesem ihr bestimmten (und nun vielleicht nahe herangekommenen) Ende zu bewahren. Christen können und müssen das wissen aufgrund der biblischen Endaussagen. Sie sollten sich darum nicht an utopischen Weltrettungsprojekten beteiligen. Der wahre Glaube hofft auf die Welt Gottes, die neue, himmlische Welt. Da könnte dann u.U. die drohende irdische Katastrophe sogar als Hinweis darauf gewertet werden, daß "die Bibel doch recht hat", gerade auch in ihren apokalyptischen Aussagen.

Für die von einem Menschenalter bei uns vorherrschende Theologie "existentialer Interpretation" waren diese apokalyptischen Aussagen eher eine Verlegenheit. Sie wörtlich zu nehmen oder gar in zeitgeschichtlichen Ereignissen angekündigt zu finden, hätte hier als ein grundsätzliches Verfehlen dessen gegolten, was das "Eschaton" der biblischen Botschaft eigentlich meint: nicht eine noch ausstehende Endgeschichte dieser Welt, sondern den Entscheidungsernst des Wortes, das je gegenwärtig den Einzelnen aus dem Vertrauen auf welthafte Gegebenheiten, Besitztümer und Aussichten heraus in den Glauben ruft. Solcher Glaube lebt allein aus dem Wort, mit dem Gott sich ihm zusagt und damit, so konnte das hier heißen, "entweltlicht": wohl in der Welt, aber nicht im Vertrauen auf und in der Sorge um die Welt. Die Frage, ob und was für die Welt noch zu hoffen ist, wäre auch hier abgewiesen worden, wenn auch aus ganz anderem Grund als dem eines apokalyptischen Biblizismus: nicht weil dieser Welt ihr Ende angesagt ist (Bultmann konnte bekanntlich ja schreiben, jeder Zurechnungsfähige sei überzeugt, daß sie weiterlaufen wird wie bisher), sondern weil sie als Frage nach einem Sinn und Ziel des Weltgeschehens den Glaubenden nichts angeht. Sie betrifft ihn nicht, denn sie hat nichts mit seiner je gegenwärtigen Existenz vor Gott zu tun.

Eine ganz andere Sprache spricht die "Theologie der Hoffnung", hier als Chiffre genommen für den eschatologischen Neuansatz, zu dem das diesen Titel tragende Buch *Jürgen Moltmann*s das erste Signal gab und der seit dem von ihm und anderen, auf katholischer Seite vor allem von *Johann B. Metz*, in zahlreichen Schriften entfaltet wird. In ausdrücklichem Gegensatz zu den eschatologischen Engführungen der "existentialen Interpretation" wird hier eine universale Eschatologie vertreten. War dort das Eschaton ganz auf das Jetzt des Rufes und der Entscheidung zum Glauben reduziert, so wird hier sehr entschieden die futurische Ausrichtung der Glaubenshoffnung geltend gemacht. Das Wort Gottes in Christus wird durchaus als die Verheißung einer noch ausstehenden Zukunft verstanden; der Glaube ist "Exodus" auf diese Zukunft hin. War dort das Desinteresse des Glaubens an dem Lauf von Welt und Geschichte erklärt worden, so wird hier herausgestellt, daß unsere individuelle Existenz von der Welt, in der wir leben, nicht zu lösen ist: weder von der Menschheitsgeschichte, in die wir leidend und handelnd verflochten sind, noch von der kosmischen Natur, in die wir eingegliedert sind. So gilt auch die Zukunftsansage Gottes in Christus nicht nur dem glaubenden Individuum, sondern dem Ganzen seiner Schöpfung. "Welt Gottes" ist nicht erst eine andere, sondern gerade diese von ihm geschaffene und geliebte Welt. Nicht ihre Vernichtung ist ihr angesagt, sondern ihre Erlösung von den Mächten der Zerstörung, die sie jetzt entstellen, ihre Befreiung und Vollendung zur Wahrheit ihrer Bestimmung. Dabei wird im Gegensatz zu einer spiritualisierten Jenseitsvorstellung besonders betont, daß es diese Erde, dieses leibliche Leben, diese materiell verfaßte Schöpfung ist, der Gottes Zukunft verheißen ist.

Hier gilt also wirklich: Hoffnung für die Welt, und darum - so dieser eschatologische Neuansatz - nicht passives Warten, sondern tätige Hoffnung. Gerade als Hoffnung auf das kommende Gottesreich kann und muß sie heute zum Einsatz gegen die weltweiten Lebensgefährdungen für "Gerechtigkeit, Frieden und Bewahrung der Schöpfung" bewegen, zum Widerstand gegen alles, was zur Verelendung von Menschen, zur Zerstörung von Leben und Umwelt führt. Heißt das, daß es zur Sache und Aufgabe des Menschen wird, das Reich Gottes auf dieser Erde zu verwirklichen? Die Tendenz zu solcher Umsetzung eschatologischer Hoffnung in innerweltliche Utopie liegt heute nahe. Aber die "Theologie der Hoffnung" wäre damit, jedenfalls so wie die genannten Theologen sie vertreten, mißverstanden. Sie halten durchaus fest, daß Gottes Zukunftsverheißung hinausweist über alles, was durch Menschen herbeigeführt werden kann. Moltmann verweist auf die Auferweckung des gekreuzigten Christus: in ihm hat Gott diese Zukunft angesagt, und er hat damit die Überwindung des Todes als das alles menschlich Machbare übersteigende Ziel seiner Wege mit seiner Schöpfung angekündigt. Dennoch, vielmehr gerade deswegen sollen Christen, denen dieser Grund und dieses Ziel ihrer Hoffnung vor Augen steht, schon jetzt alles tun, was zu tun ihnen möglich wird, um der Herrschaft des Todes und der Zerstörung in der Welt zu widersprechen und zu widerstehen.

Wie ist diese Hoffnungstheologie zu beurteilen?

Wesentliches erscheint da wiedergewonnen, was bis dahin in der theologischen Reflexion, aber auch in theologisch unreflektierter Frömmigkeit vielfach verdeckt oder sogar verdrängt war. Zu Recht wird jedenfalls einer Reduktion des Eschaton auf das je Jetzt des Rufes in die Glaubensentscheidung widersprochen und die Ausrichtung christlicher Hoffnung auf das Eschaton einer endgültigen Zukunft geltend gemacht, in der alles überwunden sein wird, was jetzt dem Geschehen des Willens Gottes entgegensteht. Das Wahrheitsmoment präsentischer Eschatologie wird zu bedenken sein, aber eine Einschränkung auf sie würde weder dem biblischen Hoffnungszeugnis gerecht, noch könnte sie den Zukunftsfragen und Zukunftsängsten unserer Zeit begegnen.

Zu Recht wird auch einer Reduktion auf das "Seelenheil" oder auf ein "entweltlichtes" Selbstverständnis des Individuums widersprochen und demgegenüber die universale Ausrichtung der Hoffnung auf die Zukunft der Welt zurückgefordert. Der persönliche Aspekt dieser Hoffnung sollte nicht übergangen werden, aber ebenso unverzichtbar ist die Frage, was sie besagt für das Ganze der Schöpfung, in das wir mit unserm ja eigenen Leben verflochten sind. Das biblische Zeugnis der in Christus begründeten Hoffnung ist weltumfassend, und eine Rechenschaft über den Weltbezug christlicher Hoffnung ist gerade in der heutigen Situation auch besonders herausgefordert.

Auch die Ermutigung zu tätigem Einsatz gegen das Elend in dieser Welt und für die von ihm Betroffenen, die von dieser Hoffnungstheologie ausgeht, ist zu bejahen. Gewiß ist dem biblischen Zeugnis zufolge das Kommen seines Reiches ganz Gottes Werk. Es ist aber kein "Jenseits", dem wir nur passiv entgegenzuwarten hätten. Das Reich Gottes ist von Christus her auch jetzt schon im Kommen und nimmt das Leben und Tun der Glaubenden in seinen Dienst. Aber eben: von dem gekreuzigten und auferstandenen Christus her ist es im Kommen, und darum auf die Zukunft hin, die nun in der Tat dem durch menschlichen Einsatz Erreichbaren "jenseitig" ist: Aus Gottes Macht das neue Leben, in dem kein Tod mehr herrschen wird. Daß sie diesen Grund und dieses Ziel der Glaubenshoffnung nicht verschweigt, das unterscheidet diese Hoffnungstheologie von den Utopien menschlicher Welt- und Selbsterlösung. Sie kann es nicht verschweigen, wenn sie nicht ihre Begründung im biblischen Christuszeugnis und damit sich selbst als theologische, wirklich die Hoffnung des Glaubens zur Sprache bringende Eschatologie preisgeben will.

Und doch soll sich diese Hoffnung nicht auf ein spirituelles Jenseits richten, das mit der Welt, in der wir jetzt leben, nichts mehr zu tun hätte, sondern auf die Zukunft eben dieser "leiblich" verfaßten Erde und Welt - einer Zukunft, die zwar über alles hinaus liegt, was wir menschlich bewirken können, die aber dennoch unser innerweltliches Handeln in Anspruch nehmen und auf sich hin ausrichten will.

Will man dieser Hoffnungstheologie folgen und ihre Leitlinien aufnehmen, so sieht man sich nun allerdings vor Aporien des Denkens und der Sprache gestellt, die, soweit ich sehen kann, bisher noch wenig reflektiert wurden. Die folgenden Ausführungen wollen sie ins Bewußtsein rufen.

Vorausgesetzt wird von dieser universalen Eschatologie, daß das Eschaton nicht die Vernichtung, sondern die Zukunft heilvoller Erlösung und Vollendung dieser von Gott geschaffenen Welt bedeutet. Schon dies ist nicht ohne weiteres selbstverständlich, denn zumindest im Neuen Testament finden sich auch Aussagen, die auf Weltvernichtung hindeuten oder hinzudeuten scheinen (etwa 2.Petr 3,7 und 10; auch 1.Kor 7,31?). Es wäre also zunächst zu begründen, warum dennoch von einer Heilsverheißung gesprochen werden kann, die nicht den Menschen allein, sondern mit ihnen dem Ganzen der Schöpfung gilt. Diese Begründung kann hier nicht in voller Breite ausgeführt werden. Es sei aber wenigstens hingewiesen auf biblische Aussagen, auf die man sich stützen kann. Zu denken ist da an die Worte, die von dem Geschaffensein des Weltganzen durch Christus sprechen (Joh.1,3,10, 1.Kor 8,6; Kol 1,16), und vor allem an das Wort Kol 1,20 von der "alles, es sei im Himmel oder auf Erden" umfassenden Friedenskraft der in Christus gewirkten Versöhnung. Auch die paulinische Aussage über das Sehnen der außermenschlichen Kreatur nach ihrer Teilhabe an der Freiheit der erlösten Kinder Gottes (Röm 8,19ff) ist in diesem Zusammenhang zu beachten und weisen in diese Richtung nicht schon die Visionen alttestamentlicher Prophetie von dem endzeitlichen Frieden in Menschen- und Tierwelt? Wird dies alles bedacht, so wird man jedenfalls nicht von vorneherein die Frage, ob die in Christus begründete Glaubenshoffnung auch ein Hoffen für die Welt in sich schließen kann, als falsch gestellt und biblisch unbegründet abweisen können.

Aber wie kann solches Hoffen für die Welt verstanden werden und sich artikulieren?

Eine wirklich universale Eschatologie ist schon mit der Frage konfrontiert, wie ein Endziel, das nicht nur das je einzelne Menschenleben, sondern die gesamte Menschheitsgeschichte und mit ihr zusammen auch die außermenschliche Kreatur, ja den ganzen Kosmos betrifft, angesichts des heutigen Wissens um Kosmos und kosmische Abläufe überhaupt noch gedacht werden kann. Wo in der neueren Theologie das eschatologische Thema auf die postmortale Zukunft des Individuums oder, wie in der existentialen Interpretation, auf je gegenwärtige Entscheidung reduziert wurde, konnte man dieser Frage aus dem Weg gehen. Eine Theologie, die solche Reduktionen zurückweist und den universalen Bezug des Eschaton wieder zur Sprache bringt, nimmt damit auch die Last der Spannung zu dem modernen Weltbild wieder auf sich. Das gilt insbesondere für die Frage, wie sich das Eintreten des Eschaton zu der Zeit der Welt und unsres Daseins in ihr verhält. Für das geo- und anthropozentrische Weltbild früherer Zeiten bestand da kein Problem. Da war die Erde der Mittelpunkt eines Kosmos, der sich um sie herum wölbte, und was innerhalb dieses Raumes geschah, war die Geschichte der Menschheit. Da war ein zeitlicher Anfang vorstellbar, in dem Gott den Menschen und seine Erde zusammen mit dieser seiner kosmischen Behausung geschaffen hat, und ebenso vorstellbar war ein Zeitpunkt, in dem Gott diesem Ganzen, der irdischen Menschengeschichte zusammen mit der Erde, auf der sie geschieht und dem kosmischen Gehäuse, das diese Erde umschließt, ein Ende setzen wird - das Ende jedenfalls der jetzigen Gestalt von "Himmel und Erde". Irdischer Vorstellbarkeit entzogen war wohl das neue Leben, die neue Gestalt von Himmel und Erde jenseits dieses Endes, nicht aber dessen Eintreten als ein Geschehen, das "gleich-zeitig" mit der Menschheit die ganze Schöpfung betrifft. Inzwischen aber haben wir ein Weltbild vor Augen, in dem die Vorstellung eines Kosmos als Gehäuse um den Mittelpunkt Erde und Menschheit räumlich gesprengt ist, und in dem auch zeitlich ein gemeinsamer Anfangs- und Zielpunkt kosmischer Abläufe und menschlicher Geschichte nicht mehr vorstellbar ist. Und dasselbe gilt nochmals für das gegenseitige Verhältnis von Erd- und Menschengeschichte; auch da klaffen die Maße dessen, was einst als sich deckend vorgestellt wurde, auseinander. Man braucht nur an den bekannten Vergleich der Erdgeschichte mit einem 24-Stundentag zu erinnern - die Menschheit würde da erst in den letzten fünf Minuten vor Mitternacht auftauchen, und das, was wir als geschichtliches Leben dieser Menschheit kennen, erst in der allerletzten Sekunde. Gewiß, die katastrophale Mitternachtsstunde eines gemeinsamen Endes von Erd- und Menschengeschichte ist jetzt, im Zeitalter der Atomwaffen, in etwa vorstellbar geworden. Aber diese Vorstellung hebt die Diskrepanz zwischen universaler Glaubenshoffnung und modernem Weltbild nicht auf, und vor allem hat die Aussicht auf einen möglichen Selbst- und Erdmord der Menschheit nichts zu tun mit der Hoffnung zu Gott auf die von ihm bestimmte Zukunft seiner Schöpfung.

So weit ich sehe, wird über dieses vom Weltbild her sich stellende Problem in der gegenwärtigen Wiederaufnahme universaler Eschatologie noch wenig nachgedacht. Die Last, die frühere Reduktionen des eschatologischen Themas abschütteln konnten, wird stillschweigend wieder übernommen, aber kaum reflektiert. Allenfalls kann man in Moltmanns Unterscheidung von geschichtlicher und eschatologischer Zukunft[1] einen Ansatz finden, diese Frage anzugehen. Sie ist ja kein willkürliches Produkt müßiger Spekulation, sondern eine wirkliche Frage, die sich dem stellt, der die umfassende Zukunftsverheißung Gottes ernst nimmt, aber auch die wissenschaftlichen Erkenntnisse über den Kosmos, so hypothetisch und überholbar sie sein mögen, nicht einfach für grundlose Truggebilde halten kann.

Eine Eschatologie, die den leitenden Impulsen der "Theologie der Hoffnung" folgen möchte, hat es aber nicht nur mit der Spannung zu dem ihr gewissermaßen von außen entgegenstehenden modernen Weltbild zu tun. Sie gerät auch in eine Aporie innerhalb ihrer eigenen Aussagen, nämlich im Bezug auf die Vereinbarkeit jener Impulse, denen sie folgen möchte. Mit Nachdruck und gegen alle spirituelle Verflüchtigung wird das einerseits der konkrete Weltbezug der Glaubenshoffnung vertreten: Wirklich auf die Zukunft dieser Erde, der leiblich-materiellen Natur und in ihr des Menschen in seiner Leibhaftigkeit soll sie sich richten, nicht auf eine Erlösung der "Seele" von Erde, Leib und Materie zu reiner "Geistigkeit". Andererseits hält diese Hoffnungstheologie ebenso entschieden fest: In der Auferweckung des gekreuzigten Christus hat Gott der Erwartung dieser Zukunft den Grund gegeben, der sie trägt, und damit in der Überwindung des Todes die Zusage, deren Erfüllung sie von diesem Gott erwartet.

Aber nun entsteht die Frage, wie eine Zukunft gedacht werden kann, die wirklich die Welt in ihrer konkreten Verfassung und den Menschen in seiner leibhaften Einge-

---

[1] Vgl. ders., Verschränkte Zeiten der Geschichte, EvTh 44 (1984) 213ff.

bundenheit in diese Welt betrifft und die noch geglaubt wird als Zukunft eines Lebens, in dem der Tod nicht mehr herrschen wird. Es liegt uns Theologen nahe, einer solchen Frage gegenüber einfach darauf zu verweisen, daß es hier nicht um das Denken von Denkbarem geht, sondern um den Glauben, der von Gott das menschlich Unausdenkbare erhofft. Das ist sicher richtig, aber über die Aporie der Sprache, in die wir da geraten, sollten wir nicht zu rasch hinweggehen. Um sie zu verdeutlichen, mag man sich einmal vorstellen, was etwa ein dem Glauben von Haus aus fremder Zeitgenosse uns hier fragen könnte. Er könnte sagen: Ihr sprecht von einer Zukunft, in der kein Tod mehr sein wird, ja zu der Gott die schon Gestorbenen auferwecken wird, und sagt zugleich, es gehe um die Zukunft dieser Erde, auf der wir jetzt leben, und nicht um eine himmlische Überwelt. Aber wie soll man sich das vorstellen: diese jetzt schon von Überbevölkerung bedrohte Erde als künftigen Lebensraum einer Menschheit, in der niemand mehr stirbt, dazu noch aller früher Gestorbenen und Auferstandenen? Dazu sprecht ihr von einer Teilhabe auch der außermenschlichen Geschöpfe, in denen doch das Sterben der einen die Bedingung des Lebens der andern ist, an dieser Zukunft, in der es keinen Tod mehr geben soll - wie soll man sich das vorstellen?

Wir werden antworten: Vorzustellen ist da überhaupt nichts. Natürlich ist das Wie des eschatologischen Lebens unserem an den jetzigen Weltzustand gebundenen Vorstellungsvermögen entzogen. Wir werden vielleicht an die Legende von den beiden Mönchen erinnern, die miteinander viel über das ewige Leben nachgedacht und sich versprochen hatten, wer von ihnen zuerst sterbe, werde dem andern im Traum einen Hinweis zukommen lassen. Würde das Leben in der Ewigkeit ihren Gedanken entsprechen, so solle er nur das eine Wort sprechen: Taliter; wenn nicht, dann: Aliter. Aber die Botschaft des zuerst Abgerufenen lautet: Totaliter aliter! Totaliter aliter, lautete so nicht auch die Antwort, die Jesus den Sadduzäern gab, als sie ihn mit der Frage fangen wollten, wie es in der Auferstehung mit der Ehe der Frau bestellt sein werde, die auf Erden nacheinander mit sieben Männern verheiratet gewesen war? Antwortete so nicht auch Paulus auf die Frage, mit welchem Leib die Toten denn auferstehen? Wir haben also, so scheint es, guten biblischen Grund, auch auf die Frage unseres glaubensfremden Zeitgenossen, wie man sich dieses zukünftige Leben denn vorstellen soll, zu antworten: Totaliter aliter - jenseits aller Vorstellbarkeit.

Aber wird damit im Grund nicht wieder zurückgenommen, worauf die heutige Wiederaufnahme universaler Eschatologie so großes Gewicht legt: daß es entgegen aller spirituellen Verflüchtigung um die Zukunft dieser Welt, dieser Erde, dieses Leibes geht? Wenn die Erde in dieser Zukunft so total anders sein wird, daß die Frage, wie viele Menschen auf ihr leben können, gegenstandslos wird - was hat sie dann mit dieser Erde, auf der wir jetzt leben, überhaupt noch zu tun? Ist "Erde, aber totaliter aliter als das, was wir jetzt so nennen" nicht gleichbedeutend mit "Nicht mehr Erde, sondern etwas anderes, wofür wir noch kein Wort haben"? Eine entsprechende Überlegung könnte man auch für "Leib", "Natur" usw. anstellen, wenn mit diesen Worten gesagt sein soll, worauf sich die eschatologische Hoffnung bezieht, wofür sie eine Zukunft des Heils erwartet, zugleich aber das Totaliter aliter dieser Zukunft gegenüber allem, was wir jetzt unter diesen Worten kennen und verstehen, hinzugesagt wird. Wird es damit nicht schließlich auch sinnlos, zwischen Welterlösung und Weltvernichtung unterscheiden zu wollen? Worin unterscheidet sich eine Welt, in der alles unvorstellbar anders sein wird, von einer anderen Welt, die nicht mehr die sein wird, in der wir jetzt leben?

Auch über diese Aporie zwischen der theologisch m.E. zu Recht behaupteten Weltbezogenheit christlicher Hoffnung und dem theologisch ebenso unvermeidlich scheinenden Totaliter aliter, wenn nach dem "Aussehen" der eschatologischen Zukunft dieser Welt gefragt wird, wird, soweit ich sehe, in evangelischer Theologie noch kaum nachgedacht[2].

Dabei ist diese Aporie, den Weltbezug des Eschaton mit seiner sich aller Anschaulichkeit entziehenden Transzendenz zusammenzudenken, nun doch mehr als ein nur theoretisches Denk- und Sprachproblem. Die Frage "wie soll man sich das vorstellen", so naiv sie uns scheinen mag und dies auch ist, kann einen durchaus praktisch-existentiellen Hintergrund haben. Gewiß, sie kann auch wie bei jenen Sadduzäern als bloße Fangfrage gemeint sein, mit der der Unglaube den Glauben ad absurdum führen will. Sie kann aber auch zu der Frage einer Hoffnung werden, die wissen möchte, worauf sie letztlich hoffen und worauf sie dann auch hinarbeiten kann. Scheint nicht unter dem Vorzeichen des Totaliter aliter das Hoffen auf letztgültige Zukunft allen konkreten Inhalt zu verlieren? Sein Anlaß, die heute global gewordene Probleme, Nöte und Leiden dieser Welt sind konkret genug, nur allzu handgreiflich. Wenn aber die Zukunft und ihre Verwirklichung unvorstellbar anders sein soll, worauf hoffen wir dann eigentlich, wenn es denn wirklich ein Hoffen für diese Welt sein soll? Und wie kann solche Hoffnung, wenn die Zukunft, auf die sie sich richtet, allem, was Menschen sich vorstellen und herbeiführen können, entzogen bleibt, den Einsatz von Christen für mehr Gerechtigkeit und Frieden in den Verhältnissen dieser Welt motivieren?

So stehen wir schließlich vor der Frage: Kann man diesen Einsatz, auch wenn man ihn bejaht und für geboten hält, wirklich eschatologisch, aus der Erwartung der Zukunft des Gottesreiches begründen und das, was er innerweltlich bewirken und verändern möchte, an dieser Erwartung ausrichten? So fragen manche Theologen, die den praktisch-politischen Folgerungen dieser Hoffnungstheologie distanziert gegenüberstehen. In der Politik, so kann dann gesagt werden, geht es um irdisches Wohl, im Glauben um das Heil, das von Gott kommt - sollte man beides nicht klar und grundsätzlich auseinanderhalten? Über Fragen des Wohles muß man sich auseinandersetzen können mit Argumenten, die allen Partnern der politischen Diskussion unabhängig von ihrer Stellung zum Glauben verständlich sind. Das Engagement für die Veränderung politischer, sozialer, ökonomischer, ökologischer Weltverhältnisse wird dann an die Einsicht "weltlicher" Vernunft appellieren und sich auf Ziele richten, die menschlichem Handeln zugänglich sind und über die sich Christen mit Nichtchristen verständigen können. Die Erwartung des Gottesreiches und seines Heiles in einer alles menschlich Denkbare und Bewirkbare übersteigenden Zukunft aber bleibt die Hoffnung eines Glaubens, der nicht jedermann gegeben ist - einer Hoffnung, die schließlich gar nicht mehr irgendein Etwas erhofft, sondern nichts ist als "purissima spes in purissimum Deum". Und soweit dieses

---

[2] Immerhin wird sie von einigen katholischen Theologen wenigstens als Frage gesehen und zur Sprache gebracht, so z.B. in dem von F. DEXINGER herausgegebenen, Beiträge mehrerer Autoren enthaltenden und diskutierenden Sammelband "Tod, Hoffnung, Jenseits" (1983).

von Gott kommende Heil schon in das irdische Leben derer eingreift, die es im Glauben erwarten (was Theologen, die diese Sicht vertreten, keineswegs in Abrede stellen müssen), wird dies im Innern der Herzen und in der brüderlichen Liebe der Glaubenden untereinander wirksam werden - was Christen dagegen im Bezug auf die Gestaltung der öffentlichen Weltverhältnisse vertreten, wäre nicht von ihrer eschatologischen Hoffnung her zu begründen, sondern aus Einsichten, auf die alle ansprechbar sind. - Aber kann man Wohl und Heil wirklich so unverbunden auseinanderhalten? Können wir als Christen in uns selbst Glauben und Vernunft so säuberlich distanzieren?

Wird so die Spannung zwischen aktiver Weltzuwendung und transzendentem Ziel auf der einen Seite durch die grundsätzliche Distanzierung der Sorge um das Wohl von der Hoffnung auf das Heil beseitigt, so steht dem die Tendenz gegenüber, sie durch die Identifizierung des Heiles mit dem Wohl zu beseitigen. Hoffnung verlangt nach konkreten Zielen, für die sie sich einsetzen kann, und dies erst recht unter dem Druck der extremen Gefährdungen, in die unsere irdische Lebenswelt heute geraten ist. Das Totaliter aliter einer Zukunft, die alles menschlich Vorstellbare und Erreichbare transzendiert, scheint ihr diese konkreten Ziele zu verweigern. Von daher kann man es verstehen, wenn heute auch Stimmen laut werden, die das Befreiungshandeln Gottes mit dem, was Menschen gegen die ihr Leben und ihre Welt verderbenden Zwänge tun können, ineinssetzen. Das Ziel, auf das die Hoffnung sich richtet, wird so aus dem Raum des Ungreifbaren hereingeholt in den der Geschichte. Da kann gesagt werden: Gott ist befreiend dabei in dem, was Menschen auf dieses Ziel hin leiden und tun. Die Hoffnung, die von Gott erwartet, was er allein wirken kann und in der Auferweckung des gekreuzigten Jesus verheißen hat: Leben, in dem kein Tod mehr sein wird, tritt dann in den Hintergrund. Das muß nicht heißen, daß sie ausdrücklich verneint und abgeschrieben wird. Es kann aber auch zu solcher Verneinung kommen; zu der Forderung, die apokalyptische Erwartung einer Transzendenz jenseits des Todes solle aus der christlichen Eschatologie ausgeschieden werden, denn sie lähme die Energie, eine bessere Zukunft dieser Welt zu realisieren[3] - eine Zukunftshoffnung, die dann allerdings die Toten auf dem Schlachtfeld der Geschichte liegen lassen müßte und auch für die weiterhin Sterbenden kein Wort mehr hätte. Mit dem biblischen Christuszeugnis ist diese Reduktion eschatologischer Hoffnung gewiß nicht mehr in Einklang zu bringen.

Ich fasse zusammen:
Vorausgesetzt wird in dem Entwurf universaler Eschatologie, dem wir hier gefolgt sind, daß die Zukunft, die Gott in Christus verheißen hat, nicht die Vernichtung dieser Welt, sondern die heilvolle Erlösung und Vollendung seiner ganzen Schöpfung bedeutet. Nur unter dieser Voraussetzung kann christliche Hoffnung ein Hoffen auch für die Welt, in der wir leben, in sich schließen. Dann allerdings sieht sich ihre theologische Explikation vor die Aporien gestellt, die vorstehend erörtert wurden:

1. Die gedankliche Aporie der durch das wissenschaftliche Weltbild vor Augen gestellten Inkommensurabilität von kosmischen "Weltall", Erdentwicklung und Menschenge-

---

[3] So z.B. C. KELLER in ihrem Aufsatz "Die Frau in der Wüste", EvTh 50 (1990) 414ff.

schichte - kann dies alles eine gemeinsame letztgültige Zukunft haben? Wenn Hoffnung für die Welt, in welchem Sinn und welcher Erstreckung kann "Welt" da gemeint sein?

2. Die sprachlich-semantische Aporie der Frage, ob unter dem Vorzeichen eines eschatologischen Totaliter aliter das Reden von einer positiven Zukunft dessen, was wir jetzt als Welt, Erde, Leib usw. kennen und mit diesen Worten nennen, nicht jeden verstehbaren Sinn verliert.

3. Damit verbunden die praktische Aporie der Frage, ob durch dieses Vorzeichen, das einem Hoffen für diese Welt jeden konkreten Inhalt zu entziehen scheint, der Einsatz von Christen gegen die Nöte und Leiden in der Welt nicht gelähmt wird, oder dann eben anders als aus ihrer eschatologischen Erwartung zu motivieren wäre.

Das kann aber auch zum Anstoß werden, zu fragen, ob ein undifferenziertes Reden von diesem Totaliter aliter nicht problematisch ist. Weil christliche Hoffnung in dem auferstandenen Christus den Grund hat, aus dem sie von Gottes Macht die Überwindung des Todes erwartet, sahen wir uns zu der Aussage dieses sich aller Vorstellbarkeit entziehenden Anders-seins geführt. Aber verweigert uns dieser Grund unserer Glaubenshoffnung, den zur Sprache zu bringen theologischer Eschatologie allerdings unverzichtbar bleibt, wirklich jede inhaltliche Vorstellung dessen, worauf wir letztlich hoffen - nicht nur je für mich, sondern auch für die Welt, in der wir leben?

Diese Überlegungen wollten zunächst einfach eine Problemanzeige sein, provoziert durch die inspirierenden Impulse, die von der "Theologie der Hoffnung" ausgehen, aber nun eben auch durch die Aporien, die wir uns vergegenwärtigt haben. Eine umfassende Bearbeitung der damit aufgeworfenen Fragen kann dieser Beitrag sich nicht vornehmen. Am wenigsten kann dies geschehen für die zuerst genannte, das Verhältnis oder richtiger Un-Verhältnis zwischen modernem Weltbild und universaler Eschatologie betreffende Frage. Aber was die folgenden Fragen angeht, die um die Spannung zwischen konkreter Weltbezogenheit und weltüberlegenem Grund und Ziel eschatologischer Hoffnung kreisen, soll wenigstens ein Weg gesucht werden, wie wir mit ihnen umgehen können, ohne in ein völlig inhaltsleeres Totaliter aliter zu geraten.

Wir fragen zunächst nach Hinweisen auf den Inhalt des Lebens in der Vollendung, die das biblische Zeugnis selbst uns gibt. Als erstes ist uns da gesagt: Christus ist in diesem Leben, als der Auferstandene, in einer unserer Vorstellung durchaus entzogenen, neuen Seinsweise, aber er selbst "in Person", in seiner Identität mit dem gekreuzigten Jesus, dessen irdische Menschengestalt uns die Evangelien zeigen. Unvorstellbar anders, aber Derselbe.

Damit ist aber auch gesagt: Wir Menschen, die wir jetzt in Glauben oder Unglauben, in Versagen und Umkehr unsere Geschichte mit Christus haben, werden ihm nicht in ein leeres Nichts abhanden kommen. Als unser Richter und Versöhner wird er uns begegnen, und durch Gottes Gnade sollen wir mit ihm leben. Auch wir selbst "in Person", jeder von uns in seiner Identität mit dem Menschen, der wir jetzt auf dieser Erde sind. Wie wir dann als diese selben leben werden, ist uns wiederum verborgen, und ein ontisches Substrat, an dem wir uns des Erhalten-bleibens unserer Identität über die Todesgrenze hinweg vergewissern könnten, ist uns heute jedenfalls nicht mehr vorstellbar und biblisch auch nicht aufgezeigt. Weder in der Vorstellung einer den Tod überdauernden, unsterblichen Seele noch in der Vorstellung, daß Gott unsern toten Körper aus dem Grab herausholen und zu einem neuen Leib verwandeln wird, können wir ein solches ontisches Substrat suchen, das unsere bleibende Identität verbürgen würde. Verbürgt, bewahrt und festgehalten ist die allein in mente Dei - als wir selbst werden wir leben, weil Gott uns nicht vergißt.

Aber damit sind die inhaltlichen Hinweise auf das Eschaton, die uns im biblischen Hoffnungszeugnis begegnen, nicht erschöpft. Die Seligpreisungen der Bergpredigt führen weiter. Eine Gerechtigkeit wird da verheißen, in der alles irdische Fragen und Hungern nach Gerechtigkeit gestillt und erfüllt sein wird. Eine Freude, in der alles irdische Leid getröstet und überwunden sein wird. Ein "Erdreich", in dem die Macht von Gewalt und Waffen zu Ende sein wird, überwunden durch die sanftmütige Macht der Liebe. Zusammengefaßt und gleichsam auf ihren Hauptnenner gebracht erscheinen diese eschatologischen Zusagen in dem Wort des Kolosserbriefs, daß aus Gottes Willen durch Christus "alles versöhnt werden soll zu ihm selbst, es sei auf Erden oder im Himmel, damit er Frieden machte durch das Blut an seinem Kreuz, durch sich selbst." Versöhnt sein mit Gott und durch ihn miteinander, das leuchtet hier auf als der eine Inhalt des neuen Lebens, in dem alles, was die Seligpreisungen zusprechen, umschlossen und vereint sein wird: Gerechtigkeit, Freude, das Ende aller Gewaltherrschaft der einen über andere. Eine durch die Selbsthingabe des gekreuzigten Christus aus ihrem Unfrieden erlöste, um ihn, den Auferstandenen vereinte, versöhnte Menschheit - das ist ganz gewiß kein leeres Totaliter aliter. Das ist aber auch mehr als ein Erlöstsein isolierter Individuen in ihrer nackten Identität mit sich und für sich selbst. Wir sind ja in der Tat keine isolierten Individuen. Unsere Identität ist nicht nackt. Gerade zu ihr, zu dem, wer wir selbst sind und gewesen sein werden in der Stunde unseres Todes, gehören die mitmenschlichen Beziehungen, in denen wir gelebt haben, die uns geformt und vielleicht auch deformiert haben: unsere Freundschaften und Feindschaften, unsere persönlichen, sozialen und politischen Bindungen, die Gruppen, mit denen wir uns identifiziert und andere, von denen wir uns distanziert, gegen die wir gestritten haben. Das alles gehört zu der Identität, in der wir vor Christus unserm Richter und Versöhner stehen werden. Und daß wir in das neue Leben gerufen werden, heißt nicht, daß dies alles gleichgültig werden und von uns abfallen wird in ein leeres Nichts, sondern daß wir mit allen diesen Beziehungen, in denen wir unser irdisches Leben gelebt haben, geheilt werden in eine geheilte, versöhnte Gemeinschaft hinein.

So wird die Zukunftsverheißung Gottes, gerade indem sie je uns selbst zum Grund der Hoffnung eines neuen Lebens wird, auch zum Grund einer Hoffnung für die Welt, und zwar zunächst für die menschliche Um-welt, in der wir jetzt leben und ohne die wir nicht die sind, die wir sind. So werden auch Inhalte solcher Hoffnung aussagbar, die sich so auf diese Welt beziehen, daß sie den quälenden Fragen begegnen, an denen wir in ihr leiden. Wir leiden an dem Widereinander der Überzeugungen in unseren persönlichen, politischen, auch kirchlichen und theologischen Auseinandersetzungen. Wir leiden daran, daß wir einander nicht überzeugen und oft nicht einmal verstehen können; daß der Streit um das Rechte und Wahre immer wieder in ein Zwielicht gerät, in dem wir uns gegenseitig auch Unrecht tun und Unwahres unterstellen. Wird dieses Zwielicht ungelichtet bleiben und alles, wofür und wogegen Menschen sich eingesetzt und gestritten haben, in Unentschiedenheit untergehen? Wir erwarten, daß Christus offenbar werden wird für alle und über allem, und in ihm das Licht der Wahrheit, in dem Recht und Unrecht klar geschieden und unsere Streitfragen endgültig entschieden sein werden. Wir leiden an den großen Ungerechtigkeiten dieser Welt und an unserer menschlichen Ohnmacht, sie zu überwinden; nicht zuletzt auch daran, daß wir selbst zu Nutznießern ungerechter Verhältnisse werden und aus dieser Verstrickung nicht aussteigen können.

Wird dies alles unbereinigt stehen bleiben wie es war und ist und sich immer noch fortsetzt? Wir warten auf das Offenbarwerden Christi über allem und hoffen in ihm auf die Macht der Gerechtigkeit, die die Ungerechtigkeiten dieser Welt nicht stehen lassen, sondern richten und zurecht bringen wird und denen, die sie erleiden mußten und darüber gestorben sind, Recht schaffen wird. Wir leiden an der Feindschaft und den Feindbildern in dieser Welt, an dem Haß, der Völker, Rassen und Religionen entzweit und sich mörderisch entlädt. Wir leiden auch an den persönlichen Konflikten, die uns mit Menschen entzweien und einander zu Feinden machen. Aber wir warten auf das Offenbarwerden Christi und hoffen in ihm auf das Reich des Friedens, in dem aller Völkerhaß überwunden und versöhnt sein wird und in dem auch unsere persönlichen Gegnerschaften geheilt sein werden. Friede wird sein, nicht so, daß mein nacktes Ich seine Feinde endlich los sein und vor ihnen seine Ruhe haben wird. Sondern der Friede, der mich in Christus mit ihnen versöhnt, in dem wir einander neu begegnen und uns endlich ganz verstehen und lieben werden.

Wer auf diese Zukunft zulebt, dem ist auch für seinen Weg und sein Tun in der Gegenwart die Richtung gezeigt. Wer auf die Offenbarung der ganzen Wahrheit hofft, der wird in den Auseinandersetzungen dieser Welt, in ihren gegenseitigen Be- und Verurteilungen für Wahrheit und gegen Lüge und Unterstellungen eintreten und dabei wissen, daß auch seine eigenen Erkenntnisse und Urteile unter dem Vorbehalt bleiben, im Licht jener ganzen Wahrheit gerichtet und zurechtgebracht zu werden. Wer auf die ganze Gerechtigkeit des Reiches Gottes wartet, der kann an den Ungerechtigkeiten dieser Welt nicht gleichgültig vorbeisehen. Er wird in dem Maß seiner Möglichkeit und Einsicht gegen sie angehen, auch wenn er weiß, daß seine menschliche Einsicht und Kraft begrenzt ist. Wer den großen Frieden einer durch Christus versöhnten und um ihn vereinten Menschheit als Ziel seiner Hoffnung vor Augen hat, der wird schon jetzt in den Feindschaften, die die Völker und Gruppen entzweien und auch in dem, was zwischen ihm selbst und andern Menschen steht, nach Wegen der Verständigung und Versöhnung suchen. Er wird am Abbau der Feindbilder arbeiten - auch seiner eigenen. Er wird in tätiger Hoffnung leben.

Wir Christen wissen, daß es nicht der Fortschritt der Menschheit, sondern die Macht Gottes ist, die diese Zukunft schafft, auf die wir hoffen. Wir können auch mit dem, was wir Menschen jetzt für mehr Wahrheit, Gerechtigkeit und Frieden tun können, nicht auf sichtbar voranschreitende Erfolge rechnen, müssen vielmehr auf die Erfahrung von Enttäuschungen und Leiden gefaßt sein. Wir können nicht sicher sein, ob es menschlicher Anstrengung wirklich gelingen wird, die globalen Gefahren zu besiegen, die heute das irdische Leben bedrohen. Aber weil wir nicht auf menschliche Welt- und Selbsterlösungsmacht, sondern auf die Zukunftsmacht Gottes unsere Hoffnung setzen, muß diese Hoffnung auch über Enttäuschungen und Leiden nicht resignieren, und das Tun, zu dem sie bewegt, muß über den Rückschlägen, die es erfährt, nicht erlahmen. Daß christlicher Hoffnung ihr Grund und Ziel jenseits des Menschenmöglichen und durch Menschen Machbaren gegeben ist, erweist sich so gerade nicht als ihr Handicap, sondern als die Quelle ihrer Kraft und Beharrlichkeit.

Hoffnung für die Welt? Es ist die Menschenwelt, von der wir bis dahin gesprochen und für die wir auf diese Frage eine Antwort gesucht haben. Wir haben uns dabei leiten lassen von der biblischen Verheißung, daß durch Christus und zu ihm hin alles versöhnt werden soll, was jetzt streitet und leidet. Eine versöhnte Menschenwelt, da mußten wir auf die Frage, worauf wir angesichts eines eschatologischen Totaliter aliter eigentlich hoffen, nicht stumm bleiben. Da konnte der Inhalt solcher Hoffnung wenigstens andeutend zur Sprache kommen. Aber das Wort des Kolosserbriefes, auf das wir uns dabei bezogen haben, greift ja über die Menschenwelt hinaus und steht damit im Neuen Testament nicht allein: "Alles, es sei im Himmel oder auf Erden" - die ganze Schöpfung wird da einbezogen in diese Versöhnung, nicht allein wir Menschen in unseren gegenseitigen Beziehungen und Konflikten, sondern mit uns die ganze Kreatur. Wie diese Teilhabe der Natur, des Kosmos, der "Welt" in dem die Menschenwelt umgreifenden Sinn am Leben der Zukunft aussehen wird, darüber können wir freilich keine Aussagen machen. Das bleibt für uns jenseits alles Vorstellbaren. Aber daß unser menschliches Leben von der Schöpfung um uns herum nicht zu trennen ist, daß Menschheit und Natur in einer Schicksalsgemeinschaft zusammengehören, das wird heute deutlich spürbar an dem heillosen Streit, in den ein diese Gemeinschaft ignorierender menschlicher Fortschritt mit dem Leben der Natur gerät. Und dies jedenfalls sagt uns die Verheißung der Versöhnung in Christus gerade in ihrer den Kosmos umspannenden Weite: Durch Gottes Macht wird auch dieser Streit geheilt sein. Wir dürfen hoffen auf den Frieden nicht nur zwischen Mensch und Mensch, sondern auch zwischen uns Menschen und der Schöpfung, die uns umgibt und die jetzt mit uns und an uns leidet. Solche Hoffnung wird dazu bewegen, auch dem Leiden der Natur am Menschen schon jetzt entgegenzutreten, soweit uns Kraft und Einsicht dazu gegeben ist.

Möchte dieser Beitrag zu der Frage, wie der Glaube in seiner Hoffnung zur Sprache kommen kann, Friedrich Mildenberger ein Zeichen meines Dankes und meiner Freude sein über eine durch Jahrzehnte bewährte kollegiale Arbeitsgemeinschaft und menschliche Verbundenheit.

IV.

In der Predigt einfach von Gott reden

Eberhard Jüngel

Psalm 131

Ein Wallfahrtslied Davids.
Herr, mein Herz will nicht (mehr) hoch hinaus.
Aus meinen Augen kommt kein hochfahrender Blick.
Mich treiben keine großen Wünsche umher
und Ziele, die mir zu hochgesteckt sind.
Meine Seele habe ich vielmehr befriedet, gestillt.
Wie ein gestilltes Kind bei seiner Mutter,
so ist gestillt meine Seele in mir.
Israel, harre des Herrn von nun an bis in Ewigkeit.
Amen.

Auch diesmal, liebe Hausgemeinde, lenkt ein alttestamentlicher Text unsere Aufmerksamkeit auf eine weibliche Gestalt. Doch welch' ein Unterschied! Hannah und Judith, die uns in den beiden letzten Andachten eindrücklich wurden, waren Frauen, von denen selbst die Nachwelt noch spricht. Ihr Name hat Geschichte gemacht. Im Unterschied zu Ihnen bleibt die Frau, von der unser Wochenpsalm redet, namenlos. Und eigentlich ist sie sogar nur ein Gleichnis. Namenlos und gleichnishaft kommt sie auch bloß am Rande des Bildes in den Blick, in dessen Mittelpunkt der Psalmist ganz ungeniert sich selbst in Szene gesetzt hat.

Und doch nimmt niemand Anstoß daran, daß hier ein menschliches Ich so ungeniert von sich, von seinem Herzen, seinen Augen, seiner Seele erzählt. So wie ja auch niemand sich an den Bildern alter Meister ärgert, in denen im Zentrum des Bildes, alles beherrschend, ein Säugling unseren Blick gefangen nimmt, und erst der zweite Blick dann die Mutter wahrnimmt, die ihrem Kinde die Brust reicht oder es liebevoll auf dem Schoß wiegt.

Mit einem solchen bei der Mutter geborenen Kleinkind vergleicht sich unser Psalmist in seinem Verhältnis zu Gott. Nur daß in diesem Fall das Kind schon gestillt und nunmehr wunschlos glücklich bei seiner Mutter ist. Ein gewagter Vergleich, gewiß! Mehr als gewagt sogar, wenn man bedenkt, daß spätere Zeiten diesen Psalm als Lied Davids identifizieren zu können meinten. Doch die historisch gewiß problematische Identifikation des Psalmisten mit David ist gut geeignet, die Pointe dieses kleinen Liedes sicher zu fassen. Denn ein Mann wie David ist ja geradezu das Gegenteil dessen, was hier ein menschliches Ich von sich selber zu sagen weiß: Sein Herz wollte weiß Gott hoch hinaus; die Blicke seiner Augen waren gewiß alles andere als demütig; seine Wünsche und Ziele hatte er von Jugend hoch gesteckt, höher jedenfalls als es seinem königlichen Schwiegervater Saul lieb sein konnte. Kurzum: David war der Inbegriff des jungen Mannes, der den homerischen Helden gleich "immer der beste und niemanden je unterlegen" sein wollte:

Erst wenn man ein solches Mannsbild - heiße es nun David, Achill, Alexander oder wie einer von uns - erst wenn man ein solches Mannsbild vor Augen hat, wird die Kühnheit unseres Liedes nachvollziehbar.

Denn von einem ohnehin Anspruchslosen, immer mit niedergeschlagenen Augen durchs Leben Trippelnden, sich keine Ziele Steckenden, keinen Lebensentwurf Wagenden und eben deshalb allezeit wunschlos Glücklichen oder vielmehr wunschlos Unglücklichen - von einem solchen Männlein Beteuerungen der Demut und Ergebenheit zu hören, das dürfte selbst für Gott einigermaßen langweilig sein. Entsprechend langweilig lesen sich die den Psalm auf dergleichen Niveau herabziehenden gelehrten Kommentare: Eine "Loyalitätserklärung" lege der Sänger Gott gegenüber ab, und diese bestehe in seiner Anspruchs- und Willenslosigkeit: "Er will sich selbst weder helfen noch in irgendeiner Angelegenheit durchsetzen" - behauptet ein Kommentator (H.-J. Kraus) und macht so den Psalmisten zu einem gottwohlgefälligen Softi. Nun wollen wir nicht bestreiten, daß Gott auch an einem Softi sein Wohlgefallen haben kann. Aber dazu bedarf es keines Psalmes. Und die innere Spannung unseres Psalmes wäre regelrecht verpufft, wenn man ihn so verstehen müßte: verpufft, pointenlos.

Da leuchtet es schon eher ein, wie ein anderer Schriftgelehrter erklärt - sich in unserem Psalm ein Mensch aussprechen soll, der in einem überaus heftigen "Kampf gegen eigenen Hochmut ... gegen Streben nach Ehre, Reichtum, Geltung" sich selber beherrschen und "auf schöne Jugendträume und trotziges Mannes-wollen" verzichten gelernt hat, um dafür "als Siegespreis ... die Festigkeit und Gehaltenheit eines Menschen, der ganz Herr seiner selbst geworden ist", in Händen zu halten (A. Weiser). Unser Psalm wäre dann allerdings nicht viel mehr als das Selbstgespräch eines alternden Menschen, dessen Lebensschiff durch vielfach stürmische Wogen endlich in ruhige Gewässer gelangt ist, die ihm nun sicher den Weg in den Hafen weisen: "Meeresstille und glückliche Fahrt" ... Beata vita, seliges Leben haben frühere Zeiten solche Einkehr ins schützende Hafengewässer genannt.

Doch kann das die beata vita sein: das Leben eines Menschen, der sich selber bekämpft und bezwungen hat und auf diese Weise endlich "ganz Herr seiner selbst geworden ist"? Unser Psalm wäre dann allenfalls ein Text für Emeriti und solche, die es werden wollen. Auch an ihnen mag Gott sein Wohlgefallen haben. Wir wollen es hoffen. Aber unser Lied wäre dann sinnlos und schal für die Jugend und für Menschen, die in der Blüte ihrer Jahre stehen, und aus ihrem Leben noch etwas zu machen gedenken. Sie könnten in diesen Psalm ganz gewiß nicht einstimmen.

Nun wendet sich der Psalmist aber am Ende seines Liedes ausdrücklich an ganz Israel. Also muß die ganze Gemeinde einstimmen können in dieses so überaus persönliche Bekenntnis eines Einzelnen. Das ist aber nur möglich, wenn wir unser Lied gerade nicht als "Loyalitätserklärung" eines von Natur aus anspruchslosen oder durch Selbstüberwindung anspruchslos gewordenen Menschen lesen, der sich für seinen weitgehenden Verzicht auf Ich-Stärke und selbständige Lebensgestaltung, sozusagen als Ersatz, bei Gott geborgen wissen darf. Umgekehrt wird ein Schuh draus! Wie jeden guten Text, so muß man auch diesen Psalm von hinten lesen können. Dann wird verständlich, warum man ihn treffend zu "den schönsten der Psalmen" (A. Weiser) gezählt hat.

Schön ist er deshalb und im strengen Sinne des Wortes, weil in ihm selber erscheint, was im eigentlichen Sinne schön genannt zu werden verdient. Ihm gilt das "interesselose Wohlgefallen" - mit Kant zu reden - , also das Wohlgefallen, das nichts haben, sondern nur wahrnehmen, nur da und dabei sein will. Schön ist, was wir um seiner selbst willen lieben. Und dafür steht in unserem Psalm die Mutter, die dem Kind alles gegeben hat, was es begehrt und wessen es bedarf. Sie hat das Kind in seinem ganzen Begehren, sie hat alle seine Bedürfnisse gestillt. Und nun ist sie nicht mehr Mittel zur Befriedigung kindlicher Wünsche. Nun ist sie in einem ganz anderen Sinne Mutter noch. Nun ist sie um ihrer selbst willen begehrens- und also wirklich liebenswert. Nun ist sie schön. Und das gestillte Kind ist ganz bei ihr, nun wirklich in einem unvergleichlichen Sinne anspruchslos. Es hat ja nun alles, was es braucht. Es ist zufrieden. So ist es ganz bei der Mutter und freut sich ihrer. Und nur so, so aber ist es ungestört ganz bei sich selbst.

Bis es wieder hungrig wird, oder andere Bedürfnisse hat und schreit ...

Doch die schreiende Rückkehr in den Rhythmus der Welt macht das liebevolle Zusammensein, in dem nur die gegenseitige Wahrnehmung Bedeutung hat, nicht ungeschehen. Im Gegenteil: von solchem Zusammensein herkommend besteht das heranwachsende Kind den Rhythmus der Welt eher, als wenn es allein auf sich selber gestellt wäre und dann entweder durch übertriebene Ansprüche oder übertriebene Anspruchslosigkeit auf sich aufmerksam macht, und - sei es hochmütig sei es demütig - sich durchzusetzen versucht.

Bei Gott, liebe Hausgemeinde, sind wir allezeit solche Kinder. Auch wenn wir längst erwachsen geworden sind und wie der steineschleudernde David oder der hochfahrende Achill oder der seine Ziele weit und hoch steckende große Alexander - nur einige Nummern kleiner, versteht sich - , auch wenn wir längst wie Hannah und Judith oder irgendeine andere gestandene Frau unseren Willen an der widerständigen Lebenswirklichkeit erproben müssen, auch dann ist Gott für uns am Werk wie eine die Bedürfnisse ihres Kindes ernstnehmende Mutter. Und weil wir bei Gott allezeit solche Kinder sind, deshalb gibt es auch für jeden von uns die ganz besonderen Augenblicke, in denen der himmlische Vater genug getan hat für uns und wir ihn nur noch so kennen wie das ganz und gar gestillte Kind seine Mutter. Dann nehmen wir Gott um seiner selbst willen wahr. Und sind ganz bei ihm und gerade so ganz bei uns selbst.

Dann will mein Herz nicht mehr hoch hinaus und aus meinen Augen kommt kein hochfahrender Blick. Mich treiben keine großen Wünsche umher und keine hoch und immer noch höher gesteckten Ziele. Denn dann ereignet sich mehr als irgendein Ziel. Dann ereignet sich die mütterliche Nähe des göttlichen Vaters. Dann ist Gott schön. Und ich bin es, seltsam genug, auch für ihn. Jedenfalls bis auf weiteres.

Und wenn ich dann wieder wie ein bedürftiges Kind, das seinen Willen haben will, zu schreien beginne, dann ist es vielleicht für einen anderen Mann oder eine andere Frau aus dem Volke Gottes an der Zeit, in diesen zartesten aller Psalmen einzustimmen und sich Gottes zu freuen - bis auf weiteres ...

Amen.

Michael Welker

Gewaltverzicht und Feindesliebe

Mt 5,38-48

38 Ihr habt gehört, daß gesagt worden ist: Auge für Auge und Zahn für Zahn.
39 Ich aber heiße euch, dem Bösen keinen offensiven Widerstand zu leisten. Sondern wenn dich jemand auf deine rechte Wange schlägt, so halte ihm auch die andere hin!
40 Und dem, der mit dir prozessieren und deinen Rock nehmen will, laß auch den Mantel!
41 Und wenn dich jemand zu einer Meile Frondienst nötigen wird, so geh mit ihm zwei!
42 Gib dem, der dich bittet, und wende dich nicht ab von dem, der von dir borgen will!
43 Ihr habt gehört, daß gesagt worden ist: Du sollst deinen Nächsten lieben, und du sollst deinen Feind hassen!
44 Ich aber sage euch: Liebt eure Feinde und betet für eure Verfolger,
45 damit ihr Kinder eures Vaters in den Himmeln werdet; denn er läßt seine Sonne aufgehen über Böse und Gute und läßt regnen über Gerechte und Ungerechte.
46 Denn wenn ihr die euch Liebenden liebt, welchen Lohn habt ihr? Tun das nicht auch die Zöllner?
47 Und wenn ihr nun eure Brüder grüßt, was tut ihr Besonderes? Tun nicht die Heiden dasselbe?
48 Ihr sollt also vollkommen sein, wie euer himmlischer Vater vollkommen ist.

"Auge um Auge, Zahn um Zahn": eine Aufforderung, Rache und Vergeltung zu üben, ein Aufruf, den Kreislauf von Gewalt und Gegengewalt und die damit drohende Eskalation nicht zu scheuen. Auch heute noch wird diese Formel so verstanden und so zitiert.

"Auge um Auge, Zahn um Zahn" - ein Beispiel für eine vorzivilisierte Weise, mit zwischenmenschlichen Konflikten umzugehen. Und Jesu Aufforderung zu Gewaltverzicht und Feindesliebe ist ein Meilenstein auf dem langen Weg heraus aus der Barbarei, auf dem wir uns heute mehr oder weniger weit vorangekommen sehen.

"Auge um Auge, Zahn um Zahn" - diese Wendung, die sogenannte Talionsformel, begegnet uns zunächst wiederholt in Gesetzesüberlieferungen des Alten Testaments. Sie ist dort allerdings alles andere als eine Aufforderung, Rache und Vergeltung zu üben, den Mechanismus von Gewalt und Gegengewalt in Gang zu setzen.

Die Talionsformel: "Auge um Auge, Zahn um Zahn" findet sich zuerst in Gesetzestexten, die auf eine *Begrenzung von Konflikten,* auf eine *Eindämmung von Gewalteskalationen* abzielen. Sie begegnet uns inmitten von Gesetzen, die in Konfliktsituationen auf Ersatzleistung, auf Ausgleich, auf Herstellung oder Wiederherstellung ausgeglichener Lebensverhältnisse abstellen. Begrenzung von Konflikten und Ausgleichsoperationen: das ist das Ziel dieser Gesetze, das ist die Gerechtigkeitsvorstellung, die sie leitet. In diesem Sinn will auch die Talionsformel verstanden werden: *"Nur ein Auge* für ein Auge, *nur einen* Zahn für einen Zahn!" Das heißt: keine Eskalation des Konflikts! Das heißt auch: keine individuelle und willkürliche Bewertung und Festlegung des Ausgleichs, etwa auf der Linie: Der Zahn unseres hochgeschätzten Mitmenschen X ist mit einem Menschenleben zu bezahlen, der Zahn des Ganoven Y kostet nur eine Turteltaube.

Die Begrenzung des Konflikts durch Ausgleichsoperationen und die Abstraktion von den beteiligten Individuen erlauben eine Vervollkommnung der rechtlichen Gleichstellung. Entsprechend dieser Logik wird ein späterer Gesetzestext (Lev 24,22) die Talionsformel zitieren und hinzufügen: "Einerlei Recht gilt für euch. Für den Gast so wie für den Einheimischen gilt es." Auge ist Auge, Zahn ist Zahn - unabhängig von sozialer Stellung oder nationaler Herkunft der betreffenden Menschen.

"Auge um Auge, Zahn um Zahn" - Konfliktbegrenzung, Rationalisierung, Gleichstellung, Ausgleichsdenken, Verrechtlichung drücken sich in dieser Wendung aus. Den von Gewalt und Konflikterfahrung betroffenen, den erregten, nach Vergeltung und Rache verlangenden Menschen wird Selbstbeschränkung und Selbstzurücknahme auferlegt: "*Nur ein* Auge für ein Auge, *nur einen* Zahn für einen Zahn!"

Sobald dies deutlich wird, erscheint nicht länger die Talionsformel als befremdlich, sondern Jesu Aufforderung, dem Bösen keinen Widerstand zu leisten, wirkt plötzlich abwegig. Wäre es nicht viel vernünftiger, im Sinne der Talionsformel konsequent auf Ausgleich abzustellen, als dem brutalen Prozeßgegner nicht nur das Untergewand, sondern auch noch den Mantel zu lassen? Was spricht denn eigentlich dafür, den römischen Besatzungstruppen, die einen als Wegweiser oder Lastenträger zum Mitgehen zwingen, weiter zu folgen als abgenötigt? Was soll Jesu Zumutung einer Selbstzurücknahme, die als Alternative zu einem wilden Rache- und Vergeltungsaufruf einleuchten mag, die aber, wenn der Sinn der Talionsformel klargelegt worden ist, als völlig überzogen erscheint?

Warum bereitet der Text solches Kopfzerbrechen für den gesunden Menschenverstand, für Theorie und Praxis aller Ethik, für die rechtsförmig Denkenden, aber auch für die Theologie? Warum bereitet er ein Kopfzerbrechen, das seit fast 2000 Jahren an diesem Text herumbessern, das ihn abschwächen, das ihn auf die bloße innere Einstellung oder auf die außerweltliche Sphäre christlichen Lebens - was immer das genau sein mag - beziehen ließ? Warum bereitet er ein Kopfzerbrechen, das immer wieder zu dem Urteil geführt hat: "Mit der Bergpredigt kann man keine Politik machen und keine realistische Moral begründen!"?

"Ich aber sage euch: 'Leistet dem Bösen keinen offensiven Widerstand, tretet ihm nicht frontal entgegen!'" Jesus verlangt damit nicht, wie oft gemeint worden ist, ein rein passives Erdulden des Bösen, ein bloßes an sich und anderen Geschehen-Lassen oder den Versuch, das erfahrene Böse möglichst zu ignorieren, von ihm zu abstrahieren. Weder der Ausdruck 'Widerstandslosigkeit' noch der Ausdruck 'passiver Widerstand' geben genau wieder, was hier eigentlich intendiert ist.

Jesu Aufforderung folgt zunächst der Logik der Talionsformel: Selbstzurücknahme, Begrenzung der Gegenaggressivität, Überwindung des Affekts, der nach Rache und Vergeltung verlangen läßt. Die Talionsformel hatte dieser Begrenzung und Selbstzurücknahme das Maß durch den Gedanken des *Ausgleichs* gegeben: *Nur ein* Auge *für ein* Auge, *nur einen* Zahn *für einen* Zahn. Welches Maß aber legt Jesus zugrunde, wenn es heißt: "Ich aber sage euch, leistet dem Bösen keinen offensiven Widerstand!"? Fordert er nicht zu einer maß*losen* Selbstzurücknahme auf, die gerade deshalb unrealistisch ist, die gerade deshalb nicht zur Basis für Politik, Recht und Moral werden kann?

Den Opfern der Gewaltanwendung wird zugemutet, eine Verlängerung, eine Wiederholung der Gewaltausübung zu ertragen. Ja, sie sollen auf unaggressive Weise zu dieser Verlängerung oder Wiederholung der Gewaltanwendung provozieren. "Halte auch die andere Backe hin!" "Gib auch den Mantel!" "Geh zwei Meilen!" Das heißt nicht, daß sie sich einer Verlängerung der Gewaltanwendung ins Unbestimmte ausliefern sollen: "Geh *zwei* Meilen mit dem, der dich zu einer Meile Frontdienst zwingt!", heißt es. Es heißt nicht: "Geh so weit die Füße tragen!" "Biete auch die andere Backe dem, der dich schlägt!", nicht: "Laß dich beliebig schlagen und quälen!"

Wie durch die Talionsformel wird die Gewalttat damit über die Situation des erregten Affekts hinausgeführt. Auf eine sehr merkwürdige Weise bringt der Gewalt erleidende Mensch, der Jesu Aufforderung folgt, die Situation unter eine ganz bestimmte Kontrolle. Der angegriffene, Gewalt erleidende Mensch zeigt sich selbst und dem Gewalttätigen, daß er sich von der affektiven Betroffenheit und vom Reiz zu affektiver Gegenreaktion mit entsprechender Eskalationsdrohung zu lösen vermag. Gerade weil er sich selbst zurücknimmt, steht er "über den Dingen", wendet er die Position der Schwäche in eine Position der Stärke. Nicht ohne Grund wird in unserem Text die Position dessen, der jenseits des offensiven Widerstands handelt, mit der Position des einer Bitte entsprechenden, des leihenden, des kreditgebenden Menschen gleichgesetzt. Der Aggressor wird als jemand gesehen, der seine Lebens- und Handlungsmöglichkeiten zu Lasten des Mitmenschen erweitern will. Und er soll dazu aufgefordert werden, offene Türen einzurennen.

Der Gewalt Erleidende versetzt sich gleichsam in den Aggressor hinein, vollzieht dessen Bewegung, dessen Intention nach und mit. Er erweitert dessen Handlungsmöglichkeiten, die Möglichkeiten, sich aggressiv auszuleben, sich zu bereichern, seine Mitmenschen zu beanspruchen. Er gibt. Er borgt.

Aus dieser Position des Stärkeren heraus hebt er das für affektiv aggressive Handlungen typische Verstärktwerden durch die Angst vor Gegenreaktionen auf. Er zeigt: Von mir aus gibt es keinen Zirkel von Gewalt und Gegengewalt. Dem aggressiven Gewalttäter wird damit die Möglichkeit gegeben, sich seinerseits vom Affekt zu distanzieren und zur Besinnung und zur Vernunft zu kommen. Es mag sein, daß er dies nicht will. Dann aber wird er dazu genötigt, in für sich selbst und für seine Umgebung ganz offensichtlicher und demonstrativer Weise Gewalt anzuwenden. Er wird dann dazu genötigt, offensichtlich und bewußt Unrecht zu tun.

Das Hintergründige der Aufforderung, auch den Mantel zu geben und der

Besatzungsmacht länger Frontdienst zu leisten als von ihr unbedingt erzwungen, sollte nicht übersehen werden. Mit der Gabe auch des Mantels vor Gericht wird nämlich demonstrativ darauf aufmerksam gemacht, daß das alttestamentliche Pfändungsrecht verletzt worden ist, daß sich Richter und Pfandnehmer unfehlbar eines fundamentalen Gesetzesverstoßes schuldig machen. In schwer greifbarer, aber zweifellos ähnlich wirksamer Weise wird das öffentliche Rechtsbewußtsein geweckt und angesprochen durch den unter der Gewalt der Besatzungsmacht länger als unbedingt nötig still leidend Mitlaufenden. Gerade unter noch machtlosen Menschen kann diese gewaltlos als Gewalttat angeprangerte Nötigung zum Spießrutenlauf für die noch Mächtigen werden.

Das Öffentlichwerden des Gesetzesverstoßes, das Öffentlichwerden der Ausbeutung durch die Besatzungsmacht, das Öffentlichwerden der Gewalttat ist nach allen Seiten hin und in mehrfacher Hinsicht ein wichtiger Effekt der von Jesus gebotenen Haltung. Die demonstrierte Wehrlosigkeit im Hinhalten der anderen Backe, im Weggeben aller Kleidungsstücke (wie Lukas betont) ist für die gewaltlose Überwindung der Gewalttätigkeit von großer Bedeutung.

Obwohl diese milde, schwer greifbare und auch nicht klar kalkulierbare Form der Auseinandersetzung mit der Gewalttat im Text nicht zu übersehen ist, tritt ein anderer Aspekt stärker hervor, nämlich der Aspekt der *direkten Stärkung* des Gewalttätigen. Dem entspricht die zweite Aufforderung Jesu, die Aufforderung zur Feindesliebe.

Liebe zielt auf Wohlergehen und Stärkung des Mitmenschen - auch jenseits des Ermessens des Liebenden. Die Liebe will dem geliebten Menschen eine ihm stets freundliche Welt gestalten, erhalten und wünschen. Dem geliebten Menschen sollen alle Dinge zum Besten dienen. Doch den Feind zu lieben, dem Feind zu wünschen, daß ihm alle Dinge zum Besten dienen mögen, für den Verfolger zu beten - das erscheint zunächst als ganz absurd. Ein an konkreten Eigeninteressen orientiertes Denken wird solches Handeln geradezu als Selbstgefährdung ansehen. Und ein auf Ausgleich bedachtes, ein das Maß des Ausgleichs zugrundelegendes Denken wird empfehlen, die Geschwister, den Nächsten, besonders aber die uns selbst Liebenden zu lieben. Doch den Feind, den Verfolger wird dieses Denken auf Distanz zu bringen suchen. Es wird ihn hassen.

Jesus stellt diese Sicht der Dinge nicht als schlechthin absurd dar. Die Heiden denken so. Die Zöllner denken so. Und auch diejenigen, die unkritisch "falsche Lehren über die Auslegung des Gesetzes" hinnehmen (H.D. Betz), denken so. Wie die neutestamentliche Forschung gezeigt hat, wird mit der Wendung "Ihr habt gehört, daß gesagt ist" gerade auf eine solche unkritische Hinnahme falscher Lehren über die Auslegung der Tora, des Gesetzes, hingewiesen. Falsche Lehre und unkritische Hinnahme aber liegen vor, wenn gehört und gesagt wird: "Du sollst deinen Nächsten lieben und deinen Feind hassen!" Nirgendwo nämlich heißt es im Alten Testament: "Du sollst deinen Feind hassen." Aber die einfache Sicht der Dinge folgert aus dem Gebot der Nächstenliebe, daß die, die uns nicht lieben, sondern hassen, nämlich unsere Feinde, nun unsererseits zu hassen seien. - "Auge um Auge, Zahn um Zahn."

Gegenüber dieser oft "natürlich" genannten Sicht sagt Jesus nicht: Besorgt euren Feinden Waffen, macht euch so viele Feinde wie möglich, begebt euch in die Hände eurer Verfolger! Keineswegs fordert er zu direkter oder indirekter Selbstgefährdung und Selbstschädigung auf. Er appelliert vielmehr auch hier an die Position der Stärke, die zu erkennen vermag: Mein Feind, mein Verfolger ist ein bittender, ein borgender, ein bedürftiger, ein schwacher, ein der Liebe und der Fürbitte bedürftiger Mensch.

Diese Haltung, die keine Angst vor der Stärkung der Feinde durch Liebe und Fürbitte hat, diese Haltung, die auf die Verwandlung und Rettung der Feinde und Verfolger hofft, diese Haltung wird als eine lohnende, als eine Lohn bringende angesehen und beschrieben.

Damit ist nicht nur der Lohn gemeint, der in zunehmender Souveränität, im Abbau von Angst, in gesteigerter Menschlichkeit, in gesteigerter Sensibilität und in erhöhtem Einfühlungsvermögen liegt. Ein Mensch, der seine Feinde als schwach, als der Stärkung, als der Liebe und Fürbitte bedürftig anzusehen vermag, wächst nicht nur in seiner persönlichen Menschlichkeit. Ein solcher Mensch wächst darüber hinaus in die Perspektive Gottes auf die Menschen, in Gottes Sicht der menschlichen Lebensverhältnisse hinein. Er wird "Kind des Gottes in den Himmeln". Er wird Kind des Gottes, der nicht nur unsere individuelle, jetzige, heutige Sicht der Welt nachvollzieht, mitvollzieht und vorwegvollzieht, sondern auch diejenigen Sichtweisen anderer Menschen und anderer Zeiten, die wir als mit unserer eigenen Auffassung völlig unverträglich ansehen.

Ein solcher in Gottes Sicht der Dinge hineinwachsender Mensch versucht nicht, ein für allemal festzulegen, was Gott mit uns, mit unseren Nächsten und mit unseren Feinden und Verfolgern vorhat. Ein solcher Mensch sucht der Rettung - auch der Bösen und Ungerechten - nicht in den Weg zu treten. Ein solcher Mensch zeigt sich in Liebe und Fürbitte an dieser Rettung sogar brennend interessiert. Er strebt so nach göttlicher Vollkommenheit.

Oder um es schlichter und für unsere heutigen Ohren realistischer zu sagen: Ein solcher Mensch strebt nach größerer, nach vollkommenerer Gerechtigkeit - nach Gottes Gerechtigkeit. Daß diese Gerechtigkeit nicht eine numinose, jenseitige und ungreifbare Größe ist, das bezeugen Gewaltverzicht und Feindesliebe.

Lothar Steiger

Dreifach einfach

Predigt in der Pauluskirche zu Eppelheim, am Sonntag Trinitatis (14.6.1992) zur Kantate Johann Sebastian Bachs "Erschallet, ihr Lieder, erklinget, ihr Saiten!"
(BWV 172)[1]

Liebe Gemeinde!

Was machen wir am Morgen schon für einen Lärm, wie Vögel welchen schlagen in der Herrgottsfrühe! Ein fröhliches und musikalisches Lärmen ist das, wenn unsere gefiederten Freunde in dieser Jahreszeit dabei nisten und Junge hecken, ein laut tönendes Gezwitscher aus vielen Schnäbeln und Kehlen! Frohe, selige Zeiten! Auch bei uns: "Erschallet, ihr Lieder, erklinget, ihr Saiten! O seligste Zeiten!" Einen hochfreudigen und vielstimmigen Lobgesang hat uns die Kantate an diesem Sommer- und Sonntagmorgen beschert. Achtet zuerst auf die Instrumente, die wir unterscheiden!

"Erklinget, ihr Saiten!" Da sind einmal die Saiteninstrumente. Die erklingen, als ob sie singen. Wie Violinen und Violen, welche sind die obertönigen, jauchzenden, wie Wind sanft streichenden, das Wehen des Heiligen Geistes paradiesisch nachahmenden Instrumente, gefiederte, mit Saiten bespannte Wesen, die man beim Spielen fest im Arm halten muß, weil sie sich sonst in die Lüfte erheben würden und fortfliegen. Da ist das vollklingende Violoncello, das fest auf der Erde steht und den Grundton angibt, der sich durchhält kontinuierlich, und wenn es den spielt auch Continuo heißt. Braucht nicht ein Vogel einen festen Sitz und Ast, auf den er sich niederlassen kann? So auch der Lobgesang des Glaubens, der sich frei erhebt in die Lüfte, bis in den Himmel: muß doch wissen, wo er bleibt auf Erden. Weiter: "Erschallet, ihr Lieder!" Da sind zum anderen die Instrumente, die zu den Liedern den Schall machen, die Blasinstrumente! Da ist die sehnsuchtsvolle Oboe, Liebes-Oboe, die uns den sanften Himmelswind des Heiligen Geistes durch den Herzensgarten bläst. Das ist die zarte Oboe. Und dann das strahlende Blech der Trompeten, die den Trost der Oboen zu Ende führen, indem sie nämlich sagen, der liebe Jüngste Tag sei schon vorweggekommen, angebrochen: wo die Seele frei hintreten dürfe vor Gott und schauen von Angesicht zu Angesicht. Und die Pauke nicht zu vergessen, Pauken und Trompeten gehören zusammen! Nur an hohen Fest- und Feiertagen kommen sie vor in Johann Sebastian Bachs Kantaten: an Weihnachten und an Ostern, an Pfingsten und an Trinitatis, am heutigen Tag, da wir hören und singen mit Trompetenbegleitung: "Heiligste Dreieinigkeit/ Großer Gott der Ehren/ Komm doch in der Gnadenzeit/ Bei uns einzukehren ..."

I.

Wozu also der freudige Vormittagslärm, zu dem uns die so vorgestellten Musikinstrumente verhelfen? Viel Lärm um nichts? Nein, sondern: Es sind bei uns ausgebrochen "seligste Zeiten"! "Komm doch, in der Gnadenzeit/ Bei uns einzukehren!" Ob

---

[1] Die Kantate erklang unmittelbar vor der Predigt. Ausführende: Josefa Kreimes (Sopran); Markus Kraus (Altus); Christoph Mahla (Tenor); Konstantin Beier (Baß); ein Ad hoc-Orchester; Singkreis an der Pauluskirche Eppelheim b. Heidelberg; Leitung und Orgel: Manfred Erdel.

Gott auch will, fragst du? Da singt der Eingangs-Chor und wird's zum Ausgang noch einmal singen: "Gott will sich die Seelen zu Tempeln bereiten." Gott will. Gott will nisten und hecken in deiner Seele, will also dort, wo deine Sorge zu Hause ist, wohnen. Denn die Seele sorgt sich, muß sich kümmern um alles, muß ja alles zusammenhalten: den Leib und den Verstand und alle Gefühle - genau dort will Gott sein Nest bauen, auf daß deine Sorgen begrenzt und gestillt würden, und du anfängst zu singen: "O seligste Zeiten!" Da mußt du nicht weiter dich sorgen darum und zweifeln daran, ob Gott denn wirklich will. "Denn die Liebe Gottes ist ausgegossen in unser Herz durch den heiligen Geist, welcher uns gegeben ist" (Röm 5,5). Da mußt du dir nicht an den Knöpfen abzählen, ob er dich liebe. Mußt nicht das Mauerblümchen spielen und dir nicht die Blütenblätter ausreißen und sprechen: 'Er liebt mich, von Herzen, mit Schmerzen, ein wenig, fast gar nicht.' Nein, Gott will. 'Willst du dieses hier anwesende gefiederte Wesen, genannt Seele, zu deiner Braut nehmen, sie ehren und lieben in guten und in bösen Tagen?' Auf diese Frage antwortet Gott: "Ich will!"

Gott schließt mit uns eine Ehe, einen Bund. Es ist eine Ehe und Liebe Gottes, die durch nichts geschieden wird. Wenn die Fortsetzung lautete, wie sie unter Menschen lauten muß: 'bis daß der Tod euch scheidet', dann würde meine Seele weiter zweifeln und Abzählverse machen müssen. Aber Gottes Liebe ist ewig, kann durch nichts uneinig werden. "Denn ich bin gewiß, daß weder Tod noch Leben, weder Engel noch Fürstentümer noch Gewalten, weder Gegenwärtiges noch Zukünftiges, weder Hohes noch Tiefes noch keine andere Kreatur mag uns scheiden von der Liebe Gottes, die in Christo Jesu ist, unserm Herrn" (Röm 8,38f). Gott will. Gott will, weil er sich einig ist mit sich. Ist nicht unsere Liebe so schwierig, weil wir uneins sind mit uns selbst und dies auf andere schieben, auf unsere Frau, auf unseren Mann, auf unsere Kinder, auf unsere Eltern, auf unsere Nachbarn, auf unseren Chef, auf die Zeiten, auf das Wetter? Ja, Tod und Leben, Hohes und Tiefes machen uns uneinig mit uns selbst. Aber Gott ist mit sich im reinen, ist einig mit sich: Gott ist doppelt einig, ja dreifach einig: Er ist dreieinig. Er ist sich als Gott Vater einig mit seinem Sohn, der Liebende mit dem Geliebten, sind gegenseitig einig durch das Band der Liebe, das ist der Heilige Geist. Gott ist einig mit sich und ist deshalb auch einig geworden mit uns: liebt uns von Herzen, hat uns auch geliebt mit Schmerzen, der Gott, "welcher auch seines eigenen Sohnes nicht hat verschont, sondern hat ihn für uns alle dahingegeben" (Röm 8,32); und daß Gott uns nur ein wenig, fast gar nicht mehr hat lieben können wegen unserer Sünde, das ist versöhnt in Gott: "So ist nun nichts Verdammliches an denen, die in Christo Jesu sind, die nicht nach dem Fleische wandeln, sondern nach dem Geist" (Röm 8,1). Gott liebt. Gott will. "Gott will sich die Seelen zu Tempeln bereiten."

II.

Woher wir das wissen und glauben dürfen, fragst du weiter, liebe Seele? Da gibt dir das folgende Baß-Rezitativ mit der Stimme Jesu die Auskunft und Antwort, nämlich mit dem Wort aus dem Johannes-Evangelium (14,23): "Wer mich liebet, der wird mein Wort halten, und mein Vater wird ihn lieben, und wir werden zu ihm kommen und Wohnung bei ihm machen."

An das Wort Jesu sollen wir uns "halten", das uns bezeugt, daß Gott will. Haben wir nicht deswegen Jesus liebgewonnen und lieben gelernt, weil er uns Gottes Liebe gezeigt und wahrgemacht hat? An dieser Liebe sollen wir ja festhalten, sagt Jesus, wenn er Abschied nimmt von seinen Jüngern.

Wenn Gott seine Liebe uns erklärt, dann zündet er diese Liebe zugleich in uns an, nicht wahr? So sitzt die liebende Seele nicht verlassen da, sondern wartet, wartet mit gutem Grund und voller Hoffnung darauf, daß Gott komme, der doch klar ist in seiner Liebe, einig, dreieinig mit sich und der Seele. Du hast recht gehört, Jesus redet im Plural, in der 1. Person Mehrzahl: "wir" werden zu ihm kommen. Wir! Gott Vater, Gott Sohn, Gott Heiliger Geist. Redete Gott der Herr nicht auch bei der ersten Schöpfung und Erschaffung des Menschen, weil sich ganz einig, in der Mehrzahl? "Und Gott sprach: Lasset uns Menschen machen, ein Bild, das uns gleich sei" (1.Mose 1,26). So nun auch bei der neuen Schöpfung: "und wir werden zu ihm kommen", zu dir, liebe Seele.

Wenn solch hoher Besuch nun ins Haus steht, wird man dann nicht aufgeregt, bekommt noch größere Sorgen als zuvor, weil man denkt, die Wohnung ist nicht gut genug, nicht aufgeräumt und viel zu klein? Ehe du nun umherläufst, liebe Seele, mit Besen und Staublappen, hör zu! Wenn Gott, der dreieinige Wir-Gott, kommt, dann will er bei uns "Wohnung machen". Er nimmt nicht einfach Wohnung - wie's jetzt leider schlimmverbessert gegenüber Luthers alter, textgemäßer Übersetzung heißt - als wär' die Wohnung schon vorhanden. Nein, Wohnung machen heißt sie recht und passend machen! Wenn unsere Fußballnationalmannschaft zur Europameisterschaft nach Schweden geht, fährt dann nicht der Quartiermeister voraus, um Quartier zu machen in Norrköping? Ja, Gott macht Wohnung, und daß er das macht - und wie er das macht - das ist das Wunder!

Lieben und Wohnung gehören zusammen, wenn die Liebe ernst ist und kein flüchtiges Verhältnis. Wenn die Liebe bleibend ist, sucht sie eine Bleibe. Nennen wir nicht unsere Wohnung unsere Bleibe? Auf griechisch heißt Wohnung, so steht es bei Johannes, Bleibe. Das ist das erste Wunder, daß Gott aus Gründen seiner Liebe bleiben will, bleiben will bei uns. Das zweite Wunder ist, *wie* er Wohnung macht bei uns. "Komm doch in die Herzenshütten/ Sind sie gleich gering und klein ..." Ehe Gott sich im alten Bund dahin hat überreden lassen, sich von Menschen einen Tempel oder Haus aus Stein bauen zu lassen: von König Salomo - ach, ein Tempelhaus bleibt immer noch klein und gering für den allmächtigen Gott! - da hat der Wüsten- und Wandergott nur wohnen wollen in Zelten und Laubhütten bei seinem wandernden Volk. "Großer Gott der Ehren" wollte und will sich klein und gering machen, macht es, wenn er bei uns einkehrt: macht die Seelen sich zu Tempeln, macht die Herzen sich zu Hütten! Ja, Gott der Herr macht die Seele sich zum Paradies, wo Gott wie einst in der Abendkühle lustwandelt und spazierengeht - und die Menschenkinder ruft, die kommen, Männlein und Weiblein, wie sie sind, schämen sich nicht und verstecken sich nicht mehr. "O Seelenparadies/ Das Gottes Geist durchwehet ..."

Wenn Gott so Quartier und Wohnung macht zuvor, indem er uns groß und herrlich herauskommen läßt, sich aber klein macht und gering, dann kannst du, liebe Seele, auch etwas dazutun, nämlich dich bereiten. Zuerst ER: "Gott will sich die Seelen zu Tempeln bereiten." Dann DU: "Auf, auf, bereite dich/ Der Tröster nahet sich!"

III.

Dich bereiten, was das heißt, liebe wartende Seele? Es gibt eine Bereitschaft, das weißt du, die bereitet nicht nur etwas vor, sondern die bereitet sich. Die lockt und zieht an, worauf sie sich bereitet. Das ist die entzündete Liebe, die sucht und findet. Die glaubende Seele ist sich nicht zu schade, schämt sich dessen nicht, die Sprache der vor Liebe kranken Seele nachzuahmen und zu gebrauchen, um Gott, den Heiligen Geist, zu bedrängen und zu locken. Ein Zwiegespräch mit ihm anzufangen:

> "Komm, laß mich nicht länger warten,
> Komm, du sanfter Himmelswind,
> Wehe durch den Herzensgarten!"

Du meinst, liebe Seele, das sei zu gewagt und nicht erlaubt? Ach ja, gewagt ist es schon: und frisch gewagt ist halb gewonnen - und erlaubt ist es auch, von der lieben Heiligen Schrift erlaubt, im Hohen Lied der Liebe Salomos, wo die Sprache der liebeskranken Seele aufbewahrt und in die Heilige Schrift aufgenommen worden ist, damit die gottliebende Seele von ihr lerne, lerne das Suchen und Sich-Bereiten. "Ein Gartenbrunnen bist du, ein Born lebendiger Wasser, die vom Libanon fließen. Stehe auf, Nordwind, und komm, Südwind, und *wehe durch meinen Garten*, daß seine Würzen triefen. Mein Freund komme in seinen Garten und esse von seinen edlen Früchten." Und die Antwort des Freundes darauf: "Ich bin gekommen, meine Schwester, liebe Braut, in meinen Garten" (Hld 4,15-17; 5,1). Da kommt auch der gottsuchenden, gottliebenden Seele Freund in Gestalt des Heiligen Geistes und singt: "Ich erquicke dich, mein Kind!"

Liegt unsere Unlust zum Glauben, unsere Sprachlosigkeit Gott gegenüber daran, daß wir diese Liebessprache des Heiligen Geistes, des dreieinigen Gottes, verlernt und verloren haben? Dann laßt sie uns wieder neu lernen und nachsprechen! Dazu ermutigt uns die sprachbegabte, erquickte, quicklebendige gottliebende Seele, indem sie geradezu aus dem Liebeslied Salomos zitiert: "Du hast mir das Herz genommen" und weiß dabei die Fortsetzung, daß es heißt: "Du hast mir das Herz genommen, meine Schwester, liebe Braut" (Hld 4,9): daß also der Freund und Bräutigam, also hier: Gott, zuerst so gesprochen, seine Liebe der Seele und Braut eingestanden und bekannt hat. Ach, so an seine eigenen Worte erinnert werden: "Du hast mir das Herz genommen", das macht und heißt ihn kommen und sagen: "Ich bin dein, und du bist mein!"

Du fragst, liebe Seele, zum Schluß, wo du den finden kannst leibhaftig, der zu dir spricht: "Ich bin dein, und du bist mein"? Darauf gibt dir die Choralstrophe aus deinem Gesangbuch (EKG 48,4) die Antwort: "Wenn du mit deinen Äugelein/ Mich freundlich tust anblicken": Das ist das Kind in der Krippe, das ist Weihnachten. "O Herr Jesu, mein trautes Gut/ Dein Wort, dein Geist, dein Leib und Blut": Das ist dein erwachsener Bräutigam in Galiläa und Jerusalem, an Karfreitag und an Ostern, gegenwärtig im Abendmahl.

> "Nimm mich/ Freundlich/ In dein Arme/ Daß ich warme/
> werd von Gnaden:/ Auf dein Wort komm ich geladen."

Jetzt, nach dem Amen sogleich, ertönt der Eingangschor zum Ausgang wieder: "Erschallet, ihr Lieder ...". Laßt mich zum Schluß euch auch die Stimmlagen[2] vorstellen, wie Gott die Seele, das gefiedert-geflügelte Wesen, mit vielen Stimmen singen läßt! Unser Herr Jesus Christus singt das Schriftwort im Baß, denn der Baß ist die Basis, der Grund, auf dem alles steht, mit dem alles fällt: "Einen andern Grund kann niemand legen außer dem, der gelegt ist, welcher ist Jesus Christus" (1.Kor 3,11). Der Glaube nun, der auf diesem Grund steht, ahmt die Stimme seines Herrn nach und singt auch im Baß, indem er seinen Grund, die Lehre, das Wunder bedenkt und betrachtet: "Heiligste Dreieinigkeit/ Großer Gott der Ehren ... Komm doch in die Herzenshütten/ Sind sie gleich gering und klein ..." Die Ermahnung oder Ermutigung zur Tat bedient sich der Tenorstimme: "O Seelenparadies ... Auf, auf, bereite dich/ Der Tröster nahet sich!" Paraklese und Paränese, Ermutigung und Ermahnung zu Handel und Wandel, zu handeln und zu wandeln, nach behobenem Fall neu im Garten des Paradieses! Die Sopranstimme gehört der gottliebenden und gottlobenden Seele selbst, die steigt am höchsten, wie ein Dankopfer zum Himmel! Und die Altstimme ist hoch und tief zugleich, wie ihr Name *Altus* sagt. Sagen wir nicht auch, daß auf hoher See das Meer am tiefsten ist? Buße und Reue, die, wenn sie wahr ist, Traurigkeit und Freude in einem ist, drückt diese Stimm- und Seelenlage aus. Hier kommt die Lage Gott selber zu, dem Heiligen Geist, der aus der Höhe in die Tiefe zu uns kommt, groß und niedrig zugleich. So daß wir bitten können, sehnsüchtig drängen: "Komm, laß mich nicht länger warten/ Komm, du sanfter Himmelswind ..." Der Heilige Geist im Alt: Hat doch der sich erbarmende Gott zuerst solche Buße getan, demütig aus der Höhe in die Tiefe zu gehen! Kommt als eine Taube von oben zu dir, liebe Seele, macht dir Flügel. Deswegen: "Erschallet, ihr Lieder, erklinget, ihr Saiten! Gott will sich die Seelen zu Tempeln bereiten." Er will und er tut es: So.

---

[2] Vgl. Renate STEIGER, Suavissima Musica Christo. Zur Symbolik der Stimmlagen bei J.S. Bach (Musik und Kirche 61 (1991) 318-324).

Dreifach einfach

Erster Pfingsttag[3]
Epistel: Apostelgesch. 2,1-13
(Ausgießung des Heiligen Geistes)
Evangelium: Joh. 14,23-31
(Wer mich liebt, der wird mein Wort halten)

**BWV 172   Erschallet, ihr Lieder, erklinget,
ihr Saiten!**

1. Chor
Erschallet, ihr Lieder, erklinget, ihr Saiten!
O seligste Zeiten!
   Gott will sich die Seelen zu Tempeln bereiten.

2. Rezitativ *B.*
*Wer mich liebet, der wird mein Wort halten, und
mein Vater wird ihn lieben, und wir werden zu ihm
kommen und Wohnung bei ihm machen.*[4]

3. Arie *B.*
Heiligste Dreieinigkeit,
Großer Gott der Ehren,
   Komm doch, in der Gnadenzeit
   Bei uns einzukehren,
   Komm doch in die Herzenshütten,
   Sind sie gleich gering und klein,
   Komm und laß dich doch erbitten,
   Komm und kehre / ziehe / bei uns ein!

4. Arie *T.*
O Seelenparadies,
Das Gottes Geist durchwehet,
   Der bei der Schöpfung blies,
   Der Geist, der nie vergehet;
   Auf, auf, bereite dich,
   Der Tröster nahet sich.

5. Arie (Duett mit instr. Choral) S.A.
(Seele, Heiliger Geist)
Sopran
Komm, laß mich nicht länger warten,
Komm, du sanfter Himmelswind,
Wehe durch den Herzensgarten!
Alt
Ich erquicke dich, mein Kind.
Sopran
Liebste Liebe, die so süße,
Aller Wollust Überfluß,
Ich vergeh, wenn ich dich misse.
Alt
Nimm von mir den Gnadenkuß.
Sopran
Sei im Glauben mir willkommen,
Höchste Liebe, komm herein!
Du hast mir das Herz genommen.
Alt
Ich bin dein, und du bist mein!

6. Chor
**Von Gott kömmt mir ein Freudenschein,
Wenn du mit deinen Äugelein
Mich freundlich tust anblicken.
O Herr Jesu, mein trautes Gut,
Dein Wort, dein Geist, dein Leib und Blut
Mich innerlich erquicken.
Nimm mich
Freundlich
In dein Arme, daß ich warme werd von Gnaden:
Auf dein Wort komm ich geladen.**[5]

7. Satz 1 wiederholt

---

[3] Aus: Werner NEUMANN (Hg.), Sämtliche von Johann Sebastian Bach vertonte Texte, Leipzig 1974, S.87-88. Text wahrscheinlich von Salomo Franck; Textdruck zur Wiederaufführung: Texte Zur Leipziger Kirchen=MUSIC, Auf die Heiligen Pfingst=Feyertage, Und Das Fest Der H.H. Dreyfaltigkeit. Anno 1731. Entstehungszeit: 1714, Umarbeitung und Wiederaufführung in Leipzig - Neue Bachausgabe I/13.

[4] Joh 14,23.

[5] Strophe 4 von "Wie schön leuchtet der Morgenstern" (Philipp NICOLAI, 1599).

Rudolf Bohren

Das neue Sein des Predigers

Den ersten Teil seiner "Kleinen Predigtlehre" (1984) widmet Friedrich Mildenberger - tonangebend auch für alles Folgende - einer Reflexion über die Zeit, die "voller Dunkel ist und voll Macht" (17). So scheint es mir sinnvoll, dem Jubilar die folgenden Überlegungen zu einem weithin unerforschten Kontinent der Homiletik als Dankeszeichen zu überreichen.

Der Prediger in der Spannung zwischen alt und neu

Als ich anfing zu predigen, war ich dankbar für den Talar; er deckte meine Ängste zu: Talare sind barmherzig, sie decken nicht nur zu, sie zeichnen auch aus. Wer in den Talar schlüpft, trägt die Amtstracht des verbi divini minister. Und das heißt, er stellt sich in die Tradition derer, die vor ihm auf die Kanzel gestiegen sind. Diese Tradition hat er studiert und im Talar weiß er - hoffentlich -, was er zu tun hat. Auf der Kanzel schlägt er die Bibel auf, liest vor, redet. Auch das ist Tradition.

Den eigenen Mund muß er schon selber brauchen. Dabei wird er sagen, was andere vor ihm auch schon gesagt haben: "Wie die Alten sungen, so zwitschern auch die Jungen." Und das ist gut so: Wenn im Kanzelgezwitscher der Jungen alles, was die Alten sungen, unterginge, wäre Gott nicht ewig, sondern ein lottriger Gott auf Zeit und niemand dürfte beten:

"Du aber bleibst, der du bist, und deine Jahre nehmen kein Ende" (Ps 102,28).

Die Zwitscherer hingegen könnten einem leid tun, man bräuchte sie nicht ernst zu nehmen. Also im Westen nichts Neues und auf den Kanzeln das alte Lied ewiger Wahrheiten?

Das könnte dem alten Kanzeladam so passen; aber nun enden Jesu Gleichnisse vom kommenden Neuen mit einem Logion, das dem Neuen vor dem Alten Priorität gibt:

So "gleicht jeder Schriftgelehrte, der zum Jünger für das Himmelreich (gemacht) wurde, einem Hausherrn, der aus seiner Vorratskammer Neues und Altes hervorholt" (Mt 13,52; zit.n. Luz).

Es ist gut, daß der Übersetzer das in romantische Fernen weisende Wort "Schatz" meidet und "thesauros" mit "Vorratskammer" übersetzt. Wer zum Jünger des Himmelreiches gemacht wurde, hat offenbar etwas auf Lager - primär etwas Neues. Er hat nicht nur gehört "was zu den Alten gesagt worden ist" (Mt 5,21.33). Er weiß um das "ich aber sage euch" dessen, der alltäglich Gegenwart versprochen hat (Mt 28,20) - und also nicht stumm bleiben wird:

Vermag der Prediger auf den gegenwärtig Allmächtigen zu hören, wird offenbar auch ihm gegeben, "die Geheimnisse des Himmelreiches zu erkennen ..." (Mt 13,14) und also die Vorratskammer mit Novitäten zu füllen:

"Denn wer hat, dem wird gegeben werden, und er wird Überfluß haben; wer aber nicht hat, dem wird auch, was er hat, weggenommen werden" (Mt 13,12 n. Luz vgl. 25,28).

Aufs Haben kommt es an!
Das Schatz- und Perlengleichnis deuten in eine ähnliche Richtung, da wird Altes gegen das neu Gefundene eingetauscht und Besitzstand gemehrt. Wir werden auf den "thesauros" noch zurückkommen.

Das von Jesus gepredigte Reich ist neu und, was der jüdische Theologe studierte, demgegenüber alt. Was bedeutet die Priorität des Novum für mein Predigen? Wer ein Leben lang Theologie studiert hat, verfügt beim Predigen über einen gewissen Vorrat, nach dem er greifen kann. Aber das Reich Gottes ist keineswegs senil, und zu seinem Geheimnis gehört viel Ungesagtes. Wenn ich vereinfachen darf: Das Neue ist mein Problem beim Predigen - nicht so sehr das Alte. Ja, das Alte kann zur Versuchung werden:

Wir erleben zur Zeit in unserer Welt eine unheimliche Faszination des Alten. In Rußland spricht man den Zaren heilig, in Deutschland marschieren junge Leute in Knobelbechern, und in der Türkei tragen Studentinnen wieder den Schleier. Es könnte wohl sein, daß wir - vielleicht unbewußt und gezeichnet immer noch durch die Sünde unserer reformatorischen Väter - den Täufern gegenüber diesem Sog unterliegen.

So stoße ich bei den Kommentaren auf einen mir unheimlichen Sachverhalt, der Jesu Reihenfolge umkehrt. Ich zitiere: Adolf Schlatter: "Der Jünger soll es so machen, wie der Herr des Hauses, der einen Vorrat hat, aus dem er Altes und Neues hervorholt."

Julius Schniewind: "Jesu Jünger ... gleichen einem Hausherrn, der seinem Schatz Altes und Neues entnimmt."

Ulrich Luz fragt hinsichtlich des Schatzes: Was ist das "Alte" und "Neue" in ihm? Sieht er "gegenüber rabbinischer Schriftauslegung einen neuen Akzent", und gibt er den Vorrang des Neuen zu, so kommt er zu einem allgemeingültigen homiletischen Schluß, der den matthäischen Antagonismus zwischen neu und alt einebnet: "Im Alten das Neue entdecken und das Neue an Vertrautes anknüpfen ist die Aufgabe des Predigers."

Eine ewige Wahrheit - , aber so glatt wie diese Formel sich gibt, so verwirrlich erscheint das Verhältnis von alt und neu: Kommt Luz zu den Bildworten vom neuen Flicken und vom jungen Wein, so zitiert er schon falsch, indem er zu Mt 9,17e fragt: "Zeigt sich darin ein Interesse des Mt für das Alte, das ... dem Schriftgelehrten entspricht, der Altes und Neues aus einem Schatz hervorbringt (Mt 13,52)?" - Später deutet er "die Unvereinbarkeit von Neu und Alt" wohl richtig "auf Jesus und das von Pharisäern und Schriftgelehrten bestimmte Volk Israel". - Es macht aber einen Unterschied, ob ich zuerst neuen und dann alten Wein einschenke, oder zuerst den alten und dann den neuen. Die Reihenfolge muß stimmen! Wenn Matthäus die Passion erzählt, sagt er zuerst das Neue; der Rekurs auf die Schrift kommt nachher (Mt 26,56). Wir haben in der Kanzelrede die Reihenfolge umgedreht - mit guten Gründen, wie wir meinen; warum aber hören wir in den Predigten so wenig Neues - nicht zuletzt bei den um vordergründige Aktualität Bemühten? Ich frage mich, was es zu bedeuten hat, daß drei namhafte Exegeten dem üblichen Sprachgebrauch folgen und damit die Priorität des Neuen vor dem Alten ins Gegenteil verkehren? Artikuliert die Sprache hier den Sieg der Historie über die Prophetie? Verrät die Sprache der Ausleger eine unbewußte Negation des Neuen? Daß das "ich sage euch" weitergeht, scheint vergessen. Es geht ja nicht um das Neue dieser Welt, etwa um neue theologische Theorien, sondern um das Neue im Horizont der Gottesherrschaft: Was ist da alt, was neu? Und wie komme ich zu einem Vorrat an Neuem? Diese Frage stellt uns vor ein Erkenntnisproblem, denn das Neue will zuerst als neu erkannt sein.

Jesus wirft den Theologen vor, daß sie das Neue der nahegekommenen Gottesherrschaft nicht sehen. Sie wissen genau, was zu den Alten gesagt ist, wissen aber nicht, was die Gegenwart braucht. Er nennt sie "blinde Führer von Blinden" und sagt Führern und Geführten ein katastrophales Ende voraus (Mt 15,14). Nicht die Gesetzesunkundigen, die Gesetzeslehrer, die theologischen Wissenschaftler nennt er "blinde Führer" (Mt 23,16), "blinde Narren" (Mt 23,17), oder schlicht "ihr Blinden" (19), "ihr blinden Führer" (24), "du blinder Pharisäer" (26). Die Gott nicht als den Lebendigen erkennen, werden kaum gewahr, was vom Kommenden schon da ist. Der Arzt diagnostiziert ihre Blindheit als Heuchelei.

Wir haben uns angewöhnt, den Heuchler moralistisch zu verdächtigen als den Nicht-so-ganz-Ehrlichen. Der Heuchler aber ist der mit Gottesblindheit Geschlagene. Er sieht nicht, was Gott heute will und heute tut. So schaut er auf das, was Menschen wollen und richtet sich nach ihrem Tun. Dem Heuchler mangelt die Teilhabe am neuen Sein. Die "blinden Narren" sehen nicht, was der gewaltlose Gewaltherrscher neu inszeniert und spielen bei dem neuen Stück nicht mit, obwohl gerade sie Bescheid wissen müßten: Kephas in Antiochia (Gal 2,11ff)!

Die Heuchler sind in sich gespalten. Ihr Reden entspricht nicht ihrem Sein. "... sie reden nur, tun selbst aber nicht, was sie sagen" (Mt 23,3). Die Heuchler lassen das Alte beim Alten und verkennen das Neue, das Jesus als Neuheit in Person bringt. Den Heuchlern fehlt die Gegenwart. Der Schluß des Matthäusevangeliums verweist auf das Sehen des Neuen: "Und siehe, ich bin mit euch alle Tage bis an der Welt Ende." Schniewind übersetzt: "bis zur Vollendung des Weltlaufs" (Mt 28,20). Den nicht sehen, der alle Tage durch seine Anwesenheit bestimmt, macht Heuchler.

Lesen wir von Matthäus weiter zur Johannesapokalypse, begegnen wir dem, der auf dem Throne sitzt und spricht: "Siehe, ich mache alles neu" (Offb 21,5). Folgen wir dem Befehl des Inthronisierten, werden aus Blinden Sehende, aus Zerrissenen Ganze, und der Vorrat an Neuem wird nicht ausgehen. Predigen heißt in diesem Betracht, sagen, was der Neumacher jetzt und hier tut. Damit wird der Prediger zum Reporter, zum

Überbringer einer Nachricht, zum Journalisten des verborgenen und sich offenbarenden Gottes; er berichtet von einem aktuellen Geschehen: "Siehe, nun schaffe ich Neues, schon sproßt es, gewahrt ihr es nicht?" (Jes 43,19).

So: Nun habe ich den Talar angezogen. Der Sigrist hat mir bei den Bäffchen geholfen. Sie sitzen richtig. Jetzt soll ich das Neue sagen und das Alte nicht vergessen. Wie stehe ich nun da? Wie kann ich das Neue sagen, wenn ich noch der Alte bin - ob Angsthase oder Held spielt hier eine geringe Rolle - und auf die Barmherzigkeit des schwarzen Rockes ist wenig Verlaß.

Das neue Sein des Predigers besteht in seiner Teilhabe am Leben Jesu, und die wächst im Verborgenen

Wo Gott das Neue schafft, wirkt er vorläufig im Verborgenen. Wert und Wirkung der Kanzelrede hängt auch am verborgenen Leben des Predigers. Der lernt predigen, der das Schweigen lernt. Da gilt der Satz des Ignatius von Antiochien: "Besser schweigen und etwas sein, als reden und nichts sein" (ad Eph 15,1) - und der ist nichts, der nichts wird.

Es ist doch merkwürdig, daß der Offenbarer als Antipode eines Managers für Predigtrede auftritt. Wo er nach Markus seine Macht demonstriert, befiehlt er Schweigen (Mk 5,43; 7,36; 8,26). Und wenn nach Lukas bei der Geburt die Himmlischen den Soter den Hirten publik machen, stellt der Bub im Tempel zuerst Fragen; aber nach seinem Präludium hält er sich verborgen bis zum dreißigsten Jahr (Luk 3,23). Jesus wird etwas, bevor er auftritt. Die Kirchenväter haben viel über das Geheimnis des verborgenen Lebens Jesu in Nazareth nachgedacht und haben es als Geheimnis christlicher Existenz begriffen[1]. Der neue Mensch entwickelt sich im Unsichtbaren: "Christus befahl uns ja, uns nicht nur nicht zu zeigen, sondern uns sogar geflissentlich zu verbergen", sagt Johannes Chrysostomus in der 20. Homilie zu Matthäus[2] und der Bergpredigter wehrt allem Prestigedenken: "Habt acht, daß ihr eure Gerechtigkeit nicht übt vor den Leuten, um von Ihnen gesehen zu werden; wo nicht, so habt ihr keinen Lohn bei eurem Vater in den Himmeln" (Mt 6,1). Wenn man 'dikaiosyne' mit Luz "hier geradezu mit 'Religiosität' oder 'Frömmigkeit' übersetzen" kann, so gewinnt Jesu Mahnung homiletische Relevanz. Der Prediger ist immer in Gefahr, zum Selbstdarsteller zu werden, der auf Effekt erpicht ist; er mag damit augenblicklichen Erfolg haben; aber als Lohn der Predigt wächst keine Frucht.

Wir haben seit 1988 in der Homiletik einen Trend, der sich primär um den Hörer sorgt. Dabei wird häufig übersehen, daß ich ja nicht predige, um mit dem Hörer etwas zu machen; ich predige, damit Gott selbst etwas mit der Gemeinde und aus der Gemeinde macht. Die Teilhabe am verborgenen Leben Jesu soll dazu führen, daß das Werk der Predigt eine Fortsetzung findet in dem, was Gott mit der Predigt macht.

---

[1] Vgl. Willibald KAMMERMEIER, in: Praktisches Lexikon der Spiritualität, hg.v. Chr. SCHÜTZ, 1988, 1344.

[2] BKV II,26f.

Damit, daß ich als Prediger zu guter oder unguter Letzt meiner Predigt "Amen" sage, ist es nicht getan. Gott selbst muß in den Hörern ein "Amen" erwecken. Darum nennt der Bergprediger ein verborgenes Tun als Voraussetzung einer Veröffentlichung durch den Vater im Himmel, wobei die Gerechten in der ständigen Versuchung stehen, die Veröffentlichung selbst in die Hand zu nehmen und damit im Schein von Religion und Frömmigkeit zu Heuchlern zu werden. Wo Jesus die Werke der Verborgenheit konkret benennt, verbindet er sie mit einer Warnung vor Heuchelei: Almosengeben (Mt 6,1-4); Beten (6,5-15); Fasten (6,16-18). Bezeichnenderweise stellt er jede Konkretion unter einen 'hina'-Satz: "Wenn du Almosen gibst ... Wenn ihr betet ... fastet". Diese drei Übungen der Gerechtigkeit sind Konsequenzen der "Ihr-seid"-Sätze: Licht der Welt, Salz der Erde (Mt 5,13ff) und in solchem Sein eben neu.

Wenn wir diese Texte im Blick darauf hin lesen, was die Predigtvorbereitung präludiert und untermalt, wird der textus receptus wichtig, der das Vergelten des Vaters unterstreicht und ergänzt: "en to phanero". Den drei verborgenen Werken wird Veröffentlichung zugesagt, endzeitlich. Das Wann und Wo bleibt Sache des Vaters; aber der Prediger sollte ein Recht haben - und es sich auch nehmen! - an höchster Stelle auf Veröffentlichung beim Predigen zu drängen, freilich nicht als Gläubiger, sondern als Bettler!

Die Satzkonstruktion mag jeweils dazu verleiten, in den Texten Bedingungssätze zu lesen statt Verheißungen. In gewisser Weise werden hier die Seligpreisungen weitergeschrieben. In diesen Sätzen drängt alles nach vorn. Auch in und mit den drei genannten Werken macht der, den Johannes auf Patmos sah, alles neu, in diesen drei Werken bejaht der Prediger die Neuschöpfung, existiert als solcher und beteiligt sich in theonomer Reziprozität am Schöpfungswerk. In der Heuchelei schafft der Mensch sich selbst neu, nimmt seine Frömmigkeit in eigene Regie, setzt sich selbst in Szene und bleibt allemal der Alte. Der Heuchler macht sich zum Gott seiner selbst. Darum dreimal "wenn", dreimal die Warnung, dreimal die Mahnung, sich geflissentlich zu verbergen, weil es um die bessere Gerechtigkeit, um die Teilhabe an dem Licht geht, das in ihm scheint. Hier gewinnt er, was das Neue Testament 'Parrhesia' nennt, "die Offenheit im Reden, die nichts verschweigt oder verhüllt"[3], die Unerschrockenheit, genau das, was so vielen Predigern heute fehlt, Freiheit vom Hörer, Freiheit für die Gemeinde.

Mehr noch: In den hier genannten drei Werken der Verborgenheit gewinnt der Prediger Exousia (Vollmacht), und Exousia heißt: Gott selbst vergilt öffentlich, was im Verborgenen gelebt wurde. Das Wort gewinnt Macht, es wird ein Novum. Predigt wird zum Herrschaftsakt. Das neue Sein des Predigers ist herrschaftliches, freiherrliches, königliches Sein. Ich möchte diesem Sein in drei Stationen nachgehen; sie markieren zunächst die Zeit vor der Predigtvorbereitung.

---

[3] BAUER, WB.

1. Station in der neuen Welt Gottes - das Almosen

Ein im Wohlfahrtsstaat und in der Homiletik beinahe vergessener aber wichtiger Faktor. Wenn ich heute die 'Predigtlehre' neu schriebe, würde ich versuchen, die homiletische Relevanz des Portemonnaies und des Bankkontos näher zu reflektieren und im Lasterkatalog einen Abschnitt über den Pfarrhausgeiz schreiben. Im Umgang mit dem Geld zeigt sich, wes Geistes Kind ein Prediger ist. Auch das Finanzgebaren des Predigers und der Kirchengemeinde spricht im Predigen mit, wobei es nicht angeht, Predigt und Seelsorge zu trennen. Das gehört in der Praxis zusammen.

In der Trias des religiösen Handelns, von dem Jesus spricht, kommt das Almosen zuerst, gleichsam im ersten Rang. In unseren Gottesdiensten kommt die Kollekte zum Ausgang. Auch Lukas nennt 10,2 die vielen Almosen des Cornelius vor seinem unablässigen Beten, während sich in 10,4 und in der Didache 15,4 die Reihenfolge umkehrt. Aus der Reihenfolge ist kein Dogma zu machen, aber man muß doch fragen, was die Priorität des Almosens vor dem Gebet in der Bergpredigt zu bedeuten hat?

Wir beachten zunächst, daß das griechische elemosyne Erbarmen meint. Das Almosen als Tat des Erbarmens wird als Brauch vorausgesetzt: "Du aber, wenn du Wohltätigkeit übst, soll deine Linke nicht wissen, was deine Rechte tut" - ansonsten wird aus der Tat der Liebe eine Tat der Eigenliebe und aus dem Erbarmen Berechnung - "damit deine Wohltätigkeit im Verborgenen sei. Und dein Vater, der ins Verborgene sieht, wird dir vergelten" (6,3f n. Luz).

Statt längerer Erörterungen verweise ich auf zwei Beispiele: Ein klassisches, die vita Antonii des Athanasius (BKV II). Der Sohn aus gutem Hause hört als 20-jähriger die Verlesung des Evangeliums: "Willst du vollkommen sein, dann verkaufe alles, was du hast ... " (Mt 19,21). Er verschenkt seinen Besitz und zieht sich in die Einsamkeit zurück, um etwas zu werden, bevor er redet. Die öffentliche Vergeltung durch den Vater läßt auf sich warten. Im Kampf mit den Dämonen wird er zum 'teleios aner' und genießt Ruhm weltweit, den er nie gesucht hat.

Eine andere Quelle, die Apophthegmata Patrum, zeichnen ihn als Büßer, der in seiner Zelle ein Leben des Gehorsams führt[4].

Die beiden Schriften aus dem Ägypten der Spätantike lehren, was wir fast völlig verloren und vergessen haben, die Teilhabe und Teilnahme am Leben Jesu. Sie macht das Predigen effektiv.

Dazu noch ein naheliegendes Beispiel: Als junger Pfarrer hörte ich einmal die Predigt eines früheren Mitstudenten. Obwohl ich keine Engel sah, war mir, als ob in dieser Predigt der Himmel aufging. Jahre später hörte ich in einer Woche zwei Urteile über einen Prediger. Zuerst erhielt ich in Wuppertal den Besuch eines katholischen

---

[4] Ich nenne die Apophthegmata, um ihre Lektüre zu empfehlen, als Gegengift zu allerhand praktisch-theologischen Modetorheiten: Bonifaz MÜLLER, Weisung der Väter. Apophthegmata Patrum oder Gerontikon oder Alphabetikon genannt, 1965.

Priesters. Im Lauf des Gesprächs erzählte er, von Zeit zu Zeit höre er einen evangelischen Prediger, der predige so, wie er es sonst in seiner Kirche nicht höre. Das war der Prediger, der mir das Himmelreich aufgetan hatte, Dann fuhr ich zur Geburtstagsfeier eines befreundeten Managers in die Schweiz. Beim Essen saß ich neben der Frau eines Industriellen und im Gespräch nannte ich ahnungslos den Namen meines früheren Kommilitonen. "Ja der, der ist unsere Rettung." Sie würden jeweils eine kleine Reise machen, um ihn zu hören. Morgens um drei sagte mir der Industrielle: "Wenn Sie mir die persönliche Bekanntschaft mit diesem Pfarrer vermitteln könnten, wäre ich Ihnen dankbar."

In einer Woche zweimal ein begeistertes Echo auf die Predigt eines Predigers, von dem ich weiß, daß er die Aussteuer einer reichen Tochter ausschlug - etwa eine Viertelmillion nach heutigem Geldwert. Vielleicht hat der himmlische Vater diesen Verzicht als Almosen oder als ein Fasten angesehen. Als ich einmal bei meinem Studienfreund übernachtete, schellte es nach Mitternacht: Ein Mädchen fand Aufnahme im Pfarrhaus, das von seinem Freund verprügelt worden war - auch eine Art Almosen: "... und dein Vater, der ins Verborgene sieht, wird dir vergelten".

2. Station des neuen Lebens - das Gebet

Predigen heißt beten. Auch da gilt: "Besser ist schweigen und etwas sein, als reden und nichts sein." "Sehe ich recht, haben wir im kirchlichen Gebrauch die Tendenz, die Perikope vom Pharisäer und Zöllner ideologisch zu übermalen: Man verzweckt sie, um den Mangel an 'dikaiosyne' zu rechtfertigen und heuchelt liturgisch drauflos.

Indem der Bergprediger das Almosengeben zuerst nennt und den Beter ins Vorratskämmerlein schickt, an den Ort, der Almosen ermöglicht, an dem sich der Beter unsichtbar macht, wird nicht vor den Menschen sichtbar, wer er ist, inwiefern er am Leben Jesu teilhat, wer er als Gerechtfertigter ist, ob er Parrhesia (1.Joh 3,21) gegenüber Gott hat, ob er - wie auf Jerusalems Mauern gestellten Wächter (Jes 62,6f) und die bittende Witwe (Lk 18,1-8) - Exousia hat. Indem Jesus das Almosen zuerst nennt, schützt er das Beten vor Heuchelei.

Wir müssen uns der Tatsache stellen, daß das Gebet des einen mehr bewirkt als das Gebet des anderen. Im Kämmerlein ist die "bessere Gerechtigkeit" gefragt (Mt 5,20). Das Gebet des Gerechten ist effizient und Elia Prototyp eines vollmächtigen Beters. Elia war "ein Mensch von gleicher Art wie wir" (vgl. Jak 5,17ff), und das heißt doch, die Exousia des Elia hat beispielhaften Charakter: "Eifert nach der Prophetie".

Sören Kierkegaard notiert in sein Tagebuch: "Der archimedische Punkt außerhalb der Welt ist das Kämmerlein, wo ein wahrer Beter in aller Aufrichtigkeit betet - wo er die Welt aus den Angeln hebt"[5].

---

[5] Zit. nach F. HEILER, Das Gebet 4.A. 1921, 400.

"Und wenn ihr betet, seid nicht wie die Heuchler ...
Amen, ich sage euch, sie haben schon ihren Lohn.
Du aber, wenn du betest, 'geh in deine Kammer und
schließ die Tür zu', um zu deinem Vater zu beten,
der im Verborgenen ist. Und dein Vater, der ins Verborgene
sieht, wird dir vergelten" (Mt 6,5f n. Luz).

Dazu zwei Beispiele:
Walther Nigg nennt in seinem Buch "Große Heilige" Jean Baptiste Vianney, "der erleuchtete Idiot": Er lernte erst mit siebzehn Jahren schreiben, desertierte als Soldat, mit neunundzwanzig wurde er aus dem Priesterseminar entlassen, dann aber - es herrschte Priestermangel - doch geweiht, mit der ausdrücklichen Auflage, keine Beichte zu hören. Ein Biograph schreibt: "Um zwei Uhr nachts stand er auf und betete das Nachtoffizium, dann gab er sich dem betrachtenden Gebet hin. Um vier Uhr war er in der Kirche zur Anbetung des heiligsten Sakraments. Erst gegen Mittag verließ er die Kirche"[6]. Schon zu Lebzeiten hieß es: "Ars ist nicht mehr Ars". - Nach seinen eigenen Worten wäre er "mehr durch sein Beten als durch Worte und Belehrungen zum Kern der Sache vorgestoßen"[7]. "Bete im Verborgenen zu deinem Vater; und dein Vater, der ins Verborgene sieht, wird dir vergelten." Es sei noch angemerkt, daß Vianney der größte Seelsorger Frankreichs wurde. Am 29.7.1859 hatte er seine Zeit anders organisiert, er hörte von zwei Uhr morgens bis um sieben Uhr abends die Beichte; dann erkrankte er und starb am 4.8.[8]

Als junger Pfarrer kam ich in den Aargau. In Möriken traf ich eine kleine Kirche, die war um neun Uhr rammelvoll, um zehn Uhr standen die Leute wie vor dem Kino, um die Kirche ein zweites Mal zu füllen. Ich sah dann den Arbeitsplan des Pfarrers; da stand von sechs bis sieben Uhr "Fürbitte für die Gemeinde". Ich habe die Früchte solcher Übung immer wieder sehen können.

Der Prediger ist auch Vorbeter und als solcher in hohem Maße gefährdet, daß er wie ein Schlittschuhläufer über die liturgischen Texte fährt und statt selber zu beten eben vorbetet - und erst noch schön. Ob ich aus einem Buch oder frei bete, ist irrelevant gegenüber der Frage, ob ich selbst im Gebet drin bin, oder ob ich vor der Gemeinde meine Pirouetten drehe. Darum braucht gerade das liturgische Gebet ebenso sorgfältige Vorbereitung wie die Predigt selbst, und ich empfehle vor der Niederschrift der Predigt, die Gebete zu erarbeiten, wobei ich schon angedeutet habe, daß das Gebet eine Arbeit ist, und zwar eine Arbeit, an der ich immer wieder scheitere.

3. *Station in der neuen Welt Gottes - Fasten als Vorbedingung homiletischer Kreativität*

Während der Fastenzeit dampften am 9.3.1522 auf dem Tisch des Christian Froschauer die Würste, am 23. predigte Zwingli über das Fasten "Von Erkiesen und

---

[6] Nach W. NIGG, Große Heilige, 1946, 371.

[7] Nach Chr. SCHÜTZ, a.a.O., 1375.

[8] Zit. nach SCHÜTZ, 1376.

Freiheit der Speisen". Es waren soziale Motive, die ihn bewegten, gegen die Fastenbräuche seiner Zeit zu polemisieren. Das soziale Engagement Zwinglis hat von den Würsten bis zu Rösti und Geschnetzeltem in die Gegenwart hinein weitergewirkt. Als Spätfrucht von Zwinglis Predigt ist Zürich zur Stadt der Gnome geworden.

Wir müssen heute versuchen, gegen unsere Tradition auf den Bergprediger zu hören. In einer Zeit, in der ein großer Teil der Menschheit hungert, indessen in unseren Städten die Angst vor Kalorien und "fetten Speisen" umgeht, wird es Zeit, auf Lebensmittel zu verzichten. Fasten will gelernt sein. Um kein gesetzliches Mißverständnis einreißen zu lassen: So wie es beinahe unendliche Varianten des Betens gibt, so wird sich eine große Mannigfaltigkeit von Weisen zeigen zu fasten.

"Faste, wenn du siegen willst!", rät Ambrosius in seiner Auslegung der lukanischen Versuchungsgeschichte gegen die Versuchung des Fleisches (BKV II,171). Fasten ist eine conditio sine qua non für das Gelingen der Predigt. Die Zeit der Predigtvorbereitung soll nicht vertan werden. Darum sei die Fastenzeit eine Zeit, in der ich auf Lebensmittel - welcher Art auch immer - verzichte, um Leben mitzuteilen. Etwas überspitzt heißt das dann: Auf der Kanzel kommt es nicht nur darauf an, daß der Talar meinen Bauch bedeckt. Es kommt auch auf das an, was ich im Bauch habe oder nicht habe. Die Predigt verliert ihren exorzistischen Charakter, wenn sie nicht aus dem Fasten kommt, und sie wird langweilig, wo sie nicht in einer Wüste reifen konnte: "Faste, wenn du siegen willst!"

Wenn das Beten mit dem Almosen verkoppelt wird, so das Fasten mit dem Beten. Fasten gibt dem Beten Resonanz: Jetzt wird nicht geplappert. Das neue Sein setzt sich ins körperliche hinein durch. Das Reich Gottes besteht nicht in Essen und Trinken. Wer fastet dokumentiert: Ich gehöre schon in das Reich, in dem Jesus die Dämonen austreibt. Mit dem Geist als Angeld des Kommenden korrespondiert das Fasten als Schuldforderung an den Himmel. Es verzichtet auf Weltliches, um neue Welt zu gewinnen.

Johannes Chrysostomus sagt in einer Homilie zu Mt 17,21: "Wer fastet, ist leicht und beschwingt". Das ist eine Erfahrung, die jede Fastenkur vermittelt: Fasten erleichtert. Man speckt ab, verliert Pfunde. Aber Chrysostomus hat Spirituelles im Sinn: "Wer mit dem Fasten zugleich das Gebet verbündet, hat zwei Flügel, die leichter sind als der Wind. Ein solcher gähnt und streckt sich nicht vor Schläfrigkeit beim Beten, wie es die meisten machen; er ist vielmehr glühender als Feuer und erhebt sich hoch über die Erde." Das heißt, er ist nicht mehr mit sich selbst allein, er ist bei dem, den er anredet. Chrysostomus fährt fort: "Ein solcher Beter ist darum den Teufeln besonders verhaßt und zuwider. Es gibt nichts stärkeres als einen rechten Beter"[9]. Ich nehme an, daß "der größte Prediger der griechischen Kirche"[10] in der zitierten Passage eigene Predigererfahrung einfließen läßt. Sein Wort hat Macht und wirkt. Johannes weiß warum.

---

[9] BKV III,216f.

[10] A. NIEBERGALL, Leiturga II,222.

Blenden wir von Chrysostomus auf die Bergpredigt zurück, besorgt Jesus den Fastern die Leichtigkeit:

"Wenn ihr aber fastet, werdet nicht wie die griesgrämigen Heuchler, denn sie machen ihre Angesichter unansehnlich, um vor den Menschen als Fastende angesehen zu sein. Amen, ich sage euch: Sie haben schon ihren Lohn" (Mt 6,16 n. Luz).

Erkenne ich die Relevanz von Jesu Fastenanweisung für das Predigen, erleichtert das die Vorbereitung ungemein: Ich bleibe Albert Schädelin mein Leben lang dankbar, daß er uns im homiletischen Seminar ermahnte, während der Predigtvorbereitung keine Intoleranz etwa gegen Kinderlärm im Pfarrhaus zu praktizieren. Wer fastet, verzichtet auf Lebensmittel, und wenn es sein muß auch auf das der Ruhe:

"Du aber, beim Fasten,
salbe deinen Kopf und wasche dein Gesicht,
damit du nicht von dem Menschen als Fastender
angesehen wirst, sondern von deinem Vater im Verborgenen.
Und dein Vater, der ins Verborgene sieht, wird dir vergelten"
(Mt 6,17f n. Luz).

Texte statt Beispiele:
Isaak von Antiochien hat uns zwei "Gedichte über das Fasten" hinterlassen. Das erste Gedicht beginnt mit einem Lobpreis dieser Übung in psychologischer Hinsicht: "Äußerlich belästigt zwar das Fasten, aber innerlich reinigt es die Seele ..."[11]. Das Fasten soll die Herrschaft der Seele über den Körper befestigen. Wie der Wagenlenker die vorgespannten Rosse durch Nachlassen und Anspannen der Zügel in Trab hält, damit kein einziges das Gespann in seinem Lauf behindert, so mag sich nicht nur der Mund der Speise enthalten, vielmehr mögen alle Glieder "vor Verderblichem bewahrt werden" (117f).

Was Isaak nun von der Ausdehnung des Fastens auf den ganzen Leib sagt, scheint mir für die Predigtvorbereitung wichtig, wichtiger vielleicht als die Enthaltung von Speise: "Während der Mund fastet, möge zugleich auch die Zunge fasten, so daß sie nicht durch unnütze Reden dein Fasten nutzlos mache!" Seine Reden vor der Predigt begleiten den Kanzelredner wie Vögel auf die Kanzel. Man sieht sie nicht und hört sie nicht, und doch stören ihre Stimmen. Ins unnütze Reden hat sich immer schon Bosheit eingeschlichen. Isaak gebraucht ein anderes Bild: "Ebensowenig wie man mit Galle vermischten Honig annimmt, wird auch das mit Haß vermischte Fasten angenommen werden" (118).

Im Fernsehzeitalter bekommt die Mahnung des Isaak im Blick auf die Augen besondere Bedeutung. Was wir an Bildern aufnehmen wirkt nach. Wir von Bildern Verfolgte brauchen einen Augensabbat. "Wenn zwar dein Mund fastet, aber deine

---

[11] BKV; Ausgew. Schriften syrischer Dichter, 117.

Augen in Lüsten herumschweifen, so werden deine Wimpern zu Fesseln für dein Fasten, so daß es den Kampf nicht siegreich bestehen kann" (118).

Isaak nennt neben den Augen das Gehör als Begleitung des Fastens: "Wer mit dem Munde fastet, indem er nicht ißt, der möge auch sein Gehör mitfasten lassen, indem er nicht die Speere der Verleumdung, welche die Seele töten, in dasselbe eindringen lasse." Der Faster gewinnt nicht, wenn er sein Ohr nicht schützt. "Sehr fein ist der Speer des Bösen und vermag zwischen den Augenwimpern ... einzudringen, um wieviel mehr wird er also zur offenstehenden Tür des Ohres eingehen können."

Was Isaak im 5. Jahrhundert im Kontext des Fastens zusammen sieht, wird C.H. Spurgeon im 19. Jahrhundert auf die pastorale Tätigkeit ausweiten, wenn er in seinen "Ratschlägen für Prediger" über "das blinde Auge und das taube Ohr" spricht[12].

Wenn ich zum Schluß die drei Werke der Verborgenheit miteinander vergleiche, dann sind sie ebensowenig voneinander zu trennen wie die opera trinitatis. So berührt sich z.B. das Fasten mit dem Almosen: "Auch die Hände sollen zugleich mit den übrigen Gliedern fasten und sich nicht am Raub vergreifen"[13].

Im zweiten Gedicht kommt mit großem Pathos das soziale Engagement des Isaak zur Sprache. Da bringt er das Sozialverhalten unter dem Begriff des Fastens ein und bringt es in einen Ergehenszusammenhang mit der Wohlfahrt des Landes. Seine Sicht ist heute im Kontext des Nord-Süd-Gefälles besonders aktuell: "In der Fastenzeit laßt uns den Armen das Leben wiedergeben, das wir Ihnen durch die Zinsen genommen haben"[14].

Isaaks Ausdehnung des Fastens auf die Sinne und den Leib wird im Blick auf die Predigtvorbereitung zum Wechsel der Biographie. Das Fasten verändert die Zeit und mit der Zeit die Biographie: Ich bin kein unbeschriebenes Blatt, sondern über und über beschrieben von Texten, vielfach flüchtigen und rasch verblassenden, aber auch schmerzlich eingebrannten. Sogar meine letzte Mahlzeit kann Text sein. Was neu ist und alt, erhält hier eine neue Qualifikation.

Fasten heißt jetzt: Ich lasse mich von einem neuen Text beschreiben, dem biblischen; die alte Biographie verblaßt, der Prediger wird zum Palimpsest, auf dessen Existenz ein neuer Text geschrieben wird: "Wohl dem Manne, der ... über dem Gesetz nachsinnt Tag und Nacht" (Ps 1,1f).

---

[12] H. THIELICKE, Vom geistlichen Reden. Begegnung mit Spurgeon, 1961, 180ff.

[13] Isaak, in: BKV; Ausgew. Schriften Syrischer Dichter, 118.

[14] Ebd. 128.

Die drei Stationen im Kontext des Evangeliums

Die Trias Almosen - Gebet - Fasten erhellt die Zeit des Predigers "voller Dunkel und voll Macht", schon bevor er mit der Preditvorbereitung beginnt. Als ein zum Jünger für das Himmelreich Gemachter braucht er Zeit, die Kammer zu füllen, was durch Weggeben geschieht: Geld und Gut für Bedürftige - Zeit für das Gebet - Verzicht auf Lebensmittel. Das soll Vorräte schaffen, veraltenden, vergänglichen Vorräten gegenüber nun bleibende schaffen!

"Sammelt euch nicht Schätze auf Erden, wo Motte und Rost sie zerstören und wo Diebe einbrechen und stehlen; sammelt euch aber Schätze im Himmel, wo weder Motte noch Fraß sie zerstören und wo keine Diebe einbrechen und stehlen. Denn wo dein Schatz ist, dort wird auch dein Herz sein" (Mt 6,19-21 n. Luz).

Damit taucht eine theologische Problematik auf, der ich mich zum Schluß zuwenden muß: Aus der Gegenüberstellung der beiden Vorratskammern liest Luz eine "Kritik am Besitz" heraus, was sicher richtig ist; wie aber vorher das "neu" gegenüber dem "alt" zurücktritt, werden jetzt die "Schätze im Himmel" kaum beachtet. Eine Anmerkung verweist allerdings darauf, es gehe "nicht um ein himmlisches 'Kapital', sondern eher um die guten Werke selbst, die 'gleichsam stofflich im Himmel liegend vorgestellt werden'." Was das aber theologisch zu bedeuten hat, wird nicht reflektiert, wird hier doch "völlig ungebrochen der LOHNGEDANKE ÜBERNOMMEN". Hat der Exeget das letzte "siehe" des Evangeliums vergessen? Ist der Lohn bloß ein Gedanke und die Bergpredigt ein Gedankenspiel? Auch scheint Luz an dieser Stelle zu übersehen, daß die Antithetik von 'verborgen' und öffentlichen 'Vergelten' der Antithetik 'auf Erden' 'im Himmel' entspricht.

Beachtet man die Thesauros-Metaphorik bei Matthäus, zeigt sich, daß er im Zusammenhang mit seinen messianischen Taten "die Schätze im Himmel" entmythologisiert, indem er sie mit dem Herzen in Beziehung setzt (Mt 12,34b):

"Der gute Mensch bringt aus seiner guten Schatzkammer
  Gutes hervor;
und der böse Mensch bringt aus seiner bösen Schatzkammer
  Böses hervor" (Mt 12,35 n.Luz).

Der Exeget legt als Gedankenleser den Text fest: "Gedacht ist an die Fülle der Güte bzw. Bosheit eines guten bzw. bösen Menschen". Was aber heißt 'Fülle' und wie kommt sie zustande? Lesen wir im Blick auf unser Predigen weiter, stoßen wir auf eine Homiletik in nuce - möglicherweise auch auf eine Poetik:

"Ich sage euch aber:
Für jedes nutzlose Wort, das Menschen reden werden,
werden sie Rechenschaft ablegen am Tage des Gerichts;
denn aus deinen Worten wirst du gerecht gesprochen werden; und aus deinen Worten wirst du verurteilt werden" (Mt 12,36f n. Luz).

Der eschatologische Nutzen eines Wortes hängt offenbar zusammen mit der Zeit gelebten Lebens, die dem Sprechen vorangeht. Sie qualifiziert oder disqualifiziert das Gesprochene. Ein Prediger braucht weder seine Güte noch seine Bosheit zur Schau zu stellen. Die kommen so und so zum Vorschein - wie Worte und Herz zusammengehören, während Himmel und Hölle nicht fern bleiben.

Die Vorratskammer, das öffentliche Vergelten, die Schätze im Himmel und die Fülle der Herzensgüte, all das gehört zu einem Gewebe. Auch der Auftrag, mit dem Jesus die Jünger auf den Probelauf schickt:

"Geht aber und verkündet:
'Das Himmelreich ist nahe herbeigekommen!'
Heilt Schwache,
erweckt Tote,
reinigt Aussätzige,
treibt Dämonen aus!
Umsonst habt ihr empfangen, umsonst gebt!" (Mt 10,7f n. Luz)

Der Missionsbefehl am Ende des Evangeliums nimmt hier nichts zurück, schützt aber die Teilhaber an der Macht des Auferstandenen vor einer Usurpation dieser Macht. Indem Jesus den Zweiflern gegenüber seine eigene Macht behauptet, öffnet er das ganze Evangelium nach vorn. Wenn er die Aussendung der Seinen in die Völkerwelt mit der Zusage seiner Gegenwart verbindet, verspricht sich der für die Zukunft, der dem Täufer ausrichten läßt:

"Geht und meldet dem Johannes, was ihr hört und seht:
Blinde sehen wieder und Gelähmte gehen,
Aussätzige werden rein und Taube hören,
und Tode werden auferweckt,
und Armen wird das Evangelium verkündet,
und glücklich ist, wer sich nicht an mir ärgert!" (Mt 11,5f)

Die Frage nach dem Neuen, das auf der Kanzel zu sagen ist, stellt sich damit als Frage nach dem, was wir vom Auferstandenen hören und - sehen! Was wir von ihm her sind! Was wir von ihm her haben!

Gerate ich mit meiner Bibellektüre, die mich verführt, dem Exegeten am Zeug zu flicken, nicht in Konflikt mit der Dogmatik? Unterwegs zum Novum des nahenden Reiches werden wir den Mut finden, unsere Theologie in Frage stellen zu lassen. Angesichts der Nöte unserer Zeit und des Elends der Menschen gilt es, darauf zu achten, daß Exegese und Dogmatik nicht der Ideologie verfallen. Da ist das Richtige noch nicht das Wahre, und das Herkömmliche hilft nicht weiter.

Die herkömmliche Preditvorbereitung wird weiterhin den Hörern zur Seligkeit verhelfen - hoffentlich! Die messianischen Taten aber, die eine sich selbst zerstörende Menschheit heute nötiger hat als je, lassen auf sich warten, solange der Vater im Himmel uns Predigern öffentlich wenig oder nichts zu vergelten hat! Was man in unseren Predigten hört und sieht, entspricht kaum dem, was von der Zusage des Auferstandenen her zu erwarten wäre!

Mit Recht sieht Ulrich Luz in 6,1-18 den Höhepunkt und das Zentrum der Bergpredigt. Er sieht hier "Matthäus in großer Nähe zu Paulus", wobei er auf den Begriff der Gerechtigkeit verweist und die Analogie darin sieht, "daß gerade Gerechtigkeit als eigene Gerechtigkeit vor Gott Sünde sein kann (Röm 9,30-10,3)", was nicht zu bestreiten ist. Allerdings entspricht diese Sicht der nicht genügenden Beachtung, die den "Schätzen im Himmel" zuteil wurde.

Bedenkt man die drei Stationen im Kontext des Evangeliums, rückt das öffentliche Vergelten in die Nähe der paulinischen Charismenlehre. Wenn man weiterhin beachtet, daß Augustins Gnadenlehre gegenüber Paulus eine Verkürzung darstellt, indem er nicht zwischen Charis und Charisma unterscheidet[15] wird es Zeit, die Bergpredigt im Licht der paulinischen Charismenlehre zu lesen, und die Charismenlehre von der Bergpredigt her zu verstehen; dann aber gehören das Sammeln von himmlischem Vorrat und das Eifern nach der Prophetie zusammen, und der zum Jünger für das Himmelreich Gemachte hat Charisma, das den Prediger ermächtigt, Neues aus der Vorratskammer hervorzubringen. Verdankt sich die Verborgenheit guter Werke der Teilhabe am Leben Jesu und also der Charis, wird das heimlich Getane im Charisma veröffentlicht. Charisma ist ein Geschenk der Charis, das erworben sein will, und bei den Bäffchen muß man acht geben, daß sie richtig sitzen.

---

[15] Vgl. Alfred SCHINDLER, RAC XI,388f; 430.

Martin Nicol

Im Ereignis den Text entdecken
Überlegungen zur Homiletischen Schriftauslegung

I.
Vom Text zur Predigt?

Die Praktische Theologie war schon immer am Geschäft der Schriftauslegung beteiligt. Selbst dort, wo sie sich einigermaßen schlicht den Auslegungsbemühungen der Exegese anvertraute, brachte sie einen Gesichtspunkt zur Geltung, an dem ihr nach wie vor in besonderer Weise gelegen ist: die Aktualität des biblischen Wortes, seine Bezogenheit auf Situationen fernab von Hörsaal und Universität. Die Praktische Theologie hält die akademische Exegese offen für Erfahrung mit dem biblischen Wort. Besonders in neuerer Zeit[1] wirbt sie für die Einsicht, daß die Kommunikation des Evangeliums in der jeweils aktuellen Situation nicht Anhang zu einer vorher erfolgten Auslegung sei, sondern Wesentliches bereits in den Prozeß der Auslegung selbst einzubringen habe.

Homiletische Schriftauslegung, eingespannt zwischen Text und Predigt, steht stets von neuem vor der Frage, wie diese beiden Pole in Beziehung zu setzen seien. Das Modell, das sich anzubieten scheint, ist das Modell eines Weges vom Text zur Predigt, von der Vergangenheit zur Gegenwart, von der Tradition zur Situation, von der Lehre zur Erfahrung, vom Inhalt zur Form, von der Auslegung zur Anwendung. Die scheinbare Plausibilität dieses Modells erklärt sich vielfältig. Zwei Aspekte führe ich an. Zum einen entspricht die Metapher vom Weg der Denkbewegung des auslegenden Subjekts: Ich habe Vorgaben, ich habe ein Ziel, und die Zeit, die zum Erreichen des Zieles vergeht, läßt sich im Bild des Wegs veranschaulichen. Zum anderen stellt sich im Banne historistischen Denkens Geschichte dar als Zeitstrahl, auf dem sich zwischen einem Text der Vergangenheit und der Predigt der Gegenwart ein Weg abzeichnet. So bietet sich die Metapher vom Weg, die zunächst lediglich subjektiv eine Wegstrecke der Denkbemühung beschrieb, mit scheinbarer Evidenz auch objektiv als Deutemuster für den Gegenstand der Denkbemühung an: Ich habe als Ausleger sozusagen im Zeitraffer einen vorgegebenen Weg von der Vergangenheit (Text) in die Gegenwart (Predigt) nachzugehen.

Die homiletische Literatur freilich mahnt zur Vorsicht. Gert Otto etwa hat mit seinem Zirkelmodell der Predigtvorbereitung einen deutlichen Gegenakzent gesetzt[2]. Und dort, wo man in Exegese und Dogmatik hermeneutisch arbeitet, werden Denkmuster entwickelt, die sich weit differenzierter darstellen als die schlichte Metapher vom Weg. Daß beispielsweise einer modernen Hermeneutik das Bild vom Zirkel weit angemessener ist als das Bild vom Weg, daß spätestens bei der Gleichnisauslegung

---

[1] Vgl. den Abriß der Entwicklung bei Henning SCHRÖER, Art. Hermeneutik IV. Praktisch-theologisch: TRE 15, 150-156; auch ders., Bibelauslegung durch Bibelgebrauch. Neue Wege "praktischer Exegese": EvTh 45 (1985) 500-515.

[2] Vgl. Gert OTTO, Predigt als Rede, Stuttgart u.a. 1976, 90; vgl. auch die Reihe seiner Folgeveröffentlichungen.

die geläufige Trennung von Inhalt und Form obsolet wird oder daß Rezeption immer auch Auslegung bedeutet: Diese und ähnliche Einsichten gehören heute zu den Grundlagen einer hermeneutisch differenzierten Denkbemühung. Gleichwohl bestimmt die Metapher eines Weges, der vom Text zur Predigt zu gehen sei, mit einem seltsamen Beharrungsvermögen den Alltag in Studium und Kirche.

Die Formel "Vom Text zur Predigt" in ihrer historistischen Version[3] behauptet sich ungeachtet der Tatsache, daß die Studierenden (und nicht nur sie) zunehmend weniger in der Lage sind, einen solchen Weg, wenn es ihn denn geben sollte, auch zu gehen. Sie nehmen allenfalls Stationen auf dem Weg wahr, ohne noch die verbindende Wegstrecke erkennen zu können. In homiletischen Seminararbeiten sind die exegetischen Teile oft nur Summierungen von historischen Beobachtungen, die systematisch-theologischen Reflexionen schlingern zwischen Paraphrase und meditativer Aktualisierung einigermaßen hilflos umher, und die Predigten selber bevorzugen unter all den Sprüngen, die den überlang gewordenen Weg von der Vergangenheit in die Gegenwart dann doch abkürzen müssen, mit Vorliebe die Variante der ethisierenden Anwendung.

Was sich auf der Ebene wissenschaftlichen Arbeitens als Problem erweist, hat seine Wurzeln vermutlich weit tiefer. Wenn nicht alles täuscht, nimmt gegenwärtig überhaupt die innere Notwendigkeit ab, eigene Erfahrung in biblischen Deutemustern zur Sprache zu bringen. Im akademischen Raum jedenfalls wird so etwas wie eine existentielle Erwartungshaltung an die Bibel immer weniger greifbar. So kommt es, daß kaum mehr die Erfahrung der eigentümlichen Lebendigkeit der biblischen Texte die denkerische Bemühung anstößt. Seltsam abgehoben und abständig erscheinen von daher die auf historische Erhellung der Texte bedachten Bemühungen der Exegese. Abständig erscheinen aber auch die Bemühungen der Praktischen Theologie um eine Predigt, die sich noch immer versteht als situationsbezogene Auslegung biblischer Texte.

Es ist die Frage, wie die Praktische Theologie auf die angedeutete Problematik reagieren will. Vor fast hundert Jahren versuchte ein Neutestamentler meine Disziplin zu charakterisieren: Es sei, so Heinrich Julius Holtzmann, "die sog. praktische Erklärung der Schrift, welche vielleicht den werthvollsten Bestandtheil aller praktischen Theologie ausmacht"[4]. Ich denke, die Praktische Theologie habe sich dieses ihres "werthvollsten Bestandtheiles" in völlig verändertem Kontext noch einmal zu erinnern und einen eigenständigen Beitrag zur bibelhermeneutischen Diskussion zu liefern. Die folgenden Überlegungen verstehen sich als Schritt in diese Richtung.

---

[3] In ihrer dogmatischen Version (Text als eine Gestalt des Wortes Gottes) sprengt die Formel im Grunde das Bild vom Weg, konstatiert sie doch als primäre Bedeutung der biblischen Texte ihre Bedeutung für die Situationen der Gegenwart; vgl. etwa Hermann DIEM, Warum Textpredigt?, München 1939, 202 ff. Auch die umgekehrte Formel "Von der Predigt zum Text" bezeichnet nicht den historischen Rück-Weg: vgl. Christian MÖLLER, Von der Predigt zum Text, SPTh 7, München 1970.

[4] Heinrich Julius HOLTZMANN, Lehrbuch der neutestamentlichen Theologie, Freiburg/Br. u. Leipzig 1897, X.

II.
Versuche und Modelle

Der Begriff einer "Homiletischen Schriftauslegung" läßt zunächst an Predigt und deren Vorbereitung denken. Aber ebensowenig wie sich die Predigt von anderen Kommunikationsbemühungen im Raum der Kirche trennen läßt, kann Homiletische Schriftauslegung auf die Situation der Predigt eingegrenzt werden. Grundsätzlich gehören alle Situationen, in denen sich Lebensbezüge von biblischen Texten erschließen, in den Geltungsbereich Homiletischer Schriftauslegung, wie ich sie verstehe. So will das Epitheton "homiletisch" die Schriftauslegung keinesfalls auf Predigt hin verengen, sondern sie, der griechischen Wortherkunft aus dem Lebensbereich des Gesprächs folgend[5], für ein weites Spektrum kommunikativer Situationen offen halten. Auch ist nicht nur eine Auslegung *für* bestimmte Situationen im Blick, sondern mindestens ebenso eine Auslegung *durch* bestimmte Situationen. Es geht mithin um Schriftauslegung auf allen Praxisfeldern der Praktischen Theologie.

Wenn ich mich im folgenden auf Predigt und Modelle der Predigtvorbereitung beziehe, dann bedeutet das keine prinzipielle, sondern eine exemplarische Eingrenzung. Die notwendige Auseinandersetzung mit der theologischen Tradition scheint mir so am besten gewährleistet, mit der Predigt steht eine klar umgrenzte Situation exemplarisch vor Augen, und in der Literaturgattung der Predigthilfe ist Homiletische Schriftauslegung vorerst noch immer am greifbarsten präsent.

Aus der (ungeschriebenen) Geschichte der Homiletischen Schriftauslegung greife ich nun einige Versuche und Modelle heraus, die mir im Blick auf eigene Bemühungen von Interesse sind.

Franz Ludwig Steinmeyer (1811-1900) hat seinerzeit ein erstaunlich differenziertes hermeneutisches Modell vorgelegt[6]. Ausgangspunkt der Überlegungen ist das ungeklärte Nebeneinander von historischer und homiletischer Textbehandlung. Beide seien aufeinander angewiesen. Offenbar hatte Steinmeyer Anlaß, die eigene Würde der homiletischen Auslegung zu betonen:
"Die vielfach gehegte Meinung, als ob die sogenannte Wissenschaft der gelehrten Exegese auf die homiletische Auslegung als auf eine untergeordnete herabsehen müsse, sehen wir als einen Wahn der Beschränktheit, der gelehrten Pedanterie oder wenigstens als ein völliges Missverständnis an ..." (93)

Solche Worte sind sicher Ausdruck eines gesunden Selbstbewußtseins. Aber vor allem gründen sie in der Sache selber. Die homiletische Auslegung sei, so Steinmeyer, keinesfalls nur die "erbauliche Anwendung" (94) einer andernorts erfolgten Auslegung. Vielmehr stelle sie "das vollkommene Ineinander von Auslegung und Anwendung" (95), von explicatio und applicatio dar. Denn ein biblischer Text, richtig ausgelegt, trage die Anwendung bereits in sich. Dogmatische Überlegungen zum

---

[5] Vgl. Lk 24,14f.

[6] Vgl. Franz Ludwig STEINMEYER, Homiletik, Leipzig 1901, 90-146.

selbstwirkenden Gotteswort, zu einer in den biblischen Text eingeborgenen Wirklichkeit stehen hinter dieser These. Der homiletische Umgang mit dem Text wird nicht als Aufgabe der Vermittlung beschrieben, als ob "der Prediger ex suis etwas hervorbringen müsste, was dem Schriftwort noch Wirklichkeit verschaffte", sondern als Aufgabe der Entdeckung der "Schätze des Gottesworts" selber (96). Freilich, so hat es Friedrich Wintzer kritisch angemerkt[7], ist nicht zu erkennen, daß und wie Steinmeyers Homiletische Schriftauslegung die Lebenswirklichkeit der Hörer konkret in den Auslegungsvorgang und damit auch in die Predigt einbezieht.

Franz Ludwig Steinmeyer weckt Interesse nicht nur wegen seiner eigenen Bestimmungen zur Homiletischen Schriftauslegung, sondern auch aufgrund der Tatsache, daß er bis in die Gegenwart hinein als Ahnherr von Sache und Begriff einer Homiletischen Schriftauslegung genannt wird. *Gottfried Voigt* übernimmt für seine "Homiletische Auslegung"[8] ausdrücklich (IV,5) einen Terminus von *Martin Doerne*[9], der seinerseits die Reihe über *Ernst Christian Achelis*[10] und *Paul Kleinert*[11] auf Franz Ludwig Steinmeyer zurückverfolgt. Freilich haben sich, so scheint mir, in dieser längeren Traditionskette die differenzierten Überlegungen Steinmeyers einigermaßen verflüchtigt. Ein Grund dafür war sicher der Bedeutungszuwachs der historischen Exegese, insbesondere die Entwicklung der religionsgeschichtlichen Forschung. Achelis beschreibt die Schwierigkeit der Praktischen Theologie angesichts dieser Lage[12]:

"Allein es ist nicht zu verkennen, daß gerade der gegenwärtige Stand der wissenschaftlichen Exegese dem Homileten nicht geringe Schwierigkeiten bietet, die in weiten Kreisen das Urteil völliger Unbrauchbarkeit derselben zur Erbauung der Gemeinde gezeitigt haben. Weniger gilt das von der kritischen als von der historischen, der religionsgeschichtlichen, Seite der gegenwärtigen Exegese."

Eine systematisch tragfähige Lösung dieser Schwierigkeit wurde in der skizzierten Linie Homiletischer Schriftauslegung nicht gesucht und nicht gefunden. Achelis kommt über das Postulat einer Zusammengehörigkeit von historischer und homiletischer Auslegung nicht wesentlich hinaus. Kleinert nennt Steinmeyers Ausführungen zwar "geistreich" (49), läßt dann aber Auslegung und Anwendung wieder auseinanderfallen (vgl. 50). Martin Doerne kapituliert vor einer systematischen Klärung des Verhältnisses von historisch orientierter Exegese und anwendungsorientierter Homiletischer Schriftauslegung: "Unterschied und Gemeinsamkeit beider Auslegungsweisen lassen sich schwerlich in einer systematisch ausgewogenen Definition auffangen" (7). Und Gottfried Voigt konzipiert seine Auslegung zu einem wesentlichen Teil lediglich als Vermittlungsaufgabe zwischen Katheder und Kanzel, zwischen Wissenschaft

---

[7] Vgl. Friedrich WINTZER, Die Homiletik seit Schleiermacher bis in die Anfänge der "dialektischen Theologie" in Grundzügen, APTh 6, Göttingen 1969, 55.

[8] Vgl. Gottfried VOIGT, Homiletische Auslegung der Predigttexte, N.F., 6 Bde., Göttingen 1978-1983.

[9] Vgl. Martin DOERNE, Die Alten Episteln. Homiletische Auslegung, Göttingen 1967, 7.

[10] Vgl. Ernst Christian ACHELIS, Lehrbuch der Praktischen Theologie, 3.A. Leipzig 1911, 158-162.

[11] Vgl. Paul KLEINERT, Homiletik, Leipzig 1907, 49ff.

[12] Achelis, a.a.O., 160.

und Predigt: Man werde "merken, daß viele Gegenstände, die sonst in gehobener Kathedersprache abgehandelt werden, hier in die Sprache der Anschauung transformiert wurden" (VI,7). Freilich ist gerade Gottfried Voigt ein gutes Beispiel dafür, daß auch bei unentschlossener Hermeneutik hilfreiche Textbearbeitungen entstehen können. Auf unprätentiöse Weise bieten seine "Homiletischen Auslegungen" solide Predigthilfe.

Friedrich Niebergall, ausdrücklich um eine moderne Lösung des Predigtproblems bemüht, hat "Praktische Auslegung" oder "Praktische Exegese" konzipiert und materialiter durchgeführt[13]. Er verzichtet ausdrücklich auf jede Form von Inspirationstheorie und faßt die Bibel als geschichtliche Urkunde. Als dieses Dokument steht die Bibel mit unserem christlichen Tun in Wechselwirkung: Einerseits "verlangt und unterstützt" die Schrift unser Wirken, während andererseits unser Wirken auf die Schrift angewiesen sei (24). Dabei bestimmt eine Trias aus "Norm, Zustand und Hilfe" das kirchliche Wirken, insofern dieses "die Zustände des Menschenherzens nach den im Evangelium liegenden Normen mit entsprechenden Hilfsmitteln gestalten" will (3). Im Rahmen der Trias habe man die Bibel im intensiven Bezug auf das gegenwärtige Leben abzusuchen. Wie das im einzelnen zu geschehen habe, ist hier nicht auszuführen. Wichtig aber ist die Einsicht, daß Niebergall aufgrund seines einseitig historisch bestimmten Schriftverständnisses gar nicht umhin kann, seine "Praktische Exegese" als Aufgabe der Vermittlung zu konzipieren: Sie habe "aus dem geschichtlichen Menschenwort der Schrift ein Gotteswort voll Autorität für uns zu machen" (42). In einem Satz wie diesem kommt die theologische Problematik, die in solcher Vermittlung zwischen explicatio und applicatio liegt, zum Ausdruck. Karl Barth hat nicht im direkten Bezug auf Niebergall, aber doch im scharfen Zugriff auf das sachlich-theologische Problem von einer "Zwischenhandelsfunktion"[14] gesprochen, in die sich die Homiletik hier dränge oder drängen lasse, die aber nicht ihr, sondern dem Wirken Gottes selbst zustehe.

Die Einflüsse der Dialektischen Theologie auf die Homiletische Schriftauslegung sind vielfältig[15]. Besonders wirkungsvoll ist die Arbeit von *Hans-Joachim Iwand* geworden, sind doch die "Göttinger Predigtmeditationen" aufs engste mit seiner Person und Theologie verknüpft. Seine "Predigtmeditationen"[16] stellen sich grundsätzlich dar als "ein Mittelding zwischen Exegese und Verkündigung" (59). Dem von Barth angemerkten Problem, sich dadurch in eine Vermittlungsaufgabe drängen zu lassen, entgeht Iwand, indem er die beiden Pole in der Selbstbewegung des Wortes Gottes miteinander vermittelt sein läßt. Präzisiert wird die Bewegung des Wortes Gottes

---

[13] Für die Konzeption vgl. Friedrich NIEBERGALL, Praktische Auslegung des Neuen Testaments (1909), 2.A. Tübingen 1914, 1-48; danach im folgenden die Zitate. Vgl. auch ders., Praktische Auslegung des Alten Testaments, Göttingen 1912.

[14] Karl BARTH, Homiletik, Zürich 1966, 8. Vgl. insgesamt Problemanzeigen und Lösungsversuche: ebd. 8-32. Vgl. auch die theologisch begründete Kritik an Niebergalls Schriftauslegung bei Henning Schröer, Theologia applicata: MPTh 53 (1964) 389-407, hier 396f u. 405ff.

[15] Vgl. Niels HASSELMANN, Predigthilfen und Predigtvorbereitung, Gütersloh 1977, bes. 52-85.

[16] Hans-Joachim IWAND, Predigt-Meditationen, 4.A. Göttingen 1984. Aus den dort mitabgedruckten Vor- und Nachworten zu den GPM sind die folgenden Zitate genommen.

durch die Kategorie der Verheißung: Das in die biblischen Texten eingeborgene Wort Gottes weist verheißend voraus, umgreift also Gegenwart und Zukunft. Homiletische Schriftauslegung bezieht sich auf diesen Vorgang. Sie will dem Prediger den Zugang zur Wortbewegung ermöglichen, will ihn so in diese Bewegung einweisen, daß er dann die Predigt als ein Moment der Eigenbewegung des Wortes wahrnehmen kann.

Das grundlegende Problem Homiletischer Schriftauslegung, die Vermittlung von explicatio und applicatio, ist bei Iwand mit theologischer Konsequenz gelöst. Fragen bleiben dennoch. Unter anderem wurde von *Christoph Bizer* moniert, daß Predigt als das Ereignis, das den Meditationen immer schon vorausliege, "lediglich dogmatisch supponiert"[17], aber nicht als lebendige Erfahrung zur Sprache gebracht werde. Und *Jan Hermelink* hat aus seiner Perspektive auf ein Defizit an Wirklichkeit in Iwands Homiletischer Schriftauslegung hingewiesen: Die menschliche Situation werde in den Meditationen "nur als zu kritisierende Größe entfaltet", während ihre "Erschließung und Erleuchtung durch die Verheißung unkonkret" bleibe[18].

Abschließend greife ich zwei Modelle heraus, die mir in besonderer Weise modern zu sein scheinen: Wilhelm Stählin und Ernst Lange.

Wilhelm Stählin[19] entspricht schon durch die äußere Form seiner Predigthilfen deutlich dem Genus Schriftauslegung. Nicht einzelne Perikopen werden entsprechend der Ordnung der Predigttexte homiletisch bearbeitet, sondern die Heilige Schrift wird in ihrem ursprünglichen Zusammenhang ausgelegt. Stählins Werk stellt in seiner Endgestalt von fünf Bänden einen Kommentar zu biblischen Büchern oder Schriften dar[20]. Er selbst begründet diese Anordnung unter anderem damit, Predigthilfen seien in erster Linie nicht verbrauchsorientierte Anleitungen zum Predigen, sondern Wahrnehmungshilfen für die biblischen Texte und die durch sie zur Sprache gebrachte Wirklichkeit[21].

Grundlegend ist bei Stählin die Unterscheidung von zwei verschiedenen Weisen der Wirklichkeitswahrnehmung[22]: dem rational-diskursivem Denken und dem meditativ-kreisendem Betrachten. Die eigentliche Erfahrungsebene werde erst mit der Meditation betreten. Hier gehe es nicht mehr um "bloße Gedanken", sondern eben

---

[17] Christoph BIZER, Unterricht und Predigt. Analysen und Skizzen zum Ansatz katechetischer Theologie, Gütersloh 1972, 104; zu Iwand insges. S. 87-106.

[18] Jan HERMELINK, Die homiletische Situation. Zur jüngeren Geschichte eines Predigtproblems, APTh 24, Göttingen 1992, 95; zu Iwand insges. S. 31-95.

[19] Wilhelm STÄHLIN, Predigthilfen, 5 Bde., Kassel 1958-1971. Jeder Band ist einzelnen Teilen der Bibel gewidmet: I (Evangelien), II (Episteln), III (Altes Testament), IV (Leitbilder und Wochensprüche), V (Apokryphen).

[20] Abgesehen von Bd.IV "Wochensprüche und Leitbilder".

[21] Vgl. STÄHLIN I, S. VIII und II, S. VIII.

[22] Vgl. Wilhelm STÄHLIN, Über die Meditation von Bibeltexten, in: ders., Symbolon I. Vom gleichnishaften Denken, hg.v. Adolf Köberle, Stuttgart 1958, 400-411.

um "echte Erkenntnis und Erfahrung"[23]; hier komme es zur existentiellen Begegnung mit dem Text, zu einem (keineswegs immer schmerzfreien) Eintauchen in die durch das Bibelwort gedeutete Wirklichkeit. Die Frage ist, was dann eine Predigthilfe überhaupt leisten könne. Stählin selbst antwortet mit einem Stufenschema von Meditation[24]. Diese habe bei der genauen Erfassung des "Lebensvorganges", der in den Text eingeborgen sei, zu beginnen, um dann beim Gebet ihren Höhepunkt zu erreichen. Eine schriftliche Textauslegung könne höchstens bis zur ersten Stufe eine konkrete Hilfe darstellen; für alles Weitere seien literarische Hilfen wenig förderlich oder gar kontraproduktiv[25].

Stählins Homiletische Schriftauslegung ist darin modern, daß sie die Meditation und überhaupt das symbolische Erfassen von Wirklichkeit für den Umgang mit biblischen Texten ernstnimmt. Auch darin ist ihm Recht zu geben, daß er reflektierende Schriftauslegung und Erfahrung mit der Schrift auf verschiedene Wahrnehmungsebenen verteilt und sie nicht einfach linear hintereinander ordnet, als ob die Erfahrung der Endpunkt eines Weges sei, der mit dem Denken beginnt. Das Problem freilich an Stählins Modell liegt für mich darin, daß die Wirklichkeit Gottes aufgrund der Monopolstellung von Meditation nur in individualistisch innerlicher Weise wahrgenommen wird: Die Innerlichkeit des einzelnen Prediger wird zum herausragenden Ort der Erfahrung mit dem Wort. Eine kommunikative Bemühung um die Wahrheit des Evangeliums ist nicht im Blick. Stählins Begriff von Erfahrung ist zu eng und mithin ungeeignet, die Fülle der Weltwirklichkeit Gottes zu erfassen.

Die Konzeption von *Ernst Lange* brachte für die Homiletische Schriftauslegung einen deutlichen Neuansatz:

"Predigthilfe ist ... mehr als Hilfe zur Textauslegung und meditativen Aneignung eines biblischen Textes. Sie ist immer zugleich *Einweisung in die 'homiletische Situation'*."[26]

Mit dem Insistieren auf der "homiletischen Situation" haben Ernst Lange und die Mitinitiatoren der "Predigtstudien" eine wirklichkeitsnahe Predigtarbeit konzipiert[27]. "Einweisung in die homiletische Situation" - so verstand Ernst Lange Homiletische Schriftauslegung, so versuchten dann die "Predigtstudien" konkret der Aufgabe gerecht zu werden. Dabei versteht Lange die "Situation" wesentlich theologisch, und

---

[23] STÄHLIN, a.a.O., 410.

[24] Vgl. zur Problematik solcher Stufenschemata: Martin NICOL, Meditation bei Luther, 2.A. Göttingen 1991, 182 u.ö.

[25] Vgl. ebd. 407.

[26] Ernst LANGE, Zur Theorie und Praxis der Predigtarbeit, in: ders., Predigen als Beruf. Aufsätze zu Homiletik, Liturgik und Pfarramt, hg.v. Rüdiger Schloz, München 1982, 9-51, hier S. 50.

[27] Der Einwand, das Wort Gottes würde sich bei solcher Homiletik sozusagen in die Situation hinein auflösen, kann heute gelassener betrachtet werden. Jan Hermelink hat vor kurzem umsichtig beschrieben, wie sehr Langes Begriff der Situation theologisch bestimmt ist, wie sehr andererseits auch eine Homiletik im Umfeld der Wort-Gottes-Theologie die Situation der Gemeinde mindestens intentional im Blick hatte: vgl. JAN HERMELINK, Die homiletische Situation. Zur jüngeren Geschichte eines Predigtproblems, APTh 24, Göttingen 1992.

zwar als die Wirklichkeit, die von Hörerinnen und Hörern als Anfechtung erfahren werde und deshalb zur Predigt der Verheißung herausfordere[28]. Die Situation kommt in der Predigtarbeit keineswegs erst dort zur Geltung, wo ausdrücklich "Erwägungen zur homiletischen Situation" vorgesehen sind[29]. Schon bei der ersten Begegnung mit dem Text spielt sie eine Rolle, wenn der Text zunächst nicht als Urtext, sondern im "Streitgespräch der Übersetzer"[30] faßbar wird. Wahrzunehmen ist also der Text in seiner Wirksamkeit, in seiner die Frömmigkeit so oder so bestimmenden Kraft; wahrgenommen wird insofern schon hier die Hörergemeinde, und zwar "in ihrer geschichtlichen Herkunft und in ihrer gegenwärtigen Problematik"[31]. Ähnlich ist auch bei der Bearbeitung der homiletischen Wirkungsgeschichte des Textes die Gemeinde gegenwärtig: in der "Geschichte der Frömmigkeit, der Theologien, der Verständnisse und Mißverständnisse des christlichen Glaubens, die sich hier ausdrückt"[32]. Als dritten Schritt, als "Akt der Selbstkontrolle der Kirche"[33] führt Lange die Exegese ein und betont, wie sehr das durch die homiletische Situation geprägte Vorverständnis die exegetischen Reflexionen von vornherein bestimme:

"Am Anfang der Predigt ist nicht der Text. Am Anfang ist ein Hörerkreis mit - seinem Widerspruch, mit seinen Problemen, Fragen, Nöten, Hoffnungen, mit seinem Vorherwissen vom Christlichen und seinen Zweifeln, ein Hörerkreis in seiner Anfechtung."[34]

Nun weiß Lange sehr gut, daß die homiletische Situation nicht autoritativ von einem einzelnen Menschen bestimmt werden kann. Kirche wird wesentlich als Raum der Kommunikation verstanden[35]. Demgemäß tragen auch Predigt und Predigtarbeit "prinzipiell dialogische Struktur"[36]. Die homiletische Arbeit erwachse aus dem Dialog und solle zu erneutem Dialog in der Gemeinde führen. Es ist also konsequent, wenn die "Predigtstudien" zwei Bearbeiter zu einem Text miteinander ins Gespräch bringen. Diesen Dialog verstehe ich als exemplarischen Dialog, als kleinen, gedruckt greifbaren Teil einer weiten, die aktuelle Situation übergreifenden, überwiegend gar nicht in Texten faßbaren Kommunikation im Deutehorizont des biblischen Wortes.

Es ist immer wieder darauf hingewiesen worden, daß Lange den Prediger oder die Predigerin, entgegen seiner eigentlichen Intention, letztlich nicht entlaste, sondern

---

[28] Vgl. HERMELINK, a.a.O., 208.

[29] Vgl. Ernst LANGE, Brief an einen Prediger, in: PSt III/1 (1968) 7-17. Demnach stellen die "Erwägungen zur homiletischen Situation" den siebenten Schritt im Vorbereitungsmodell dar.

[30] Ebd. 9.

[31] Ebd. 10.

[32] Ebd. 11.

[33] Ebd.

[34] Ebd. 12.

[35] Vgl. HERMELINK, a.a.O., 179-184.

[36] LANGE, Zur Theorie und Praxis der Predigtarbeit, a.a.O., 50.

überfordere[37]. Die Überforderung wird deutlich an der Metapher von der doppelten Anwaltschaft des Predigers[38]: Er sei zugleich "Anwalt der Hörergemeinde" und "Anwalt der Überlieferung", was doch nichts anderes bedeuten kann als die problematische Aufgabe, daß der Prediger oder die Predigerin in sich selbst einen (um im Bild zu bleiben) Prozeß durchführen und zur Entscheidung bringen muß. Die Überforderung wird deutlich auch aus Formulierungen wie der, der Prediger habe die Relevanz der Botschaft "unbestreitbar" zu machen, sei selber für diese Relevanz "haftbar"[39]. Somit entgeht Ernst Lange dem Problem der Vermittlung, das ich oben bereits mit Karl Barth als "Zwischenhandelsfunktion" benannt habe, letztlich auch nicht.

Als hermeneutischer Gewinn von Ernst Langes Homiletischer Schriftauslegung ist trotz des Einwands festzuhalten: Homiletische Schriftauslegung verweist auf eine Ebene der Erfahrung mit dem biblischen Wort ("homiletische Situation"). Sie bezieht sich auf diese Ebene, indem sie (jedenfalls der bestimmenden Intention nach) den *Weg* vom Text zur Predigt verläßt und sich einem *Zirkel* zwischen Tradition und Situation anvertraut.

IV.
Im Ereignis den Text entdecken

Homiletische Schriftauslegung sollte sich dessen, was sie tut, auch dogmatisch bewußt sein. Als möglicher systematisch-theologischer Bezugsrahmen bietet sich die "Biblische Dogmatik" von *Friedrich Mildenberger* an, da sie von vornherein in den Problemfeld Schrift - Erfahrung - Theologie, in dem sich Homiletische Schriftauslegung bewegt, konzipiert ist[40].

Entscheidender Bezugspunkt aller theologischen Arbeit ist für Mildenberger das, was er die "einfache Gottesrede" nennt. Es geht dabei keineswegs nur um Predigt, sondern um alles erfahrungsmäßige Sprechen, in dem "anstehende Wirklichkeit von Gott her und auf Gott hin zur Sprache kommt"[41]. Ich denke, man kann sich hinter solchen abstrahierenden Benennungen durchaus lebendige Bilder von Kommunikation im (weit gedachten) Raum des Wortes Gottes vorstellen: unauffällige, ins alltägliche Sprechen verwobene Deutevorgänge bis hin zu denjenigen Phänomenen existentiellen Sprechens, wie sie sich etwa im Raum des sogenannten Bibliodramas ereignen. Im folgenden spreche ich nicht von "einfacher Gottesrede", sondern von "Ereignissen", verweise damit aber auf dieselbe Ebene des Sprechens: existentielles Sprechgeschehen im (weit verstandenen) Deutehorizont des christlichen Glaubens. Auf dieser

---

[37] Vgl. HERMELINK, a.a.O., 214-218.

[38] Vgl. LANGE, Zur Theorie und Praxis der Predigtarbeit, 30.

[39] Ernst LANGE, Zur Aufgabe christlicher Rede, in: ders., Predigen als Beruf, 52-67, hier 55.

[40] Vgl. Friedrich MILDENBERGER, Biblische Dogmatik, 3 Bde., Stuttgart u.a. 1991-1993. Bd.1 handelt grundlegend "von Verstehen und Geltung der Bibel" (so der Untertitel).

[41] MILDENBERGER, a.a.O., I,17.

Ebene "ereignet" sich so etwas wie die situative[42] Erschließung der Nähe Gottes in der Welt durch biblische Texte[43].

Die wissenschaftliche Theologie habe, so Mildenberger, auf solches Reden hinzuweisen und es kritisch zu begleiten. Ihr Wahrheitsanspruch liege nicht in ihrer Wissenschaftlichkeit und in den Vermittlungsprozessen, die sie selber leistet, sondern darin, inwieweit sie sich auf die ihr vorgegebene "einfache Gottesrede" und somit auf Ereignisse der Selbsterschließung des biblischen Wortes bezieht[44]. Wenn das so ist, dann kann auch eine Homiletische Schriftauslegung, der Reflexionsebene der Theologie zuzurechnen, die biblischen Texte nicht von sich aus in Geltung setzen.

Es ist nur konsequent, daß Mildenberger es ablehnt, einen Weg von einer historisch rekonstruierten Wirklichkeit (Text) zu einer gegenwärtig wahrgenommenen Wirklichkeit (Predigt) zu beschreiben. Vielmehr schlägt er vor, von vornherein der Wirklichkeit einer "Gemeinde im Text" nachzuspüren[45]. Dabei deckt die Chiffre "Gemeinde im Text" nicht eine dogmatisch überhöhte Mißachtung des Hörers - ein Vorwurf, den man dieser dem Umfeld der Wort-Gottes-Theologie entstammenden Formel[46] gerne und nicht zu Unrecht entgegenbrachte[47]. Bei Mildenberger steht hinter der Chiffre "Gemeinde im Text" das ganze komplexe Modell, das die theologische Reflexion auf eine vorgegebene Erfahrungsebene ("einfache Gottesrede") als ihren Gegenstand verweist. Die "Gemeinde im Text" aufspüren heißt: entdecken, wie sich da und dort die welthafte Nähe Gottes im Deutehorizont eines biblischen Textes ereignishaft erschließt. Die Formel "Gemeinde im Text" schließt Erfahrung nicht aus, sondern insistiert geradezu darauf, lebendige Erfahrung mit dem biblischen Wort wahrzunehmen.

Wenn man von den praktischen Vollzügen im Vorfeld einer Sonntagspredigt ausgeht, bleibt natürlich die Schriftauslegung der erste, die Predigt ein zweiter Schritt. Wenn man aber "Predigt" grundsätzlicher versteht als ein Phänomen·der allem Reflektieren vorgängigen "einfachen Gottesrede", dann kehrt sich im Modell Friedrich Mildenbergers das Verhältnis von Schriftauslegung und Predigt auf überraschende Weise um: Schriftauslegung hat nicht mehr die Predigt als ihre erfahrungsorientierte Anwendung hervorzubringen, sondern sie denkt, sorgfältig wahrnehmend und kritisch begleitend, den ihr vorgegebenen Ereignissen der "einfachen Gottesrede" und mithin auch der Predigt nach.

---

[42] Mit "situativ" benenne ich, sehr verkürzt, das, was MILDENBERGER als "Zeitbestimmung des Wortes Gottes" christologisch und pneumatologisch entfaltet (etwa ebd. 116-135).

[43] Vgl. ebd. 219.

[44] Vgl. ebd. 272.

[45] Vgl. ebd. 220. Vgl. auch Friedrich MILDENBERGER, Kleine Predigtlehre, Stuttgart u.a. 1984, 17-26, 156.

[46] Vgl. etwa Gustav WINGREN, Die Predigt, Göttingen 1955, 33f.

[47] Vgl. etwa Ernst LANGE, Zur Theorie und Praxis der Predigtarbeit 50.

Eine Homiletische Schriftauslegung, die sich innerhalb dieser Bestimmungen bewegt, wird es nicht als ihre Aufgabe ansehen, zwischen Text und Situation zu vermitteln, sondern bereits geschehene Vermittlungen zu entdecken und kritisch zur Sprache zu bringen. Im Ereignis den Text entdecken - so ließe sich die Aufgabe schlagwortartig benennen[48]. Dabei sind der Homiletischen Schriftauslegung solche Ereignisse in aller Regel nicht direkt verfügbar, sondern nur deren nähere oder fernere, meist schriftliche Niederschläge.

Die zu haltende Predigt bewegt sich innerhalb der Wirklichkeit, die von der Homiletischen Schriftauslegung reflektierend umkreist wird. Prinzipiell gilt: Nicht als ihre "Anwendung", sondern als ihr Gegenstand ist die Predigt konstitutiver Teil der Schriftauslegung. Dabei sind die Ebenen des Sprechens zu unterscheiden: Während die Schriftauslegung vorwiegend reflektierend ihre Entdeckungen macht, bedeutet Predigen existentielles Sprechen im Deutehorizont des biblischen Wortes. Solches Predigen ist es dann, das der Theologie zu denken gibt.

V.
Engagiert den Raum skizzieren

Homiletische Schriftauslegung muß handhabbar sein. Sie darf ihren Gegenstand und ihre Ziele nicht in höchstmöglicher Abstraktion benennen, sondern muß sich konkreter Vorstellungen bedienen; die Studierenden - und nicht nur sie! - sollen sich ein "Bild" von der Sache machen können. Insofern ist eine Metapher erforderlich, die das Vorgehen Homiletischer Schriftauslegung vorstellbar zur Sprache bringt.

Die Metapher vom Weg hat lange Zeit das Verständnis von Homiletischer Schriftauslegung geprägt. Sie legte sich nahe in den Koordinaten eines historistischen Denkens, das den Text nur als Niederschlag einer vergangenen Situation verstehen konnte, von der aus dann der (lange) Weg in die Gegenwart angetreten werden mußte.

Die Metapher vom Weg ist da obsolet geworden, wo von der gegenwärtigen Wirksamkeit des biblischen Textes ausgegangen wird. Es macht wenig Sinn, die Texte auf einen Weg zu bringen, an dessen aktuellem Ende sie längst stehen - wenn es denn die theologische Bestimmung von biblischen Texten ist, im Rahmen situativer Sprachbemühung die Nähe Gottes in der Welt zu erschließen. Ich verwende daher als übergreifende Metapher versuchsweise das Bild vom "Raum" eines biblischen Tex-

---

[48] Vgl. meine Überlegungen am Beispiel des Verhältnisses von Notentext und Konzert: Martin NICOL, Musikalische Hermeneutik. Hinweis auf das Ereignis in der Schriftauslegung: PTh 80 (1991) 230-238.

tes[49]. Insofern sich dieser "Raum" aus "Ereignissen" der Selbstserschließung des biblischen Wortes erbaut, ist die theologisch unumgängliche Zeitbestimmung integriert[50].

Die Metapher vom Raum geht von der überindividuellen Wirksamkeit des biblischen Wortes aus: Der "Raum" eines Textes ist vorhanden, längst bevor ich mich ihm zuwende. "Bausteine" sind die Erfahrungen, die dieses Bibelwort aus sich herausgesetzt hat, also die Ereignisse seiner Selbstserschließung. Homiletische Schriftauslegung macht sich auf, diesen eigentümlichen Raum zu entdecken, abzuschreiten, in einer Skizze festzuhalten, mit kritischen Anmerkungen zu versehen. Die Sprache, die ich im folgenden verwende, ist nicht gerade wissenschaftlich, vermag aber vielleicht gerade so Lust zu wecken: Lust auf Entdeckungen im Raum biblischer Texte. Die "Schritte" in meinem Vorschlag zur Homiletischen Schriftauslegung erschöpfen den Text-Raum nicht; sie können erweitert werden. Und selbstverständlich sind sie nicht als gestufte Abfolge im Sinne eines Weges zu verstehen, sondern als verschiedene Blickwinkel, die im hermeneutischen Zirkel miteinander verbunden sind.

Liturgische Ortsbestimmung

Die Perikopenordnung ist kein ehernes Gesetz. Sie zeigt aber einen wichtigen Ort an, an dem ein Text aufzufinden ist. Einen Text im Kontext des Sonntags lokalisieren heißt, ihn in seiner gegenwärtigen kirchlichen Wirksamkeit aufsuchen. Im Gottesdienst, im Kirchenjahr, also auch im Kontext anderer Bibeltexte, Lieder und Gebete hat der Text *einen* wichtigen Ort. Hier bringt er die Nähe Gottes in der Welt zur Sprache - oder läßt solche Nähe schmerzhaft vermissen; beides gehört zu der Lebendigkeit, in der biblische Texte sich erschließen. Der Text-Raum überspannt viele Orte; die Liturgie gehört dazu. Der liturgische Ort ist vergleichsweise gut zugänglich.

Dogmatische Vermessung

Wenn Dogmatik die Auseinandersetzung mit dem Glaubensbewußtsein der Kirche bedeutet, dann werden in der dogmatischen Verwendung von biblischen Texten ihre prägende Deutkraft, ihre wundersame Widerständigkeit gegenüber kirchlicher Vereinnahmung oder aber ihre bisweilen ärgerliche Schweigsamkeit im Würgegriff

---

[49] Die Metapher vom Raum scheint bisher kaum für theologische Sprachbemühungen herangezogen worden zu sein. Ich erinnere vorläufig an ihren Gebrauch in musikalischen Zusammenhängen. "Raum" kann dort auf die Sinnlichkeit des Klanges verweisen ("Räumlichkeit"), auf die zeitliche Ausdehnung einer Musik ebenso wie auf ihren existentiellen Ambitus, auf den ästhetischen Sinn für die Formdimension einer Komposition ("musikalisches Raumgefühl") oder auf das eigentümliche Phänomen von tonartlich geprägten "Räumen". Vgl. etwa Alfred BRENDEL, Nachtrag zur "Werktreue", in: ders., Nachdenken über Musik, 10.A. München 1987, 28-43, hier 30; Schuberts letzte Sonaten, in: ders., Musik beim Wort genommen, München 1992, 80-153, hier 87,93,133,135,152.

[50] Mildenberger arbeitet mit einer Bestimmung durch die "Zeit". Dabei verweist "Zeit" nicht auf historische Fakten, sondern auf "Ereignisse" im prägnant theologischen Sinn des Wortes. "Zeit" kennzeichnet u.a. die Unverfügbarkeit des Wortes Gottes und weist auf seine Ereignishaftigkeit hin. Die Zeitbestimmung hält alle Vorstellungen vom Wort Gottes gleichsam in Bewegung, wehrt der Verfestigung lebendiger Vollzüge in scheinbar objektive Gegebenheiten. Als Metapher jedoch für den praktisch-theologischen Umgang mit dem Wort Gottes scheint mir "Zeit" weniger geeignet. Zu sehr betont sie für die, die mit dem dogmatischen Begriff von "Zeit" nicht vertraut sind, das Flüchtige, sich Entziehende; zu wenig vermag sie die Studierenden aus dem gewohnten linear-historischen Zeitbegriff zu lösen.

dogmatischer Welterklärung manifest. Bibelstellenregister von Dogmatiken können Zugänge sein zum Raum biblischer Texte.

Historische Ausleuchtung

Die biblischen Texte selbst liefern in aller Regel die tragenden Teile des Raumes. In historischer Ausleuchtung kommen deren eigentümliche Ausprägung, deren bisweilen fremd anmutende Gestaltung, deren gegenseitige (innerbiblische) Sinnbezüge ans Licht. Schichtungen, Übermalungen, neuartige Arrangements zeugen von frühen Ereignissen, von frühen Bemühungen, die Wirklichkeit Gottes in der Welt angemessen zur Sprache zu bringen. Und bisweilen eröffnet sich bei solcher Bemühung der Blick auf den Schlußstein ...

Blicke aus dem Fenster

Der Raum hat Fenster, Öffnungen, Durchsichten; Außenwelt und Innenraum stehen im architektonischen Gespräch. Wirkungen des Textes außerhalb von Kirche im engeren Sinn sind zu entdecken: Gedichte, erzählende Literatur, Filme, Theater, Vertonungen, bildende Kunst ... Diese Entdeckungsphase ist am schwierigsten; es fehlt an Hilfsmitteln. Wer, zum Beispiel, weitet die Arbeit von Herbert Vinçon[51] aus, nimmt weitere, von ihm übersehene Spuren wahr? Oder wer schreibt den Filmführer zur Bibel[52]?

"Alternative" Begehungen

Was ich wahrnehme im Raum, hängt von den Methoden ab. Jeder neue Zugang eröffnet neue Perspektiven. Neue Zugänge zu biblischen Texten werden gegenwärtig erprobt in den Gemeinden, an Fakultäten: eher wissenschaftliche Methoden, eher erfahrungsorientierte Schritte. Psychologische, sozialgeschichtliche, feministische und andere Zugänge, aber selbstverständlich auch Methoden wie Bibliodrama oder Meditation könen, sofern Erfahrungsberichte vorliegen, zur Raumerkundung herangezogen werden.

Homiletische und andere Streifzüge

In unserem Text-Raum hat sich in langer Zeit eine Menge ereignet: Es wurde gepredigt, Absichtserklärungen für Predigten wurden abgegeben (Predigthilfen - einmal so verstanden), Unterricht wurde versucht und in Entwürfen Kunde davon gegeben, Frömmigkeit gewann Gestalt - sich bergend im Raum oder widerständig, Lebensdeutungen, tröstlich oder beunruhigend, ergaben sich im Gespräch ... Was hat der Text-Raum nicht schon alles gesehen! An geglückten Ereignissen mit miserablen Predigten. An stockendem Gespräch nach anspruchsvoller Kanzelrede. An gutgemeinter, aber verzerrter Beschreibung des Text-Raums. An Versuchen, ihn großflächig aufzubrechen. An brutaler Vereinnahmung des Raums durch faschistoiden Fassadenbau. An Mißachtung des Raums, obwohl er Unwetter abhielt, während man redete. An Angst, den schützenden Raum zu verlassen und Schritte ins Außen zu wa-

---

[51] Vgl. Herbert VINÇON, Spuren des Wortes. Biblische Stoffe in der Literatur, 3 Bde., Stuttgart 1988-1990.

[52] Beispiel für Film-Räume biblischer Texte: Krzysztof KIESLOWSKI/Krzysztof PIESIEWICZ, Dekalog. Zehn Geschichten für zehn Filme, Rogner & Bernhard bei Zweitausendeins, Hamburg 1990.

gen ... Den Spuren nachzugehen, die solche Ereignisse im Raum hinterlassen haben, kann beglückend sein - aber auch schmerzend. Davon lassen würde ich nicht.

Standortbestimmung

Wenn sich nicht schon bei allen bisherigen Bemühungen die Notwendigkeit ergab - jetzt wird es unumgänglich: sich über den eigenen Standort im Raum Klarheit zu verschaffen, die anderen Menschen, die sich mit mir im Raum befinden, an ihrem Ort wahrzunehmen. Wo stehe ich? Mit wem bin ich identifiziert? Welche Rolle habe ich zu übernehmen, wenn es ernst wird nach allem Entdecken, Vermessen, Abschreiten? Und wo stehen die anderen? Werden sie mitgehen, wenn ich sie in dem Raum, den ich einigermaßen erkundet habe, herumführe? Und wo werden sie nach der Führung bleiben?

Zum Beispiel: Predigt

Und jetzt? Predigen - beispielsweise. Jetzt käme es darauf an, die Distanz dessen aufzugeben, der ebenso sorgfältig wie engagiert beobachtet und seine Erkenntnisse und Entdeckungen in eine Raum-Skizze zu fassen versucht hat. Die Skizze steht; ich lege sie beiseite, ich lege mit ihr auch die um Objektivität bemühte Sprache beiseite. Ich gehe jetzt als Bewohner dieses Hauses umher, eröffne denen, die schon lange hier wohnen, neue Blickwinkel, weise eben hinzugekommene Besucher und Besucherinnen auf Besonderheiten hin, lasse sie selber ihre Entdeckungen machen, nehme den Raum wahr mit einer Sprache, die sich freut mit den Fröhlichen und das Weinen mit den Weinenden nicht scheut. Und schon ist der Text-Raum nicht mehr Gegenstand der Betrachtung, sondern Raum, in dem Erfahrungen gemacht werden. Ich werde meinen Ort im Raum vielleicht verändern. Und die anderen werden den Ort im Raum wechseln - oder auch nicht.

Wieder hat sich etwas ereignet in dem Raum. Ein weiteres Ereignis hat seine Spuren hinterlassen. In diesem Fall war es eine Predigt.

Bibliographie: Friedrich Mildenberger

zusammengestellt von Heinrich Assel

1957
Predigtmeditation zu: Joh 10,1-5.27-30, Die Sicherheit der Glaubenden, Misericordias Domini (12.April), in: Für Arbeit und Besinnung 13 (1957) 141-145.

1958
Kerygmatische Historie? Grenzen der historischen Argumentation in der theologischen Arbeit, in: EvTh 18 (1958) 419-424.

1962
Eiferer mit Unverstand, in: Für Arbeit und Besinnung 16 (1962) 409f.

Referat über: Mildenberger, Friedrich: Die vordeuteronomistische Saul-David-Überlieferung. Diss. Tübingen (1962), in: ThLZ 87 (1962) 778f.

1963
"Auferstanden am dritten Tage nach den Schriften", in: EvTh 23 (1963) 265-280.

Festtagspredigten über Alttestamentliche Texte, Alttestamentliche Predigten 6, Neukirchen-Vluyn 1963.

Fertig werden. Predigtmeditation zu Hebr 11,1-10, in: Homiletische Monatshefte 39 (1963/64) 158-161.

1964
Gottes Tat im Wort. Erwägungen zur alttestamentlichen Hermeneutik als Frage nach der Einheit der Testamente, Gütersloh 1964.

Bevollmächtigtes Reden von Gott? Die Aporie im Reden von Gott bei Gollwitzer und Ebeling, in: Deutsches Pfarrerblatt 64 (1964) 281-284.

1965
Predigtmeditation zu: Mk 9,43-48 "Werden wie die Kinder"?, 7. Sonntag n.Tr., in: Für Arbeit und Besinnung 19 (1965) 322-325.

Erwiderung auf das Nachwort von Herrn Prof. Dr. Lamparter zu meiner Predigtmeditation über Mk 9, 43ff in FAuB 14/1965, in: Für Arbeit und Besinnung 19 (1965) 353-355.

Sola scriptura - tota scriptura, in: Auf dem Wege zu schriftgemäßer Verkündigung (FS für H. Diem zum 65. Geburtstag), hg.v. M. Honecker u. L. Steiger, BevTh 39, München 1965, 7-22.

Überlegungen zum Gottesbegriff, in: ZThK 62 (1965) 458-483.

1966
Ist unser Umgang mit der Bibel noch sachgemäß? (Rez. zu: Hesse, Franz, Das Alte Testament als Buch der Kirche, Gütersloh 1966, und zu: Marxsen Willi, Das Neue Testament als Buch der Kirche, Gütersloh 1966), in: Ev.Literaturbeobachter 64 (1966) 1387.

Das geschlossene Bild der Theologie Bultmanns (Rez. zu: Schmithals Walter, Die Theologie Rudolf Bultmanns, Tübingen 1966, und zu: Bultmann Rudolf, Glauben und Verstehen IV, Tübingen 1965), in: Ev.Literaturbeobachter 63 (1966) 1355f.

Fundamentaltheologie oder Dogmatik?, in: EvTh 26 (1966) 639-652.

1967
Die halbe Wahrheit oder die ganze Schrift. Zum Streit zwischen Bibelglauben und historischer Kritik, BevTh 46, München 1967.

1968
Das Gebet als Übung und Probe des Glaubens, Stuttgart 1968.

Probleme der Lehre von Christus seit der Aufklärung, in: Was heißt: Ich glaube an Jesus Christus? Zweites Reichenau-Gespräch der Evangelischen Landessynode Württemberg, Stuttgart 1968, 9-37.

1969
Texte - oder die Schrift?, in: ZThK 66 (1969) 192-209.

Theologie für die Zeit. Wider die religiöse Interpretation der Wirklichkeit in der modernen Theologie, Stuttgart 1969.

Ohne Gott leben - vor Gott. Bemerkungen zur gegenwärtigen Diskussion der Gottesfrage, Calwer Hefte 101, Stuttgart 1969.

1970
Herr, zeige uns den Vater! Jesus als Erweis der Gottheit Gottes, Calwer Hefte 108, Stuttgart 1970.

Diskussion zur Sexualethik, in: LuthMonatshefte 9 (1970) 391f.

1971
Predigtmeditation zu: 2.Kor 3,12-18; 4,6 (6. So n.Epiphanias), in: HuF 6 (1971) 143-152.

Gottes Name und Gottes Geschichte. Zur Frage einer zeitgemäßen Interpretation der biblischen Rede von Gott, in: Christsein in einer pluralistischen Gesellschaft (FS für W. Künneth zum 70. Geburtstag), hg.v. H. Schulze und H. Schwarz, Hamburg 1971, 24-44.

Predigtmeditation zu: 2.Kor 4,7-18 (Exundi), in: HuF 6 (1971) 287-294.

Signore, Mostraci Il Padre, Gesù, come prova della divinità di Dio, in: M. Hengel, F. Mildenberger, Leali con Dio, Fossano 1971, 53-94.

Glaube gegen Unglauben. Überlegungen im Anschluß an die gegenwärtige Rede vom "Kirchenkampf", in: EvKom 4 (1971) 327-330.

1972
Theorie der Theologie. Enzyklopädie als Methodenlehre, Stuttgart 1972.

Wie kann man Gott verstehen? Erfahrungen im Kontext von Erwählung und Geschichte, in: Luth. Monatshefte 11 (1972) 649-654.

Die Gegenläufigkeit von historischer Methode und kirchlicher Anwendung als Problem der Bibelauslegung, in: TheolBeitr 3 (1972) 57-64.

1974

Rez. zu: Nordlander, Agne, Die Gottesebenbildlichkeit in der Theologie Helmut Thielickes. Upsala o.J., in: Literatur-Umschau 4 (1974) 583f.

Kommentar zu: Karl Barth, Gottes Zeit und des Menschen Zeit (Kirchliche Dogmatik I/2, 72f), zus. mit M. Mildenberger, in: Naturwissenschaft und Theologie, hg.v. H. Aichelin, G. Liedke, Grenzgespräche 6, 2.A. Neukirchen-Vluyn 1974.

Das Leiden Christi und das Leiden der Christen, in: Der leidende Mensch. Beiträge zu einem unbewältigten Thema, hg.v. H. Schulze, Neukirchen-Vluyn 1974, 115-127.

1975

Predigtmeditation zu: Lk 12,35-40 (27. So n.Trin.), in: HuF 3/2 (1975) 245-251.

Predigtmeditation zu: Joh 11,32-45 (24. So n.Trin.), in: HuF 3/2 (1975) 222-227.

The Unity, Truth and Validity of the Bible, in: Interpretation XXIX (1975) 391-405.

Art. Geschöpf, Gottebenbildlichkeit, Gotteserfahrung, Prophetie, Schicksal, in: Praktisches Wörterbuch der Pastoralanthropologie. Sorge um den Menschen, Freiburg u.a. 1975, 391f.427-429.434-437.855f.937f.

Gotteslehre, Tübingen 1975.

1976

Predigtmeditation zu: 2.Kor 1,3-7 (16. So n.Trin.), in: HuF 4/2 (1976) 146-151.

Predigtmeditation zu: Apg 8,26-40 (6. So n.Trin.), in: HuF 4/2 (1976) 70-76.

Dem Wort vertrauen (Gedenkrede für H. Diem), ThEx 193, München 1976, 17-28.

El problema de dios en el debate actual, Bilbao 1976.

Rez. zu: Busch, Eberhard, Karl Barths Lebenslauf. Nach seinen Briefen und autobiographischen Texten. München 1975, in: Lutheran World 23 (1976) 344, und in: Luth.Rundschau 2 (1976) 185f.

1977

Brüderlich miteinander umgehen!, in: Korrespondenzblatt des Pfarrervereins in der Ev.-Luth. Kirche in Bayern 92 (1977) 80.

Art. Adam IV. Systematisch-theologisch, in: TRE 1 (1977) 431-437.

Christologie, Vorlesung im WS 1977/78, Erlangen 1978 (Typoskript)

1978

Predigtmeditation zu: Mt 18,21-35 (22. So n.Trin.), in: HuF 1 (1978) 348-355.

Predigtmeditation zu: Joh 19,16-30 (Karfreitag), in: HuF 1 (1978) 157-164.

Rez. zu: v. Kriegstein, Matthias: Paul Tillichs Methode der Korrelation und Symbolbegriff. Hildesheim 1975, in: ThLZ 103 (1978) 293-294.

Rez. zu: Keilbach, Wilhelm: Religion und Religionen. Gedanken zu ihrer Grundlegung. München u.a. 1976, in: ThLZ 103 (1978) 48-50.

Art. Apostel/Apostolat/Apostolizität III. Systematisch-Theologisch, in: TRE 3 (1978) 466-477.

1979
Predigtmeditation zu: Eph 4,22-32 (19. So n.Trin.), in: HuF 2 (1979) 281-289.

Systematisch-theologische Randbemerkungen zur Diskussion um eine Biblische Theologie, in: Zugang zur Theologie. Fundamentaltheologische Beiträge (FS für W. Joest zum 65. Geburtstag), hg.v. F. Mildenberger u. J. Track, Göttingen 1979.

Glaubwürdig bleiben. Zur Behandlung der Trauung Geschiedener in der OKL, in: Korrespondenzblatt des Pfarrervereins der Ev.Luth. Kirche in Bayern 94 (1979) 25-27.

Art. Auferstehung IV. Dogmatisch, in: TRE 4 (1979) 547-575.

Predigtmeditation zu: Jak 4,13-15 (Neujahrstag), in: HuF 2 (1979) 50-57.

1980
"Er ist unser Friede" - Epheser 2,14 (zus. mit W. Joest, J. Staedtke, Ch. Frey, J. Track), Einladung zum Gespräch II, Nürnberg 1980.

Woran man sich halten kann - Autorität(en) in der Evangelischen Kirche, in: Heilig Geist Report 1/80, Nürnberg 1980, unpag.

Eine Randbemerkung zu Honeckers theologischem Konstruktivismus, in: ZEE 24 (1980) 230-231.

Predigt am 22. Juni 1980 in Kraftshof zum 450. Jahrestag der Übergabe der Confessio Augustana, Nürnberg 1980.

Rez. zu: Müller, Wolfang Erich, Kunst als Darstellung des Unbedingten. Theologische Reflexionen zur Ästhetik, Frankfurt/M. 1976, in: Kirche und Kunst 58 (1980) 44f.

Evangelische Spiritualität - Bemerkungen zur Studie einer Arbeitsgruppe der EKD, in: ZEE 25 (1981) 309-316.

Geschichte der deutschen evangelischen Theologie im 19. und 20. Jahrhundert, Stuttgart u.a. 1981.

Die Auferstehung und unser Leben in dieser Welt. Wahrnehmungen des Auferstehungsglaubens, in: Auferstehung. Wirklichkeit oder Illusion?, Herrenalber Texte 34 (1981), 69-80.

Predigtmeditation zu: Joh 16,16-23a (Jubilate), in: HuF Ergänzungsband zu 3 u. 4 (1981) 84-91.

Theologie des Heiligen Geistes, Vorlesung WS 80/81, Erlangen 1981 (Typoskript).

Rez. zu: Lotz, Johannes B.: Transzendentale Erfahrung, Freiburg u.a. 1978, in: ThLZ 106 (1981) 282f.

1982
Das Recht der Kirchengemeinde. Theologische Begründung und Kritik der Kirchengemeindeordnung als Beitrag zu dem Thema "Geist und Recht in der Kirche" (FS für Fairy v. Lilienfeld zum 65. Geburtstag), hg.v. A. Rexheuser u. K.-H. Ruffmann, Erlangen 1982, 26-54.

1983
Theologie der Lutherischen Bekenntnisschriften, Stuttgart u.a. 1983.

Die trinitarische Durchführung der Soteriologie in den Lutherischen Bekenntnisschriften (Gastvorlesung an der Comenius-Fakultät Prag 30.11.1982) in: Rocenka, Praha 1983, 40-48.

Der freie Wille ist offenkundig nur ein Gottesprädikat (Martin Luther): Eine notwendige Unterscheidung von Gott und Mensch?, in: Erlanger Universitätsreden Nr. 14 (1984) 3.Folge, Erlangen 1983.

Predigtmeditation zu: 2.Mose 12 (Gründonnerstag), in: HuF Ergänzungsband zu 5 u. 6 (1983) 94-101.

Grundwissen Dogmatik. Ein Arbeitsbuch, 1.A. Stuttgart u.a. 1983, 2.A. Stuttgart u.a. 1983, 3.A. Stuttgart u.a. 1987.

1984
Sachzwänge, Sachlichkeit, Sachkompetenz - und das erste Gebot, in: Diakonie Sondernummer 8 (1984) 24-36.

"Am dritten Tage auferstanden von den Toten", Gemeindebrief der Martin-Luther-Gemeinde Erlangen-Büchenbach (April 1984), unpag.

Kleine Predigtlehre, Stuttgart u.a. 1984.

1986
Gott mehr gehorchen (FS zum 80. Geburtstag von K. Steinbauer), hg.v. M. Seitz u. F. Mildenberger, München 1986, 53-69.

Rez. zu: Reinert, Wolfgang: Dogmatik studieren. Einführung in dogmatisches Denken und Arbeiten. Regensburg 1985, in: ThLZ 111 (1986) 143f.

Rez. zu: Vergessene Theologen des 19. und frühen 20. Jahrhunderts. Studien zur Theologiegeschichte, hg.v. E. Herms und J. Ringleben, in: ZKG 97 (1986) 419f.

Theology of the Lutheran Confessions, translated by Erwin L. Lueker, Philadelphia 1986.

Rez. zu: Joest, Wilfried: Dogmatik, Bd.1. Die Wirklichkeit Gottes. Göttingen 1984, in: ThLZ 111 (1986) 221-223.

Fürbitte als solidarische Weltwahrnehmung, in: Zeitschrift für Gottesdienst und Predigt 4 (1986) 22-24.

Welthafte Wirklichkeit in ihrer Begründung in Gott: Versuch einer offenbarungstheologischen Neuinterpretation der Transzendentalienmetaphysik - Gottes Offenbarung in Jesus Christus als Ermöglichung des Vertrauens zu einer menschlichen Welt, in: Hervormde Teologiese Studies 42 (1986) 652-673.

Rez. zu: Lange, Dietz: Erfahrung und die Glaubwürdigkeit des Glaubens. Tübingen 1984, in: ThLZ 111 (1986) 307-308.

Zum 80. Geburtstag von Karl Steinbauer, in: Die Welt (29.8.1986) 16.

Biblische Theologie als kirchliche Schriftauslegung, in: JBTh 1 (1986) 151-162.

1987
Zeitgemäßes zur Unzeit. Texte zum Frieden zum Verstehen des Evangeliums und zur Erfahrung Gottes, Theologie im Gespräch 1, Essen 1987.
- Überlegungen zum Thema Schuld und Schuldbewältigung, 9-14
- Er ist unser Friede, 15-27
- Frei zum Vertrauen - frei zur Vernunft? 28-35
- Verantwortung der Christenheit angesichts des Wettrüstens, 36-42
- Realistisch bleiben! 43-44
- Sachzwänge, Sachlichkeit, Sachkompetenz - und das erste Gebot, 45-54
- Predigt am Volkstrauertag, 14.November 1982, in St. Sebald Nürnberg, 55-59
- Woran man sich halten kann - Autorität(en) in der evangelischen Kirche, 60-69
- Martin Luther, Doktor und Prediger der Heiligen Schrift, 70-77
- Evangelium und Corpus Doctrinae - zur Hermeneutik des Bekenntnisses, 78-87
- Abraham und wir - einige systematisch-theologische Reflexionen, 88-95
- Das Recht des Predigtamtes nach der Confessio Augustana, 96-104
- Das Recht der Kirchengemeinde, 105-115
- Überlegungen zum trinitarischen Denken, 116-126
- Vom rechten Gebrauch des Ausdrucks "Gott", 127-147
- Jesus und das Reich Gottes, 148-156
- Die Auferstehung und unser Leben in dieser Welt - Wahrnehmungen des Auferstehungsglaubens, 157-163
- Welthafte Wirklichkeit in ihrer Begründung in Gott, 164-176

Die Predigt des Wortes Gottes ist selbst Wort Gottes, Gemeindebrief der Martin-Luther-Gemeinde Erlangen-Büchenbach (Juli 1987), unpag.

Rez. zu: Joest, Wilfried: Dogmatik 2, Der Weg Gottes mit dem Menschen. Göttingen 1986, in: ThLZ 112 (1987) 536-538.

Der Prediger Salomo, 1.A. Mühlhausen 1987, 2.A. Mühlhausen 1987.

1988

Rez. zu: Keil, Günther: Glaubenslehre. Stuttgart u.a. 1986, in: ThLZ 113 (1988) 291-293.

Rez. zu: Lüdemann, Gerd/ Schröder, Martin: Die religionsgeschichtliche Schule in Göttingen. Göttingen 1987, in: ThLZ 113 (1988) 607-608.

Die Utopie der Technik als Entwurf heutigen Menschseins, in: Theologie im Gespräch 6. Zur Bildung öffentlicher Verantwortung an der Hochschule, hg.v. F. Heckmann, Essen 1988, 29-41.

Rez. zu: Grane, Leif: Die Kirche im 19. Jahrhundert. Göttingen 1987, in: ThLZ 113 (1988) 195-196.

Predigt über Apostelgeschichte 10,1-11,18, in: Lebenswort (FS für M. Seitz zum 60.Geburtstag), hg.v. W. Buch, Ch. Eyselein u. G.R. Schmidt, Erlangen 1988, 152-159.

Rez. zu: McGrath, Alister E.: Iustitia Dei: a history of the Christian doctrine of justification I/II, Cambridge 1986, in: ZKG 99 (1988) 402-404.

1989

Rez. zu: Smith, Francis R.: The God question. New York 1988, in: ThLZ 114 (1989) 914-916.

Rez. zu: Marquard, Friedrich-Wilhelm: Von Elend und Heimsuchung der Theologie. München 1988, in: ThLZ 114 (1989) 537-539.

Gute Zeit, Gemeindebrief der Martin-Luther-Gemeinde Erlangen-Büchenbach (Mai 1989), unpag.

1990

Die Verhältnisbestimmung von Theologie und Ökonomie als grundlegendes Strukturproblem einer modernen Dogmatik, in: ZThK (1990) 340-358.

Rez. zu: Weder, Hans, Neutestamentliche Hermeneutik. Zürich 1986 und zu: Berger, Klaus, Hermeneutik des Neuen Testaments. Gütersloh 1988, in: ThBeitr 21 (1990) 41-44.

"Unsere Abendmahlspraxis" - Vertreter der Theologischen Fakultät in Erlangen stellen Anfragen (zusammen mit J. Roloff, L. Schmidt, P. Poscharsky, G.R. Schmidt), in: Homiletisch-Liturgisches Korrespondenzblatt N.F. 8 (1990/91) 5-16.

Gesetz und Heiligung in der protestantischen Theologie, in: Implizite Axiome. Tiefenstrukturen des Denkens und Handelns (FS für D. Ritschl zum 60. Geburtstag), hg.v. W. Huber, E. Petzold u. Th. Sundermeier, München 1990, 318-325.

Rez. zu: Koch, Traugott: Mit Gott leben. Tübingen u.a. 1989, und zu Schäffer, Wilhelm: Glauben in dieser Zeit. Freiburg 1989, in: ThLZ 115 (1990) 375-378.

Rez. zu: Gräb, Wilhelm: Predigt als Mitteilung des Glaubens. Gütersloh 1988, in: ThLZ 115 (1990) 63-65.

Der Glaube als Voraussetzung für ein wahres Denken Gottes, in: NZSThRph 32 (1990) 144-165.

1991
Biblische Theologie versus Dogmatik? in: JBTh 6 (1991) 269-281.

Biblische Dogmatik. Eine Biblische Theologie in dogmatischer Perspektive. Bd.1 Prolegomena: Verstehen und Geltung der Bibel, Stuttgart u.a. 1991.

Des Menschen Herz und sein Gott. Eine Auslegung der 10 Gebote, Mühlhausen 1991.

1992
Biblische Dogmatik, Bd.2 Ökonomie als Theologie, Stuttgart u.a. 1992.

1993
Biblische Dogmatik, Bd.3 Theologie als Ökonomie, Stuttgart u.a. 1993.

Rez. zu: Schulz, H.J.: Die apostolische Herkunft der Evangelien. Freiburg 1993, in: Nachrichten der Ev.-Luth. Kirche in Bayern 48 (1993) 337f.

Rez. zu: Mechels, E./Weinrich, M. (Hg.): Die Kirche im Wort. Arbeitsbuch zur Ekklesiologie. Neukirchen-Vluyn 1992, in: ThLZ 11 (1993) 957f.

Tabula gratulatoria

Dr. Heinrich Assel, Erlangen

Dr. Hans Bald, Erlangen

Prof. Dr. Jörg Baur, Göttingen

Prof. Dr. Oswald Bayer, Tübingen

OKR Horst Birkhölzer, München

Pfr. Albrecht Bischoff, Dekanatsjugendheim Schornweisach

Prof. Dr. Bohren, Dossenheim

Prof. Dr. Hermann Brandt, Erlangen

OKR Dr. Reinhard Brandt, Hannover

Prof. Dr. Johannes Brosseder, Königswinter

Prof. Dr. Brevard S. Childs, New Haven

Pfr. Dr. Karl Eberlein, Roth

Prof. Dr. Karl Christian Felmy, Erlangen

Vikarin Eva Forssman und Pfr. Holger Forssman, Tennenlohe

Prof. Dr. Christofer Frey, Bochum

Dekan Dr. Johannes Friedrich, Nürnberg

Prof. Dr. Hans Friedrich Geißer, Zürich

Pfr. Werner Göllner, Nürnberg

StD Pfr. Karl Friedrich Haag, Erlangen

Prof. Dr. Berndt Hamm, Erlangen

Pfr. Barbara Hauck, Neuendettelsau

Dr. Friedrich Heckmann, Braunschweig

Prof. Dr. Martin Hengel, Tübingen

Prof. Dr. Eilert Herms, Mainz

StD Dr. Hans Werner Hoffmann, Erlangen

Dr. Hartmut Hövelmann, Nürnberg

Prof. Dr. Wolfgang Huber, Heidelberg

Prof. Dr. Reinhard Hütter, Chicago

Prof. Dr. Wilfried Joest, Erlangen

Prof. Dr. Eberhard Jüngel, Tübingen

stud. theol. Heiko Kernstock, Erlangen

Prof. D. Dr. Wolf Krötke, Berlin

Prof. Dr. Dr. habil. Rainer Lachmann, Bamberg

Prof. Dr. Johannes Lähnemann, Nürnberg

Prof. Dr. Eckhard Lessing, Münster

Prof. Dr. Christian Link, Bochum

Hermann von Loewenich, Kreisdekan von Nürnberg

Dr. Manfred Marquardt, Reutlingen

Prof. Ulrich W. Mauser, Princeton

Pfr. Eberhard Mehl und Pfr. Ulla Reingruber-Mehl, Gestungshausen

Prof. Dr. Otto Merk, Erlangen

Prof. Dr. Christian Möller, Heidelberg

Prof. Dr. Niels-Peter Moritzen, Erlangen

Pfr. PD Dr. Martin Nicol, Erlangen

Pfr. Dr. Rainer Oechslen, Schweinfurt

Dr. Heinz Ohme, Erlangen

Prof. Walter Opp, Erlangen

Prof. Dr. Wolfhart Pannenberg DD, München

Prof. Dr. Peter Poscharsky, Erlangen

Prof. Dr. Horst Dietrich Preuß +, Neuendettelsau

Prof. Dr. Andràs Reuss, Budapest

Prof. Dr. Dietrich Ritschl DD, Heidelberg

Prof. Dr. Jürgen Roloff, Erlangen

Prof. Dr. Gerhard Sauter, Bonn

Pfr. Ulrich Schindler, Nürnberg

Prof. Dr. Günter R. Schmidt, Erlangen

Prof. Dr. Ludwig Schmidt, Erlangen

Prof. Dr. Hans-Christoph Schmitt, Erlangen

PD Dr. Wolfgang Schoberth, Herzogenaurach

Pfr. Dr. Gerhard Schoenauer, Eysölden

Prof. Dr. Wolfgang Schrage, Bonn

Prof. Dr. Hans Schwarz, Regensburg

Prof. Dr. Klaus Schwarzwäller, Schellerten

Prof. Dr. Martin Seils, Jena

Dekan Dr. Gottfried Seitz, Erlangen

Prof. Dr. Manfred Seitz, Erlangen

Prof. Dr. Walter Sparn, Bayreuth

Prof. Dr. Wolfgang Stegemann, Neuendettelsau

Prof. Dr. Lothar Steiger, Heidelberg

Dr. Hinrich Stoevesandt, Basel

Prof. Dr. Peter Stuhlmacher, Tübingen

Prof. Dr. Joachim Track, Ansbach

Prof. Dr. Hans G. Ulrich, Erlangen

Prof. Dr. Gunther Wanke, Erlangen

Dr. Bernd Wannenwetsch, Hemhofen

Prof. Dr. Horst Weigelt, Bamberg

Prof. Dr. Michael Welker, Heidelberg
Pfr. Heinrich Weniger, Nürnberg
Prof. Dr. Gunther Wenz, Augsburg
Prof. Dr. Oda Wischmeyer, Erlangen